AF617735

TUTELA CAUTELAR FRENTE A INSTRUMENTOS DE PLANEAMIENTO URBANÍSTICO: PONDERACIÓN Y GARANTÍA DEL DESARROLLO SOSTENIBLE

JUAN ANTONIO CHINCHILLA PEINADO

Tutela cautelar frente a instrumentos de planeamiento urbanístico: ponderación y garantía del desarrollo sostenible

Editorial Aranzadi, S.A.U.
C/ Collado Mediano, 9
28231 Las Rozas (Madrid)
Tel: 91 602 01 82
e-mail: clienteslaley@aranzadilaley.es
https://www.aranzadilaley.es

Primera edición: 2024

Depósito Legal: M-14396-2024
ISBN versión impresa: 978-84-1162-852-5
ISBN versión electrónica: 978-84-1162-853-2
Incluye soporte electrónico

Diseño, Preimpresión e Impresión: Editorial Aranzadi, S.A.U.
Printed in Spain

A Vicky y Juan Antonio

Índice General

<u>*Página*</u>

I

INTRODUCCIÓN. PLANTEAMIENTO DEL PROBLEMA 17

A) Cambio de paradigma urbano y percepción social de la planificación urbanística al servicio de intereses privados 17

a) Planeamiento y ciudad dispersa 17

b) Planeamiento y regeneración urbana. El TRLSRU y la Agenda 2030 23

B) El drama del planeamiento urbano. La recurrente anulación del planeamiento urbanístico por la jurisdicción contencioso-administrativa 28

a) La utilización de la jurisdicción penal como mecanismo de control del ejercicio de la (desviada) potestad de planeamiento. Su insuficiencia práctica 29

i) De la irrelevancia a la atención del legislador penal 29

ii) Los delitos contra la ordenación del territorio y el urbanismo en la fase de planeamiento 33

iii) La capacidad de la jurisdicción penal para anular planes urbanísticos y suspenderlos cautelarmente. La limitada relevancia de su control 37

b) La insatisfactoria respuesta del control de la jurisdicción contencioso-administrativa 41

i) La rigidez judicial en el control de la potestad de planeamiento urbanístico 41

Página

ii) La respuesta desde el Derecho Administrativo. Las propuestas para lograr una modulación de las consecuencias de la invalidez 44

iii) La falta de toma en consideración de la tutela cautelar como instrumento útil para evitar el drama de la anulación del planeamiento 50

II

LA POSICIÓN CENTRAL DEL PLANEAMIENTO URBANO EN LA CONFIGURACIÓN DEL DERECHO DE PROPIEDAD ... 55

A) La función del planeamiento urbanístico y su crisis 55

a) La rigidez y la inadecuación temporal del plan como causas de su disfuncionalidad 55

b) Las vías de reforma 58

i) La opción por una planificación orientativa-directiva. Crítica 59

ii) El plan como elemento de la gobernanza dotado de una mayor flexibilidad 63

B) La configuración del planeamiento urbano como norma reglamentaria 70

a) La discusión en torno al carácter normativo de determinados documentos del plan o de determinadas decisiones 70

b) El plan como creación de Derecho objetivo. La función expositiva o dispositiva de los documentos que integran el plan 75

i) Norma y resolución como categorías jurídicas diferenciadas 75

ii) Análisis metodológico de los elementos que integran un plan urbanístico 78

iii) Consecuencias no previstas de la búsqueda de la flexibilidad del plan a través de la identificación de elementos resolutivos 83

c) La naturaleza normativa del planeamiento urbanístico en un contexto de gobernanza y de efectiva participación de los ciudadanos en su conformación. El principio de conservación del plan 84

Página

i) Gobernanza y participación pública como elementos moduladores del carácter normativo del plan 84

ii) El principio de conservación del plan como propuesta de lege ferenda. Autonomía local, principio democrático y fines de la ponderación 90

III

LA DIMENSIÓN CONSTITUCIONAL DE LA TUTELA CAUTELAR 97

A) Tutela cautelar como faceta del derecho constitucional a la tutela judicial efectiva 97

a) Contenido normal del derecho a la tutela judicial efectiva, sin que pueda ser excluida ab initio respecto de determinadas actuaciones administrativas 97

b) Juicio probabilístico y exclusión de un pronunciamiento sobre el fondo 99

c) Incidencia de la tutela del interés público ínsito en la actuación administrativa y adecuación de la medida cautelar 102

B) La suspensión cautelar de las normas legales con incidencia sobre el desarrollo sostenible y los recursos naturales en los recursos de inconstitucionalidad 103

a) Ponderación de intereses, perjuicios de difícil o imposible reparación y presunción de constitucionalidad de la Ley impugnada 103

b) La prevalencia del medio ambiente y los recursos naturales frente a intereses de carácter patrimonial como regla de precedencia condicionada 105

c) La prevalencia de la protección del patrimonio histórico frente al interés urbanístico como regla de prevalencia condicionada 125

d) Cuestiones procesales 126

e) El conflicto positivo de competencias 127

C) La aplicación del régimen de tutela cautelar propia del derecho de la Unión cuando se alega la vulneración de una norma de derecho europeo 129

Página

IV

LA EXCEPCIONALIDAD DEL OTORGAMIENTO DE UNA TUTELA CAUTELAR FRENTE A LOS INSTRUMENTOS DE PLANEAMIENTO BAJO LA VIGENCIA DE LA LEY DE LA JURISDICCIÓN DE 1956 133

A) La relectura constitucional del artículo 122 de la Ley de la Jurisdicción de 1956. Los daños o perjuicios de imposible o difícil reparación y la ponderación de las exigencias de los intereses en juego ante la impugnación de un instrumento de planeamiento 133

B) La excepcionalidad de la suspensión cautelar de instrumentos de planeamiento urbanístico en cuanto normas reglamentarias 136

C) Las líneas jurisprudenciales donde se admite excepcionalmente la suspensión 141

D) La existencia de intereses públicos contrapuestos. El ejemplo de la protección del dominio público marítimo-terrestre 149

E) La suspensión cautelar de instrumentos de planeamiento de iniciativa particular solicitada por el Ayuntamiento 153

F) Las posibles afecciones medioambientales del instrumento de planeamiento no justifican la suspensión 154

G) La dimensión procesal. La prueba de los perjuicios. La doctrina del fumus boni iuris y su proyección sobre la impugnación de instrumentos de planeamiento 155

V

LA ARQUITECTURA DEL SISTEMA CAUTELAR EN LA LEY 29/1998 159

A) La estructura del artículo 130. La ponderación de inte,reses en conflicto y la identificación de la pérdida cierta de la finalidad en el recurso frente a disposiciones reglamentarias 159

B) La seriedad de la solicitud de la medida cautelar y la carga de la prueba. La incidencia del ejercicio de la acción pública 162

Página

C) La concreción del elenco de medidas cautelares a la suspensión y la anotación preventiva de demanda cuando se impetra la tutela cautelar frente a un instrumento de planeamiento en cuanto norma reglamentaria. La excepcionalidad de las medidas cautelares positivas 165

a) La suspensión como medida primaria 165

b) La anotación preventiva de demanda 166

c) ¿Medidas positivas regulatorias? 170

D) Cuestiones procesales del incidente cautelar frente a instrumentos de planeamiento 171

a) Impugnación del instrumento de planeamiento y momento de solicitud de la tutela cautelar 171

b) Sustanciación del incidente cautelar 177

c) Resolución del incidente cautelar. Posible modificación de la medida cautelar de suspensión 179

d) La limitada vía de recurso frente al Auto que decide el incidente cautelar 182

e) La caución 185

f) ¿Ejecución forzosa de la desestimación de la medida cautelar de suspensión? 189

VI

LOS RESULTADOS PRÁCTICOS DE LAS PRETENSIONES DE TUTELA CAUTELAR FRENTE A PLANES URBANÍSTICOS. DEL PARADIGMA TRADICIONAL BASADO EN LA PREEMINENCIA DEL INTERÉS PÚBLICO PLASMADO EN EL PLAN A LA AFIRMACIÓN DE LA NECESARIA PONDERACIÓN DE LOS INTERESES EN CONFLICTO CUANDO EXISTE EN JUEGO OTRO INTERÉS PÚBLICO VINCULADOS A LA GARANTÍA DEL DESARROLLO SOSTENIBLE 191

A) De la prevalencia prima facie del interés general ínsito en el instrumento de planeamiento sobre los intereses privados de los titulares de suelo a la necesaria ponderación ad casum 191

Página

a) *La deferencia hacia el plan como norma adoptada por una Administración democráticamente elegida. La difícil apreciación del riesgo en la fase de planeamiento y su remisión a la fase de gestión o intervención en la edificación* 191

b) *La necesaria reconducción de la deferencia a través de una efectiva ponderación. Relevancia del ámbito al que afecta el planeamiento para decidir la medida cautelar* 194

B) La aplicación práctica de la medida cautelar de suspensión. Exposición de las líneas jurisprudenciales 199

a) *Ante la alegación de un interés exclusivamente privado sigue afirmándose prima facie la preeminencia del interés público que representa el instrumento de planeamiento salvo que posibilite la demolición de la edificación* 199

b) *La ponderación con intereses públicos autonómicos o estatales se decanta por su prevalencia sobre el interés ínsito en el instrumento de planeamiento* 205

i) *Funcionalidad del recurso* 205

ii) *Tutela de intereses autonómicos frente al interés local* 208

iii) *Tutela de intereses de otra Administración local* 212

c) *Prevalencia de la protección de los bienes culturales* 213

d) *Prevalencia de la protección del medio ambiente (I). El demanio marítimo-terrestre* 218

e) *Prevalencia de la protección del medio ambiente (II). La garantía de la suficiencia de recursos hídricos* 222

f) *Prevalencia de la protección del medio ambiente (III). Afectación a espacios naturales* 226

g) *Prevalencia de la protección del medio ambiente (IV). Inexistencia de evaluación ambiental estratégica* 228

h) *Prevalencia de la protección del medio ambiente (IV). Reclasificación de suelos rústico de especial protección* 229

i) *Prevalencia de la protección del medio ambiente (V). Vulneración del principio de desarrollo sostenible. Crecimientos injustificados* 232

Página

j) *La extensa utilización de la apariencia de buen derecho como criterio para otorgar la suspensión* 234

VII

TUTELA CAUTELAR Y PONDERACIÓN DE INTERESES. UNA RECONSTRUCCIÓN DEL PROCEDIMIENTO DECISORIO 245

A) Las conclusiones de la práctica jurídica en materia de suspensión cautelar de instrumentos de planeamiento 245

a) *El otorgamiento de la medida cautelar anticipa en la mayor parte de las ocasiones el resultado de la sentencia* 245

b) *La vinculación de la tutela cautelar a la efectividad del fallo* .. 247

B) La identificación de la norma de control en materia cautelar frente a los instrumentos de planeamiento 247

a) *Norma de conducta y norma de control frente a la diversidad material del contenido del instrumento de planeamiento* 247

b) *La norma de conducta y la norma de control en la tutela cautelar. Identidad con el proceso sobre el fondo* 251

C) El juicio de contraste en la tutela cautelar como un juicio ponderativo 252

a) *Tutela cautelar y el caso concreto* 252

b) *La acreditación del perjuicio o urgencia como subsunción* 253

c) *Ponderación de intereses y no mero equilibrio de intereses. Identificación de los bienes en conflicto* 255

i) *La ponderación como método argumentativo* 255

ii) *Intereses alegados por el recurrente* 257

iii) *Interés público ínsito en el planeamiento. Ejecutividad como principio formal en la ponderación* 260

iv) *Adopción de la regla de precedencia condicionada. Método decisorio. Críticas* 264

d) *La síntesis abstracta de los supuestos donde se adopta la suspensión* 269

Página

VIII

ANEXO JURISPRUDENCIAL ... 273

A) Ley de la jurisdicción de 1956 ... 273

a) Instrumentos de planeamiento territorial ... 273

b) Plan General ... 274

c) Normas Subsidiarias de Planeamiento ... 277

d) Programa de Actuación Urbanística (o denominación similar de la normativa urbanística) ... 278

e) Plan Parcial ... 279

f) Plan Especial ... 281

g) Estudio de Detalle ... 282

B) ley de la jurisdicción de 1998 ... 283

a) Instrumentos de planeamiento territorial ... 283

b) Plan General ... 283

c) Normas Subsidiarias de Planeamiento o denominación autonómica equivalente ... 286

d) Plan de Sectorización o denominación autonómica equivalente (Programa de Actuación Urbanizadora) ... 288

e) Plan Parcial ... 289

f) Plan Especial ... 291

g) Estudio de Detalle ... 293

IX

BIBLIOGRAFÍA ... 297

Libro electrónico. Guía de uso

I

Introducción. Planteamiento del problema

A) CAMBIO DE PARADIGMA URBANO Y PERCEPCIÓN SOCIAL DE LA PLANIFICACIÓN URBANÍSTICA AL SERVICIO DE INTERESES PRIVADOS

a) PLANEAMIENTO Y CIUDAD DISPERSA

1. Aun cuando no constituye una imagen fiel de la generalidad de supuestos, el proceso de conformación del modelo de ciudad a través de la articulación de los intereses públicos y privados que constituye el procedimiento de aprobación de instrumentos de planeamiento urbanístico se ha descrito acertadamente como una suerte de «lotería del planeamiento»[1]. La visión externa que un ciudadano lego tiene de ese procedimiento se aproxima a la existencia de un simple mercadeo entre las autoridades públicas y los propietarios de suelo, como gráficamente se ha mostrado[2]:

> «...Tengo un grave problema de conciencia y por eso le he llamado —dijo el concejal de Urbanismo mientras jugueteaba distraídamente con unos lápices de colores colocados sobre el plano de la ciudad. "Usted es propietario de un magnífico solar y la Ley me autoriza a darle el destino que me parezca más oportuno. Yo creo que aquí podría colocarse un jardín para recreo de los niños y ancianos del barrio, que bien lo necesitan. Para ello basta pintarlo de verde". Y así lo hizo. El propietario balbuceó consternado: "Esto es mi ruina. En tales condiciones no me pagarán por él, compensaciones incluidas, ni un millón de pesetas." Sus lágrimas enternecieron al edil. "No llore usted más. Dejaremos de momento que los niños sigan jugando en las calles. También hay que pensar en los obreros y empleados modestos que necesitan vivienda. Se lo pintaré de marrón y podrá edificar algunos pequeños bloques de pisos

1. Expresión de García de Enterría (1957: 104), que en esencia recoge la noción acuñada de exigencia de racionalidad en la distribución de los beneficios y cargas del ensanche formulada por Cerdá Suñer (1861: 19).
2. Nieto García (1993: 35), bajo el título «Lápices de Colores».

baratos". El promotor calculó que así valía el solar cien millones de pesetas y, cobrando ánimo, ponderó las ventajas de construir muchas y buenas torres de lujo, que rehabilitarían la zona, reactivando de paso el sector de la construcción. La Autoridad, una vez más, demostró su buen corazón y se dio por convencida. "Pero reconocerá —añadió— que no es justo que usted se enriquezca con los terrenos a costa de niños y ancianos. Podemos hacer, por tanto, una cosa: Yo le pinto la parcela de rojo y usted cede al Ayuntamiento otro solar para el parque..."; "Acepto", exclamó jubiloso el propietario y sacó la pluma dispuesto a firmar. "No tan aprisa —dijo afablemente el concejal— que aún no he terminado. Por qué, además, deberá entregar al partido diez millones de los ochocientos que le estoy haciendo ganar con la recalificación del suelo y, sobre ello, también deberá darme a mí otros diez." ¿Cómo iba a dudar el promotor? Entre el rojo y el verde estaba el negocio y con la diferencia había para todos. Amable lector: no creas que exagero. La historia es real y cotidiana. Y, si tú te asombras de lo que te he contado, yo me asombro de que haya alguien que todavía lo ignore. ¿Cómo te explicas entonces, la existencia de torres gigantescas al lado de los jardines? ¿No te hubiera gustado ver un parque donde van a construirse los famosos edificios de KIO o de los albertos en la congestionada plaza de Castilla? ¿O es que no lees los periódicos donde se publican estos convenios (sin las últimas cláusulas, claro es)? ¿Te creías, acaso, que los partidos se financian con las cuotas de los militantes? ¿No te ha llamado nunca la atención el encumbramiento súbito de un vecino y de sus familiares, amigos y socios? Este es nuestro famoso planeamiento urbanístico: cuestión de colores. Entre la ruina y la fortuna no hay más que un lápiz y una astilla...».

2. Esta percepción, que sin duda puede calificarse de forma apropiada como un esperpento en el sentido valleinclanesco del término y que es no susceptible de ser generalizada a todos y cada uno de los procesos de ordenación urbanística que se han llevado y llevan a cabo en los municipios españoles, no obstante ha arraigado profundamente en la conciencia social y en su conformación a través de los medios de comunicación (fundamentalmente en editoriales[3] o en los artículos de opinión algunos de ellos elaborados por juristas[4] o arquitectos[5] de reconocido prestigio) como una de las señas de identidad de la gestión del suelo basada en un desarrollismo incontrolado que impregnaba a todos los partidos políticos sin excepción desde la aprobación de la Ley de Suelo de 1956 y que culminó con la Ley 6/1998, de 13 de abril, sobre Régimen del Suelo y Valoraciones y su opción por la puesta en el mercado de todos los suelos rústicos que no mereciesen

3. Así, p.e., y por lo que respecta a los grandes diarios de tirada nacional, el editorial «Corrupción urbanística» de *El País* de 1 de septiembre de 2006; o el editorial «Corrupción urbanística» de *ABC* de 4 de agosto de 2006.

4. P.e., MARTÍN PALLÍN (2006: 1).

5. P.e., BARDAJÍ ÁLVAREZ (2010: 23); o FERNÁNDEZ FERNÁNDEZ (2015: 14).

una protección. Marco normativo en el que se insertan 3 grandes booms inmobiliarios que ponen de relieve el peso de este sector en la económica española: la recuperación económica durante el franquismo (1963-1973), la eclosión del período democrático (1985-1992) y la eclosión inmobiliaria en el cambio de milenio (1997-2007)[6]. El planeamiento urbanístico se percibía, así como una «gallina de los huevos de cemento»[7], donde la simple reclasificación de un suelo rural y su posibilidad de desarrollo diferido a un futuro más o menos incierto, permitía al propietario patrimonializar unas expectativas urbanísticas «caídas del cielo»[8], aun cuando todavía no hubiese cumplimentado carga urbanística alguna. Expectativas de aumento de valor que crecían exponencialmente cuanto más tardase en desarrollarse el planeamiento.

3. Ciertamente se ha producido un desmesurado desarrollo urbanístico en las últimas décadas en España, no sólo en los municipios costeros y en el entorno de los grandes núcleos metropolitanos de Madrid y Barcelona[9]. Sobre todo, se ha producido en las ciudades intermedias[10]. Crecimiento que ha llegado a ser calificado como «significativamente» descontrolado[11] en una sociedad acrítica ante este fenómeno[12]. Entre los años 1987 y 2000 las zonas urbanizadas aumentaron un 29,5% respecto a lo existente, con una nueva superficie construida de 80.128 hectáreas. En el período entre 1997-2007, conocido como la «década prodigiosa del urbanismo», se urbanizaron 140.902 nuevas hectáreas, lo que supone un incremento superior al 123% respecto del período previo, fundamentalmente a través de un tejido urbano discontinuo[13]. En ese período la urbanización en el primer kilómetro de costa

6. Górgolas Martín (2019: 165).
7. En la gráfica expresión de Martín Mateo (2007: 31).
8. Sobre la evolución en la regulación de las expectativas urbanísticas y su dimensión constitucional y legal, Chinchilla Peinado (2023b: 302).
9. Chinchilla Peinado (2012: 38).
10. Bellet Sanfeliú – Andrés López (2021: 33) precisan que cerca de la mitad del suelo urbanizado en las ciudades medias españolas es posterior a 1980. Las áreas urbanas intermedias han pasado de apenas 100.000 ha de suelo urbanizado en1981 a más de 191.000 ha en 2018, lo que supone un incremento del 86% del espacio urbano.
11. Entendiendo por tal aquella expansión urbana en la que la tasa de cambio del uso del suelo de rústico a urbano es superior a la tasa de crecimiento demográfico de una determinada zona durante un período determinado, en los términos fijados por la Agencia Europea de Medio Ambiente, «La expansión urbana descontrolada en Europa», núm. 4/2006.
12. Górgalas Martín (2019: 164).
13. Burriel de Orueta (2008: 1); Górgalas Martín (2019: 170).Sólo entre 2001-2006, la superficie urbanizada se habría incrementado en España un 14,6% respecto a la del año 2000.

oscilaba entre el 8,58% de Lugo y el 50,82% de Málaga. A su vez, el porcentaje de variación de población entre 2001 y 2009 fue del 14,5 % aproximadamente (de 40.766.049 habitantes en 2001 a 46.745.807 habitantes en 2009), mientras que el índice de variación en la ocupación del suelo (zonas en construcción o suelo transformado) experimentó una variación entre 2000 y 2006 del 68,9 %, estando dicho crecimiento claramente desvinculado de la necesidad real de vivienda de la población[14]. Por su parte, el número de viviendas construidas entre 1991 y 2006 (según los datos del Ministerio) fue de 6.165.874, produciéndose la mayor aceleración entre 1997-2006 (4.718.109)[15]. Ello supuso un ritmo anual de construcción de viviendas de 18 viviendas/mil habitantes, sin que ello diese lugar a una reducción del precio de la vivienda, que se incrementó por encima del 195%[16], máxime ante la caída a mínimos históricos de la promoción de vivienda social.

4. Desde la perspectiva de los instrumentos de planeamiento, muchos de estos desarrollos se articulan en ámbitos únicos donde se albergan entre 2.000 y 7.000 viviendas (y en algunos casos significativos, hasta 13.000 viviendas como es el caso de en Seseña), generando modelos de crecimiento urbanístico donde se pretendía aumentar la población incluso por 5[17]. Existía así un fuerte desajuste entre el crecimiento demográfico y la expansión urbanística e inmobiliaria, configurándose como un modelo altamente especulativo. Las razones son suficientemente conocidas: las facilidades del sistema bancario para conceder préstamos para la adquisición de viviendas, lo que posibi-

---

14. Según las referencias suministradas por el Sistema de Información Urbana del Ministerio (en aquel momento) de Fomento a partir de los datos reflejados en CORINE Land Cover. En este sentido, el Observatorio de la Sostenibilidad en España, en su Informe de 2010, precisa como conclusión (pág. 323) que «...en España, en el año 2006 se superó el millón de ha artificiales (1.017.400 ha), lo que supone una ocupación del 2,01 % del territorio español. Este resultado procede de una artificialización intensiva en los últimos diecinueve años, principalmente en el periodo 2000-2006, los años de mayor efervescencia del pasado boom inmobiliario. En dicho periodo 2000-2006, la artificialización del suelo casi duplicó el ritmo de crecimiento del anterior periodo con datos, 1987-2000, hasta llegar a una tasa decrecimiento acumulado en el periodo 1987-2006 de un 51,87 %. Se ha crecido en seis años, de 2000 a 2006, lo mismo que en los trece anteriores años, de 1987a 2000. Y se puede constatar que España ha crecido en los últimos diecinueve años la mitad que en toda su historia hasta 1987. Este fuerte aumento se dio prácticamente en todas las CCAA, y especialmente en las provincias costeras, reforzando el fenómeno de litoralización. Además, la formación de las superficies artificiales en el periodo 1987-2006 procedió principalmente de zonas agrícolas (62 %) y en menor medida de bosques y áreas semi-naturales (25 %)...».
15. Burriel de Orueta (2008: 1), con un desglose por provincias.
16. Górgalas Martín (2019: 166).
17. Burriel de Orueta (2008: 1).

litó el surgimiento de una burbuja inmobiliaria; la consideración del suelo como un bien económico «ordinario» que permitiría abaratar el precio de la vivienda mediante la puesta en el mercado de una mayor oferta (salvo el suelo protegido, todo el resto debía ser suelo urbanizable conforme al art. 10 de la Ley 6/1998, reconociéndose a su propietario el derecho a promover su transformación, art. 15 —tras la redacción de la Ley 10/2003—) y la contemplación del territorio como estrategia de crecimiento económico por las administraciones locales, dando lugar a la concepción de las ciudades como «máquinas de crecimiento»[18]. Este modelo de crecimiento expansivo se inicia sobre todo en la década de los 90, con nuevos planes generales que articulan crecimientos que afectan de forma más o menos intensa a los municipios colindantes, generando aglomeraciones supramunicipales y áreas urbanas entorno a ellas, con nuevas piezas urbanas desligadas del casco urbano tradicional. Pero tras la aprobación de la Ley 6/1998, la expansión urbana se acelera, con un consumo intensivo de suelos y extensivo de procesos de urbanización selectiva y fragmentada, con una priorización por los usos monofuncionales[19]. El planeamiento posibilita una fragmentación de lo urbano, con un consumo intensivo del suelo en las periferias con usos de baja densidad. Surge así una ciudad definida por la extensión y la dispersión, consolidando un modelo de ciudad dispersa[20].

El resultado ha sido descrito, gráficamente, como «la ola que arrasó España»[21]. Cualquier municipio, independientemente de su realidad demográfica, adoptaba planeamientos que incorporaban tanto grandes desarrollos como espectaculares dotaciones, muchas de ellas claramente inadecuadas o irrealizables, como elementos de atracción de inversiones y crecimiento económico. Una descripción que acentúa el carácter esperpéntico del modelo de desarrollismo inmobiliario en España en las décadas anteriores al estallido de la burbuja inmobiliaria, no sin grandes dosis de realismo, es el siguiente[22]:

> «...Por estas fechas, cuando amarro en ese puerto, suelo echarle un vistazo al belén. Está situado en la plaza mayor y es enorme, con figuras de un palmo, casitas, norias que se mueven y puentes. Ocupa media plaza y siempre se ve rodeado de niños, con altavoces que emiten villancicos y murga propia del asunto. Cada año mejora: ahora el herrero martillea sobre el yunque, sale humo por el horno de pan y la hilandera se inclina moviendo la rueca. También observo que, a tono con el lugar y los tiempos, hay más casas. A

18. Górgalas Martín (2019: 168).
19. Bellet Sanfeliú – Andrés López (2021: 36).
20. Bellet Sanfeliú – Andrés López (2021: 33).
21. Fernández Valcárcel (2013: 48).
22. Pérez Reverte (2007: 1).

fin de cuentas, se trata de un belén situado en un pueblo que en los últimos años llenó de cemento, ladrillos y grúas cada playa, cada rambla, cada parcela hasta donde alcanza la vista. En esta España del pelotazo urbanístico y lo que te rondaré morena, donde el año termina con 800.000 nuevas viviendas aprobadas por los colegios de arquitectos y donde sólo en Murcia y Almería se prevén otras 500.000 para el litoral virgen mediterráneo, hasta en un nacimiento navideño el terreno urbanizable es tentación irresistible. Hace poco, en el belén de la plaza sólo había, figuras aparte, el portal y el pueblecito, un molino y una posada. Ahora hay edificaciones por todas partes. El pueblecito es un pueblazo que ha triplicado su tamaño, la casa del panadero tiene dos pisos más de altura, el aprisco y las chozas de los pastores son ya una fila de adosados, y la posada ha crecido, rodeada de nuevas casas, hasta tener el aspecto de un hotel de cuatro estrellas, con luz en las ventanas y un lucero luminoso encima que le da aspecto de puticlub. Por supuesto, cada vez hay menos campo. En el prado donde pastaban figuritas de ovejas han puesto media docena de casas, los molinos de aspas giratorias se han decuplicado —gracias a las subvenciones de la Comunidad Europea, supongo—, y en la esquina donde otros años había un bosque por dónde venían los reyes magos, a Herodes le han construido un palacio altísimo, enorme, con fachada neoclásica, frontón y columnas. Tiene mucha trastienda, por cierto, la actitud del fulano, allí en la puerta de su residencia, rodeado de cuatro figuras de cortesanos judíos y ocho guardias romanos. Uno de los acompañantes luce toda la pinta de un concejal de urbanismo: lleva en las manos un papel enrollado, sin duda los planos de un nuevo complejo a construir sobre terrenos del belén que, por feliz azar municipal, acaban de recalificarle a un cuñado suyo, que lo compró como suelo rústico dos semanas antes de las elecciones al Sanedrín. Es una pena que, en vez de villancicos, los altavoces no difundan la conversación de Herodes con los fulanos, aunque es fácil imaginársela. Tenemos cuatro fariseos a favor y un saduceo ecologista en contra, pero con trescientos denarios lo convertimos en tránsfuga y vota la recalificación de Cafarnaún tan seguro como que a Sodoma le dieron las suyas y las de un bombero. Etcétera. A todo esto, por el camino que ahora se ha llenado de casas, los tres reyes magos avanzan con sus camellos, mirando a uno y otro lado con cara de pensionistas guiris en busca de un apartamento en línea de playa. Pero, aunque ellos son tres, cada uno con su criado, o sea seis, más los camellos, no me salen las cuentas. Para llenar tanta nueva casa, cuento las figuritas del belén y no cuadra la proporción: cuarenta y siete, sin sumar ovejas y gallinas, para unas doscientas cincuenta viviendas, calculo a ojo; y menos figuritas que van a quedar tras la matanza de los inocentes, que está al caer. Así que ya me contarán quién va a ocupar tanto ladrillo. Pues no tienen que venir reyes magos, ni romanos, ni cireneos, ni samaritanos mafiosos, ni nada. Y encima, cuando uno mira el riachuelillo de agua que mueve la noria, se pregunta de dónde saldrá la necesaria para beber y ducharse en tanta casa. De Lanjarón, imagino. Los reyes magos van a tener que usar agua de Lanjarón. En cuanto al portal, el ángel que sostiene el cartelito con el *Gloria in excelsis Deo* parece desplegar sin complejos —lo juro por mis muertos— el cartel de una inmobiliaria. Y los presuntos pastores que rondan el pesebre tienen un sospechoso aire de constructores, especuladores y ediles municipales esperando a que la sagrada familia se suba en la burra y se largue a Egipto de una vez, para recalificar el terreno. Sí. Me juego el palo de la zambomba a que, en vez de portal, el año que viene encuentro ahí un campo de golf…».

5. Esa realidad urbanística da lugar a comunidades cerradas, a islas de semejanza, que originan una sociedad urbana separada y aislada (el «comunitarismo defensivo»[23]). Aquí el espacio público queda relegado, con diseños y funcionalidades que impiden verificar su capacidad integradora de la sociedad como lugar de encuentro[24]. Este resultado es el coloquialmente conocido como el urbanismo de los PAU´s y las piscinas[25].

b) PLANEAMIENTO Y REGENERACIÓN URBANA. EL TRLSRU Y LA AGENDA 2030

6. Ciertamente, la Ley 8/2007, de 28 de mayo, de Suelo y hoy el Real Decreto Legislativo 7/2015, de 30 de octubre, por el que se aprueba el Texto Refundido de la Ley de Suelo y Rehabilitación Urbana, incorporan, al menos en el plano normativo, un cambio de paradigma sobre la base del principio de desarrollo sostenible, con una apuesta decidida por la ciudad compacta y la intervención en su interior mediante su rehabilitación y reforma (a través de las actuaciones de renovación y reforma de la urbanización y las actuaciones de dotación) frente a la figura de la ciudad dispersa (basada únicamente en las actuaciones de nueva urbanización)[26].

---

23. Górgolas Marín (2019b: 174); Bauman (2006: 32), que alude a la noción de «comunidades de guardarropa».
24. Górgolas Marín (2019b: 175).
25. Dioni López (2021: 86).
26. La E.M. de la Ley 8/2007, apartado 1.º, señalaba que «la del urbanismo español contemporáneo es una historia desarrollista, volcada sobre todo en la creación de nueva ciudad. Sin duda, el crecimiento urbano sigue siendo necesario, pero hoy parece asimismo claro que el urbanismo debe responder a los requerimientos de un desarrollo sostenible, minimizando el impacto de aquel crecimiento y apostando por la regeneración de la ciudad existente. La Unión Europea insiste claramente en ello, por ejemplo en la Estrategia Territorial Europea o en la más reciente Comunicación de la Comisión sobre una Estrategia Temática para el Medio Ambiente Urbano, para lo que propone un modelo de ciudad compacta y advierte de los graves inconvenientes de la urbanización dispersa o desordenada: impacto ambiental, segregación social e ineficiencia económica por los elevados costes energéticos, de construcción y mantenimiento de infraestructuras y de prestación de los servicios públicos. El suelo, además de un recurso económico, es también un recurso natural, escaso y no renovable…».

7. La concreción del alcance jurídico de la renovación urbana requiere superar una concepción simplificadora, que la equipara a meras actuaciones de sustitución, adaptación y transformación de las tramas existentes de la ciudad (concepción espacial). El enfoque transversal da paso al concepto de renovación urbana integral (concepción material), donde se pone el énfasis en el proceso, y no tanto en la concreta acción. Al margen de precedente anteriores, la Carta de Leipzig sobre la Ciudad Europea Sostenible de 2007, incorpora la voluntad de los Estados miembro de acordar estrategias y principios comunes para las políticas de planificación urbana, incide en la necesidad tanto de desarrollar políticas que favorezcan el desarrollo urbano integrado, como en focalizarse en las áreas urbanas más desfavorecida. Allí aparece ya como objetivo la lucha contra el cambio climático, planteándose desde la renovación urbana a gran escala a través de la mejora de la eficiencia energética de las ciudades europeas mediante una acción coordinada. Se reconoce además que los instrumentos de planeamiento existentes no resultan adecuados[27]. La posterior Declaración de Toledo de 2010 incorpora una definición institucional de la regeneración urbana integrada[28], poniendo el foco sobre el papel del espacio público en los procesos de renovación. Partiendo de la evidente diferencia entre procesos urbanos[29] (regeneración social, urbana, ...) y acciones constructivas[30], se define a la renovación urba-

27. Martín-Consuegra Ávila – Alonso Ruíz de Rivas – Frutos Vázquez (2015: 3).
28. Conjunto de actuaciones integradas y coordinadas desde diversos departamentos sectoriales, sobre áreas o zonas de un tejido urbano que conjugan la rehabilitación de edificios, la posible renovación (demolición y construcción de nuevos edificios), la intervención sobre el espacio público o sobre los equipamientos, con otras de carácter social, económico y/o ambiental, para su transformación y mejora urbanística, la revitalización económica y la mejora de la calidad de vida de sus habitantes.
29. Debe distinguirse entre aquellos con un carácter sectorial, ya sea de intervención estrictamente socioeconómica o física, y aquellos con un carácter integrado. Los «procesos» de intervención estrictamente físicos se dividen a su vez en función de la permanencia del sustrato construido existente (con o sin demoliciones), la titularidad de los bienes objeto de intervención (privada o pública, distinguiendo en el segundo caso entre espacio público y equipamientos), y la existencia de reparcelación u otros mecanismos de equidistribución.
30. Así, en las «acciones»se distingue entre aquellas que inciden en los edificios y las que tienen por objeto el espacio público. Las primeras se clasifican en función del grado de permanencia del sustrato físico existente (con o sin demoliciones), su grado de transformación volumétrica (con o sin aumento de volumen), y el grado de transformación de su organización interna (con o sin reorganización interna). De esta forma, resultan las acciones de «conservación», donde se distingue a su vez entre «mantenimiento» y «reparación», «rehabilitación», «ampliación», «reforma», «demolición» o «desmontaje total» o «parcial» y «renovación». En las acciones de «rehabilitación», por ser el tipo más frecuente y complejo, se distingue entre aquellas con carácter integral

na integral como «una operación que engloba procesos de "regeneración social" y "regeneración urbana", y que afecta a un área urbana existente en un contexto urbano amplio»[31].

8. Dentro de los Objetivos de Desarrollo Sostenible (ODS) establecidos por la Agenda 2030 para el Desarrollo Sostenible de 2015, el ODS11 impone como política urbana «Conseguir que las ciudades y los asentamientos humanos sean inclusivos, seguros, resilientes y sostenibles». En este marco, la Conferencia Habitat III[32], celebrada en Quito en 2016 ha elaborado la denominada «Nueva Agenda Urbana». En la misma, además de recogerse una referencia indirecta al derecho a la ciudad y al derecho al territorio como elementos integrantes del concepto de desarrollo urbano sostenible, se identifican como problemas acausales a resolver, entre otros, la necesidad de planificar en base a las proyecciones demográficas, manteniendo la oferta de suelo en equilibrio con el crecimiento poblacional y la gentrificación. La Agenda se decanta por la formulación de estrategias de desarrollo espacial que, frente a la ocupación de nuevos suelos, prioricen la renovación urbana con densidades demográficas sostenibles a través del diseño compacto y la integración de nuevos barrios en el entramado urbano, impidiendo el crecimiento urbano incontrolado y la marginación. La Agenda 2030 es, ciertamente, una disposición de derecho internacional con efectos jurídicos

---

y las centradas en determinados aspectos estructurales o funcionales. Por su parte, las «acciones» sobre el espacio público a escala restringida se clasifican, en función del grado de permanencia de lo existente, en «reurbanización» y «remodelación» de la urbanización.

31. Moya González – Díez de Pablo (2012: 114) precisan que en las «intervenciones», término general, se debe distinguir entre «acciones» y «procesos»: las primeras se refieren a la ejecución material de la intervención, y se identifican con lo que en la normativa urbanística se ha denominado con frecuencia como obras; los «procesos» aluden a los procedimientos y metodologías para llegar a las «acciones», que engloban y articulan. Los primeros corresponden a la escala edificatoria o urbana restringida y los segundos a la escala urbana amplia. En la misma línea, García Pérez (2017: 217).

32. Como antecedentes se sitúan la Primera Conferencia de Naciones Unidas sobre Asentamientos Humanos Habitat I, de 1976, y a la Declaración de Vancouver que, con su correspondiente Plan de Acción de 64 recomendaciones, surgió de la misma; la cumbre Hábitat II de Estambul, de 1996, y a su Agenda Hábitat II: Declaración de Estambul sobre Asentamientos Urbanos, con sus 15 compromisos.

vinculantes «débiles»[33], si bien puede orientar la actuación de los poderes públicos[34].

9. La Agenda Urbana Europea adoptada en mayo de 2016 como aportación a Hábitat III, resalta el papel desempeñado por los programas UrbanI, UrbanII y UrbanIII, y que respalda el Acuerdo de París sobre el cambio climático. La Agenda establece entre sus objetivos afrontar el desafío de la pobreza urbana, abordando tanto la regeneración de barrios desfavorecidos como la integración socioeconómica de los residentes[35]. A su vez, la Agenda Urbana Española, aprobada por el Consejo de Ministros el 22 de febrero de 2019, incorpora entre sus objetivos estratégicos tanto la revitalización de la ciudad como la adaptación del modelo urbano al cambio climático. La revitalización se articula sobre la priorización de la rehabilitación edificatoria y la regeneración urbana, dejando en un segundo plano a los nuevos desarrollos urbanísticos. Renovación que no debe llevar aparejada efectos colaterales de gentrificación, cambios sustanciales en la morfología urbana y pérdida de la población residente. Para lograr ese objetivo se propugna la adopción de diseños basados en una efectiva participación de la ciudadanía. A su vez, la adaptación al cambio climático requiere ordenar los usos del suelo y de la edificación teniendo en cuenta aspectos bioclimáticos de eficiencia energética y funcional, que permitan hacer frente con carácter preventivo a los riesgos naturales de inundaciones o sequías extremas. Esta evolución permite afirmar que el concepto de regeneración urbana es un concepto

33. Sin que ello suponga desconocer que tales Tratados no forman parte del canon de constitucionalidad. Para el Tribunal Constitucional, p.e., en la STC 32/2019 (ECLI:ES:TC:2019:32) «la utilidad hermenéutica de los tratados y acuerdos internacionales sobre derechos humanos ratificados por España para configurar el sentido y alcance de los derechos fundamentales, de conformidad con lo establecido en el art. 10.2 CE, no convierte a tales instrumentos internacionales en canon autónomo de validez de las normas y actos de los poderes públicos desde la perspectiva de los derechos fundamentales. De suerte que una eventual contradicción por una ley de esos tratados no puede fundamentar la pretensión de inconstitucionalidad de esa ley por oposición a un derecho fundamental».

34. Sobre la fijación de estándares no vinculantes, establecidos por acuerdos internacionales no normativos, en el marco de la Ley 25/2014, de 27 de noviembre, de Tratados y otros Acuerdos Internacionales, y su eficaz aplicación por las Administraciones públicas, cfr. Rodríguez de Santiago (2015: 1).

35. El programa de Financiación para Ciudades en el Marco de los Fondos Estructurales y de Inversión Europeos (Fondos EIE) para el período 2014-2020, dirige las inversiones de los Fondos EIE directamente a zonas urbanas con el fin de crear mejores oportunidades de lograr una movilidad urbana sostenible, la regeneración física, económica y social de las comunidades desfavorecidas.

multidimensional en construcción[36], también en su faceta jurídica. A través de la misma se busca equilibrar y desarrollar la complejidad y diversidad de la estructura social, productiva y urbana de la ciudad. La intervención sobre la ciudad consolidada debe resolver los problemas de eficiencia energética, la colmatación de espacios infrautilizados, el mantenimiento de la vitalidad urbana, la recuperación de valores urbanísticos del espacio urbano, o la recuperación de bordes urbanos, así como adaptarse y mitigar los riesgos del cambio climático, junto a otros aspectos socioeconómicos.

10. Desde una perspectiva conceptual, ambas Agendas, en cuanto normas de *soft law* incorporan criterios abstractos que deben regir la adopción de normas vinculantes en el futuro por las autoridades competentes. Esos criterios abstractos no aparecen como reglas, sino como principios que requieren su optimización en la medida de lo posible (cumplimiento gradual)[37]. Su función es dirigir indiciariamente el comportamiento futuro de los poderes públicos. No tienen carácter jurídico vinculante[38], pero sí despliegan efectos jurídicos[39]. Se integran así en la norma de conducta que dirige la actuación de la Administración planificadora[40]. Permiten extraer argumentos y líneas de razonamiento en el proceso de interpretación de las Leyes urbanísticas. Consecuentemente, tanto las Agendas urbanas como el resto de *soft law* internacional, permiten dotar de una mayor certeza en la aplicación de las normas vinculantes, aumentando la dimensión aplicativa del principio de Estado de Derecho, al determinar un aumento de la densidad en la regulación de la acción administrativa[41]. Pero este *soft law* también puede ser invocado por los ciudadanos en un proceso contencioso-administrativo realizando una determinada interpretación jurídica. En tal caso, el órgano jurisdiccional debe argumentar las razones por las que asume o rechaza los criterios interpretativos que se derivan de dicha medida

36. García Pérez (2017: 218).
37. Esta configuración del *soft law* en Arroyo Jiménez – Rodríguez de Santiago (2020: 4).
38. Los criterios de *soft law* no son «ordenamiento jurídico» en el sentido del art. 63.1 LRJPAC, ni «Derecho» en el sentido del art. 71.1.a) LJCA, como precisa Rodríguez de Santiago (2016: 117).
39. Arroyo Jiménez – Rodríguez de Santiago (2020: 5).
40. Los criterios de soft law se integran en el ordenamiento a través de su interacción (por remisión, por concreción, por integración, etc.) con otras normas del ordenamiento.
41. Los riesgos del recurso al soft law respecto de las garantías del procedimiento de elaboración de disposiciones normativas, su conexión con el principio democrático, y el alcance de la revisión judicial en Arroyo Jiménez – Rodríguez de Santiago (2020:11).

de *soft law*[42]. Sólo en ese caso el *soft law* integrará la norma de control de la actuación administrativa.

11. Superada la crisis económica mundial, los datos normativos podrían dirigirnos hacia una situación de contención del crecimiento urbano. Pero los datos no respaldan totalmente esta hipótesis. Los planeamientos generales vigentes siguen incorporando un potencial de crecimiento cercano a las 500.000 hectáreas, lo que permite un crecimiento superior al 25% del parque de viviendas ya existente en la actualidad.[43]. Dos son las razones de esta posibilidad de crecimiento extensivo[44]. De una parte, cerca del 60% del planeamiento vigente fue redactado entre 1992 y 2007 manteniendo latente un modelo basado en la media o baja densidad hasta la reactivación del ciclo económico. De otra parte, la falta de la consideración de la regeneración urbana en estos momentos como un foco de ganancias económicas por parte de promotores y constructoras. Es más, en el momento actual, nuevamente el desarrollo urbanístico vuelve a acelerarse[45].

B) EL DRAMA DEL PLANEAMIENTO URBANO. LA RECURRENTE ANULACIÓN DEL PLANEAMIENTO URBANÍSTICO POR LA JURISDICCIÓN CONTENCIOSO-ADMINISTRATIVA

12. La respuesta en términos de control del ejercicio de la potestad de planeamiento por parte de los órganos judiciales ha presentado una doble línea divergente. En un primero momento, el foco se situó en el control sobre unos planes que arrojaban múltiples sospechas e indicios de responder a intereses espurios y la inadecuación del control contencioso-administrativo para hacerles frente, lo que motivó la ampliación del control a la jurisdicción penal. En un segundo momento, reconducido el control penal a sus justos

42. Como precisan Arroyo Jiménez – Rodríguez de Santiago (2020: 8) ello no implica afirmar el carácter vinculante del *soft law*, sino que es una exigencia derivada del art. 24 CE, al formar parte de los argumentos de las partes. En la ausencia de dicho alegato, el órgano jurisdiccional no está obligado a tener en cuenta el soft law en las que los órganos administrativos nacionales han consagrado sus propias directrices de interpretación.

43. Bellet Sanfeliú – Andrés López (2021: 43), según la información del Atlas Estadístico Digital de las Áreas Urbanas.

44. Bellet Sanfeliú – Andrés López (2021: 43).

45. La diferencia respecto al ciclo expansivo de 1997-2007 radica en que la aportación económica mayoritaria ahora no procede de las instituciones financieras, sino de fondos inversores que están comprando suelo e incluso actuando como promotores, Górgalas Martín (2019: 178).

términos, el foco se situará en lograr un adecuado control de la jurisdicción contencioso-administrativa que posibilite superar la figura de la nulidad como única consecuencia las infracciones procedimentales en la elaboración y aprobación del planeamiento, ante el aluvión de sentencias que anulan tales instrumentos. El complejo equilibrio de intereses públicos y privados que supone un plan urbanístico tras un dilatado procedimiento administrativo simplemente desaparece por la «fragilidad» del planeamiento urbanístico[46] o, más gráficamente, por la «mortalidad judicial de los planes»[47], ante la «plaga» o «epidemia»[48] de su declaración de nulidad. Ello ha situado al planeamiento urbanístico en España «patas arriba»[49], cosificando aún más un planeamiento claramente obsoleto[50]. Pero también ha puesto de relieve la inadecuación práctica de un sistema procesal contencioso-administrativo donde en muchos casos las sentencias anulatorias de planes se convierten en «papel mojado». La sentencia contencioso-administrativa no se impone a la realidad de una «ciudad» ya ejecutada, apareciendo como una sentencia «inocua»[51].

a) *LA UTILIZACIÓN DE LA JURISDICCIÓN PENAL COMO MECANISMO DE CONTROL DEL EJERCICIO DE LA (DESVIADA) POTESTAD DE PLANEAMIENTO. SU INSUFICIENCIA PRÁCTICA*

i) **De la irrelevancia a la atención del legislador penal**

13. En las últimas décadas, incluso a pesar del estallido de la burbuja inmobiliaria y la ralentización derivada de la pandemia global de la civil-19, la plasmación práctica de la ordenación del territorio por los gestores públicos, fundamentalmente en el ámbito municipal, ha estado situada en el centro del debate social y jurídico por su relación, en gran medida, con casos de corrupción (real o ficticia)[52]. Es un lugar común afirmar que duran-

46. González Sanfiel (2018: 47).
47. Santamaría Pastor (2016: 2).
48. Suay Rincón (2020: 77).
49. Sánchez Goyanes (2011: 16).
50. Como destaca Hernández Partal (2020: 640) «aproximadamente el 82% de los 8.125 municipios españoles cuentan con un Instrumento de Planeamiento de carácter general, y solo 1.460 (un 18%), de pequeña población, no disponen de ninguna figura de planificación». Pero el problema radica en que si se analiza la antigüedad de estos instrumentos entre los municipios de más de 20.000 habitantes, la antigüedad media de los Planes Generales es de 20, 25 años.
51. González-Varas Ibáñez (2004: 41).
52. Y ello al margen de la denuncia de las desastrosas consecuencias a que este urbanismo desenfrenado nos conduciría y que, desgraciadamente, se han visto confirmadas. En

te las décadas de 1990 a 2010 el urbanismo ha sido la principal fuente de ingresos municipales y, por tanto, la principal fuente de corrupción en las administraciones locales, tanto a nivel de los técnicos como mayormente a nivel de las autoridades públicas con competencias en materia urbanística[53], continuando esa percepción en la actualidad. Esta sensación, siendo esto lo jurídicamente relevante, también ha calado en el ánimo del legislador. Y, consecuentemente, en los órganos jurisdiccionales penales. La configuración a partir de 1995 de unos concretos «delitos urbanísticos» en el Código Penal se acompañó de la creación de específicas Secciones de Medio Ambiente y Urbanismo en las Fiscalías de los Tribunales Superiores de Justicia y de las Audiencias Provinciales y de un Fiscal Delegado del Fiscal General del Estado contra los delitos relativos a la ordenación del territorio y la protección del patrimonio histórico, del medio ambiente e incendios forestales, por el art. 18.quinques de la Ley 50/1981, de 30 de diciembre, reguladora del Estatuto Orgánico del Ministerio Fiscal, en la redacción otorgada por la Disposición Final Primera de la Ley 10/2006.

14. Aparentemente se ha trasladado así el centro de gravedad de la respuesta del Estado de Derecho al ámbito del Derecho Penal[54]. En un momento inicial se consideró que éste debía de aplicarse no sólo a aquellos supuestos más graves sino en todos cuantos supusiesen un daño irreversible al territorio y al paisaje en la medida en que es la sociedad la víctima de los despropósitos urbanísticos[55]. Y esa decisión se adopta al constatarse la insuficiencia (o la incorrecta utilización) de los instrumentos de la legislación administrativa (a la que puede calificarse como estéticamente impecable,

---

esta línea, Lozano Cutanda (2007: 340), ponía el énfasis bien en el impacto ambiental si se continuaba con el ritmo de crecimiento inmobiliario, bien en la crisis económica si explotaba la burbuja inmobiliaria, realidades ambas plenamente concurrentes.

53. Así, Gorriz Royo (2018: 103).

54. Un acertado resumen desde la perspectiva jurídico-penal de las causas que condujeron a esta opción de política legislativa en Pozuelo Pérez (2008: 71). La amplitud del problema puede inferirse de la extensión del «Mapa de presuntas irregularidades y actos de corrupción urbanística 2000-2007», incorporado al Informe de la Fundación Alternativas sobre urbanismo y corrupción, Iglesias González (2007).

55. Es cierto que el criterio del Derecho Penal como *ultima ratio* constituye un principio fundamental de política criminal que debe ser tenido en cuenta primordialmente por el legislador. Pero una vez ejercida la potestad legislativa, dicha decisión vincula a través del principio de legalidad a la actividad judicial ya que es el legislador quien decide, mediante la fijación de los tipos y las penas, cuáles deben ser los límites de la intervención del derecho penal frente al derecho administrativo sancionador. De forma consecuente, la actividad del órgano jurisdiccional penal *prima facie* se contrae a determinar si la conducta del imputado se encuadra o no dentro de los tipos penales de los artículos 319 y 320 del Código Penal.

pero materialmente ineficaz) y del control del orden contencioso-administrativo. En este sentido fue paradigmática la afirmación[56] de que:

> «...la desastrosa situación a que, a pesar de la normativa legal y administrativa, se ha llegado en España respecto a la ordenación del territorio, incluida la destrucción paisajista, justifica que, ante la inoperancia de la disciplina administrativa, se acude al Derecho Penal, como *ultima ratio*. Sin que quepa desconocer que la profunda lesión del bien jurídico protegido trae causa en buena parte del efecto acumulativo provocado por transgresiones...».

No obstante, tras un primer momento de efervescencia, los propios órganos de la jurisdicción penal incorporan el principio de *última ratio* en la concreción de los distintos tipos penales. La respuesta penal presenta, ahora, un carácter accesorio al Derecho urbanístico y subsidiario[57]. El legislador ha optado por articular la relación entre ambos ordenamientos como una «reserva de implementación» respectiva para asegurar el adecuado control social y evitar el fracaso del control administrativo[58].

15. Los tipos específicos de delitos contra la ordenación del territorio (delitos urbanísticos) regulados en la actualidad en los artículos 319 y 320 de la Ley Orgánica 10/1995[59], del Código Penal, con anterioridad a la reforma de 2010, contemplaban sólo los supuestos donde la actuación contraria a Derecho quedaba circunscrita a construcciones que carecían de la previa autorización administrativa. Por el contrario, la conducta más grave desde una perspectiva global, consistente en la aprobación del instrumento de planeamiento que otorgaba cobertura a los posteriores actos edificatorios al margen o en contra de los intereses generales y en beneficio directo de intereses privados carecía en tal momento de un tipo penal específico, por lo que debía reconducirse al tipo general de la prevaricación administrativa

56. STS (Sala de lo Penal) de 27/11/2009 (ECLI:ES:TS:2009:7703).
57. Gómez Rivero (2017: 3).
58. Parejo Alfonso (2009: 277), que certeramente señala que la realidad de «la criminalización de supuestos antes tratados con técnicas jurídico-administrativas o, en otros términos, la utilización de la pena al servicio de la efectividad de normas de comportamiento con sede en el Derecho administrativo o, incluso, sustituyendo a éste en su función propia. El desbordado Estado regulador actual está, pues y ante su impotencia para asegurar el control social que promete, reconsiderando la anterior construcción y, en todo caso, la jurisdicción penal está asumiendo, en la aplicación del Derecho penal, una posición de decidido y más que cuestionable activismo», fundamentalmente ante la constatación del urbanismo como un ámbito de corrupción.
59. Hasta esa fecha, la protección del territorio y el medio ambiente no formaba parte del objeto del Código Penal, quedando circunscrito el castigo de la vulneración de la ordenación urbanística a las infracciones administrativas.

del artículo 404[60]. Y esa reconducción, hasta ese momento, no había sido realizada por los órganos jurisdiccionales penales[61], remitiendo en todo caso al posible control contencioso-administrativo sobre la legalidad del instrumento de planeamiento. Aun reconociendo que la conducta de los órganos colegiados en la aprobación de los instrumentos de planeamiento podía ser calificada como ilegal, los órganos jurisdiccionales penales bajo tal entramado jurídico se habían resistido a apreciar en una decisión colegiada la concurrencia de la arbitrariedad penal[62], máxime si debían adoptarse dos decisiones por órganos colegiados de Administraciones Públicas distintas (municipal y autonómica), donde sólo la decisión del órgano autonómico determina la aprobación definitiva del instrumento de planeamiento (o en su caso constituye un opinión vinculante a través de la figura del informe previo determinante), por lo que la actuación municipal carecía de eficacia jurídica a efectos de integrar el tipo penal del artículo 404 del Código Penal[63]. En apretada síntesis, puede afirmarse que hasta este momento y ante tal impugnación, el orden penal expresamente había rechazado que la vía penal resulte la indicada[64], remitiendo a la vía contencioso-administra-

60. Como precisa, p.e., la SAP de Granada de 16/10/2019 (ECLI:ES:APGR:2019:2459) ante el Informe del técnico municipal favorable que bajo la apariencia de un simple cambio de tipología de la vivienda da lugar a la aprobación de un cambio de uso del suelo y un aumento del aprovechamiento.

61. Lo que es destacado por Pozuelo Pérez (2008: 86). En la misma línea, Rodríguez Fernández (2018: 26) afirma que tales conductas quedaban fuera del tipo penal.

62. Cfr., p.e., Auto de la Audiencia Provincial de Las Palmas de 08/02/2008 (ECLI:ES:APGC:2008:695A), que confirma el sobreseimiento por el Juzgado de Instrucción frente a la denuncia planteada ante la aprobación de un Plan Parcial, inicialmente por el Ayuntamiento de La Oliva y definitivamente por la Comisión de Ordenación del Territorio y Medio Ambiente de Canarias, por afectar a diversos valores naturales.

63. Así, expresamente, el Auto de la Audiencia Provincial de Islas Baleares de 26/05/2006 (ECLI:ES:APIB:2006:422A), ante la aprobación inicial de la Revisión del Plan General de Ordenación Urbana de Ibiza por el Ayuntamiento.

64. En este sentido, el Auto del Tribunal Superior de Justicia de Madrid (Sala de lo Civil y Penal) de 06/05/2002 (JUR 2002, 179167), ante la impugnación de la aprobación de la Modificación Puntual del Plan General de Ordenación Urbana de Madrid para dar cabida a la operación de la reclasificación de los terrenos de la ciudad deportiva del Real Madrid, expresamente señala que «...Todas las actuaciones administrativas relatadas han podido ser impugnadas ante el orden jurisdiccional Contencioso-Administrativo pudiéndose evitar el posible perjuicio irreparable derivado de las de carácter urbanístico cuestionado a través de la solicitud de las correspondientes medidas cautelares previstas al respecto en los artículos 129 y ss., de la Ley de la Jurisdicción Contencioso-Administrativa al estar determinada su posible adopción para el caso en el que la ejecución del acto administrativo pudiera hacer perder la finalidad legítima al recurso con la correspondiente acreditación de la apariencia de buen derecho, incluso "inaudita

tiva y a la posible adopción de medidas cautelares como cauce para evitar anticipadamente efectos indeseables[65].

ii) Los delitos contra la ordenación del territorio y el urbanismo en la fase de planeamiento

16. En el momento presente, la actual redacción del artículo 320 del Código Penal, en los términos dados por la Ley Orgánica 5/2010, de 22 de junio, incorpora expresamente en el tipo penal agravado de la denominada prevaricación urbanística a los instrumentos de ordenación territorial y planeamiento urbanístico[66], tanto desde la perspectiva de la emisión de informes favorables[67] en la fase de aprobación (sean de carácter técnico o de carácter jurídico, sean vinculantes o no, y sean escritos u orales), como de la emisión del voto favorable para su aprobación (quedan excluidos los supuestos de abstención, voto nulo o voto en blanco). Se trata de una

---

parte" y con la aplicación supletoria de la Ley de Enjuiciamiento Civil referida en la Disposición Final Primera de aquélla...».

65. Aquí debe tenerse en cuenta la (relativa) incidencia que tiene el Convenio Civil sobre la Corrupción del Consejo de Europa (BOE núm. 78, de 31 de marzo de 2010, que tras definir la corrupción, artículo 2, como «...el hecho de solicitar, ofrecer, otorgar o aceptar, directa o indirectamente, un soborno o cualquier otra ventaja indebida o la promesa de una ventaja indebida, que afecte al ejercicio normal de una función o al comportamiento exigido al beneficiario del soborno, de la ventaja indebida o de la promesa de una ventaja indebida...», obliga a los Estados signatarios artículo 3, a establecer mecanismos para que los sujetos que hayan sufrido daños como consecuencia de actos de corrupción obtengan la reparación íntegra de tal daño (incluyendo el lucro cesante). Igualmente obliga a los Estados signatarios, artículo 12, a establecer «...las medidas cautelares judiciales que sean necesarias para garantizar los derechos y los intereses de las partes en el curso de los procedimientos civiles que tengan su origen en un acto de corrupción...».

66. Disiento aquí de Enériz Olaechea (2010: 135) para quién también queda incluido dentro de la definición del tipo penal la información favorable de los convenios urbanísticos de planeamiento urbanístico, al considerar que constituye «un instrumento cuando prevé modificaciones o precisiones del plan vigente». Aun cuando resulta loable el esfuerzo por proyectar la tutela del bien jurídico protegido sobre los convenios urbanísticos de planeamiento, estos en ningún caso constituyen instrumentos de planeamiento, sino acuerdos preparatorios de la modificación del planeamiento vigente, sin que tengan carácter vinculante sobre el contenido final del mismo, Chinchilla Peinado (2006: 75), por lo que la interpretación restrictiva del tipo penal excluye su inclusión. En la misma de negar su inclusión en el tipo penal, Gorriz Royo (2018: 121).

67. Como destaca Gorriz Royo (2018: 141) el informe emitido por que sea considerado funcionario a efectos penales consiste en la emisión de una opinión profesional que sirve de sustento a una posterior resolución. Y para ello basta con que el emisor simplemente suscriba un dictamen previo o que se adhiera al de otro, mediante la consignación de una «nota de conformidad».

verdadera prevaricación, ya que es la arbitrariedad es el elemento indispensable para distinguir entre la injusticia del acto prevaricador y la mera ilegalidad administrativa[68]. En la regulación penal concurren dos bienes jurídicos protegidos, de una parte, el adecuado ejercicio de la función pública (al emitir informes) que supone el sometimiento a la Ley y al Derecho en la actuación administrativa, y, de otra parte, la adecuada utilización del suelo en cuanto bien colectivo y recurso natural frágil (al aprobar el instrumento de planeamiento)[69]. Y su incorporación tiene su razón de ser en la respuesta no solo a los mayores riesgos de materializar supuestos de corrupción que pueden concretarse en la aprobación de un instrumento de planeamiento, dado que pueden posibilitar negocios inmobiliarios multimillonarios en perjuicio de los intereses generales, sino a efectiva realidad de los perjuicios a la utilización racional del suelo. En tales delitos urbanísticos no se tutela directamente la normativa de ordenación territorial o urbanística en sí mismas consideradas, sino el valor material de la ordenación del territorio, en su sentido constitucional de «utilización racional del suelo orientada a los intereses generales» (artículos 45 y 47 CE), configurado como un bien tutelado por la normativa penal[70].

17. El tipo penal exige la comisión dolosa, activa u omisiva, lo que implica la exigencia de probar que la autoridad o funcionario que informa favorablemente el instrumento de planeamiento o que otorga su voto es consciente de la ilegalidad del mismo y de que ocasiona un resultado materialmente injusto, actuando así porque quiere obtener ese concreto y determinado resultado y antepone el contenido de su voluntad a cualquier otro razonamiento o consideración jurídica[71]. Pero no se trata de una simple ilegalidad,

68. Rodríguez Fernández (2018: 2); Gorriz Royo (2018: 118); Gómez Rivero (2017: 15).
69. Por ello, correctamente García Llovet (2021: 9) precisa que el bien jurídico tutela no es la simple legalidad urbanística administrativa. En la misma línea, Gorriz Royo (2018: 122). Ahora bien, debe considerarse fútil el intento de la doctrina penal de diferenciar ese bien jurídico protegido del que la normativa administrativa de ordenación del territorio y urbanismo protege, ya que es el mismo bien jurídico.
70. P.e., cfr. STS (Sala de lo Penal) de 28/03/2006 (ECLI:ES:TS:2006:7937), donde se precisa que «...la coordinación de las medidas administrativas y penales para la tutela urbanística no debe interpretarse en el sentido de que el Derecho Penal le corresponde un papel inferior respecto del Derecho Administrativo o meramente auxiliar. Ambos se complementan para mejorar la tutela de un interés colectivo de especial relevancia, ocupando cada uno de ellos su lugar específico y desempeñando el papel que le corresponde conforme a su naturaleza. El derecho administrativo realiza una función preventiva y también sancionadora de primer grado, reservándose el Derecho Penal para las infracciones más graves, conforme al principio de intervención mínima...».
71. En este sentido, Sánchez Robert (2018: 1675); Enériz Olaechea (2010: 131); y Criado Sánchez (2010: 83).

sino que la injusticia con relevancia penal, que supone un uso arbitrario e injustificado de las competencias públicas, exige que la contradicción con las normas territoriales o urbanísticas[72] (estatales, autonómicas o locales) incorpore una especial y significativa gravedad en los términos anteriormente expuestos, sin que pueda ser explicada con una argumentación técnico-jurídica mínimamente razonable y aceptable a partir de los métodos de interpretación «ordinarios» de la Ley, lo que deberá ser apreciado por el juez penal tras realizar un previo análisis de la legalidad administrativa para determinar si la actuación infringe o no las normas sobre ordenación del territorio o urbanísticas vigentes[73]. Por ello debe calificarse como una norma penal en blanco que necesariamente requiere la integración del tipo penal con la normativa urbanística[74] sobre la base del principio de accesoriedad[75]. Se utiliza así por la norma penal el estándar administrativo[76].

---

72. Aquí debe tenerse presente que bajo la expresión «normas» deben quedar comprendidas todas aquellas disposiciones que presenten un carácter vinculante (con independencia del distinto grado de vinculación), no así las meras recomendaciones. Igualmente, y bajo la expresión «ordenación territorial o urbanísticas», no pueden comprenderse con carácter general aquellas normas sectoriales medioambientales, de protección del patrimonio histórico... etc., pero sí aquellas determinaciones de las mismas que establezcan determinaciones sobre la ordenación del territorio o sobre el urbanismo (fundamentalmente clasificación y usos del suelo).
73. De ahí que Enériz Olaechea (2010: 110), gráficamente precise que con esta estructura de la norma penal los delitos urbanísticos se «administrativizan». En todo caso debe considerarse que aquí se satisface la exigencia del principio de tipicidad y de reserva de Ley orgánica, dado que el reenvío a la normativa administrativa (TRLSRU, leyes autonómicas y planes urbanísticos) actúa como complemento indispensable para garantizar la certeza del tipo penal, como señala Parejo Alfonso (2009: 292).
74. García Llovet (2021: 5); Rebollo Puig (2019: 153); Sánchez Robert (2018: 1673); Gómez Rivero (2017: 5); García de Enterría (1998a: 265). Y ello porque los elementos objetivos del tipo se integran por hechos que tienen una predefinición extrapenal, incorporándose en el tipo conceptos y categorías propias del derecho urbanístico o, para ser más precisos, propias del sistema urbanístico integrado por el régimen urbanístico diseñado por el legislador estatal y los 17 sistemas urbanísticos adoptados por las Comunidades Autónomas. Y aquí debe tenerse en cuenta que al no establecer el art. 320 CP una remisión expresa a la normativa urbanística implica que el juez penal debe considerar los conceptos allí utilizados como conceptos penales autónomos, siendo el juez penal quien debe determinar, con los métodos exegéticos correspondientes, la utilidad que puede tener la normativa extrapenal, en concreto la administrativa, para dotarlo de contenido preciso, en los términos de la STC 50/2018, FJ 4.º.
75. Dado el carácter de ultima ratio del Derecho penal, en virtud del principio de coherencia del ordenamiento debe entenderse que todo lo lícito jurídico-administrativamente debe considerarse también lícito penalmente. Por ello, el ilícito penal solo comienza a partir de la frontera exterior del campo de la actuación administrativa lícita.
76. Parejo Alfonso (2009: 293).

18. En definitiva, la arbitrariedad no se vincula tanto a la posible ilegalidad grosera o evidente, sino a la configuración de la simple voluntad del funcionario o cargo público como fuente de normatividad[77]. Pero, además, y para evitar una identidad de infracciones administrativas y penales, no alcanzan relevancia penal aquellas infracciones de la legalidad urbanística que puedan reputarse como «insignificantes»[78] desde una perspectiva material, requiriéndose una efectiva y significativa lesividad material para el bien jurídico tutelado (principio de intervención mínima)[79]. Se establece así una obligada deferencia penal respecto a la interpretación administrativa de la realidad[80].

19. Quedan excluidos así los supuestos de mera imprudencia[81]. Quedan igualmente fuera del tipo penal del art. 320 los informes de carácter desfavorable o las resoluciones desestimatorias de la aprobación de instrumentos de planeamiento que, no obstante, pueden ser reconducidas en su caso al tipo general de la prevaricación administrativa del art. 404[82]. Igualmente quedan extramuros del tipo penal la suscripción de un convenio urbanístico de planeamiento desde la perspectiva del particular, ya que este no tiene en modo alguno la consideración de funcionario o autoridad pública[83]. Se trata, por tanto, de un delito especial propio que sólo puede ser cometido como sujeto activo por un funcionario o autoridad, entendidos en su acepción material, en cuanto conceptos autónomos de Derecho penal[84]. Finalmente, quedan fuera del tipo penal los instrumentos de planeamiento territorial o urbanístico aprobados mediante una norma con rango de Ley, ya que ahí no interviene la arbitrariedad de una autoridad administrativa, sino el poder legislativo[85].

20. La normativa que debe tomarse en cuenta es la vigente en el momento de emitir el informe o formular el voto favorable, sin que una posterior modificación de la normativa conculcada pueda «legalizar» la conducta infractora del funcionario o la autoridad[86]. No se trata aquí de un delito de «peligro», la simple emisión del informe favorable o el voto favorable por sí

77. Rodríguez Fernández (2018: 5). En contra, Gorriz Royo (2018: 123).
78. SAP de Barcelona de 28/05/2021 (ECLI:ES:APB:2021:8017).
79. Gómez Rivero (2017: 16).
80. Parejo Alfonso (2009: 290).
81. Gorriz Royo (2018: 167).
82. Rodríguez Fernández (2018: 3).
83. Carmona Salgado (2019: 952); Rodríguez Fernández (2018: 23).
84. Sánchez Robert (2018: 1669).
85. Rodríguez Fernández (2018: 32).
86. Sánchez Robert (2018: 1676).

solo no suponen la comisión del ilícito penal, sino que se requiere que para su consumación que el instrumento de planeamiento haya sido efectivamente aprobado[87]. Con ello se posibilita, fundamentalmente, la intervención del Derecho penal en el ámbito de los procesos de clasificación del suelo y su vinculación con tramas de corrupción urbanística[88], tanto cuando son aprobados *ex novo* como cuando son objeto de una alteración[89].

21. Dada la falta de especialización de los integrantes de la jurisdicción penal en materia urbanística, al tener que aplicar normas, nociones y conceptos propios del Derecho urbanístico[90], que en muchos supuestos incorporan facultades discrecionales o más propiamente conformadoras, se dificulta un efectivo control de la potestad de planeamiento por la jurisdicción penal, conduciendo esa falta de especialización a la incorporación en el proceso penal de peritos «jurídicos» especialistas en derecho urbanístico que «expliquen» ese ordenamiento al órgano jurisdiccional penal[91]. Pero ello supone que el dictamen pericial se pronuncia no sobre hechos, sino sobre el fondo jurídico, lo que determina inadecuación jurídica[92].

iii) La capacidad de la jurisdicción penal para anular planes urbanísticos y suspenderlos cautelarmente. La limitada relevancia de su control

22. La indefinición de los límites entre el Derecho administrativo y el Derecho penal ha generado controversias y situaciones de inseguridad jurídica[93], al determinar que el juez penal deba pronunciarse sobre «cuestiones administrativas» y determinar su legalidad o ilegalidad. En la legislación penal no existe una atribución expresa de la competencia del juez penal para anular actos o reglamentos administrativos como consecuencia de la responsabilidad civil derivada del delito[94]. Evidentemente no existe una exclusividad del control de la actuación administrativa por parte de la jurisdicción contencioso-administrativa, a tenor del art. 106 CE. El dogma de la

87. Rodríguez Fernández (2018: 7); Sánchez Robert (2018: 1677). En contra, Carmona Salgado (2019: 962); Gorriz Royo (2018: 142) que lo califican como un delito de mera actividad.
88. Gorriz Royo (2018: 147).
89. En contra, sin justificación alguna Gorriz Royo (2018: 148).
90. Rebollo Puig (2019: 153).
91. Como destaca Martín Valdivia (2019: 256); Rebollo Puig (2019: 175).
92. García de Enterría (1998a: 257). Rebollo Puig (2019: 175) pone el foco en el posible carácter sesgado de tales informes.
93. García Llovet (2021: 4); Martín Valdivia (2019: 254).
94. Rebollo Puig (2019: 162).

especialización de la jurisdicción contencioso-administrativa[95] no es óbice al conocimiento directo por la jurisdicción penal que, en caso de considerar cometido el delito de prevaricación urbanística en la aprobación del instrumento de planeamiento, llega a acordar la nulidad del plan, así como de los instrumentos de gestión y de control de la edificación que también hayan sido objeto de impugnación[96]. El principio de unidad de jurisdicción consagrado en los arts. 3.1 y 10.1 LOPJ ha derogado tácitamente la figura de la prejudicialidad devolutiva del art. 4 LECrim[97]. Esto es, la decisión del órgano penal, aquí sí, tiene fuerza de cosa juzgada formal y material, y no puede ser enjuiciada nuevamente por la jurisdicción contencioso-administrativa, a pesar de contener el art. 320 una ley penal en blanco. El art. 106 CE al someter al control judicial la actuación administrativa no incorpora una reserva de jurisdicción, imponiendo el derecho a la tutela judicial efectiva esa competencia del juez penal para evitar posibles sentencias contradictorias, siendo constitucionalmente admisible dicha anulación, cuando la actuación administrativa sea consecuencia directa de la comisión de la infracción penal[98]. En otros términos, la competencia de la jurisdicción penal para anular el instrumento de planeamiento tiene su razón de ser en que la nulidad del plan no se fundamenta en la legislación administrativa sino en la legislación penal, configurándose como una «responsabilidad civil» derivada del delito[99]. La competencia se encuentra implícita en la regulación del art. 320 CP. Ahora bien, ello no se lleva a cabo en todos los supuestos por la jurisdicción penal, remitiendo en algunos casos a la propia Administración

95. Baño León (2009: 521).

96. Actuando no ya como juez de «cuestiones administrativas» sino como juez contencioso-administrativo, como gráficamente ha señalado de forma crítica García Llovet (2021: 25).

97. Frente a la regulación del art. 4.2 de la derogada Ley de la Jurisdicción Contencioso-Administrativa de 1956, donde se disponía «La decisión que se pronuncie [en las cuestiones prejudiciales incidentales no pertenecientes al orden administrativo] no producirá efecto fuera del proceso en que se dicte y podrá ser revisada por la jurisdicción correspondiente». En esta sentido, Rebollo Puig (2019: 172); Martell Pérez-Alcalde (2017: 37), siendo ello asumido por la jurisdicción penal. Críticos con esta solución, al analizar las cuestiones prejudiciales devolutivas en la relación jurisdicción penal, jurisdicción contencioso-administrativa dada la complejidad jurídico-administrativa de la determinación del tipo penal, García de Enterría (1998a: 255); Parejo Alfonso (2009: 301); Bauzá Martorell (2017: 126); García Llovet (2021: 21).

98. Picón Arranz (2022: 230).

99. Conforme a la doctrina fijada por la STS de 08/06/2018 (ECLI:ES:TS:2018:2056).

para que proceda a «la restauración de la legalidad urbanística infringida»[100] mientras que anula en otros en función de las circunstancias presentes[101].

23. Un análisis de la jurisprudencia penal pone de relieve en los contados supuestos donde se ha apreciado cometido este delito de prevaricación urbanística que la vulneración de las normas urbanísticas es «grosera». Ello se produce cuando el Plan Parcial se aprueba contraviniendo las condiciones impuestas en los informes preceptivos del órgano autonómico en materia de carreteras al afectarse a la zona de dominio, incorporando como espacios libres de uso público la zona de dominio público viario, y no incorporar las medidas de protección frente al ruido[102]; cuando el instrumento de planeamiento general es alterado, modificando planos y parte de las normas urbanísticas que no han sido aprobadas por el órgano colegiado competente[103]; cuando se adopta como instrumento de planeamiento aplicable un simple proyecto normativo, al no haber sido objeto de aprobación definitiva la revisión del planeamiento general[104]; o cuando se incorpora un vial estructurante mediante un Estudio de Detalle que invade terreno destinado a equipamiento dotacional deportivo público[105].

24. Igualmente, la jurisdicción penal puede adoptar la medidas cautelares ante la posible comisión del delito del art. 320 CP. Aquí se aplican las reglas de la LEC (arts. 721 y ss.). En la práctica, el juez penal (a instancias de la fiscalía) se adopta las medidas cautelares efectivas que impiden la materialización del perjuicio al bien jurídico protegido, consistentes en aquellas que imposibilitan la ejecución del plan (paralización de obras, retirada de publicidad relativa a la venta de los chalets, retirada de vallas y farolas, anotación preventiva en las parcelas resultantes de las citadas medidas cautelares y prohibición de disponer de dichas parcelas). Esas son las medidas eficaces.

25. Obviamente, esta afirmación no desconoce los posibles problemas procesales que pueden afectar al derecho a la tutela judicial. En el ámbito del art. 320 CP el Ayuntamiento o la Comunidad Autónoma que aprueban definitivamente el instrumento de planeamiento en principio solo podrán personarse en el proceso penal como responsables civiles, aun cuando ello

100. SAP de Cantabria de 15/04/2021 (ECLI:ES:APS:2021:164).
101. Se anulan los instrumentos de planeamiento por la STS de 22/12/2022 (ECLI:ES:TS:2022:4809).
102. STS de 22/12/2022 (ECLI:ES:TS:2022:4809).
103. STS de 10/02/2022 (ECLI:ES:TS:2022:545).
104. SAP de Málaga de 22/02/2021 (ECLI:ES:APMA:2021:626).
105. SsAP de Cantabria de 15/04/2021 (ECLI:ES:APS:2021:164); y 28/05/2020 (ECLI:ES:APS:2020:1323).

resulte conceptualmente cuestionable[106]. Los propietarios de terrenos o cualquier ciudadano tiene dificultado su acceso al proceso penal[107]. La decisión penal no puede proyectarse en la mayoría de los supuestos a los actos de ejecución urbanística dictados bajo la cobertura del instrumento de planeamiento aprobado a través de la concurrencia del ilícito penal. Si las licencias otorgadas no han sido igualmente impugnadas en la vía penal, la sentencia dictada por los órganos jurisdiccionales penales no podrá anularlas al afectarse a los derechos de terceros no oídos en el proceso penal[108], debiendo dilucidarse su legalidad en la vía contenciosa, donde si las mismas no se impugnaron en el plazo de 2 meses desde su otorgamiento podrán haber devenido firmes (salvo que se ejecuten sobre suelo no urbanizable o sobre suelos dotacionales) e inimpugnables, debiendo ser asumidas por el nuevo planeamiento, en su caso, como edificaciones en situación de fuera de ordenación, con las disfuncionalidades que ello ocasiona. A todo ello debe sumarse los tiempos de la jurisdicción penal, donde desde el desarrollo de los primeros actos de instrucción hasta la obtención de una sentencia penal firme pueden transcurrir más de 15 años. Todo ello cuestiona la idoneidad de la competencia de la jurisdicción penal[109], sin perjuicio de reconocer que el Derecho penal puede tener consecuencias preventivas y ejemplificadoras de cara a impedir futuras e hipotéticas actuaciones urbanísticas, a la par que incorpora determinados alicientes para su utilización por los particulares[110].

26. Lo decisivo a estos efectos es que el Derecho penal no puede ordenar la ciudad (o más ampliamente el territorio)[111]. Los mecanismos (reglas y principios) para articular de forma coherente y racional la utilización del suelo, protegiendo tanto los intereses privados como los intereses públicos corresponde al Derecho urbanístico.

---

106. García Llovet (2021: 14). La jurisdicción penal considera que en los delitos de prevaricación la posición de la Administración es la de «un responsable civil subsidiario o tercero responsable civil» y no la de un perjudicado en sentido propio, ya que aquí concurre una relación orgánica (donde el funcionario o la autoridad actúan como cargos de un órgano administrativo), STS de 08/06/2018 (ECLI:ES:TS:2018:2056).
107. En este sentido, cfr. Lozano Cutanda (2007: 352); Rebollo Puig (2019: 165).
108. Cfr. SAP de Cáceres de 13/12/ 2010 (ECLI:ES:APCC:2010:917).
109. Bauzá Martorell (2017: 117).
110. Como destaca Rebollo Puig (2019: 177) —plazos más amplios, acción popular... etc.—.
111. González Sanfiel (2020: 45).

b) *LA INSATISFACTORIA RESPUESTA DEL CONTROL DE LA JURISDICCIÓN CONTENCIOSO-ADMINISTRATIVA*

i) **La rigidez judicial en el control de la potestad de planeamiento urbanístico**

27. La posición de la jurisdicción contencioso-administrativa sobre la naturaleza jurídica de los instrumentos de planeamiento urbano es terminante. Se trata de normas jurídicas y, por tanto su naturaleza es reglamentaria[112]. Tal calificación jurídica no es fruto ni de una previsión legal ni de una reflexión metodológica sino de razones prácticas de carácter procesal[113] para garantizar un «adecuado» control de un instrumento con gran trascendencia al posibilitar el control de legalidad del plan a través de sus actos de aplicación o de los planes de rango inferior, superando así el breve plazo de control de los 2 meses desde su aprobación, a través del recurso directo. Los aspectos positivos de esta configuración llevan aparejados también aspectos negativos. La consecuencia «natural» que la existencia de cualquier vicio determina en el plan en cuanto norma es la nulidad de pleno derecho del plan.

28. La anulación de los planes urbanísticos afecta a un número muy elevado de los mismos[114]. El estupor de las Administraciones implicadas, de los operadores jurídicos, y de la ciudadanía en general es incuestionable Ciertamente ello no responde tanto a un «acusado fervor medioambientalista» de los integrantes de la jurisdicción contencioso-administrativa[115], como a una realidad, la «fragilidad» del planeamiento derivada de la enorme dificultad formal y material que supone la aprobación de un instrumento de planeamiento y las facilidades para su impugnación, en su caso a través de la figura de la acción pública ex art. 62 TRLSRU.

---

112. La primera decisión es la STS de 08/05/1968 (Arz. 2548) que califica a un plan parcial como «productor de normas jurídicas objetivas», si bien la previa STS de 20/04/1964, calificó de forma incidental a los planes como normas de carácter general.

113. Rodríguez de Santiago (2016: 157).

114. Un detallado análisis de las causas, formales y materiales, más usuales, en Valenzuela Rodríguez (2019: 89).

115. Como sugiere Santamaría Pastor (2014: 211), quién posteriormente considera la existencia no tanto de un activismo judicial como de una mayor rigidez en el control de los planes urbanísticos, Santamaría Pastor (2016: 4). Mayor rigidez que fundamenta en la convención judicial de la realidad de una tramitación en muchos casos defectuosa y en el favorecimiento de intereses particulares en determinadas ordenaciones urbanísticas. En una línea similar, Suay Rincón (2020: 68). Una posición similar, sobre el excesivo rigorismo judicial, en Doménech Pascual (2022: 74), que pone el foco en la mayor facilidad para detectar vicios formales.

29. La aplicación rígida de la nulidad de pleno derecho del planeamiento ante cualquier vicio por parte del Tribunal Supremo rectifica una previa línea gradualista en la valoración de los vicios de las normas reglamentarias a partir de 1999[116], probablemente como respuesta a las críticas realizadas desde la jurisdicción penal sobre la ineficacia del control contencioso-administrativo sobre el urbanismo[117]. Desde ese momento, cualquier defecto o infracción imputable a un plan, en cuanto norma reglamentaria, sea de carácter formal en su procedimiento de elaboración y aprobación o sea de carácter material en cuanto a su contenido, ha determinado la nulidad del entero plan. Y ello con independencia de que el recurrente simplemente haya alegado la inexistencia de un trámite o la concurrencia de cualquier otro vicio, sin argumentar la posible incidencia que tal vicio produce sobre la ordenación adoptada por el instrumento del plan. Además, tal nulidad se produce, en su caso, con un efecto de «en cascada» respecto de los planes jerárquicamente inferiores, calificado gráficamente como un «efecto radioactivo»[118] de la nulidad de los planes. No pueden aplicarse técnicas de conservación o convalidación, produciéndose la «reviviscencia» de los planes previos que habían sido derogados o modificados por el planeamiento ahora anulado[119], y que presentan una clara obsolescencia de su ordenación respecto de la realidad existente y las necesidades demandadas, lo que puede abocar a una verdadera «anomia»[120].

30. La nulidad del plan se extiende como «una mancha de aceite que lo colapsa todo»[121], los planes derivados y los actos de ejecución que no sean firmes. Solo se admite una restricción de la nulidad derivada de la sentencia que anula el plan sobre los actos de gestión y equidistribución, así como sobre las licencias otorgadas o declaraciones responsables formuladas que no hayan sido objeto de impugnación y hayan devenido firmes por *mor* del

116. Doménech Pascual (2022: 91); López Ramón (2021: 61).
117. Idea insinuada por Fernández Rodríguez (2017: 157).
118. González Sanfiel (2018: 47).
119. Al no resultar de aplicación la previsión del art. 2.2 CC, ya que no se trata de una derogación del plan, sino de su anulación judicial. Sobre ello, y su aplicación matizada, Menéndez Rexach (2023: 721); Suay Rincón (2020: 71); Valenzuela Rodríguez (2019: 190); González Sanfiel (2017. 415).
120. Baño León (2019: 66) correctamente afirma que «la anulación de un plan produce una verdadera anomia que no puede salvarse con la reviviscencia del plan antiguo, aunque solo sea porque aquel plan resucitado estaba pensado en unos supuestos de hecho económicos, sociales y ambientales que ya no existen y que justifican el nuevo plan, luego anulado». Gráficamente González Sanfiel (2017: 420) se refiere a este fenómeno como un «fantasma normativo que resucita».
121. González Sanfiel (2017: 413).

art. 73 LJCA[122]. Restricción que no alcanza a la figura de la revisión de oficio en vía administrativa, si bien tal figura resulta igualmente inadecuada[123]. Lo que da lugar a situaciones no solo contrarias a la lógica sino también a la seguridad jurídica, al contarse con urbanizaciones y viviendas «nulas de pleno derecho»[124]. Tales edificaciones ejecutadas al amparo del plan anulado quedan ahora en situación de fuera de ordenación, «huérfanas» de normativa de cobertura[125], lo que requiere el posterior ejercicio de la potestad de planeamiento con la finalidad de «incorporar» su realidad a un posterior planeamiento. Pero siempre y cuando el nuevo planeamiento no se haya dictado para eludir el cumplimiento de un previo fallo anulatorio del plan[126]. No obstante, esta realidad de un planeamiento inadecuado o de la inexistencia de planeamiento no es una singularidad en nuestro ordenamiento. Tales instrumentos «obsoletos» deben ser «reinterpretados» y aplicados conforme al derecho transitorio establecido por la legislación estatal y autonómico[127]. Pero en la mayoría de las ocasiones, la anulación del plan determina, pura y simplemente, la imposibilidad de utilización urbanística del suelo[128].

31. Ciertamente, la jurisprudencia del TS ha iniciado una limitada recepción de las críticas doctrinales[129], admitiendo la nulidad parcial del plan si bien de forma restrictiva cuando los vicios, formales o materiales, puedan «individualizarse (en) una concreta zona o sector, o unas concretas determinaciones», por lo que «no afecten al resto del territorio planificado», lo que supone dejar subsistente el resto del plan[130]. Esto es, la norma de control fijada por el Tribunal Supremo remite así al caso concreto, a ulteriores decisiones judiciales (primero de los Tribunales Superiores de Justicia y posteriormente, y en su caso, del propio Tribunal Supremo) para construir y delimitar la existencia de infracciones (sustantivas y procedimentales) que pueden determinar la nulidad del plan en su conjunto, y la existencia de infracciones (sustantivas y procedimentales) cuyos efectos anulatorios

122. Suay Rincón (2020: 133); Valenzuela Rodríguez (2019: 196).
123. López Ramón (2021: 61). González Sanfiel (2018: 54), quién propugna la incorporación de un plazo máximo para instar la revisión de oficio.
124. López Ramón (2021: 62).
125. Pascual Martín (2019: 108).
126. González Sanfiel (2017. 416); Santamaría Pastor (2014: 198). Sobre la interpretación y aplicación del art. 103.4 LJCA, Chinchilla Peinado (2008: 77).
127. Valenzuela Rodríguez (2019: 315).
128. Pascual Martín (2019: 105).
129. Fernández Rodríguez (2020: 254); Tolosa Tribiño (2020: 7).
130. SsTS de 23/02/2022 (ECLI:ES:TS:2022:763); 15/09/2021 (ECLI:ES:TS:2021:3530); 22/07/2021 (ECLI:ES:TS:2021:3268); 27/05/2020 (ECLI:ES:TS:2020:1300); y 04/03/2020 (ECLI: ES:TS:2020:744).

sólo se proyectarán sobre una parte del plan, dejando subsistente el resto de determinaciones.

32. El ejercicio de la potestad de planeamiento se convierte así en una suerte de mito de Sísifo, donde debe iniciarse una y otra vez la procelosa tramitación del planeamiento, ante su anulación judicial, con los costes económicos, administrativos y sociales que ello implica. La realidad de las dificultades de conseguir la aprobación y validez de un instrumento de planeamiento[131] ha determinado que, en muchos casos, la potestad de planeamiento no se haya ejercido por las Administraciones competentes, manteniendo planes claramente obsoletos[132], lo que ha llevado a calificarla, acertadamente, como una «potestad diabólica»[133].

ii) La respuesta desde el Derecho Administrativo. Las propuestas para lograr una modulación de las consecuencias de la invalidez

33. La percepción de la doctrina sobre esta realidad de la masiva anulación de instrumentos de planeamiento es evidente. El modelo es ineficiente y no funciona. La regulación existente sobre los instrumentos de planeamiento

131. Es un lugar común afirmar que la aprobación de un instrumento de planeamiento general constituye un «parto de los montes», al prolongarse durante más de dos legislaturas municipales, por lo que «salvo los alcaldes eternos, ningún responsable local alcanza a ver el final del proyecto que inició», como señala Santamaría Pastor (2016: 3).

132. Lobato Becerra (2000: 201), sobre la base de la información del sistema estatal de información urbanística da cuenta de la siguiente realidad: de los más de 8.000 municipios que conforman el territorio español, casi 1.500 no tiene ningún tipo de planeamiento municipal aprobado —por lo que se rigen por las normas subsidiarias de ámbito provincial—, más de 3.000 cuenta con Normas Subsidiarias como documento de planeamiento municipal y más de 1.000 solo tiene aprobada una Delimitación de Suelo. Ello representa el 69% del número total de municipios. En el 31% restante de municipios sí tienen aprobado un plan general (ahí residen más de 38 millones de habitantes, el 83% de la población residente en España). Pero de esos municipios que cuentan con planeamiento general solo el 40% cuenta con su plan general aprobado con posterioridad a 2010 (unos 1.200 municipios), lo conduce a este autor a afirmar «que de la totalidad de municipios españoles solo el 12% presenta un modelo de ciudad temporalmente actualizado y ajustado a las determinaciones de la legislación correspondiente». Añade que «Si el análisis se centra en el sistema de ciudades, de las 62 que cuentan con más de 100.000 habitantes, solo 10, esto es una de cada seis ciudades, tiene plan general aprobado en los últimos diez años. De las que superan 50.000 solo 24, un 16,6%, tienen su planeamiento aprobado en la presente década y solo en 29 de ellas, o lo que es lo mismo, en una de cada cinco ciudades con más de 50.000 habitantes se ha aprobado un plan general en la última década».

133. Vaquer Caballería (2018: 2).

y su control jurisdiccional resulta inadecuada, no superando un umbral mínimo de evaluación *ex post*[134]. Ahí resulta acertada la crítica al sistema actual que desconoce la «peculiaridad» del planeamiento urbanístico como norma que requiere especial de validez que permita su conservación o facilite su convalidación.

34. Es cierto que en otros ordenamientos jurídicos (Francia, Alemania o Italia) este es un problema también presente y que se pretendido solucionar fundamentalmente a través de dos líneas[135]: (i) la modulación y flexibilización del régimen de invalidez de los planes, adoptando un régimen específico y diferenciado, incluso con plazos propios; y (ii) la incorporación de la modulación del alcance de las consecuencias de la anulación del plan por parte del órgano jurisdiccional (incluso de oficio) que, incluso en determinado supuestos, puede apreciar la procedencia de su regularización posterior, a través de la suspensión del procedimiento y el otorgamiento a la Administración de un plazo para subsanar el defecto formal. En esos dos modelos se han inspirado tanto las diversas propuestas doctrinales[136] como en los dos intentos legislativos frustrados acaecidos hasta el momento bajo el objetivo de lograr una pretendida «seguridad jurídica» en el urbanismo, cada uno auspiciado por grupos políticos diferentes, pero con el consenso de las distintas Comunidades Autónomas.

35. La «Proposición de ley de medidas administrativas y procesales para reforzar la seguridad jurídica en el ámbito de la ordenación territorial y urbanística» de 2018[137] adoptó un doble eje[138]. De una parte, mediante la propuesta de reforma del TRLSRU se propugnaba la configuración de los planes

134. Baño León (2017: 45).

135. El análisis de las reformas (legales o jurisprudenciales) en estos ordenamientos en Doménech Pascual (2022: 105), Parejo Alfonso (2020: 32); Suay Rincón (2020: 72); González Sanfiel (2018: 51); Fernández Rodríguez (2017: 142); Bassols Coma (2017: 30); Santamaría Pastor (2016: 24); Parejo Alfonso (2013: 75).

136. Baño León (2017: 54) propone permitir sólo la impugnación directa de la clasificación del suelo como de la determinación de las infraestructuras públicas, si bien ampliando su plazo de impugnación a 6 meses, y excluyendo su impugnación indirecta. Respecto de los defectos de forma y fondo que sean subsanables, propugna tal posibilidad, limitando las causas de nulidad al no sometimiento a evaluación ambiental estratégica y manteniendo para el resto de supuesto el principio de conservación, a la par que se limitaría la acción pública a las entidades sin ánimo de lucro.

137. BOCG, Congreso de los Diputados, XII legislatura, serie B, núm. 319-1, de 15/10/2018. Presentada por el Grupo parlamentario Partido Popular.

138. Sobre la tramitación de la misma y las posiciones doctrinales, López Ramón (2021: 66); y Suay Rincón (2020: 192). Como destaca Parejo Alfonso (2020: 33), la propuesta no abordó la modificación desde la óptica del régimen general o común de invalidez

urbanísticos como «actos administrativos generales» (art. 4) de contenido complejo donde sólo las normas urbanísticas tendrían carácter reglamentario, teniendo carácter resolutivo el resto de su contenido (determinación de infraestructuras, programación y usos), así como el acto de aprobación, configurados todos ellos como simples acto administrativo susceptible de ser nulo o anulable (art. 55), con identificación expresa de los supuestos que supondrían la nulidad por haberse prescindido total y absolutamente del procedimiento legalmente establecido[139]. Además, se determinaba la nulidad parcial del acto de aprobación cuando «el vicio afecte solo a determinados preceptos de la disposición o a una parte de su ámbito de aplicación, o a un área territorial específica», a la vez que se suprime la figura de la nulidad en cascada, ya que «la invalidez de un instrumento de ordenación territorial y urbanística no afectará, por si sola, al resto de instrumentos de ordenación y de ejecución urbanística que lo hayan desarrollado, que serán considerados independientes» en los términos del art. 49.1 LPAC (55). La regulación se cierra posibilitando la conservación de los actos y trámites no afectados por la ilegalidad en el procedimiento de aprobación de los planes (art. 55). Junto a ello, se propugnaba una regulación más restrictiva de la acción pública en materia de urbanismo limitándola a entidades sin ánimo de lucro (art. 62) con el fin de evitar a los «litigadores profesionales» y sus actuaciones en muchos casos rayanas con el ilícito penal.

De otra parte, la propuesta legislativa propugnaba la reforma de la LJCA, limitando el recurso indirecto frente a las normas urbanísticas de un plan a un plazo de 4 años y circunscrito a las infracciones materiales (26.3), así como articulando los efectos de la sentencia ante una anulación parcial y ordenando la conservación de actos y trámites (71.3) y concretando los supuestos donde podía producirse la nulidad en cascada (73.2)[140].

---

de los actos y las disposiciones administrativos al considerarse desde la perspectiva política «intangibles» tanto la LRJSP como la LPAC.

139. «a) Que exista una ausencia total y absoluta del procedimiento de evaluación ambiental estratégica. B) Que no se haya producido el trámite de información pública. C) Que exista una evidente contradicción con el contenido vinculante de aquellos informes sectoriales que hayan sido emitidos en plazo y cuyas determinaciones afecten de manera sustancial a todo el ámbito territorial objeto de ordenación. Se entenderá que se produce una evidente contradicción cuando los mismos sean expresamente desfavorables. D) Que pueda acreditarse que existen vicios graves de ponderación material o sustancial del modelo de ordenación elegido, derivados de la inadecuación de la Memoria o justificación del instrumento de ordenación, con las decisiones finalmente adoptadas».

140. «Se haya declarado expresamente le nulidad de las normas que lo integran y siempre que la sentencia declare que dicha nulidad produce la nulidad del instrumento que

36. A su vez, el Anteproyecto de Ley por la que se modifica el Real Decreto Legislativo 7/2015, de 30 de octubre, por el que se aprueba el Texto Refundido de la Ley de Suelo y Rehabilitación Urbana de 2023[141] adopta igualmente un doble eje similar, si bien ahora no se proyecta sobre la LJCA. De una parte, se califica a los planes de urbanismo como «instrumentos que contienen documentos y determinaciones de naturaleza jurídica diversa» (art. 4)[142], atribuyendo el carácter normativo solo a las normas, de carácter general o particular, relativas a la clasificación y calificación, usos del suelo, condiciones edificatorias y de protección del medio ambiente y el patrimonio cultural. De otra parte (art. 55) se limita la nulidad de pleno derecho por cuestiones formales en el procedimiento de aprobación del instrumento de planeamiento a unas determinadas infracciones[143], considerándose el

desarrolla el instrumento anulado. b) La sentencia lo declare así expresamente por estar afectados ambos por los mismos vicios».

141. Sometido al trámite de audiencia e información pública en enero de 2023 en la web del Ministerio de Transportes, Movilidad y Agenda Urbana, formulado por el Gobierno de coalición del PSOE y Unidas Podemos. Ciertamente hubo una primera propuesta de borrador de Real Decreto-Ley por parte del Gobierno de coalición donde el enfoque ya no era sectorial, sino de modificación del régimen general de la LPAC, alterando los arts. 47, 49 y 51 y complementando el régimen común de invalidez de las disposiciones administrativas con una regulación específica para los planes con incidencia territorial y carácter vinculante ad extra, limitando la nulidad de plenos derecho a la omisión de la evaluación ambiental, del trámite de información pública preceptivo, a la aprobación en contradicción sustancial con el contenido vinculante de informes sectoriales emitidos en plazo, y a los supuestos de arbitrariedad en la ponderación de los intereses públicos y privados. Además, se adoptaba la figura de la nulidad parcial cuando el vicio afectase solo a determinadas previsiones del plan o a una parte de su ámbito territorial o un área específica. Junto a ello, se preveía la conservación de los actos y trámites cuyo contenido no habría variado de no haberse cometido la infracción, así como de los actos dictados en aplicación de los planes, que hayan quedado firmes o consentidos antes de que la anulación del plan correspondiente tenga efectos generales. Finalmente, se consideraban independientes a estos efectos los instrumentos de ejecución aprobados en desarrollo de un plan declarado inválido. Sobre el borrador, Menéndez Rexach (2023:715); Parejo Alfonso (2020: 33).

142. Donde se diferencia entre «a) decisiones estratégicas de ordenación de los ámbitos territoriales correspondientes, su programación temporal, los planes y programas de obras y actuaciones, la asignación de usos y aprovechamientos y los estudios e informes en cada caso exigibles y b) normas de carácter general o particular, aplicables en el ámbito respectivo, sobre clasificación o diferenciación y uso del suelo, condiciones de la edificación, protección del medio ambiente y el patrimonio cultural y demás aspectos cuya regulación sea preceptiva».

143. Al respecto se determinan como supuestos de nulidad de carácter formal en el procedimiento de aprobación del plan «a) La omisión del trámite de evaluación ambiental que corresponda. b) La omisión del trámite de información pública y participación que demande con carácter preceptivo la legislación urbanística aplicable. c) La omisión de

resto como supuestos de anulabilidad y, por tanto, subsanables a través de la retroacción de actuaciones, debiendo procederse a tal subsanación en el plazo máximo de 1 año (prorrogable por 6 meses), plazo durante el que mantendría su vigencia y eficacia el plan anulado salvo en aquellas determinaciones que resulten directamente afectadas por el vicio cometido. Este régimen se completa con la determinación de la nulidad parcial del plan cuando «pueda individualizarse respecto de un determinado ámbito territorial o cuando afecte a determinados preceptos o a concretas determinaciones que no tengan relevancia respecto del resto»; así como eliminando la figura de la nulidad respecto de «las determinaciones que respondan a decisiones regladas derivadas de normativa de aplicación preceptiva» y que por tanto derivan directamente de aquella otra normativa. Además, se modula el alcance de la acción pública (art. 62) al limitar su ejercicio frente a las ilegalidad materiales y no sobre las ilegalidades formales, a la par que se prohíbe la obtención de contraprestaciones económicas ante el desistimiento de su ejercicio.

37. Una síntesis de las propuestas más comunes y operativas propuestas por la doctrina muestra como herramientas técnicas más adecuadas para limitar la disfuncionalidad del actual y extremadamente formalista régimen de invalidez y control judicial se centran, de una parte, en el reconocimiento de un ámbito de apreciación por parte del órgano judicial para determinar el alcance de la trascendencia del vicio apreciado y el alcance de la invalidez mediante una sentencia prospectiva[144], sin que la nulidad del planeamiento superior determine la nulidad en cascada del planeamiento inferior[145]. Ello supondría superar el carácter meramente declarativo de las sentencias que anulan el instrumento de planeamiento, atribuyéndola un carácter consti-

---

trámites de participación de otros órganos u organismos públicos o Administraciones Públicas en relación con los informes que sean preceptivos de conformidad con su normativa reguladora y cuando la subsanación del defecto, de conformidad con lo dispuesto por el apartado siguiente, sea especialmente compleja por la relevancia e influencia que tengan en el resultado global del plan. Se entenderá que tienen tal influencia, salvo que el órgano emisor del informe determine lo contrario, el hidrológico, el de costas y los de carreteras y demás infraestructuras de carácter estructurante afectadas, de conformidad con lo que establezca para cada uno de ellos su legislación aplicable. d) La falta de memoria o del instrumento equivalente que demande la legislación de ordenación territorial y urbanística para justificar las decisiones de ordenación adoptadas, o la insuficiencia notoria de la misma, equiparable a su falta».

144. Menéndez Rexach (2023: 721); López Ramón (2021: 96); Suay Rincón (2020: 126); Baño León (2019: 65); Pascual Martín (2019: 138); Gifreu Font (2018: 53); González Sanfiel (2017: 430); Bassols Coma (2017: 93); Del Saz Cordero (2014: 1157).

145. Baño León (2019: 65); Iglesias González (2018: 249); Gifreu Font (2018: 56).

tutivo, posibilitando fijar una ilegalidad diferida o condicionada, así como la «reconstrucción» de la disposición en un plazo determinado. De otra parte, la limitación de la nulidad por vicios de procedimiento «formales» a la omisión de informes a aquellos supuestos en los que de haberse emitido el contenido material habría sido sustancialmente diferente[146], sin perjuicio de que prescindirse de la evaluación ambiental estratégica salvo que el efecto de la anulación sea más perjudicial para la protección ambiental[147]. Todo ello a través de la configuración del juez contencioso-administrativo «no sólo como órgano que constata la ilegalidad, sino que contribuye a reorientar la situación, guiando el proceso para que la situación sea superada»[148], permitiendo la convalidación de las infracciones formales cuyo cumplimiento ulterior satisfaga el interés público perseguido con dicho trámite[149]. El carácter normativo del plan no exige la nulidad de pleno derecho como única respuesta a las infracciones formales y materiales[150]. Estas propuestas doctrinales suponen colocar la dogmática administrativa al servicio de la realidad.

Algunas de estas propuestas han encontrado respaldo en los legisladores autonómicos. Este el caso de la previsión de la normativa canaria[151], donde se prevé que la declaración de nulidad de un plan no se comunicará a aquellos planes de desarrollo jerárquicamente inferiores y a los instrumentos de gestión cuando presenten una «autonomía funcional» respecto del plan anulado. Tales regulaciones autonómicas suscitan serias dudas competenciales[152], si bien su objetivo debe ser compartido.

146. González Sanfiel (2018: 58); Gifreu Font (2018: 39); Fernández Rodríguez (2017: 156); Bassols Coma (2017: 92); Santamaría Pastor (2016: 10).
147. Baño León (2019: 67), con cita de la STJUE de 28/07/2016, Asunto Association France Nature (ECLI:EU:C:2016:603).
148. González Sanfiel (2018: 61); Fernández Rodríguez (2017: 158).
149. Menéndez Rexach (2023: 720); Doménech Pascual (2022: 90); Suay Rincón (2020: 97); Gifreu Font (2018: 55); Soro Mateo (2017: 156); Santamaría Pastor (2014: 215).
150. Al igual que ocurre en el ordenamiento alemán, el principio general de la ilegalidad de una norma debe ser la nulidad dada la función de establecer regulaciones de alcance general. Pero en atención a la estructura normativa y función de los planes resulta adecuado modular tal regla, incorporando la figura de la anulabilidad y la subsanación, dado que muchas de sus normas presentan una regulación concreta y no abstracta. Sobre ello, Schmidt-Assmann (2021: 156).
151. El art. 9.3 Ley 4/2017, de 13 de julio, del Suelo y de los Espacios Naturales Protegidos de Canarias establece que «La invalidez de un plan jerárquicamente superior no afectará por sí sola a los planes de desarrollo e instrumentos de gestión que por razón de especialidad y autonomía en el modelo territorial y urbanístico mantengan una autonomía funcional respecto de aquel».
152. Suay Rincón (2020: 189); Iglesias González (2018: 44).

iii) La falta de toma en consideración de la tutela cautelar como instrumento útil para evitar el drama de la anulación del planeamiento

38. Dado que el plan urbanístico aparece configurado como una norma de rango reglamentario de carácter local (con independencia de que si responde a un procedimiento bifásico los planes generales y algunos planes de desarrollo sean aprobados por el órgano autonómico competente cuando así lo establezca la legislación autonómica), sometido fundamentalmente al control de la jurisdicción contencioso-administrativa, debe ser el Derecho administrativo y el Derecho procesal contencioso-administrativo quienes adopten los instrumentos técnico-jurídicos que otorguen una respuesta adecuada al control de legalidad de planes y las consecuencias de su declaración de nulidad transcurridos muchos años después de su aprobación. La experiencia de la práctica urbanística en España de las últimas décadas ha puesto de relieve de manera incontestada que ante la aprobación de los instrumentos de planificación urbanística y su inmediata ejecución a través de los correspondientes instrumentos de gestión, la perenne lentitud de la justicia contencioso-administrativa en sus distintas instancias[153] suele conducir, a pesar de que un postrero fallo judicial anule el instrumento de planeamiento, a situaciones irreversibles o de difícil encaje jurídico[154].

39. Lo cierto es que la falta de la necesaria prudencia en los gestores políticos municipales y autonómicos, cuando no la infravaloración de los intereses de algunos de los propietarios afectados o de determinados intere-

153. A tenor de los datos suministrados por el CGPJ, en la Memoria sobre el estado, funcionamiento y actividades del Consejo General del Poder Judicial y de los Juzgados y Tribunales de 2021 (2022: 443), la duración media de los procesos ante las Salas de lo Contencioso-Administrativo de los TSJ es de 17,5 meses, precisándose que en materia urbanística la duración media es de 18,9 meses. A su vez, se cifra la duración de un recurso de casación en un plazo medio de 18,2 meses (8,5 meses en la Sala de admisión y 9,7 para su resolución). Se observa así una reducción relativamente importante frente a épocas anteriores. P.e., en la Memoria de 2008 (2009: 122), la duración media de un proceso ante las Salas de lo Contencioso-Administrativo de los TSJ tiene una duración media, a nivel nacional, de 29 meses, precisando que los asuntos sobre urbanismo tienen una duración media de 26,7 meses. A ello debe sumarse que el tiempo medio de resolución de los recursos de casación en este ámbito podía cifrarse en torno a los 4 o 5 años desde su planteamiento. A estas cifras debe sumarse el lapso de la ejecución, en su caso forzosa, del resultado de la sentencia podíamos situarnos en un escenario cifrado como mínimo en unos 8 o 10 años, no siendo infrecuentes los supuestos donde la efectiva demolición o en su caso la legalización a posteriori se produce transcurridos más de 15 años desde que la sentencia anulando el plan adquirió firmeza.

154. Sobre las dificultades en la ejecución de los fallos judiciales desde distintos prismas, Chinchilla Peinado (2020: 452); y (2018b: 165).

ses públicos que no presentan una dimensión lucrativa, unida a la congénita dilación en la tramitación de los recursos contencioso-administrativos, nos sitúa en la mayoría de los casos antes un escenario de «hechos consumados». Ciertamente en otros ordenamientos no se establece (o se ha suprimido) la suspensión automática de los efectos del plan cuando éste es impugnado. Pero en la práctica ello se produce porque los sujetos que aportan el capital (sean entidades financieras o los propios particulares) rehúsan comprometer su inversión en un proyecto si éste es objeto de cuestionamiento ante la jurisdicción contencioso-administrativa a pesar de los mecanismos de seguro que han comenzado a utilizarse. Por el contrario, en España el efecto es el contrario. Se produce una aceleración de los procedimientos para concluir la ejecución del planeamiento aprobado (instrumentos de gestión y de edificación) y lograr una situación de hechos consumados[155], a la que luego deba enfrentarse la fase de ejecución de sentencia. Tales situaciones de ilegalidad en unos casos encuentran solución desde la perspectiva jurídica a través de posteriores revisiones del planeamiento urbanístico fundamentadas en criterios ajenos a la racionalidad urbanística y cuyo objeto es la legalización *a posteriori* de las actuaciones irregulares ejecutadas sobre la base del instrumento de planeamiento anulado judicialmente. En otros casos, la solución se articula a través de la demolición de las construcciones que devienen ilegales, lo que resulta igualmente complejo y costoso, tanto desde el punto de vista social como político, pudiendo afectar a terceros adquirentes de buena fe. Todas estas situaciones determinan que en muchas ocasiones deban adoptarse declaraciones de imposibilidad legal de ejecutar los fallos anulatorios de instrumentos de planeamiento que realmente encubren auténticos incumplimientos del fallo de sentencias firmes y, por tanto, pueden suponer la vulneración directa de una de las facetas del derecho constitucional a la tutela judicial efectiva[156].

40. Es evidente que la vía más adecuada que el recurrente en la vía contencioso-administrativa, sea un particular o una Administración Pública distinta de la que aprueba el instrumento de planeamiento (la Administración estatal o la autonómica)[157], puede adoptar para garantizar la efectividad de

155. Fernández Rodríguez (2017: 140); González-Varas Ibáñez (2004: 42). Y ello aunque se afirme que el proceso de desarrollo de la ciudad y de ordenación de la ciudad se lleva a cabo a un ritmo relativamente pausado, como señala De la Sierra Morón (2007: 947).

156. Chinchilla Peinado (2008: 65).

157. Sobre el reconocimiento de la titularidad del derecho a la tutela judicial efectiva a las Administraciones Públicas, Velasco Caballero (2003: 29). Aquí la Administración recurrente no ostenta una posición procesal de preeminencia, articulándose un contencioso interadministrativo, por lo que el alcance del derecho a la tutela judicial de

su derecho fundamental a la tutela judicial derivado de la obtención de una sentencia que anule un instrumento de planeamiento reside en la obtención de una tutela cautelar (suspensión de la eficacia del plan) que permita asegurar el hipotético contenido de la sentencia anulatoria del mismo. La tutela cautelar actuaría sí como «contrapreso» a los efectos de la presunción de eficacia y validez de las disposiciones reglamentarias[158]. La medida cautelar (de suspensión) permitiría paralizar la evolución lógica de la realidad fáctica del litigio evitando que ésta termine imponiéndose al Derecho y a una posible sentencia anulatoria[159]. Pero sorprendentemente, la doctrina con carácter general no ha considerado a la figura de la suspensión cautelar del plan como una herramienta útil o adecuada, entre otras razones, por la dificultad de afrontar las elevadas cauciones que pueden solicitarse[160]. La aplicación de esta figura por la jurisdicción contencioso-administrativa se ha calificado como «deficiente, por insuficiente»[161], derivada de la posición revisora que sigue presentando en el recurso frente a instrumentos de planeamiento.

41. Existen notables excepciones, que han reclamado una mayor utilización de la figura de la suspensión cautelar en la impugnación de planes urbanísticos. En un caso como respuesta a una (un tanto exagerada) «situación de inmunidad del poder» derivada de la inejecución de las sentencias en materia urbanística[162] vinculadas tanto a la corrupción urbanística como a la dejadez judicial. Se propugna, *de lege ferenda*, el otorgamiento automático de la medida cautelar y sin fianza alguna, al considerarse que existe en todo caso «*periculum in mora*» como consecuencia de que el plan autoriza la transformación irremediable de la realidad, articulando a continuación una vista oral donde pueda entrarse en el fondo del asunto y resolverse en un plazo mínimo, con una limitación de las costas del proceso[163]. Evidentemente este planteamiento supone una enmienda a la totalidad a la actual regulación del proceso contencioso-administrativo, no resultando ajustado a la posición y la estructura del planeamiento como decisión colectiva. Una suspensión automática aumentaría sin duda el número de recursos, entorpeciendo la función de dirección administrativa que supone el planeamiento.

---

la Administración recurrente aquí es pleno, encontrándose en una situación procesal «ordinaria» al no existir una actuación ejecutoria imputable a la misma.

158. Dicha función en Casares Marcos (2019: 356).
159. González-Varas Ibáñez (2004: 43), quien define a la medida cautelar como una modalidad del contencioso-administrativo «preventivo».
160. López Ramón (2021: 62).
161. González-Varas Ibáñez (2004: 43).
162. Soriano García (2010: 232).
163. Soriano García (2010: 244).

En otro caso, y tras constatar la limitada utilización de esta figura por la jurisdicción contencioso-administrativa, se propugna su utilización «normalizada» fundamentalmente a la vista de la posible afección a valores ambientales que puede ocasionar el plan[164]. Y aquí nuevamente, *de lege ferenda*, se propugna la necesidad de una vista pública donde las partes pudiesen debatir sobre la oportunidad de la medida cautelar, que debería otorgarse cuando concurra una apariencia de buen derecho[165]. Esta es la vía resulta más sugerente y posibilista. También se han propuestos soluciones *de lege ferenda* incorporando una nueva modalidad de tutela «preventiva» que dilucidase las cuestiones litigiosas con anterioridad a la aprobación del plan urbanístico[166] adoptando una decisión sobre el fondo e impidiendo hasta su resolución tal aprobación.

42. Resulta urgente una reconsideración de la figura de la suspensión cautelar del plan y su operatividad práctica[167]. En este contexto, la figura de la medida cautelar de suspensión cobra especial relevancia cuando la pretensión se dirige, no frente a la concreta determinación referente a una específica parcela o terreno desde la óptica de la protección de los intereses privados de su titular, sino frente a la concepción global del instrumento de planeamiento por considerarlo contrario al principio de desarrollo sostenible. Aquí el impacto negativo de una política de «hechos consumados» sobre los recursos naturales aumenta exponencialmente. Ello se observa claramente, p.e., cuando la cuestión debatida es la existencia o no de recursos hídricos suficientes para atender al nuevo desarrollo urbanístico previsto[168]. Una vez aprobado el instrumento de planeamiento, si no ve suspendida cautelarmente su eficacia, la materialización de las edificaciones y su adquisición por terceros adquirentes obliga *a posteriori* a las Administraciones implicadas a «buscar y encontrar» soluciones, no siempre adecuadas[169], para

164. Baño León (2009: 507).
165. Baño León (2009: 511).
166. González-Varas Ibáñez (2004: 47).
167. Calvo Rojas (2012: 834) afirma que un acogimiento de criterios más proclives a la adopción de la medida cautelar reduciría significativamente el fenómeno de la nulidad del planeamiento.
168. Chinchilla Peinado (2012: 38).
169. Un ejemplo paradigmático se encuentre en los desarrollos urbanísticos del municipio toledano de Seseña en el ámbito del PAU El Quiñón. Si bien el municipio está integrado en el sistema de abastecimiento desde el embalse de Picadas, la ejecución del PAU ha requerido a posteriori la ejecución de obras en el embalse de Almoguera para poder garantizar el abastecimiento a una urbanización de 13.508 viviendas, donde en el momento de su ejecución sólo 2.000 viviendas tenían garantizado el abastecimiento de agua.

garantizar dicho abastecimiento de agua, reconocido como un derecho de los vecinos derivado de la competencia atribuida a los Ayuntamientos por el artículo 25.2.l) de la Ley 7/1985, de 2 de abril, reguladora de las Bases del Régimen Local[170].

43. Este es el objeto de la presenta investigación, con un carácter eminentemente práctico. El análisis de la figura de la suspensión cautelar de los instrumentos de planeamiento y la determinación de su verdadera funcionalidad debe construirse, razonablemente y desde un plano metodológico, mediante un proceso inductivo-deductivo que partiendo de un análisis exhaustivo de la jurisprudencia permita, superando los tópicos al uso, construir una teoría general que atienda a los intereses en presencia, garantizando tanto el debido sometimiento de la actividad administrativa al control efectivo de los órganos de la jurisdicción contencioso-administrativa como la autonomía local en la configuración del modelo de ciudad, así como los derechos e intereses de los propietarios de suelo y del conjunto de los ciudadanos en cuanto habitantes de la ciudad. Ello permitirá fijar unos criterios generales y obtener una razonable certeza previa sobre el resultado de una solicitud de tutela cautelar.

44. Para ello se seguirán los siguientes pasos: (i) se determinará el alcance del carácter normativo del plan urbanístico (sometido hoy a fuertes críticas); (ii) se concretará la dimensión constitucional de la tutela cautelar y los requisitos normativos que se imponen al legislador procesal; (iii) se analizará la aplicación práctica de la suspensión cautelar bajo el régimen de la Ley de la Jurisdicción de 1956 y la legislación urbanística estatal de 1956/1976/1992, a la luz de la doctrina constitucional; (iv) se precisará el régimen de la tutela cautelar bajo el régimen de la Ley 29/1998; y tras ello (v) se determinará el alcance que el cambio de paradigma en la legislación urbanística estatal 1998/2007-2008, así como la legislación autonómica basado en la asunción del principio de desarrollo sostenible debe tener sobre la tutela cautelar. Ello obligará a (vi) analizar la aplicación práctica del proceso de ponderación de intereses en materia cautelar ante instrumentos de planeamiento, atendiendo a la naturaleza del plan y el alcance del control jurisdiccional sobre tales instrumentos; y finalmente (vii) se explicitará la dimensión procesal de la tutela cautelar. Como corolario (viii) se valorará la funcionalidad de la anotación preventiva de demanda como medida cautelar.

170. Sobre el alcance del derecho al agua, Menéndez Rexach (2010: 25).

II

La posición central del planeamiento urbano en la configuración del derecho de propiedad

A) LA FUNCIÓN DEL PLANEAMIENTO URBANÍSTICO Y SU CRISIS

a) LA RIGIDEZ Y LA INADECUACIÓN TEMPORAL DEL PLAN COMO CAUSAS DE SU DISFUNCIONALIDAD

45. La planificación urbanística, en cuanto función pública, art. 4 TRLSRU, se dirige a ordenar los usos del suelo a largo plazo a través de un sistema más o menos piramidal de planes, que descienden en cascada desde la fijación de decisiones estratégicas a las decisiones de detalle sobre el territorio, con la finalidad de determinar a largo plazo no sólo la forma de la ciudad y su entorno, sino también su actividad y el valor (tanto económico como cultural) de los bienes inmuebles que la componen[1]. Se trata de normas que responden, desde la perspectiva material, a la ordenación de la realidad espacial en un plazo temporal determinado, a través de disposiciones escritas (Memorias, normas urbanísticas) y disposiciones gráficas (planos de ordenación y fichas urbanísticas). El objeto del plan urbanístico (y por extensión de todo el Derecho urbanístico) es, por tanto, la ordenación de un recurso escaso, el suelo en orden a su preservación, transformación y uso público y privado. El aspecto de programación temporal del plan ha quedado hoy difuminada frente a su función ordenadora, derivada de la vigencia indefinida del plan[2].

---

1. Vaquer Caballería (2018: 2).
2. Sobre esa «dilución», cfr. Parejo Alfonso (2021: 22). Es más, el requisito de la evaluación del seguimiento de la actividad de ejecución del plan, previsto por el art. 22.6 TRLSRU, no ha encontrado un adecuado y efectivo desarrollo en la legislación autonómica.

El plan de urbanismo puede ser configurado como «el proyecto arquitectónico aplicado no sobre una parcela, sino sobre el espacio de la ciudad», incorporando el conjunto de reglas y criterios que articulan la creación y la ordenación de la ciudad conforme a un programa determinado.[3] Por ello, el plan de urbanismo (o de ordenación territorial) supone, en esencia, en la elección entre distintas alternativas de regulación a partir de la consideración de los distintos intereses públicos y privados en juego (ponderación)[4]. Ponderación donde no deben configurarse los intereses públicos y los intereses privados como realidad contrapuestas. Resulta obvio que en materia urbanística, el interés general puede satisfacerse a través de la realización de intereses privados[5]. Gráficamente puede describirse como un proceso de «pensamiento en alternativas» centrado en decidir de forma racional sobre opciones para la consecución de fines u objetivos[6], donde se alcanzan resultados transaccionales entre los intereses implicados[7]. Incorpora una regulación que supone el diseño anticipado de un conjunto de actuaciones, concretando tanto las normas de conducta de la Administración como los derechos y deberes de los ciudadanos, incorporando una alta dosis de racionalidad en la toma de decisiones con programación legal de escasa densidad[8]. La realidad es que esa pretensión de totalidad y coherencia de la ordenación del espacio público ha quebrado ante la subordinación del planeamiento urbanístico a los planes y proyectos sectoriales establecidos por la legislación sectorial, que imponen bien la adaptación del planeamiento urbanístico bien el desconocimiento de su ordenación[9]. Ni la Constitución ni la legislación estatal, al regular el régimen jurídico público de la propiedad urbana y rural imponen un principio de planificación urbanística previa. Dicha decisión corresponde a cada concreta Comunidad Autónoma, que podrá determinar si resulta necesario un plan previo o si este debe ser un plan general o un plan de ámbito limitado de carácter sectorial[10].

46. Pero su funcionalidad se encuentra hoy en cuestión. El «mito» (idea) del planeamiento como regulación completa de la ciudad le configura como

3. Villar Rojas (2019b: 78).
4. En este sentido debe entenderse la afirmación sobre «el juicio de ponderación en que esencialmente consiste la decisión sobre el planeamiento» realizada por las SsTC 154/2015, FJ 7.º; 51/2004, FJ 10.º; y los AaTC 194/2015, FJ 3.º; 184/2015, FJ 3.º.
5. Santamaría Pastor (2014: 208), pone como ejemplo la determinación de un plan que considera que la edificación en altura de una zona es conveniente para el desarrollo de la ciudad, o para dotar a la misma de un número suficiente de viviendas sociales, lo que supone una previsión sirve claramente al interés general, aunque al mismo tiempo suponga un claro beneficio para los propietarios de los suelos afectados.
6. Rodríguez de Santiago (2023: 21); Parejo Alfonso (2020: 25).
7. Santamaría Pastor (2014: 208).
8. Parejo Alfonso (2020: 28); Villar Rojas (2020: 235).
9. Vaquer Caballería (2018: 4).
10. Villar Rojas (2020: 227), con cita de la STC 86/2019, FFJJ 8.º.A) y 10.º.

un instrumento-acordeón[11] que sigue ampliando su contenido, pero lo cierto es que ya no sólo diseña el cuanto y el cómo del crecimiento o renovación de la ciudad, sino que desborda esos límites sobre la base de su propia esencia, la ponderación de los intereses en presencia. Esa ponderación se extiende cada vez a más elementos (económicos, ambientales y sociales)[12]. La profundidad de esa ponderación se traduce en un procedimiento complejo dirigido a ofrecer una alta dosis de seguridad jurídica a los propietarios, a los agentes económicos y a la sociedad en su conjunto. Por ello, el resultado final de ese burocrático procedimiento, la aprobación del plan, puede demorarse en el tiempo dando lugar a una ordenación desfasada, a la par que, por la propia complejidad procedimental y material, se encuentra sometido a una «sobreilegalidad»[13]. Además, su carácter normativo incorpora, por principio, una rigidez al establecer concretos destinos (usos) ante el cambio de las necesidades o demandas, públicas o privadas, lo que conduce a la paradoja de la «obsolescencia» real del plan como instrumento de ordenación general municipal[14], si bien en nuestro ordenamiento no se ha planteado a nivel normativo la posibilidad del «decadencia de la función del plan»[15] y la lesión que para el derecho de propiedad (injerencia desproporcionada) puede plantear una ordenación desfasada en el tiempo[16]. A este descredito del planeamiento contribuye decisivamente una hipertrofiada y prolija legislación urbanística, adoptada en muchos casos (en el ámbito autonómico) para dar respuesta «a problemas puntuales y cortoplacistas cuando no a simples y a veces "graves ocurrencias", sin garantizar la más

11. Alegre Ávila – Sánchez Lamelas (2017: 102).
12. Villar Rojas (2020: 237).
13. En acertada expresión gráfica de González Sanfiel (2020: 41), derivada fundamentalmente de la rígida y descontextualizada interpretación jurisprudencial.
14. De la Cruz Mera (2023: 650); Parejo Alfonso (2021: 23); Lobato Becerra (2020: 200); Fariña Tojo (2008: 3).
15. De esta figura en el derecho alemán, entendida como una pérdida de eficacia sobrevenida de todo o parte del plan, da cuenta Parejo Alfonso (2021: 29), que requiere su apreciación por el órgano judicial y que tiene lugar cuando concurren dos circunstancias: (i) la insusceptibilidad del plan para ser implementado en la práctica por cambio de las circunstancias reales sobre las que se basaba la planificación, perdiendo el plan su capacidad directiva y configuradora en el correspondiente ámbito (dato fáctico); y (ii) decadencia del plan que le hace insusceptible de generar la confianza de los ciudadanos (dato normativo).
16. Parejo Alfonso (2021: 34), con apoyo en la posición del TEDH, STEDH de 24/09/1982, Asunto *Sporrong y Lönnroth c. Suecia* (ECLI:CE:ECHR:1982:0923JUD000715175); o STEDH de 02/08/2001, Asunto *Elia S.r.l. c. Italia* (ECLI:CE:ECHR:2001:0802JUD003771097). En su opinión, la fuerza normativa de lo factico debe determinar la «decadencia del planeamiento».

mínima coherencia»[17], cuya «motorización» impide que sean recogidas por el planeamiento vigente.

b) LAS VÍAS DE REFORMA

47. En efecto, la planificación urbanística, tanto desde un punto de vista jurídico[18] como desde un punto de vista técnico[19], se encuentra hoy en cuestión como técnica capaz de prever y organizar el futuro de un asentamiento urbano, articulando su dinámica inmobiliaria y de servicios[20]. Es un hecho indiscutible que la planificación urbanística ha fracasado como técnica de anticipación a largo plazo de un modelo deseado para el conjunto de la ciudad, aunque por el contrario ha logrado una enorme eficacia en producir fragmentos aislados pero funcionalmente y económicamente eficientes[21]. Pueden detectarse dos líneas base en esta crítica. Desde la perspectiva jurídica, todo el aparato conceptual se explica mayormente por el intento de superar las consecuencias de la nulidad de los planes como única respuesta a su ilegalidad, junto con la constatación de los largos y excesivamente burocráticos procedimientos de aprobación y alteración, de los que se demanda una mayor flexibilidad. Por el contrario, la perspectiva técnica centra su crítica en la incapacidad del planeamiento para hacer frente a la gentrificación, la exclusión social, y el declive de los centros tradicionales,

17. De la Cruz Mera (2023: 651), quien destaca como además en muchas Comunidades se siguen aplicando supletoriamente los reglamentos estatales de 1978.
18. Parejo Alfonso (2020: 21); Baño León (2020: 9); Villar Rojas (2019c: 107); Santamaría Pastor (2014: 211); García de Enterría (1998b: 399).
19. La exposición de las sucesivas críticas a esa función desde la perspectiva técnica más completa, en Hernández Aja – González García (2023: 636), que destacan como en realidad las diferentes críticas «realmente lo que atacan es sólo una determinada forma de ejercerlo». Visiones críticas en Lobato Becerra (2020: 199); Ezquiaga Domínguez (2019: 778) y (2023: 598); Fernández Fernández (2017: 3); Font Arellano (2002: 78); Fariña Tojo (2008: 4). En síntesis, se cuestiona al plan general por su magnitud e inoperatividad, a la par que se cuestiona al proyecto urbano.
20. Ezquiaga Domínguez (2023: 616) afirma, quizás con un alta dosis de exageración, que hoy el objeto del plan se ha desplazado de la formulación de un proyecto de ciudad a la estricta regulación del estatuto de la propiedad del suelo lo que determina que la ciudad proyectada e incluso la programación racional de la construcción de la ciudad pasan a un segundo término. En la sustitución del plan como proyecto por el plan como norma se está perdiendo visiblemente el vínculo de los planes con la realidad social y económica de la ciudad, frustrando su capacidad como herramienta en la identificación y resolución de conflictos.
21. Ezquiaga Domínguez (2019: 779).

así como la fragmentación social, a su falta de legitimidad social y a la falta de equidad de sus decisiones[22].

i) La opción por una planificación orientativa-directiva. Crítica

48. Existe una clara unanimidad doctrinal, tanto en el ámbito jurídico como en el ámbito técnico, de que el planeamiento (fundamentalmente el planeamiento general) debe incorporar una concepción global de la ciudad y el territorio, pero desde una perspectiva dinámica (visión que permita ajustarse a las cambiantes necesidades que en cada momento requiera la ciudad) y no estática (visión fija e inmutable de lo que será la ciudad)[23], lo que demanda una previsión flexible, no rígida. Esto es, debe optarse por un plan heurístico, no holístico.

49. La consecución de este objetivo se ha buscado, por un sector doctrinal optando por una planificación esencialmente orientativa o indicativa y no tanto prescriptiva (al menos por lo que respecta a la ordenación territorial y a la planificación urbanística general)[24], remitiendo la concreción al proyecto urbano singular. Ello supone para esta concepción, en definitiva, subordinar la planificación al contenido de los concretos proyectos operativos que sean aprobados por la Administración competente, configurando al planeamiento

22. Fariña Tojo (2008: 4) llega a señalar que el modelo de planeamiento general, adecuado para una ciudad tradicional, de extensión moderada, relativamente concentrada en torno a centralidades poco especializadas, con un borde o límite relativamente claro que la separaba del campo y con una dinámica de crecimiento superficial controlable en períodos de tiempo medios no se muestra adecuado para la ciudad actual, donde la ciudad rebasa al plan por todos sus costados y los modelos de territorio que se producen se deben al azar (cuasi fractales, teoría del caos). En esta óptica, Ezquiaga Domínguez (2023: 599) precisa que el planeamiento (y más en general las políticas urbanas) deben centrarse no tanto en la ordenación del suelo y la coordinación de las infraestructuras, sino que deben reorientarse tendencialmente hacia la mejora de las prestaciones de calidad de vida y salud integral para los ciudadanos.
23. Y ello porque, como explica Ezquiaga Domínguez (2023: 601) la necesidad del plan de adaptarse a las necesidades cambiantes posibilita configurar al plan como un supuesto de «planificación no planeada», dado que cuanto más relevantes sean los cambios propuestos desde el plan mayor será la probabilidad de repercusiones no intencionadas o inesperadas. De ahí que al carecer de mecanismos adecuados de adaptación al contexto cambiante, el planificador se ve forzado a tomar continuamente decisiones que no tenía previsto o no quería adoptar, dando lugar a una «improvisación fragmentaria». Es indudable que sucesivas modificaciones puntuales terminan fragmentando la coherencia del modelo de ciudad adoptado.
24. Como propugna Baño León (2020: 15).

general o territorial como meras «Estrategias» indicativas[25], susceptibles de ser modificadas sin límites por aquellos proyectos operativos[26]. En otros términos, esta propuesta configura al planeamiento territorial y general como un mero «modelo de referencia», conteniéndose la ordenación urbanística (ordenación pormenorizada, calificación y asignación de usos y derechos) en los planes operativos. Desde esa perspectiva, se considera que la asignación de derechos se debe establecer en cada plan operativo, lo que elimina la necesidad de la figura de la clasificación del suelo, permitiéndose la urbanización de todo el suelo excepto el que deba ser protegido[27].

50. Esta propuesta implica, en el fondo, colocar en primer plano al mercado[28], sin que exista una visión de conjunto al servicio del interés general y una adecuada dirección administrativa[29] que fije la estructura básica (general y orgánica) del territorio y las situaciones básicas y usos de suelo (clasificación y calificación del suelo) que incorporen un modelo de asentamiento[30]. Se trata de un modelo «desregulador» basado en la primacía

25. No obstante, con gran pragmatismo Baño León (2020: 15) rechaza el carácter prospectivo respecto de la exclusión del desarrollo urbano del suelo protegido y de los estándares medioambientales, a los que configura como determinaciones prescriptivas.

26. Ezquiaga Domínguez (2023: 603) señala que el plan estratégico (por oposición al plan programa) no incorpora una secuencia predeterminada de acciones para la consecución de un objetivo, sino que incorpora un cierto número de escenarios para la acción susceptibles de ser modificados en función, tanto del progreso de la información disponible, como en respuesta a la aparición de elementos aleatorios.

27. En la propuesta resuena el modelo anglosajón de planeamiento (plan concertación), donde la definición de derechos y obligaciones urbanísticas del desarrollo urbano se establece sólo en el momento de la actuación, posibilitando ulterior cambios para garantizar la flexibilidad, lo que supone introducir un alto nivel de discrecionalidad en la aplicación del plan.

28. Font Arellano (2002: 78). En esta línea, Lobato Becerra (2020: 199) señala que la motivación de este giro metodológico, al menos en el sector técnico, se encuentra fundamentalmente en la primacía del interés particular (del operador que desarrolla el proyecto urbano) sobre el interés general, mientras que desde la perspectiva política, la justificación radica en la posibilidad efectiva de aprobar tales proyectos operativos en un plazo acotado y previsible.

29. Este modelo, que concurre *de facto* en nuestra realidad urbanística, se articula a través de proyectos urbanos integrados a los que se asigna el papel de «suplantador» del planeamiento general. Con tal subterfugio se «esquiva» la necesidad de la generación de un modelo urbano territorial nuevo o la revisión del mismo que supondría la aprobación de un nuevo plan general, como precisa Lobato Becerra (2020: 200).

30. Explícitamente Ezquiaga Domínguez (2023: 604) afirma que «El arsenal técnico del planeamiento se ha ido cargando de artificios jurídicos que tienden a alejarlo de su objetivo esencial: formular un proyecto territorial coherente en respuesta a las necesidades objetivas del municipio. Llama, en este sentido, la atención el detalle con el que la legislación urbanística precisa las determinaciones formales del plan municipal y la

del proyecto operativo que busca, más que generar ciudad (no existe una idea de ciudad) generar inversiones (en muchos casos al socaire de fondos europeos)[31]. Los planes estratégicos adoptados por muchas ciudades son, simplemente, documentos políticos (de márketing político), no documentos jurídicos y técnicos, lo que imposibilita su capacidad de dirección (reguladora-ordenadora) de la actuación administrativa[32]. A su vez, los proyectos o planes operativos dan lugar a un urbanismo «miope», capaz de generar el establecimiento de modelos de ordenación operativos en el corto plazo, pero incapaz de analizar y encauzar las consecuencias que ello tendrá sobre la ciudad en la que se desarrollan[33].

51. Es cierto que no existe un mandato constitucional (ni europeo) o legal que imponga la existencia de instrumentos de planeamiento general ni un concreto modelo de planeamiento[34]. Igualmente es cierto que la Agenda 2030 y la Agenda Urbana española demandan que la planificación a nivel general adopte una perspectiva fundamentalmente «estratégica» en la planificación general[35], lo que lleva a propugnar que ese papel de orientación estratégico a medio y largo plazo ya lo realizan la Agenda Urbana local y

---

omisión de temas tan importantes para el desenvolvimiento real de la ciudad como las estrategias medioambientales, de vivienda, transporte y financiación». Esta crítica no resulta correcta. En el binomio legislación urbanística-planeamiento, la amplia necesidad de la colaboración reglamentaria obliga a trasladar la regulación de esos elementos, precisamente, al plan.

31. Lobato Becerra (2020: 206). Ezquiaga Domínguez (2023: 617) alude (tomando prestada la idea) a la necesidad de «aflojar el corsé jurídico que atenaza el urbanismo devolviéndole una robusta capacidad para innovar y experimentar con las exigencias urgentes y legítimas del desarrollo sostenible... devolviendo al urbanismo su capacidad de experimentación».

32. En gran medida ello es lo que ha ocurrido con el planeamiento español en los años 90, que se muestran como instrumentos con una clara función económica, de normalización del valor inmobiliario y con una vocación más regulatoria que distributiva, frente al planeamiento de la transición y los primeros años 80, configurado como un proyecto de transformación colectiva, en un contexto de explosión de demandas sociales y políticas, que buscaba la transformación del espacio y las relaciones sociales, reconduciendo el caos urbano y generando una propuesta relativamente estable de ciudad, como señalan Hernández Aja – González García (2023: 638).

33. Lobato Becerra (2020: 208).

34. En detalle Villar Rojas (2019b: 83), quien recuerda la jurisprudencia constitucional que excluye que el Estado pueda imponer a las Comunidades Autónomas un modelo urbanismo ni definir los instrumentos urbanísticos, SsTC 141/2014, FJ 5.ºA); y 61/1997, FJ 9.º, sin perjuicio de que sea el plan urbanístico el instrumento tradicional y ordinario para hacerlo, STC 61/1997, FJ 23.ºa).

35. El Objetivo 10.1 de la Agenda Urbana española consiste en «Mejorar el sistema tradicional de planeamiento urbanístico, dotando de mayor carácter estratégico a los Planes

el Plan de Acción Local de Agenda Urbana[36]. Pero ello no resulta correcto. Tales instrumentos identifican proyectos o líneas estratégicas, pero carecen de capacidad regulativa y de implementación. Pueden ser instrumentos complementarios de la planificación urbanística, pero no pueden sustituirla (ya que si lo intentan deberían someterse a todas las exigencias formales y materiales del planeamiento urbanístico). Lo que se requiere es una adecuada articulación entre ambas figuras[37].

52. La necesidad de llevar a cabo una evaluación conjunta de todos los aspectos (medio ambientales, económicas y financieros) que garanticen la plasmación del principio de desarrollo sostenible permiten considerar esa idea de una planificación general como la más adecuada para lograr una adecuada ponderación de todos los intereses[38], sin perjuicio de que se prevea la existencia de determinados proyectos singulares que den respuesta a necesidades sobrevenidas o perentorias, ajustando aquella ordenación a la realidad de los intereses presentes. Se presentan así el urbanismo de plan y el urbanismo de proyecto como dos instrumentos complementarios[39] para crear y ordenar la ciudad, si bien circunscribiendo este último a elementos puntuales. Y ese carácter estratégico a medio y largo plazo se contiene ya en los instrumentos de planeamiento general actuales (la Memoria claramente cumple esa función de plasmación de las líneas estratégicas), a la vez que garantiza el principio de igualdad en la cargas y beneficios urbanísticos. Cuestión distinta es que la plasmación práctica de los instrumentos de planeamiento general haya llegado a incorporar la regulación pormenorizada de todo el territorio, con la consecuencia de una rigidez innecesaria[40]. Pero ello es un fallo más de la aplicación legislativa que de la propia figura.

Generales y remitiendo la ordenación pormenorizada al planeamiento de desarrollo, que es más ágil y flexible en su modificación y revisión».

36. De la Cruz Mera (2023: 653).
37. De la Cruz Mera (2023: 655).
38. En los términos señalados por Villar Rojas (2019b: 79) respecto del urbanismo de proyectos. En una línea similar, Valenzuela Rodríguez (2019: 344), quien alude a la garantía de la equidad entre personas y a la garantía de unos estándares de calidad.
39. Villar Rojas (2020: 256), sin perjuicio de que su relación se caracterice por la tensión y la conflictividad, y la prevalencia de la planificación sectorial sobre la planificación territorial y urbanística.
40. Como correctamente identifica De la Cruz Mera (2023: 653); Hernández Partal (2020: 641).

ii) El plan como elemento de la gobernanza dotado de una mayor flexibilidad

53. Una segunda línea, más adecuada, demanda de la planificación urbanística la capacidad de respuesta a la heterogeneidad de los espacios y territorios y a sus mutaciones en el tiempo construida a través de una verdadera gobernanza urbanística, que sitúe en el centro al espacio público y la vivienda, y donde se haya implicado a los ciudadanos y no sea una simple decisión administrativa[41]. Aquí el plan completa la definición (delimitación) del derecho de propiedad, art. 4.1 TRLSRU[42]. Es en esa idea de «gobernanza» donde debe incorporarse la noción del planeamiento como «estrategia»[43], donde se incorporen «certezas hipotéticas» con carácter vinculante, pero que permitan una respuesta flexible a los problemas, a la vez que incorpora un alto grado de precisión en el diseño formal y programático de las actuaciones (para evitar la ruptura del modelo de ciudad), con una reducción de los tiempos de ejecución material de las propuestas. El objetivo debe ser lograr el adecuado equilibrio entre la eficiencia económica y la justicia social en la construcción de la ciudad[44].

54. Frente a la percepción de la crisis del planeamiento quizás deben destacarse dos problemas como los más relevantes. Todo ello, además de inquirir un ajuste (o reducción) del contenido de los planes, eliminando elementos superfluos que eviten configurarlos como un «constructo conscientemente alambicado y encriptado»[45]. Y ello porque la complejidad del planeamiento, plasmada en el resultado final del plan, aparece como un verdadero arcano para los no iniciados y aprensible únicamente por los expertos[46]. Lo relevante es que exista una adecuada ordenación, necesa-

41. Ezquiaga Domínguez (2019: 779).
42. Donde recogiendo la formulación tradicional desde el art. 61 de la Ley del Suelo de 1956, se dispone «1. La ordenación territorial y la urbanística son funciones públicas no susceptibles de transacción que organizan y definen el uso del territorio y del suelo de acuerdo con el interés general, determinando las facultades y deberes del derecho de propiedad del suelo conforme al destino de éste».
43. En este sentido, quizás con una alta dosis de buenismo y falta de pragmatismo, Ezquiaga Domínguez (2019: 781) señala que se debe «abandonar la idea de que el urbanismo es solo una mesa de negociación entre propietarios, administradores públicos y profesionales con el único objeto de repartir eficientemente los valores del suelo». Estos son actores «cualificados».
44. Font Arellano (2002: 78).
45. Vaquer Caballería (2018: 3); Suay Rincón (2020: 78).
46. Esto es, los «arquigados» (arquitectos con ciertos conocimientos jurídicos) y los «abotectos» (abogados con ciertos conocimientos técnicos), en la famosa expresión acuñada por García Bellido.

riamente flexible, que regule la ocupación del suelo teniendo en cuenta la adecuada ponderación, primando la función a la forma[47].

55. El primer problema radica en la inasumible complejidad procedimental en su aprobación, fundamentalmente derivada del elevado número de informes sectoriales que deben emitirse[48], tanto por la Administración estatal como por la Administración autonómica, sin que exista la necesaria simplificación organizativa y procedimental para su emisión, que origina múltiples e incomunicados «monólogos» entre la Administración promotora del plan (el Ayuntamiento, en muchos casos carente de una infraestructura y medios adecuados) y los diferentes órganos de los niveles estatal y autonómicos. A lo que debe unirse que en muchos casos, la incidencia real del informe sectorial en el proceso de ponderación de los intereses públicos y privados que supone el plan es mínimo o irrelevante[49]. Igualmente, en muchas ocasiones esos informes sectoriales imponen soluciones incompatibles o desconectadas del resto de informes[50]. Ello da lugar a una regulación procedimental «demasiado pesada e inflexible» que requiere años de tramitación, lo que resulta contrario a la noción jurídica del plan al no corresponderse el diagnóstico con la realidad existente en el momento de su aprobación[51]. Los intentos de racionalizar ese proceloso procedimiento en la legislación autonómica giran en torno a dos opciones. En primer lugar mediante la (limitada) simplificación procedimental que reduzca o «contenga» los múltiples trámites existentes en el procedimiento de aprobación[52]. Ello se verifica un caso, y desde la perspectiva organizativa para lograr una mayor cooperación entre los niveles autonómico y local, se han creado órganos de consultas interadministrativas a nivel autonómico para concretar todas las aportaciones sectoriales en un informe autonómico único (p.e. Canarias[53]). En otro caso,

47. Villar Rojas (2020: 269).
48. El abuso por el legislador sectorial y la imprecisión sobre su carácter vinculante es denunciada por Menéndez Rexach (2023: 721).
49. González Sanfiel (2018: 58).
50. De la Cruz Mera (2023: 660).
51. Rodríguez de Santiago (2023: 125); Villar Rojas (2020: 240).
52. Aunque ciertamente este intento del legislador autonómico urbanístico se ve, en muchos casos posteriormente frustrado por los ulteriores legisladores «sectoriales» que vuelven a reintroducir nuevos trámites o informes, como destaca Suay Rincón (2020: 81).
53. Previsto por el art. 12.5 de la Ley 4/2017, de 13 de julio, del Suelo y de los Espacios Naturales Protegidos de Canarias y que funciona también como órgano ambiental. El Decreto 13/2019, de 25 de febrero, por el que se crea el Órgano Colegiado de Evaluación Ambiental e Informe Único de Canarias, y se aprueba su Reglamento de Organización y Funcionamiento, establece que la Comisión para la emisión del informe único preceptivo y vinculante lo emitirá respecto de los Planes Generales

atrayendo la competencia de solicitar tales informes sectoriales a la propia Comunidad Autónoma (p.e. de forma obligatoria —Madrid[54]— o voluntaria —Extremadura—[55]). Además, esa finalidad simplificadora se busca también desde el plano material, reduciendo la importancia del informe sectorial autonómico cuando no es emitido, al establecerse el sentido positivo del silencio (p.e. Andalucía[56]). Como corolario a esta simplificación procedimental, algunos legisladores autonómicos optan por alterar el paradigma tradicional de la aprobación bifásica del planeamiento general[57], otorgando

---

pronunciándose exclusivamente las cuestiones sectoriales relativas a las competencias de carácter autonómico que pudieran resultar afectadas por el Plan, sin perjuicio de que «en cumplimiento del principio de lealtad institucional y seguridad jurídica, si la Comisión advirtiere que existe algún aspecto del plan sometido a informe del que pudiera resultar una manifiesta infracción del ordenamiento jurídico, lo pondrá en conocimiento del Cabildo o Ayuntamiento correspondiente».

54. Conforme al art. 56.3 Ley 9/2001, de 17 de julio, de Suelo de la Comunidad de Madrid, en la tramitación del Avance del PGOU, el órgano autonómico asume la condición de órgano sustantivo y solicitará los informes que sean necesarios por ser preceptivos o ser necesarios para su valoración territorial de cualesquiera otras Consejerías, organismos y entidades de la Comunidad de Madrid o de la Administración General del Estado.

55. La Comisión de Coordinación Intersectorial, creada por el art. 4 Ley 11/2018, de 21 de diciembre, de ordenación territorial y urbanística sostenible de Extremadura, coordinará la emisión de informes sectoriales en los procedimientos para la aprobación de los instrumentos de ordenación urbanística y territorial, cuando su aprobación definitiva corresponda a los órganos urbanísticos y de ordenación del territorio propios de la Junta de Extremadura. Para ello se encarga de solicitar todos aquellos informes sectoriales y elaborar un informa de coordinación, conforme al art. 6 Decreto 128/2018, de 1 de agosto, por el que se regula la composición, organización y funcionamiento de la Comisión de Coordinación Intersectorial y el procedimiento de coordinación intersectorial.

56. El art. 78.4 Ley 7/2021, de 1 de diciembre, de impulso para la sostenibilidad del territorio de Andalucía precisa que «Los informes deberán ser emitidos en el plazo establecido en su normativa reguladora o, en su defecto, en el plazo máximo de tres meses, transcurrido el cual se entenderán emitidos con carácter favorable y podrá continuarse con la tramitación del procedimiento, salvo que afecte al dominio o al servicio públicos. A falta de solicitud del preceptivo informe, en el supuesto de informe vinculante desfavorable, o en los casos de silencio citados en los que no opera la presunción del carácter favorable del informe, no podrá aprobarse definitivamente el correspondiente instrumento de ordenación urbanística.».

57. Configurada como una técnica de control por parte de los órganos autonómicos para garantizar la prevalencia de los intereses supralocales. Ante el reconocimiento constitucional de la autonomía municipal, el control autonómico sobre los aspectos reglados se configura como una tutela de legalidad, sin perjuicio de que si deben aplicarse conceptos normativos indeterminados el margen de concreción (interpretación) corresponde al municipio si los intereses afectados son municipales o al órgano autonómico si los intereses afectados son supralocales. Respecto de los aspectos discrecionales o conformadores del plan, además ostentar una tutela de legalidad y racionalidad

con diversas variantes esa competencia al propio municipio, sin perjuicio de articular la tutela de los intereses supralocales a través de un informe preceptivo y vinculante del órgano autonómico[58]. Siendo adecuadas estas previsiones autonómicas, los efectos reales de esa simplificación son menores, al no poder proyectarse sobre el grueso de los informes sectoriales relevantes, los emitidos por la Administración General del Estado[59].

56. El segundo lugar debe apostarse por la necesaria flexibilidad que debe demandarse del planeamiento urbanístico para evitar la obsolescencia de su diagnóstico territorial y su modelo de ordenación[60]. El plan persigue su efectivo cumplimiento (de los objetivos fijados) sobre la presunción de que el diagnóstico realizado sigue vigente[61]. Ciertamente la ponderación de intereses que cristaliza en una determinada regulación se realiza respecto de un estado de cosas y de una previsión futura. Pero esa dimensión temporal debe presentar la necesaria «elasticidad» para adecuarse a la cambiante realidad sin que haya de iniciarse un procedimiento de revisión o alteración. Ello requiere prestar mayor atención a la concepción procedimental del plan (*planning by doing*) que permite en un momento posterior incorporar los cambios razonables que puedan producirse frente a escenarios diferentes a los inicialmente considerados por el plan.

Hasta el momento se han articulado dos vías para la consecución de este objetivo de flexibilidad mediante una «adaptación» del régimen jurídico aplicable a la norma jurídica como consecuencia de la dependencia respecto de las circunstancias fácticas que presenta el plan de urbanismo[62]. De una

urbanísticas (interdicción de la arbitrariedad), ostenta una tutela el órgano autonómico sólo si los intereses afectados son supramunicipales. Esta interpretación se inicia con la STS de 13/07/1990 (ECLI:ES:TS:1990:11233) y se mantiene inconcusa, SsTS de 07/11/2017 (ECLI:ES:TS:2017:3970); 31/10/2017 (ECLI:ES:TS:2017:3836); o 16/12/2015 (ECLI:ES:TS:2015:5703). Sobre esa evolución, Villar Rojas (2019a: 28).

58. Informe que incorpora una tutela de legalidad sobre la adecuación a la ordenación territorial y las competencias autonómicas, manteniendo igualmente la tutela de oportunidad sobre los elementos supramunicipales en ámbitos discrecionales. Crítico con ese contenido Villar Rojas (2019a: 31), propugnando que el control de legalidad sea verificado por el propio Ayuntamiento.
59. Como destaca Menéndez Rexach (2023: 722) quién propugna que «los informes de la AGE deberían ser refundidos y trasladados por las Delegaciones del Gobierno... habría un informe conjunto para cada plan, que reflejaría la posición de los diferentes organismos estatales, y el órgano promotor tendría una visión completa de esa posición en un único documento...».
60. Vaquer Caballería (2018: 7).
61. Rodríguez de Santiago (2023: 131).
62. Rodríguez de Santiago (2023: 28); Schmidt-Assmann (2003: 340).

parte, permitiendo que determinadas previsiones «caduquen» cuando se cumplen y ejecutan las mismas, siendo desplazadas por otras determinaciones ya incorporadas al plan[63]. De otra parte, introduciendo el principio de competencia (junto al principio de jerarquía) en la relación entre planes, permitiendo que las determinaciones de ordenación pormenorizadas contenidas en un plan jerárquicamente superior puedan ser desplazadas por un plan jerárquicamente inferior[64]. Ello supone desde la óptica procedimental la existencia de una «reserva de procedimiento» por la que el legislador autonómico distribuye los contenidos de la regulación urbanística entre los distintos tipos de planes[65]. Pero estas dos opciones normativas no logran superar la excesiva «rigidez» de los planes urbanísticos.

57. Al respecto se ha propuesto superar tal rigidez mediante la disociación entre la planificación urbanística limitada a la identificación de las infraestructuras (redes públicas estructurantes) y la fijación de lo que puede o no construirse que se difiere a planes inferiores que libremente lo determinan en cada caso; esto es, la configuración del planeamiento general como un plan estratégico, que es el que se sometería a una evaluación ambiental estratégica menos compleja[66]. Frente a la obvia crítica de la posible vulneración del principio de equidistribución (configurado como piedra angular de nuestro urbanismo desde la planificación de ensanche) se aduce que el *ius aedificandi* no sería creado por el planeamiento (carácter exógeno) sino que formaría parte del derecho de propiedad, por lo que su regulación administrativa no tendría que garantizar la igualdad, sino simplemente el principio de proporcionalidad, tanto respecto del suelo urbano como del suelo urbanizable o el suelo rural[67]. La concreción vinculante de los parámetros urbanísticos de las distintas piezas urbanas se articularía a través de planes operativos.

Esta propuesta no resulta asumible ya que el fondo supone desconocer el hecho urbano como un hecho colectivo para afirmar la existencia de un derecho de propiedad inicialmente ilimitado e incondicionado, donde las

63. P.e., la regulación de uso de un suelo urbanizable no sectorizado queda desplazada cuando finalmente se desarrolla y ejecuta tal suelo, que pasa a regularse como suelo urbano. Sobre ello, Rodríguez de Santiago (2023: 28); Parejo Alfonso (2020: 27).
64. Chinchilla Peinado (2010: 27); Jiménez de Cisneros Cid (1993: 183).
65. Velasco Caballero (2009: 332).
66. Baño León (2017: 46).
67. Baño León (2017: 47). Comparto la crítica que se efectúa respecto de la figura de la vinculación singular, pero la misma responde, más bien, a una inadecuada aplicación de la misma por parte de la jurisdicción contencioso-administrativa en determinados supuestos.

decisiones de la Administración no responden a ninguna limitación normativa racional previa, salvo la simple exteriorización de su decisión (a un sector se le atribuye una edificabilidad de 0,3 m2/m2 mientras que a otro 2,5 m2/m2). ¿Cuál sería el contenido del derecho de propiedad (cuanta edificabilidad formaría parte de ese derecho, con el fin de determinar si la limitación es proporcionada o no)? El planeamiento urbanístico (en nuestra concepción tradicional) dota al desarrollo urbano de un necesario orden y funcionalidad, frente al simple proyecto urbano que supone la renuncia al «gobierno del territorio», limitándose a las intervenciones secuenciales carentes de una visión global[68].

58. Una segunda línea, más realista[69], radicaría en profundizar en la articulación de las relaciones entre planes más sobre la base del principio de competencia que sobre el principio de jerarquía[70], permitiendo que los planes inferiores puedan modificar no sólo las determinaciones de ordenación pormenorizada del plan superior, sino también determinaciones de ordenación estructurantes (acotadas material o cuantitativamente, p.e. Madrid[71]) contando siempre con el informe favorable del órgano que aprobó el plan superior (sigue latente la enorme desconfianza hacia la administración local)[72]. Se modaliza así la «reserva de planeamiento» en su perspectiva procedimental.

68. Vaquer Caballería (2018: 3).
69. Aunque calificada de insuficiente frente a la «esclerosis institucional» del planeamiento urbanístico, que requeriría un replanteamiento del sistema por Vaquer Caballería (2018: 8).
70. González Sanfiel (2018: 56).
71. Los Planes Especiales pueden alterar las determinaciones estructurantes del PGOU, conforme a los arts. 30.5 y 50.4 Ley 9/2001, de 17 de julio, de Suelo de la Comunidad de Madrid, relativas a (i) cambiando el uso característico de una o varias parcelas lucrativas de suelo urbano consolidado siempre que no suponga una variación de aprovechamiento urbanístico superior al 15 por 100; (ii) incrementar la edificabilidad de una o varias parcelas en suelo urbano consolidado, con un máximo de un 15 por 100 de incremento sobre la superficie edificable establecida en el plan general; (iii) la intensificación de usos en parcela o parcelas privadas de suelo urbano consolidado que incrementen la densidad de población o usuarios, con un máximo de un 15 por 100 sobre la densidad existente o prevista en el plan general; (iv) determinaciones establecidas en el articulado general de las normas urbanísticas sobre condiciones higiénicas, estéticas, de edificación, o de la urbanización que no sean coherentes o impidan la adaptación de los edificios a la legislación ambiental, de la edificación, de eficiencia energética; y (v) aquellas determinaciones estructurantes o elementos de las mismas establecidos en el planeamiento que contradigan, no sean coherentes o impidan la adaptación del régimen de usos autorizables en el suelo no urbanizable de protección, no protegido por legislación sectorial, a la legislación del suelo y ambiental vigentes.
72. Baño León (2017: 52).

Y todo ello además de disociar ya a nivel del planeamiento general entre el plan que incorpore las determinaciones estructurantes para todo el territorio y el plan que establezca las determinaciones de ordenación pormenorizada, atribuyendo la competencia para aprobar el primero al órgano autonómico y el segundo al Ayuntamiento con informe preceptivo y vinculante autonómico (p.e., Comunidad Valenciana[73]; Extremadura[74]). Con ello se logra reducir el contenido documental de la ordenación estructural y trasladar la parte más relevante del contenido económico-patrimonial de la planificación al plan que establece la ordenación pormenorizada, lo que determina una menor presión de contenido económico para la planificación estructural, lo que posibilita una mejor valoración del componente territorial[75].

Incluso esa flexibilización se articula mediante la autorización legal expresa para que se cambien determinaciones de ordenación pormenorizada por acuerdo del Pleno del Ayuntamiento referidas a los usos de los terrenos dotacionales (p.e. Galicia[76]) o se altere el aprovechamiento tipo con la aprobación del instrumento de gestión para adaptar el valor de los coeficientes de ponderación de los usos y tipologías a los valores reales o para adaptarlos a una medición exacta de las parcelas y dotaciones (p.e. Galicia[77]). Acuerdos municipales a los que debe atribuirse carácter normativo.

---

73. Los arts. 19, 20, 38 y 40 Decreto Legislativo 1/2021, de 18 de junio, de aprobación del texto refundido de la Ley de ordenación del territorio, urbanismo y paisaje de la Comunidad Valenciana diferencian entre un Plan General Estructural que define el modelo territorial y urbanístico del municipio, coordina y regula la localización espacial de los usos generales en todo el territorio municipal, clasifica el suelo, establece las condiciones básicas para su desarrollo y sostenibilidad y define(zonas de distinta utilización del suelo, vertebrándolas mediante la infraestructura verde y la red primaria de dotaciones públicas); y el Plan de Ordenación Pormenorizada (que desarrolla y concreta la ordenación estructural y regula el uso detallado del suelo y la edificación) respecto del suelo urbano y ámbitos reducidos de suelo urbanizable, así como por el Plan Parcial, para los sectores de suelo urbanizable.
74. Los arts. 46 a 48 Ley 11/2018, de 21 de diciembre, de ordenación territorial y urbanística sostenible de Extremadura diferencian entre el Plan General Estructural (que contiene las determinaciones estructurales que definen el modelo territorial y urbano del municipio y la justificación de su adecuación a los planes de ordenación territorial) y el Plan General Detallado (que desarrolla las determinaciones del Plan General Estructural definiendo la ordenación detallada y pormenorizada del suelo urbano y opcionalmente del suelo urbanizable).
75. Menéndez Rexach (2023: 718); Valenzuela Rodríguez (2019: 351).
76. Art. 42 de la Ley 2/2016, de 10 de febrero, del suelo de Galicia, permite el uso de los terrenos reservados para equipos o dotaciones públicas por otro uso dotacional público distinto, siempre que se mantenga la titularidad pública o se destine a incrementar las zonas verdes y los espacios libres públicos, requiriéndose la mayoría absoluta.
77. Art. 99.5 de la Ley 2/2016, de 10 de febrero, del suelo de Galicia.

59. Finalmente, dado su carácter esencial de norma temporal (en cuanto responden a unas premisas fácticas acaecidas en un momento temporal concreto) el planeamiento urbano debe modular (disminuyendo o eliminando) su «pretensión de determinismo imperativo y holístico»[78], haciéndolo más permeable a la compleja dinámica para que pueda ganar sensibilidad hacia la dinámica complejidad del cambiante espacio ordenado. Ello intenta conseguirse potenciando la figura de los usos compatibles y/o facilitando el cambio de uso (p.e. Madrid[79] o Comunidad Valenciana[80]), si bien aquí la capacidad conformadora del planeamiento es decisiva[81].

B) LA CONFIGURACIÓN DEL PLANEAMIENTO URBANO COMO NORMA REGLAMENTARIA

a) LA DISCUSIÓN EN TORNO AL CARÁCTER NORMATIVO DE DETERMINADOS DOCUMENTOS DEL PLAN O DE DETERMINADAS DECISIONES

60. Como consecuencia de la catarata de anulaciones, en la doctrina administrativa ha resurgido con fuerza el cuestionamiento de la naturaleza normativa del planeamiento[82], aludiéndose a un carácter híbrido o especial (no solo, pero sí sobre todo, por las consecuencias derivadas de las reglas de

78. Vaquer Caballería (2018: 3).
79. Se permite el cambio del uso característico de una o varias parcelas lucrativas siempre que la variación de aprovechamiento urbanístico por cambio de uso no varíe en más de 15 por 100, configurada como una determinación estructurante, a través de la figura del Plan Especial o la intensificación del uso hasta un incremento máximo del 15 por 100 de la edificabilidad, igualmente a través de Plan Especial, art. 35 Ley 9/2001, de 17 de julio, de Suelo de la Comunidad de Madrid.
80. El Anexo X del Decreto Legislativo 1/2021, de 18 de junio, de aprobación del texto refundido de la Ley de ordenación del territorio, urbanismo y paisaje de la Comunidad Valencia fija como criterio para la planificación de las actuaciones de rehabilitación, regeneración y renovación urbana [apartado b).5.º] el mantenimiento de la vitalidad urbana mediante la mezcla de usos, admitiendo la mayor compatibilidad de las actividades productivas con el uso residencial.
81. Así, y por lo que respecta a la implantación de establecimientos de mayores, residenciales o asistenciales, públicos y privados, resulta revelador del protagonismo de los planes, el análisis de Velasco Caballero (2018: 34).
82. Esta es una inferencia común en la doctrina, como recuerda Muñoz Guijosa (2022: 28), al considerarse que negar su naturaleza reglamentaria, total o parcial, reduciría las declaraciones de nulidad. En la misma línea, De la Cruz Mera (2023: 658). Sobre la conceptuación histórica del plan como norma o como acto, cfr. Trayter Jiménez (1996: 42) y Pardo Álvarez (2005: 295).

invalidez de los planes)[83]. En la negativa del carácter reglamentario de todo o parte de la documentación del planeamiento cada autor adopta, expresa o implícitamente, una determinada concepción metodológica sobre lo que deba entenderse por norma (y, por oposición, por acto administrativo). No resulta aquí necesario detenerse en el análisis de cada una de las posturas mantenidas por la doctrina[84], en la que cabe apreciar una clara «huida del concepto de reglamento»[85], pero sí resulta evidente que la configuración que se mantenga tiene que partir de la previa noción de norma o disposición que se mantenga. A ello debe añadirse el mínimo impacto que dicha discusión doctrinal ha tenido en la jurisprudencia[86], que de forma monolítica sigue afirmando el carácter normativo del plan y la consecuencia de la nulidad ante cualquier infracción[87], si bien con algunos pequeños matices para admitir de forma restrictiva la nulidad parcial del plan. No obstante, la relevancia dogmática de esta discusión[88], lo decisivo es el impacto que para el control de la actuación administrativa y la tutela de los derechos de los ciudadanos presenta una y otra posición[89]. ¿Se trata de limitar (o excluir) simplemente el alcance del control judicial (sus consecuencias más extremas) o de mejorar

83. Así, Parejo Alfonso (2020: 26) alude a que su función consiste en la «concreción» —en medidas de valor y alcance diverso y por relación ya a un determinado complejo o entramado de situaciones reales— del marco normativo habilitante. Por ello, es consecuente al bloque de legalidad (Ley y Reglamentos) en que se inscriba y al mismo tiempo antecedente de la fase individualizada del proceso ejecutivo (en el sentido de que no ultima este último proceso). En una línea similar, Vaquer Caballería (2018: 4); o Rodríguez de Santiago (2016: 159).

84. Una completa exposición en Muñoz Guijosa (2022: 41).

85. En la expresión de Doménech Pascual (2022: 79).

86. Es más, puede coincidirse con Menéndez Rexach (2023: 718); De la Cruz Mera (2023: 658); Muñoz Guijosa (2022: 158); Fernández Farreres (2020: 209); y Fernández Rodríguez (2020: 256), que algunas de las últimas decisiones judiciales, que concretan como cuestión de interés casacional objetivo esta cuestión, muestran una «actitud defensiva» y tienen como verdadera finalidad «desautorizar» las diversas posiciones doctrinales, reafirmando la posición jurisprudencial y descargando de «responsabilidad» a los órganos judiciales por los efectos negativos de la nulidad. Ello se observa claramente en la STS de 27/05/2020 (ECLI:ES:TS:2020:1300) que conceptúan el carácter reglamentario del plan como un «axioma incuestionable».

87. Una visión desde la jurisprudencia en Calvo Rojas (2012: 822), donde afirma tal condición normativa por razones sustantivas, al «ordenar la realidad con una clara vocación innovadora, pues tienen la finalidad de configurar esa realidad y dejar establecidas las bases y criterios para el desarrollo de la ciudad. Esta finalidad conformadora y de futuro, junto con su estructura formal típicamente normativa». A su vez, Fernández Valverde (2023: 700) realiza un detallado análisis de los principales supuestos que determinan la nulidad de los planes.

88. Como destaca Menéndez Rexach (2023: 715).

89. Como con gran acierto señala Bassols Coma (2017: 29).

la actuación administrativa? En otros términos, la judicialización del planeamiento urbanístico es un síntoma[90] de su disfuncionalidad e inadecuación al objetivo de construir una ciudad mejor o, por el contrario, es la consecuencia de una incorrecta utilización del plan al responder simplemente a la percepción del suelo como un activo económico del que hay que extraer la mayor rentabilidad sin atender necesariamente a la satisfacción del interés general. La realidad es que tal cuestionamiento de la naturaleza del plan derivada de los rigorismos de la nulidad de la norma como única consecuencia de la ilegalidad es (en gran medida) irrelevante sobre los efectos judiciales de una anulación de determinados elementos que se considerasen resolutivos y no normativos del plan, al ser similares sus efectos, salvo en las cuestiones procedimentales si se utiliza el recurso indirecto[91].

61. En una primera aproximación puede considerarse acertada la consideración de que «la memoria, los planos de información y el estudio económico-financiero, al igual que la declaración ambiental estratégica y los informes sectoriales, cumplen una función explicativa o justificativa de las decisiones reflejadas en las normas, los planos de ordenación y el programa de actuación)»[92]. Ello conduce a un sector doctrinal a justificar su calificación como «elementos» del expediente administrativo de formulación y aprobación del Plan[93]. Pero la realidad es que en tales documentos justificativos, así como los documentos de carácter ejecutivo (programa de actuación) se entrelazan e interconectan contenidos normativos[94]. Tales documentos sólo cobran sentido bajo la concepción del plan como un todo. Sin ellos, el planeamiento resultaría un «dibujo muerto»[95]. A ello se une la consideración por ese sector doctrinal de que muchos elementos (decisiones) del plan no

---

90. De síntoma habla Ezquiaga Domínguez (2023: 616).
91. Como acertadamente ha expuesto Suay Rincón (2020: 130).
92. López Ramón (2021: 69).
93. Iglesias González (2018: 241); Santamaría Pastor (2016: 8).
94. Como acertadamente ha precisado López Ramón (2021: 71). En la misma línea, Valenzuela Rodríguez (2019: 325).
95. P.e., la STS de 30/06/2022 (ECLI:ES:TS:2022:2757) afirma que «...el plan nace para ser ejecutado —sin ejecución es un dibujo muerto—». A su vez, la STS de 21/12/2004 (ECLI:ES:TS:2004:8310) afirmó que «Ciertamente la afirmación de la naturaleza normativa de los Planes es susceptible de matizaciones en razón del heterogéneo contenido de aquéllos: como la doctrina ha indicado con acierto, el planeamiento engloba la actuación de dos potestades distintas, una de auténtica naturaleza reglamentaria —normas relativas a la utilización del suelo, etc.— y otra que se traduce en la ejecución de obras públicas de urbanización —dirigida a la transformación material de la realidad, sin la cual el Plan será un "dibujo muerto"—. Pero ocurre que ambos elementos integrantes del contenido del Plan están íntimamente ligados entre sí...».

tienen carácter material de norma, siendo simples actos administrativos[96]. Resulta fútil el intento de deslindarlos abstractamente. Los distintos documentos que integran el plan no son simplemente documentos del expediente de aprobación. Son documentos que desarrollan y formalizan sus determinaciones, siendo objeto de aprobación por el órgano competente[97]. A ello debe unirse que los efectos reales de una «transmutación» de la naturaleza jurídica del plan tendría un alcance limitado (relacionado con los vicios de procedimiento —fundamentalmente la falta de emisión de algún informe— y su posible convalidación o, al menos, conservación de actuaciones)[98]. Por ello se ha considerado (aunque no se comparta el concepto) que el plan es una «norma medida» donde junto al contenido normativo se incorporar determinaciones ejecutivas que no pueden ser desgajadas[99]. Aquí los árboles no nos dejan ver el bosque.

62. Esta discusión doctrinal[100] y las rígidas consecuencias jurisprudenciales se encuentra igualmente en la base de la pretensión de alguna legislación autonómica de identificar que documentos del planeamiento tienen «eficacia normativa», negándosela de forma expresa o implícita al resto de documentos que integran el plan. P.e., la legislación de la Comunidad Valenciana[101] atribuye tal eficacia «normativa» a (i) los planos de ordenación (ii) a las normas urbanísticas (que fijan los objetivos y directrices de ordenación, las regulaciones sectoriales de aplicación, la clasificación del suelo, la regulación de las distintas zonas de ordenación, criterios de cálculo y parámetros de aprovechamiento y equidistribución, criterios de distribución de la vivienda sometida a protección pública) y a las Ordenanzas de usos, edificación y ordenación de parcela y ordenanzas particulares de las diferentes subzona; (iii) a las fichas de ordenación y gestión; y (iv) al catálogo de protección. Ante la falta de atribución de ese carácter «normativo», *prima facie* para el legislador autonómico carecen de tal naturaleza las Memorias informativas y justificativas, los planos de información y afección, los documentos de

96. Es evidente el paralelismo que resuena con la discusión sobre la distinción entre el concepto de ley formal y ley material. Sobre la incorrección de tal diferenciación, Gallego Anabitarte (1974: 24).
97. Muñoz Guijosa (2022: 79), quién correctamente atribuye esa calificación de elementos del expediente a las alegaciones incorporadas en el trámite de información pública.
98. Como acredita Muñoz Guijosa (2022: 180).
99. Menéndez Rexach (2023: 715); López Ramón (2021: 70); Trayter Jiménez (1996: 63).
100. Una amplia exposición de los distintos autores y sus posiciones acerca de la naturaleza del planeamiento en Muñoz Guijosa (2022: 33).
101. Arts. 34.4, 39.b), 40.3 del Decreto Legislativo 1/2021 de 18 de junio, por el que se aprueba el Texto Refundido de la Ley de Ordenación del Territorio, Urbanismo y Paisaje de la Comunidad Valenciana.

evaluación ambiental estratégica, los Estudios de viabilidad económica y de sostenibilidad económica, así como los Estudios de integración paisajística.

Pero esta disociación es meramente artificial. ¿Cómo puede entenderse (jurídicamente) un plano de ordenación (realidad futura) sino es partiendo de los planos de información (realidad presente)? La Memoria informativa da cuenta de la realidad del desarrollo del planeamiento previo, mientras que la Memoria justificativa presenta el modelo territorial y urbanístico propuesto. Y ambas sirven de contexto y justificación para la coherencia de la ordenación vinculante. El plan debe radiografiar la realidad existente (dimensión estática) y diseñar la ciudad futura (dimensión dinámica)[102]. No pueden disociarse artificialmente los distintos documentos que conforman el plan. Al respecto se alude a que no resultan tan importante cual sea su concreta naturaleza jurídica, no ya del plan en su conjunto sino de los diversos elementos que lo conforman, como a la funcionalidad de cada uno de esos elementos para el cumplimiento de los objetivos de ordenación perseguidos[103]. Ello resulta correcto. El devenir histórico ha supuesto en muchos casos la «aglomeración» de diferentes elementos dentro del plan urbanístico que no responden a su verdadera funcionalidad. Es indudable la «heterogeneidad material»[104] de los documentos que integran el plan, con elementos explicativos y elementos dispositivos incorporados en documentos formalmente diferenciados. En algunos de esos elementos se incorporan determinaciones prescriptivas, que sólo pueden ser comprendidas y aplicadas a partir de su integración a través de las determinaciones explicativas (que se configuran como criterios hermenéuticos necesarios)[105]. Estos últimos documentos explicativos son el contexto donde se insertan las determinaciones prescriptivas del plan. Elo se ve confirmado por el art. 25.2 TRLSRU, al establecer que «Los acuerdos de aprobación definitiva de todos los instrumentos de ordenación territorial y urbanística se publicarán en el "Boletín Oficial" correspondiente. Respecto a las normas y ordenanzas contenidas en tales instrumentos, se estará a lo dispuesto en la legislación aplicable», concretando el art. 70.2 LRBRL dicha obligación de publicación por referencia al «articulado de las normas de los planes urbanísticos, así como los acuerdos correspondientes a éstos cuya aprobación definitiva sea competencia de los entes locales, se publicarán en el Boletín Oficial»[106]. No

102. Soro Mateo (2017: 210).

103. Parejo Alfonso (2020: 21); Baño León (2017: 504).

104. Muñoz Guijosa (2022: 83).

105. Muñoz Guijosa (2022: 95).

106. Como recuerda Casino Rubio (2018: 2993), dado que el plan es una norma reglamentaria, la jurisprudencia considera que el acuerdo de aprobación definitiva de un

obstante, el propio art. 25.4 TRLSRU requiere de las Administraciones el «impulso» de la publicidad telemática del contenido de los instrumentos de planeamiento, lo que se desarrolla en la legislación sobre transparencia, donde se incorpora como supuesto de publicidad activa a los instrumentos de planeamiento y a los convenios urbanísticos, con toda su documentación[107]. Además, en el plano procesal, los instrumentos de planeamiento son considerados disposiciones generales por el art. 42.2 LJCA[108], admitiéndose su control judicial a través del recurso indirecto del art. 26 LJCA. En desarrollo de esta normativa estatal, la legislación autonómica determina que la aprobación de un instrumento de planeamiento urbanístico produce como efecto «la publicidad del contenido completo» de tal instrumento[109].

b) EL PLAN COMO CREACIÓN DE DERECHO OBJETIVO. LA FUNCIÓN EXPOSITIVA O DISPOSITIVA DE LOS DOCUMENTOS QUE INTEGRAN EL PLAN

i) Norma y resolución como categorías jurídicas diferenciadas

63. Además de este argumento «funcional» resulta útil adoptar una perspectiva metodológica sobre la noción de norma para poder calificar adecuadamente al plan. En nuestro ordenamiento no existe una directa y expresa calificación legal del plan como norma (sea reglamentaria o mera disposición administrativa general)[110].

---

plan de urbanismo tiene un aspecto de acto administrativo (el acuerdo en sí adoptado por la Comisión, con sus requisitos de procedimiento, de quórum, etc.), que puede ser impugnado por tal vía administrativa, y otro aspecto de disposición de carácter general (el propio plan de urbanismo que se aprueba), que sólo puede ser recurrida directamente ante la jurisdicción contencioso-administrativa. En la misma línea, Bassols Coma (2017: 74).

107. Sobre la aplicación de la legislación de transparencia al ámbito urbanístico, Chinchilla Peinado (2018a: 115).

108. Suay Rincón (2020: 69); Bassols Coma (2017: 48), que da cuenta de la exigencia de publicación del anuncio de interposición del recurso en el boletín oficial correspondiente, conforme se estableció por Auto del TS de 04/02/2013.

109. P.e., art. 50.1.f) Ley 11/2018, de 21 de diciembre, de ordenación territorial y urbanística sostenible de Extremadura.

110. A diferencia del ordenamiento alemán, donde el § 10 BauGB califica al plan de desarrollo de carácter vinculante (*Bebauungsplan, verbindlicher Bauleitplan*) como una ordenanza, donde tal calificación se adoptó para facilitar el derecho a la tutela judicial efectiva (control judicial de una norma). Sobre la evolución de la discusión en torno a su naturaleza jurídica, Wahl (2013: 76).

64. El criterio de distinción entre la creación del Derecho (norma) y la aplicación del Derecho (acto) no se encuentra en la vocación de permanencia (abstracción, generalización o integración en el ordenamiento jurídico). La generalidad o concreción de la norma depende de las propiedades relevantes del caso que regula. La caracterización del plan como resultado de una planificación ponderativa articulada a través de una programación normativa finalista (principios como mandatos de optimización que pueden cumplirse en grados diversos en función de las circunstancias fácticas y jurídicas[111]) determina que no sea deseable ni oportuno su articulación a través de normas lo más abstractas y generales posibles. Dada su dependencia de la concreta realidad existente, el planeamiento demanda una mayor incorporación de regulaciones para situaciones concretas con el fin de dar respuesta a sus peculiaridades[112]. El TRLSRU y las leyes autonómicas sólo fijan un marco externo, posibilitando la reserva relativa de Ley establecida por el art. 33.2 CE, una amplísima colaboración reglamentaria materializada en los planes urbanísticos de cada concreto y singularizado municipio, justificado en la dimensión constitucional de la autonomía local. Dado que la ordenación de la ciudad es uno de los intereses nucleares de las entidades locales resulta constitucionalmente exigible una mayor flexibilización del principio de reserva de ley por la directa vinculación con el principio democrático (vertiente funcional de la autonomía local). Ahí es donde se sitúa la posición del plan urbanístico[113].

---

111. Sobre la distinción entre principios y reglas desde la perspectiva de la ponderación y la planificación, Rodríguez de Santiago (2000: 40).

112. Wahl (2011: 77) quien destaca como la incorporación de normas «meramente abstractas y generales» en el plan aplicables a todo el territorio requieren «una justificación adicional», dado que sus determinaciones deben adoptarse «a la vista de la concreta situación». En la misma línea Schmidt-Assmann (2003: 344) y (2021: 156).

113. La integración del concreto estatuto jurídico que se proyecta sobre un determinado e individualizado terreno, de forma sintética, responde al siguiente esquema normativo. Regulación legal, abstracta y general para cualquier terreno y como determinaciones básicas establecida por el TRLSRU, así como por el resto de la legislación estatal sectorial que resulte de aplicación, que determinan el régimen abstracto de derechos y deberes del propietario de suelo. La legislación urbanística autonómica concreta, desarrolla y completa el ámbito de dichos derechos y deberes, pero igualmente en el plano abstracto y general. Finalmente, en un tercer escalón, siendo éste el más relevante en cuanto a la definición del concreto régimen de una parcela, se sitúan los instrumentos de ordenación territorial y urbanística (sean generales, sectoriales o de desarrollo), que desde su configuración como instrumentos de planeamiento establecen la planificación territorial y urbanística, organizando y definiendo el uso del territorio y del suelo de acuerdo con el interés general. Sobre ello, Chinchilla Peinado (2017a: 214).

El plan en cuanto norma crea o concreta supuestos de hecho nuevos a los que anuda consecuencias jurídicas nuevas que no están totalmente previstas en el TRLSRU y el binomio normativo autonómico (ley y reglamento)[114]. Este concepto de norma permite que el plan incorpore una proposición normativa abstracta y general (p.e., la calificación de jardines históricos protegidos, con su régimen jurídico de protección y uso). Pero también permite que se incorpore en el plan una proposición normativa que regule un concreto caso (p.e. la ordenación singular de un único edificio histórico en el municipio). La generalidad de las proposiciones jurídicas del plan es, en gran medida, una «casualidad técnico-organizativa» puesto que la ordenación de una concreta pieza puede requerir una regulación para un caso concreto. Existe una previsión legal expresa, art. 11 TRLSRU, que permite a la Administración planificadora crear Derecho de forma concreta y singular[115]. Es cierto que las determinaciones y ordenación urbanística del plan se agotan (normalmente) con su aplicación, y la edificabilidad está determinada para cada predio incluido en el plan de una vez por todas. Pero aun así, el plan debe calificarse como norma jurídica que se aplica a través de actos de gestión y de edificación. Es norma porque el plan regula el derecho de propiedad de los propietarios, clasificando y calificando *ex novo* los terrenos, obviamente dentro del marco del TRLSRU y las leyes autonómicas[116].

65. El plan prefigura y anticipa lo que será la ciudad o una concreta pieza urbana. Por tanto, el plan fija las premisas (crea derecho objetivo)

---

114. Este criterio metodológico de distinción en Gallego Anabitarte (1974: 34) para quien el Derecho objetivo es «pauta, regla, escala, según la cual se fundamenta que del comportamiento de los sujetos, bajo un supuesto de hecho, resulten derechos y deberes... El Derecho objetivo es el único que fundamenta y crea derechos subjetivos y deberes». Frente a ello el acto administrativo no crea los derechos y deberes, sino que crea el supuesto de hecho. Se configura así la norma como una regla de conducta. Asume igualmente este criterio Rodríguez de Santiago (2016: 159) si bien con un resultado diverso, al considerar que existen elementos normativos y resolutivos en el plan.

115. Rodríguez de Santiago (2021: 19) correctamente precisa que salvo previsión legal expresa, la idea de que el ejecutivo se separe de una regulación abstracta y general para crear Derecho de forma concreta y singular es contraria al principio que se encuentra en la base de la prohibición de la inderogabilidad singular de las disposiciones de carácter general.

116. Gallego Anabitarte – Menéndez Rexach – Chinchilla Peinado – De Marcos Fernández – Rodríguez de Santiago – Rodríguez-Chaves Mimbrero (2001: 38). Es cierto que allí se sostiene que la Administración no puede aprobar normas concretas y singulares (al corresponder esa competencia al legislador con respeto al principio de igualdad) para evitar situaciones de «privilegio». Pero aquí lo que se mantiene es que dentro del plan, en cuanto norma mayoritariamente general y abstracta, pueden coexistir proposiciones normativas concretas y singulares, dentro del marco legal.

para futuras decisiones aplicativas (derecho subjetivo). Pero esa regulación normativa presenta características específicas. Con carácter general, debe afirmarse que el plan es fundamentalmente el resultado de una «discrecionalidad planificadora» (conformadora y por tanto «discrecionalidad normativa»[117]) donde se establecen regulaciones finalistas de futuro, con una gran dosis de creatividad configuradora a través del método de la ponderación[118]. Esa amplia libertad conformadora (o en su caso, amplia discrecionalidad) no puede ser simplemente entendida ya como la competencia para elegir entre indiferentes jurídicos, sino que ante la virtualidad del principio de buena administración debe configurarse como la competencia (oportunidad) administrativa para adoptar la mejor solución posible a la vista de las circunstancias concretas, ejerciendo adecuadamente la ponderación que supone[119]. La densidad normativa de la regulación establecida en las Leyes (estatal y autonómicas) y en los reglamentos (autonómicos) que establecen la arquitectura de la ordenación urbana presentan en muchos aspectos un grado de abstracción que debe ser completado por el plan. Junto a decisiones sometidas a reglas condicionales previstas por la Ley que deben ser concretas por el plan (p.e., clasificación reglada del suelo urbano por su integración en la malla urbana o del suelo rústico excluido por incorporar valores naturales) se incorporan decisiones sometidas a principios finalistas (clasificaciones de suelo residencial o industrial en función de las necesidades previstas). Pero también decisiones sobre fincas concretas (sometimiento al régimen de protección fijado para fincas concretas). Todas estas determinaciones, incorporadas en un único instrumento (el plan) tienen carácter normativo. Esto requiere una exposición individualizada de los diferentes elementos del plan ante las críticas a su naturaleza reglamentaria.

ii) Análisis metodológico de los elementos que integran un plan urbanístico

66. Es indudable que las normas urbanísticas tienen naturaleza reglamentaria[120]. ¿Pero qué normas urbanísticas? Diversas leyes urbanísticas, acertadamente, excluyen de la noción de normas urbanísticas del plan a las determinaciones técnicas sobre urbanización y edificación, configurándolas

117. Sobre ambos tipos y su posible diferenciación cualitativa, Rodríguez de Santiago (2016: 161).
118. Rodríguez de Santiago (2016: 154).
119. Ponce Solé (2023: 176).
120. Baño León (2017: 50); Santamaría Pastor (2014: 213) propugna que este sea el único elemento con contenido normativo.

como «simples» ordenanzas municipales[121], ya que son normas ajenas a la función de «ordenación espacial» de los terrenos[122], aunque contribuyan a ello. Las ordenanzas de edificación regulan los aspectos morfológicos y estéticos de la edificación, conforme a las regulaciones técnicas y de seguridad. Por su parte, las ordenanzas de urbanización regulan el proyecto, ejecución material, entrega y mantenimiento de las obras y los servicios de urbanización, conforme a las regulaciones técnicas de los distintos servicios. Estas ordenanzas municipales de urbanización o edificación presentan un carácter complementario (subordinado) al planeamiento urbanístico. Se produce así por decisión del legislador autonómico una distribución de contenidos entre estas ordenanzas de edificación y urbanización y las normas urbanísticas del plan, excluyendo una hipotética «reserva de planeamiento»[123].

Esta consideración de las ordenanzas del plan como normas ha sido reforzada por el legislador estatal al precisar en el art. 24.1 TRLSRU que, en las denominadas actuaciones sobre el medio urbano para la rehabilitación edificatoria o la renovación urbana, cuando impliquen la necesidad de alterar la ordenación urbanística vigente podrán llevarse a cabo mediante la modificación del planeamiento o bien con la aprobación de una «norma reglamentaria con efectos de plan urbanístico»[124] que deberá aprobarse conforme al procedimiento de aprobación de las ordenanzas municipales (sin perjuicio de incorporar una memoria de sostenibilidad económica). Por tanto esta «ordenanzas con efectos de plan urbanístico» pueden, además de completar el instrumento de planeamiento, modificar sus determinaciones afectando a la edificabilidad y a los usos del suelo[125], incorporando por tanto una «ordenación espacial» si bien limitada. Y eso se efectúa en una norma con rango reglamentario. Las normas urbanísticas, propias del plan, deberían quedar así circunscritas a la determinación de la edificabilidad y

121. Así, p.e, el art. 16 del Decreto Legislativo 1/2023, de 28 de febrero, por el que se aprueba el Texto Refundido de la Ley de Ordenación del Territorio y de la Actividad Urbanística de Castilla-La Mancha. Un análisis de ese proceso en Villar Rojas (2019c: 94).

122. Vaquer Caballería (2018: 3).

123. Velasco Caballero (2009: 331), dado que la autonomía local constitucionalmente garantizada posibilita una comprensión de las ordenanzas municipales como normas de configuración de la realidad y no solo como normas de ejecución de las previsiones legales. En línea similar, Menéndez Rexach (2023: 717).

124. Sobre esta figura, Villar Rojas (2019c: 91).

125. Villar Rojas (2019c: 98) quien considera correctamente que el legislador autonómico podría ampliar el ámbito espacial de estas «ordenanzas con efecto de plan urbanístico» más allá de la rehabilitación y renovación edificatoria en suelo urbanizado, respetando las garantías básicas establecidas para el planeamiento (evaluación ambiental, participación, sostenibilidad económica).

la regulación de los usos admisibles y prohibidos. Ahí no existe discusión en la doctrina[126].

67. La fijación de las situaciones básicas de suelo o de clasificación de los suelos, y las asignaciones de usos (calificaciones), así como la concreta edificabilidad a las diferentes parcelas como determinaciones normativas se pone en cuestión, al considerar que no presentan un grado de abstracción sino que simplemente establecen (resolutivamente) un régimen concreto para cada inmueble[127]. Frente a ello, debe afirmarse que se trata de «normas de objeto concreto» que incorporan un «factor regulador», en cuanto condicionan las actuaciones futuras sobre tales suelos. En otros términos, la determinación de estas características de los suelos se realiza «*ex novo*» por el plan y debe configurarse como la identificación normativa del presupuesto de hecho normativo que determina el régimen jurídico del suelo establecido por las normas urbanísticas[128], no la subsunción a casos concretos de una normativa previamente establecida en el TRLSRU y la legislación autonómica. Ciertamente, la simple clasificación no muestra una norma jurídica completa, pero sí uno de sus elementos estructurales, que se completa con otras determinaciones del plan (en este caso, con las determinaciones incorporadas en las fichas y en las ordenanzas sobre calificación y aprovechamiento) para delimitar el contenido del derecho de propiedad. La clasificación aisladamente considerada no concreta el régimen jurídico del derecho de propiedad. No determina que puede hacer o que tiene prohibido el propietario. Ello requiere completarlo con las determinaciones relativas a la calificación y a la edificabilidad (incluso en suelo rústico, porque ahí el plan determina también la edificabilidad que puedan tener, p.e., una instalación para almacenar forraje). En otros términos, el plan a través de esos elementos establece «prohibiciones y autorizaciones» dirigidas tanto al ciudadano como a la propia Administración municipal.

68. La regulación del Catálogo de elementos protegidos igualmente ve cuestionado su carácter normativo al establecer un régimen singular de obras y usos específico para cada bien incorporado[129]. Frente a ello debe afirmar-

126. Vaquer Caballería (2018: 4); Baño León (2017: 53).

127. Menéndez Rexach (2023: 715); Iglesias González (2018: 240); Santamaría Pastor (2016: 9), que muestra serias dudas sobre su naturaleza reglamentaria. En una línea similar, Rodríguez de Santiago (2023: 89) y (2016: 160) atribuye la condición de resolutivas a la clasificación del suelo por aplicar las previsiones legales, mientras que afirma el carácter normativo de la calificación.

128. Muñoz Guijosa (2022: 110).

129. Iglesias González (2018: 240).

se su carácter normativo[130], ya que no se trata sólo de un simple catálogo administrativo, sino que del establecimiento *ex novo* de un régimen jurídico concreto a los distintos elementos integrados en el mismo que se identifican en las correspondientes fichas donde se «visualiza» tal régimen jurídico.

69. Se cuestiona igualmente que la programación temporal y económica tenga naturaleza reglamentaria. Ello debe rechazarse porque tal programación no puede desligarse de la clasificación y categorización del suelo, al depender la ordenación del suelo de tales infraestructuras[131]. La determinación de las obras de urbanización, en cuanto infraestructuras (redes públicas supramunicipales, generales y locales) —su dibujo— tienen igualmente naturaleza reglamentaria, puesto que definen, negativamente, el derecho de propiedad al ser obtenidas mediante el cumplimiento de los deberes y cargas urbanísticas. No pueden configurase como actos administrativos como propugna un sector doctrinal[132]. No hay aquí aplicación del régimen jurídico previsto por las leyes (estatal y autonómica) y reglamentos (autonómico) a un caso concreto —en realidad sería a una pluralidad enorme de supuestos—.

70. Igualmente se ha rechazado el carácter normativo de las Memorias (de información y diagnóstico, de participación e información pública, de ordenación, y económica) afirmando que carecen de «la generalidad y abstracción propias de las normas», siendo meros documentos de contenido indicativo[133]. Ciertamente la descripción de la situación actual y los problemas existentes, del proceso participativo y su resultado, así como la justificación de las alternativas adoptadas funcionan como «motivación extensa» de la ordenación adoptada, como «pautas interpretativas». Lo que determina el carácter «vinculante» de la Memoria de ordenación, como ha justificado la jurisprudencia. Pero no por sí misma, sino porque constituye la «parte expositiva» del planeamiento, su parámetro interpretativo o hermenéutico[134]. Esta amplia necesidad de fundamentación de las decisiones de ordenación del planeamiento tienen su razón de ser en el carácter esencialmente conformador del planeamiento (en la amplia discrecionalidad del planificador en la terminología de la jurisdicción contencioso-administrativa).

130. Santamaría Pastor (2016: 8).
131. López Ramón (2021: 69), si bien considera que «se trata de actividad administrativa ejecutiva, sin duda, pero derivada del régimen del suelo establecido en el mismo plan».
132. Baño León (2017: 54).
133. Menéndez Rexach (2023: 715); Vaquer Caballería (2018: 4).
134. Muñoz Guijosa (2022: 106).

71. Se niega igualmente el carácter normativo a los planos (fundamentalmente a los planos de información, aunque también a los planos de ordenación). El argumento es, también, la falta «la generalidad y abstracción propias de las normas» y su función meramente indicativa[135]. Por el contrario, los planos de ordenación «concretan y complementan, visualizan la ordenación establecida»[136], debiendo afirmarse su carácter normativo al constituir la «plasmación gráfica» de la delimitación del derecho de propiedad[137], partiendo de la realidad existente identifica en los planos informativos[138].

72. En definitiva, aquellos documentos que, aisladamente considerados, no incorporan prescripciones normativas directamente, sí cumplen una función de complemento para la interpretación de los elementos normativos «duros» del plan[139]. Resulta una incoherencia intentar distinguir dentro del plan distintos tipos de actos jurídicos. Su inclusión determina que todos ellos tengan la misma fuerza y valor de norma reglamentaria. Todos ellos dirigen la actuación de la Administración municipal. El plan urbanístico debe calificarse como norma en la medida en que establece «derecho objetivo», tiene una función ordenadora[140], al deber establecer el modelo de ciudad y completar la delimitación del derecho de propiedad, y no una función de simple subsunción al caso concreto. Podrá discutirse si se trata de una norma reglamentaria o de una simple disposición administrativa general, pero en todo caso se trata de una norma jurídica[141].

73. Como excepción a esta construcción dogmática[142], la realidad muestra que dentro del instrumento de planeamiento, de naturaleza reglamentaria, también aparecen determinadas prescripciones de carácter no normativo, sino que se trata de decisiones resolutivas que afectan al ámbito de la gestión[143] (p.e., la delimitación de una unidad de ejecución o la determinación del sistema de gestión). Se trata de determinaciones cuya incorporación al

---

135. Vaquer Caballería (2018: 4).
136. López Ramón (2021: 69); Santamaría Pastor (2016: 8).
137. Muñoz Guijosa (2022: 120).
138. Por ello no pueden considerarse como simples actos administrativos, que clasifican y califican el suelo, aplicando los criterios establecidos en la legislación autonómica y en las propias normas del plan, como señalan Menéndez Rexach (2023: 715); Baño León (2017: 38). Al contrario, completan la estructura de la norma jurídica.
139. Santamaría Pastor (2016: 8).
140. Muñoz Guijosa (2022: 130).
141. Esa discusión en Suay Rincón (2020: 119).
142. Resulta incuestionable el acierto de la afirmación de Rodríguez de Santiago (2016: 159) al precisar que en la identificación de su naturaleza jurídica la preeminencia no la ostenta la argumentación dogmática, sino el pragmatismo judicial.
143. Muñoz Guijosa (2022: 133).

plan no es necesaria[144]. Pero precisamente por ese carácter no normativo, las mismas pueden ser modificadas a través de un procedimiento *ad hoc* donde la clave reside en la audiencia a los sujetos interesados, sin que ello conlleve una alteración del instrumento de planeamiento y se requiera una nueva ponderación planificadora.

iii) Consecuencias no previstas de la búsqueda de la flexibilidad del plan a través de la identificación de elementos resolutivos

74. El riesgo (las consecuencias) derivado de la negación del entero carácter normativo del plan es incuestionable, aunque no haya sido puesto sobre la mesa por estos autores. Si estos elementos (la clasificación, la asignación de usos, la atribución de edificabilidad… etc.) no tienen carácter normativo, sino simplemente resolutivo podrían ser modificados directamente por otro acto administrativo (p.e., incorporando todo ese contenido a la figura de la licencia). Ahora bien, ello conduciría a aplicar todo el arsenal conceptual propio del régimen jurídico de los actos declarativos de derechos y especialmente el principio de irrevocabilidad, integrándose directamente en el patrimonio del titular del suelo.

75. A ello se uniría la posibilidad de un diferente régimen de impugnación. Si se identifica un contenido resolutivo, el mismo sólo podría ser objeto de impugnación directa en el plazo de 2 meses, quedando excluido de control el contenido meramente indicativo, siendo además los órganos judiciales competentes diversos (para el contenido normativo el TSJ y para el contenido resolutivo los juzgados de lo contencioso). No parece una solución aceptable. De ahí que incluso algún autor que considera esa diferente naturaleza del contenido del plan descarte esa solución propugnando un régimen impugnatorio único, aunque con consecuencias jurídicas diferentes en caso de anulación[145].

144. Suay Rincón (2020: 116).

145. Menéndez Rexach (2023: 716) certeramente considera que «...Sería un galimatías procesal inasumible que, para determinar el órgano ante el que se debe recurrir, hubiera que dilucidar previamente si el objeto del recurso es un acto o una norma…».

c) LA NATURALEZA NORMATIVA DEL PLANEAMIENTO URBANÍSTICO EN UN CONTEXTO DE GOBERNANZA Y DE EFECTIVA PARTICIPACIÓN DE LOS CIUDADANOS EN SU CONFORMACIÓN. EL PRINCIPIO DE CONSERVACIÓN DEL PLAN

i) Gobernanza y participación pública como elementos moduladores del carácter normativo del plan

76. El plan urbanístico, en cuanto noción jurídica, debe encuadrarse dentro de la figura de la «planificación» como forma de actuación de la Administración (y no como categoría jurídica autónoma)[146], donde el juicio ponderativo riguroso sobre la base de una adecuada identificación de los datos fácticos y los intereses en presencia se sitúa en el centro de la construcción metodológica. El plan no incorpora un tratamiento abstracto, sino que contempla un concreto y determinado territorio en su situación actual y regula su futura configuración para su utilización individual y colectiva[147]. En el concreto caso del plan urbanístico, el mismo sí puede reconducirse a una de las formas típicas de la actuación administrativa[148], la norma. Que el plan urbanístico, dada su fuerte vinculación con la situación fáctica que pretende ordenar (y transformar), resulte un instrumento adecuado para concretar las determinaciones abstractas de la regulación legal y que a la vez permita coordinar de forma efectiva las concretas intervenciones en las piezas de la ciudad no justifica su calificación dogmática como un escalón

146. Caracterizada como un procedimiento de obtención y elaboración de información sobre la situación actual (diagnóstico), que permite adoptar un juicio de pronóstico sobre su evolución, fijando objetivos y los medios para ello a través de la ponderación entre alternativas, en los términos propuestos por RODRÍGUEZ DE SANTIAGO (2023: 20). Esta es la configuración general en el Derecho alemán, MAURER (2011: 427).

147. PAREJO ALFONSO (2021: 20), que precisa que es un «instrumento jurídico de configuración de los hechos y las circunstancias reales».

148. La STS de 18/07/2023 (ECLI:ES:TS:2023:3410), al hilo de la impugnación del Plan Nacional de Energía y Clima precisa, FJ 5.º, que «...Si bien el nomen iuris —Plan Nacional— puede resultar indiciario de la naturaleza jurídica del mismo, no puede predicarse una naturaleza jurídica, en abstracto, para todos los instrumentos de planificación que se aprueban, debiendo atenderse singularmente al carácter y contenido de los mismos, cumplimiento de criterios de generalidad y ordinamentales, órgano que los aprueba y si a éste se le ha atribuido legalmente la potestad reglamentaria, criterios que se vienen utilizando por la jurisprudencia a la hora de abordar la naturaleza, como acto administrativo o reglamento, de la actuación de la Administración...». Como señala RODRÍGUEZ DE SANTIAGO (2023: 25), la realidad muestra como los diversos tipos de planes pueden adoptar la forma de norma (ley o reglamento), acto, contrato o incluso actuación informal. En la misma línea, MAURER (2011: 429).

intermedio entre la norma y el acto[149] —como un *tertium genus*—. Su fuerza vinculante o imperativa *erga omnes* es incuestionable, estableciendo una regulación jurídica (y no meramente indicativa) del uso del suelo que se impone al propietario y a la propia Administración.

77. La capacidad de dirección de la actuación administrativa por la legislación (y las normas reglamentarias) urbanística (estatal y autonómica) es ciertamente limitada. No existen grandes indicaciones materiales o sustantivas sobre cuál debe ser el modelo concreto de cada ciudad.[150] La programación material o condicional de la actividad administrativa se sustituye aquí fundamentalmente por una programación finalista y procedimental, que difiere la concreción del modelo regulativo (el modelo de ciudad) a la propia Administración municipal (sin perjuicio del control efectuado por la Comunidad Autónoma o la dirección impuesta por ésta mediante la ordenación territorial) a través del correspondiente planeamiento con una amplia capacidad conformadora que incorpora como método jurídico (racional) de decisión fundamentalmente la ponderación de los diferentes principios y valores en tensión[151]. Junto a los programas finales (principios o mandatos de optimización que deben cumplirse en la medida de lo posible) también incorpora la ley normas condicionales (reglas) para dirigir la actuación administrativa, si bien en menor medida[152].

El TRLSRU, en desarrollo de los arts. 33, 45 y 47 CE, incorpora una pléyade de elementos que conforman el principio de desarrollo territorial y urbano sostenible (arts. 3 y 20), que son concretados, p.e., por la Ley 9/2001, de Suelo de la Comunidad de Madrid (art. 3). Pero en ambos casos tales normas de programación final simplemente fijan «objetivos generales» (p.e., posibilitarán el uso residencial en viviendas en un contexto urbano sostenible con una densidad adecuada al bienestar individual y colectivo). Corresponde al plan fijar los «objetivos concretos» sobre la base del análisis de la realidad (identifica el número concreto de nuevas viviendas, el aprovechamiento del ámbito y la densidad en una actuación de nueva

149. Rodríguez de Santiago (2023: 37), si bien considera útil esta descripción en un plano funcional, ya que da cuenta de la característica de «bisagra» del plan para concretar las determinaciones legales.

150. Aunque las leyes autonómicas han incorporado una mayor densidad normativa en la dirección de la actuación administrativa (concreción de principios, fijación de estándares de sostenibilidad... etc.), no parece correcto afirmar que el plan se convierte en un «simple autómata en la aplicación de los estándares y determinaciones previstas en el texto de la ley», como señalaba Bassols Coma (2017: 50).

151. Rodríguez de Santiago (2000: 34); Agudo González (2013: 93).

152. Rodríguez de Santiago (2023: 56).

urbanización en atención a las circunstancias concurrentes). A la vez, el plan debe identificar el ámbito de desarrollo respetando la norma condicional de proteger los terrenos con valores naturales [art. 21.2.a) TRLSRU y art. 16 LSM]. El plan aparece, así como un enfoque global que aporta racionalidad a la actuación administrativa. Se atribuye así a la Administración un «espacio decisional propio» (regulativo) orientado al futuro, lo que requiere su capacidad de apertura (flexibilidad) y de «aprendizaje» sobre las necesidades del espacio ordenado. La legalidad de las decisiones incorporadas al plan cuando se otorga esa competencia conformadora requieren no sólo que no sean irracionales o arbitrarias (principio de interdicción de la arbitrariedad ex art. 9.3 CE)[153], sino que sean ponderadas por exigencias del principio de Estado de Derecho, explicitando una adecuada identificación y valoración de los diferentes intereses públicos y privados en presencia, configurándose así la exigencia de ponderación como límite a la libertad conformadora que supone la planificación[154]. Esta realidad demanda una nueva comprensión de la estructura del plan como norma sobre la base de dos vectores: la noción de gobernanza y la participación pública.

78. La discusión de si tiene carácter reglamentario o de ordenanza local no tiene recorrido[155]. El plan urbanístico, en cuanto forma de actuación, debe calificarse como norma local singularizada por su procedimiento de elaboración y aprobación[156]. Se adopta así un tipo específico de procedimiento de elaboración y aprobación del plan urbanístico que configura un concreto tipo de Administración colaborativa. El plan urbanístico no es una norma que ejecuta imperativamente la legislación urbanística sino una forma de dirección política a través de la gobernanza[157]. El derecho urbanístico en cuanto sector de referencia no es hoy expresión simplemente de una administración imperativa (policía), sino también de una administración colaborativa (planificadora). Y ello se refleja claramente en la figura del plan. El proce-

153. Delgado Barrio (1993: 103).

154. Rodríguez de Santiago (2000: 92).

155. Menéndez Rexach (2023: 716) cuestiona el carácter reglamentario de las ordenanzas del plan, cuestionando si se trata de un reglamento ejecutivo o independiente, optando finalmente por su consideración como ordenanzas locales, precisando que «son actos jurídicos con un procedimiento especial de elaboración, por lo que no debe aplicarse a su tramitación el establecido para la aprobación de los reglamentos», extremo éste que resulta incuestionable.

156. Velasco Caballero (2009: 330), que precisa que el legislador autonómico, en atención al ámbito territorial y la concreta función que desempeña en la ordenación urbanística, regula un procedimiento especial de formulación y aprobación para cada tipo de plan.

157. Barnes Vázquez (2011: 80). Sobre el concepto de dirección en el «Estado cooperativo», Schmidt-Assmann (2003: 38).

dimiento adoptado para la elaboración y aprobación del plan no cumple aquí ya una simple función accesoria, adjetiva o subordinada [158]respecto del derecho material en cuanto proceso decisorio —de arriba abajo— (lo que podría justificar la irrelevancia de los vicios procedimentales salvo que se genere indefensión) donde la participación de los ciudadanos tiene una importancia relativa de simple defensa de sus intereses ante una regulación ya decidida[159]. Por el contrario, dado la estructura de programación final que adopta en su conjunto la regulación legal sobre el planeamiento, el procedimiento adopta aquí una función de dirección de la actividad administrativa, permitiendo la formulación de una política pública urbanística, adoptando soluciones concretas sobre el modelo de ciudad mediante la «creación» normativa ante un escenario complejo e incierto que demanda la creación de ciudades resilentes (sostenibilidad y cambio climático)[160]. Se construye así un procedimiento donde la información (hechos sobre los que se adopta la regulación) se construye de forma transparente entre la Administración y los ciudadanos, permitiendo la adopción cooperativa (de abajo a arriba y de arriba abajo) de la ordenación para garantizar en términos de eficacia, de legitimidad democrática y de control la solución adoptada. La participación de los ciudadanos cumple así una función regulatoria, configurando al plan como una norma «de consenso»[161]. El plan se muestra, así como una «herramienta para promover el debate público y el aprendizaje social», que permita la construcción del proyecto de la ciudad[162]. La concreción del

158. El procedimiento de formulación y elaboración del plan puede configurarse como un procedimiento orientado a la adecuada ponderación de los intereses en presencia, como señala Rodríguez de Santiago (2000: 52).

159. No se trata de un procedimiento administrativo de «primera generación», pero tampoco ya de un procedimiento de «segunda generación» en la terminología de Barnes Vázquez (2011: 89).

160. Se configura así como un procedimiento de «tercera generación», Barnes Vázquez (2011: 96).

161. En este sentido puede comprenderse la afirmación jurisprudencial, p.e. STS de 05/07/2012 (ECLI:ES:TS:2012:5387) según la cual «El plan, elemento fundamental de nuestro ordenamiento urbanístico, dibuja el modelo territorial que se entiende, dentro de lo hacedero, más adecuado para el desarrollo de la personalidad y la convivencia. Corresponde a la Administración, con una intensa participación ciudadana para asegurar su legitimación democrática, el trazado de dicho modelo atendiendo a las exigencias del interés público: la ciudad es de todos y por tanto es el interés de la comunidad y no el de unos pocos, los propietarios de suelo, el que ha de determinar su configuración».

162. Ezquiaga Domínguez (2023: 599). Y ahí el plan pretender fijar un concreto desarrollo basado en previas experiencias de sus redactores («...Los planificadores necesitan generalizar a partir de experiencias previas si y aunque su trabajo cotidiano parezca basarse más en la intuición que la teoría, esta intuición puede ser de hecho teoría

«interés general» que se plasma en un concreto modelo de ciudad no resulta de la deducción a partir de presupuestos conceptuales, sino que se produce como proceso abierto y pluralista vinculado por el Derecho (jurificado)[163], a partir del orden de valores establecido en la Constitución y las leyes que la desarrollan, para concretar mediante un consenso democrático el bien común y evitar su petrificación.

79. La intervención y participación real de los ciudadanos en la conformación del contenido del instrumento de planeamiento, en la adopción del modelo de ciudad (o de la concreta pieza urbana) se convierte así en la clave de bóveda del sistema[164]. Es tradicional la afirmación jurisprudencial de la «legitimidad democrática a los planes»[165] como consecuencia de la participación ciudadana. Pero esa participación no queda ya circunscrita a la simple fase formal del trámite de información pública. La noción de gobernanza, de construcción del modelo de ciudad desde abajo hacia arriba, en una perspectiva más horizontal y menos vertical es la respuesta a la construcción de la ciudad, que es, necesariamente, una decisión colectiva que debe ser adoptada una vez se disponga de la adecuada información. La participación no debe ser sólo un mecanismo de obtención de información para la Administración. También debe ser un medio para construir consensos sobre el modelo a adoptar, lo que requiere que la misma tenga lugar desde las fases previas a la opción por un modelo concreto[166]. Tras ello la Administración puede realizar la ponderación de los diferentes intereses.

---

asimilada…»). Siendo ello cierto, debe precisarse que esa teoría está acotada por la regulación jurídica. Hernández Aja – González García (2023: 637) lo configuran como un instrumento de mediación social para encontrar acuerdos y, por tanto, como un instrumento para el cambio y la transformación social.

163. Se adopta así la noción procedimental, abierta y democrática de la comunidad política y de la concreción de sus intereses públicos de Häberle. Sobre esta construcción político-dogmática, donde el bien común no es una realidad dada sino un producto —salus publica ex processu—, Michael (2019: 52).

164. Villar Rojas (2019b: 80). Si bien la experiencia real no es satisfactoria, como recuerda De la Cruz Mera (2023: 663).

165. Por último, STS de 21/06/2021 (ECLI:ES:TS:2021:210), donde se puntualiza que «la legitimidad democrática de los instrumentos de planeamiento, junto con las posibilidades —y la libertad— de la discrecionalidad técnica, y la autonomía local, son los principios que, en un marco de seguridad jurídica, posibilitan las necesarias modificaciones urbanísticas de una ciudad. Se tratan de planificar, a tiempo, y llevar a cabo, con decisión, grandes decisiones estratégicas de futuro, que, lamentablemente, exceden, en su tramitación, del tiempo político de una legislatura, y que se complementan con los instrumentos de planeamiento puntuales, sectoriales o coyunturales de cada sucesiva legislatura».

166. Chinchilla Peinado (2016: 250) y (2018: 60).

Ahí se realiza un «procedimiento interno» en el que debe garantizarse la adopción de estándares de racionalidad. Dicho procedimiento interno no está juridificado, pero sí su plasmación externa, la Memoria del plan. La participación debe dar lugar a un espacio de codecisión, sin perjuicio de que la responsabilidad final de la adopción de la concreta solución recaiga en las Administraciones.

80. Junto a esta complejidad procedimental derivada de la noción de gobernanza, la propia esencia conformadora del planeamiento urbanístico, al incorporar junto a decisiones regladas un alto número de decisiones no solo discrecionales sino propiamente conformadoras (normas finalistas) impide eliminar aquellos trámites y elementos documentales que posibilitan tal ponderación de intereses[167] y demanda un especial rigor en el procedimiento de aprobación al constituir «una decisión capital que condiciona el futuro desarrollo de la vida de los ciudadanos»[168] y culminar la delimitación del derecho de propiedad[169]. Aquí reside el denominado «principio de garantía del plan»[170]. La limitada dirección material incorporada en el TRLSRU y las leyes autonómicas se «compensa» por una rigurosa regulación procedimental de elaboración, participación y aprobación del plan. El procedimiento de elaboración y aprobación aparece así como una garantía básica del Estado de Derecho (y no sólo como un simple instrumento para alcanzar una decisión correcta)[171] ante la intensa afectación tanto al derecho de propiedad (art. 33 CE) como a los recursos naturales (art. 45 CE). La realización del principio de Estado de Derecho[172] se articula mediante un procedimiento donde se muestran (transparencia) los intereses afectados y adoptan las decisiones regulativas a través de una ponderación. Ello dota de racionalidad y previsibilidad a la actuación administrativa, sin eliminar su necesaria flexibilidad para adaptarse a las situaciones fácticas futuras a través de los mecanismos de alteración del plan, de la responsabilidad patrimonial en materia urbanística[173] y de la figura de «fuera de ordenación».

167. Suay Rincón (2020: 81).
168. Afirmación realizada desde la STS de 09/07/1991 (ECLI:ES:TS: 1991:7763) y mantenida de forma inconcusa, SsTS de 19/11/2020 (ECLI:ES:TS:2020:3842); 21/10/2020 (ECLI:ES:TS:2020:3319) o 14/10/2020 (ECLI:ES:TS:2020:3578).
169. Fernández Rodríguez (2017: 146).
170. Hoppe (1993: 243), que regula la distribución del riesgo que conlleva el plan soberano, entre el planificador y los destinatarios de éste.
171. Baño León (2019: 45), máxime cuando la mayor procedimentalización de la elaboración del planeamiento conduce necesariamente a una mayor relevancia de los defectos.
172. Rodríguez de Santiago (2023: 50).
173. Sobre los supuestos de responsabilidad urbanística, Chinchilla Peinado (2023a: 720).

ii) El principio de conservación del plan como propuesta de lege ferenda. Autonomía local, principio democrático y fines de la ponderación

81. La actual regulación sobre la invalidez de los planes urbanísticos resulta inadecuada e insatisfactoria. Esa es una conclusión unánime en la doctrina. La misma responde a una concreta concepción de la norma reglamentaria, como una norma de estructura condicional, donde el procedimiento administrativo previo de elaboración tiene un simple carácter instrumental. Por el contrario, la ordenación de la ciudad cristaliza en una norma con una estructura diferente. El plan urbanístico es esencialmente una norma de estructura finalista, donde la regulación no presenta un carácter esencialmente abstracto, sino que se proyecta sobre elementos concretos y determinados, y donde el procedimiento y la participación ciudadana adquieren un papel preponderante. Por su propia configuración y complejidad (material y procedimental[174], así como por la mutabilidad normativa), la planificación urbanística es el ámbito de actuación donde resulta más difícil a la Administración ajustar totalmente su comportamiento a los requisitos legales. La probabilidad de actuaciones erróneas es muy alta. En este contexto es donde debe construirse un «principio de conservación del plan»[175] (siquiera sea de forma provisional hasta que se apruebe un nuevo plan) como elemento propio de este concreto tipo de norma en orden a «ajustar» las consecuencias de la ilegalidad administrativa en su elaboración y aprobación, dotando de consistencia, estabilidad y certeza jurídica al ejercicio de la función de planificación. En otros términos, debe aquilatarse el alcance (profundidad) del control judicial en función del objeto sobre el que se proyecta.

El principio de legalidad como derivación del principio de Estado de Derecho incorpora como consecuencia jurídica la nulidad de la norma reglamentaria ilegal. El dogma de la nulidad determina que la Administración

---

174. De la Cruz Mera (2023: 658) describe acertadamente ese procedimiento (referido al planeamiento general) en los siguientes términos: «un procedimiento que conlleva un avance, una aprobación inicial, otra provisional y otra definitiva; un mínimo de dos trámites de información al público y alegaciones; un número no menor a 50 de informes sectoriales de todo tipo y un procedimiento propio de evaluación ambiental estratégica».

175. Al mismo alude González Sanfiel (2017: 449) por referencia al ordenamiento alemán («*Grundsatzes der Planerhaltung*»). Rodríguez de Santiago (2000: 33) muestra cómo se considera por la doctrina alemana una reacción necesaria a la frecuencia con la que se detectaban defectos en el procedimiento de elaboración del plan hasta extremos absurdos por parte de los órganos jurisdiccionales.

sólo puede alcanzar los objetivos que persigue aprobando el plan si se observen todos los requisitos establecidos en la Ley. El principio democrático también apunta en este sentido, al imponerse la sanción de nulidad respecto de un plan aprobado por una Administración que ha desatendido la voluntad del legislador cristalizada en los requisitos materiales y procedimentales establecidos en la Ley. Frente a ello, el principio de seguridad jurídica demanda que los intereses públicos y privados ya cristalizados en el plan urbanístico aprobado sean adecuadamente valorados ante una infracción (material o procedimental) del plan. También el principio democrático, plasmado en la participación y gobernanza en la elaboración y aprobación del plan demanda que no todos los errores sean trascendentes. Como derivación, la autonomía local constitucionalmente garantizada anudada al principio democrático, exige el mantenimiento del modelo de ciudad adoptado, salvo que la infracción sea relevante[176]. El plan es el instrumento municipal que regula las condiciones de uso y las posibilidades de vivienda como derivación de los arts. 9.2 y 47 CE. Tampoco pueden dejar de considerarse dos derechos fundamentales, de distinto alcance. El derecho de propiedad que demanda que las injerencias que puedan reputarse desproporcionadas puedan ser eliminadas, también las procedimentales, y el derecho a la tutela judicial efectiva, que reclama la posibilidad de impugnación en plazos suficientemente amplios, pero no indefinidos.

En suma, resulta necesario redistribuir los equilibrios entre el principio de legalidad y el principio de seguridad jurídica[177], sin crear espacios inmu-

176. La vinculación del planeamiento urbanístico con el principio democrático es una constante en la jurisprudencia, si bien desde la óptica del reconocimiento de una amplia capacidad conformadora o discrecional, enmarcada por los límites fijados por las normas. La STS de 30/06/2023 (ECLI:ES:TS:2023:3236) afirma que «...El principio democrático que subyace a la potestad de planeamiento urbanístico —que se expresa al atribuirse tal potestad al municipio y, su aprobación, al pleno de la corporación (arts. 22 y 25 LBRL)— lleva aparejada la necesaria discrecionalidad del planificador que se articula en el conocido como ius variandi que constituye, no sólo una potestad, sino un deber de adaptar sus decisiones, en el ejercicio de la función pública de ordenación territorial y urbanística, a las necesidades cambiantes de la sociedad...».

177. Como señala acertadamente González Sanfiel (2017: 419), el interés público que supone el mantenimiento del orden urbanístico municipal, la confianza de los ciudadanos y operadores jurídicos, la complejidad de las relaciones entabladas al amparo de dicho plan, aunque resulte anulado, debe sobreponerse como valor jurídico a la defensa del trámite por el mero cumplimiento del trámite. A su vez, Agudo González (2013: 93) plantea que si la Administración puede mostrar que las decisiones adoptadas en el plan son las mejores de las posibles, y no una mera alternativa más, adoptadas a través de un proceso ponderativo respetuoso con los derechos de los ciudadanos, deberían reducir el ámbito del control judicial.

nes al control judicial y articulando una protección adecuada del derecho a la tutela judicial efectiva, para identificar la gravedad y trascendencia de las infracciones formales y materiales del plan mediante el principio de conservación del plan, que determina la necesidad de respuestas distintas, desde la existencia de infracciones intrascendentes, la existencia de infracciones menores generadoras de una anulabilidad respecto de las que deba otorgarse un plazo para su subsanación, y finalmente la existencia de infracciones relevantes para las que se reserva la nulidad del plan. Aquí se requiere una respuesta ineludible e inaplazable del legislador y una modulación de la rígida interpretación jurisprudencial[178].

82. Por ello, la valoración de la trascendencia jurídica que deben presentar los defectos debería responder al siguiente esquema. Los defectos materiales suponen la nulidad del plan, sin excepción. Por el contrario, los defectos formales en la tramitación deben matizarse, ya que no pueden, sin más, ocasionar su nulidad de pleno derecho[179]. Pero tampoco puede simplemente propugnarse su carácter de vicio de anulablidad. En primer lugar, el criterio clave debe situarse en la relevancia que para el proceso de ponderación en que cristaliza el plan acarrea tal infracción. Si el defecto formal impide la efectividad y corrección de la ponderación de forma significativa, la consecuencia debe ser la nulidad (p.e., la ausencia o inadecuada realización de la evaluación ambiental estratégica). La ponderación se realiza de forma incorrecta tanto si concurre un desequilibrio injustificado entre los intereses efectivamente considerados (falta de ponderación), como si no se han considerado determinados intereses (déficit de ponderación); o se han asignado pesos incorrectos a los distintos intereses en presencia y a la incidencia que producen sobre ellos la implementación de otros intereses (error de juicio ponderativo). Por el contrario, si no proyecta ninguna consecuencia sobre la ponderación (el resultado habría sido el mismo) o las consecuencias son insignificantes, debería establecerse bien el carácter irrelevante del defecto o la anulabilidad como consecuencia (p.e., la falta de justificación adecuada en la Memoria de la opción de desarrollo en un determinado lugar frente a otro), permitiéndose su subsanación con efectos retroactivos.

---

178. En una línea similar a la adoptada por los §§ 214 a 216 *BauGB*, donde se establece una graduación en errores significativos e irrelevantes, y dentro de éstos, entre absolutos y relativos, así como entre internos y externos, lo que se traduce en el plazo para poder impugnar.

179. Como señala Doménech Pascual (2022: 88), ante la existencia de un vicio de procedimiento, no se produce *prima facie* una antinomia entre el reglamento y la norma (material) legal, lo que posibilita su convalidación, incluso por el simple transcurso del tiempo.

83. En segundo lugar, debe tenerse en cuenta que los informes preceptivos emitidos por una administración distinta a la local no se configuran como simples trámites procedimentales, sino como técnica de protección de las competencias de las Administraciones autonómica o estatal[180]. Por ello, la valoración de su ausencia debe ponerse en conexión con la incidencia que provoca en la tutela de tales intereses supraautonómicos, requiriéndose la nulidad si ello supone su vulneración (p.e., la falta del Informe sobre la existencia de recursos hídricos, además de impedir una adecuada ponderación sobre la sostenibilidad del modelo de ciudad afecta negativamente a la protección del ciclo hidrológico que tiene encomendada la Administración estatal a través de la Confederación Hidrográfica y a su planificación, suponiendo demandas no previstas y que podrían condicionar otros usos. Pero ello no se produce si el desarrollo previsto no supone nuevas demandas a las ya contempladas respecto del planeamiento general). El equilibrio entre el principio de legalidad, el de seguridad jurídica y el de sostenibilidad demandan soluciones distintas a las ilegalidades formales en materia de planificación urbanística.

84. En tercer lugar, los defectos que se produzcan en la participación (de los ciudadanos y de otras administraciones afectadas) deben considerarse en principio significativos e insubsanables, dada la funcionalidad de la gobernanza en el proceso de planificación y su directa conexión con las exigencias de una ponderación adecuada de todos los intereses (p.e., cuando no se pone a disposición de los ciudadanos todos los documentos exigidos en la fase de participación o no se lleva a cabo tal trámite), si bien también pueden presentar una incidencia insignificante (no se contesta a una concreta alegación, si bien la misma resulta irrelevante o ya se ha tenido en cuenta en la ponderación).

85. Consecuentemente con esa configuración, la declaración judicial de invalidez del planeamiento debería tener ordinariamente efectos *pro futuro*, proyectándose así la invalidez sobre una parte de su ámbito temporal de validez[181] cuando existan intereses públicos prevalentes sobre el principio de legalidad. Circunstancia que ocurre cuando se vea afectada la sostenibilidad y la protección de recursos naturales, siempre que sean correctamente tutelados por el plan anulado e incorrectamente tutelados por el plan previo que «revive». Esta regla, que ya aplica el TC al enjuiciar las leyes de conte-

180. Baño León (2019: 60).
181. Doménech Pascual (2022: 97).

nido urbanístico[182] y ambiental[183], resulta lógica respecto de las situaciones administrativas firmes dado «ya que dotar de eficacia *ex tunc* a nuestra declaración de nulidad distorsionaría gravemente la actividad de gestión urbanística desarrollada al amparo de la norma que se declara inconstitucional». Razones prácticas exigen que la determinación del alcance de la sentencia anulatoria debe realizarse ponderando en cada caso los efectos y el alcance del fallo atendiendo a las circunstancias concurrentes y a los valores y principios constitucionales en presencia. La figura de la sentencia prospectiva satisfaría el derecho a la tutela judicial del demandante si otorga a la Administración un plazo suficiente para subsanar las meras «deficiencias procedimentales»[184].

86. Además, debe afirmarse la ampliación de la restricción del alcance de la invalidez del plan general respecto de planes inferiores o de actos de ejecución no solo cuando éstos sean firmes, sino también cuando respecto de esos ámbitos el plan anulado se había limitado a asumir, en bloque, la ordenación establecida por el planeamiento que ahora «revive», en cuyo caso los planes de desarrollo y los actos de ejecución encontrarían su vinculación en el anterior planeamiento[185]. Igualmente, debe afirmarse tal restricción respecto de las dotaciones públicas ya ejecutadas conforme al plan anulado[186].

87. En una sociedad democrática y donde el Estado de Derecho se asume como principio estructural de forma seria no resulta admisible una limitación del control de los planes urbanísticos que no respete el derecho a la tutela judicial efectiva. Por ello, debe seguir admitiéndose que junto al control directo (donde debería ampliarse el plazo de recurso como mínimo a 6 meses, ante la complejidad de los instrumentos de planeamiento) pueda formularse el control a través del recurso indirecto sin límite de tiempo[187]. La posible afección al principio de seguridad jurídica no presenta mayor relevancia que el principio de legalidad, que demanda que ante la contra-

182. Un detallado análisis en Pascual Martín (2019: 126). La cita es de la STC 54/2002, FJ 9.º.
183. González Sanfiel (2017: 430).
184. Pascual Martín (2019: 140); González Sanfiel (2018: 60).
185. Esta línea había sido apuntada por González Sanfiel (2017: 420).
186. González Sanfiel (2017: 440).
187. Doménech Pascual (2022: 103). Y ello porque en muchos casos la aplicación del plan al ciudadano sólo tendrá lugar a través de concreto actos administrativos que pueden dictarse cuando ya han transcurrido cuatro años desde su publicación oficial. Puede incluso que el ciudadano se incorpore al círculo de los destinatarios del plan ilegal después de esos cuatro años, en cuyo caso ninguna posibilidad tendría de impugnar los actos ilegales dictados en su aplicación.

dicción entre la ley urbanística y un plan (o entre un plan superior y un plan inferior) prevalezca la norma jerárquicamente superior incluso si han transcurrido más de 4 años cuando exista una contradicción material entre ellas.

88. Finalmente, el carácter esencialmente participativo del planeamiento y su naturaleza ponderativa, propia de una Administración de gobernanza reclaman el mantenimiento del control del plan a través de la figura de la acción pública. La respuesta a su utilización abusiva por los profesionales de la acción pública o de forma espuria para defender intereses individuales no puede ser, simplemente, su supresión[188]. Obviamente esta figura requiere su actualización para alinearla con su fin esencial, lograr la garantía de un adecuado control objetivo de la norma. La limitación del ejercicio de la acción a entidades sin ánimo de lucro que tengan entre sus fines la defensa de los intereses concurrentes en materia urbanística resulta desproporcionado[189], bastando con que se impida el desistimiento o la transacción onerosa en su ejercicio.

---

188. Sobre las críticas doctrinales, con un detallado análisis, VALENZUELA RODRÍGUEZ (2019: 331).
189. Sobre la figura de la acción popular CHINCHILLA.

III

La dimensión constitucional de la tutela cautelar

A) TUTELA CAUTELAR COMO FACETA DEL DERECHO CONSTITUCIONAL A LA TUTELA JUDICIAL EFECTIVA

a) CONTENIDO NORMAL DEL DERECHO A LA TUTELA JUDICIAL EFECTIVA, SIN QUE PUEDA SER EXCLUIDA AB INITIO RESPECTO DE DETERMINADAS ACTUACIONES ADMINISTRATIVAS

89. Desde la perspectiva del derecho a la tutela judicial efectiva, la finalidad constitucionalmente otorgada a las medidas cautelares es asegurar la efectividad del pronunciamiento futuro del órgano judicial relativo a los derechos e intereses legítimos llevados ante los jueces y tribunales en el proceso principal en el que se resuelve la cuestión de fondo[1]. El artículo 24.1 CE exige que la tutela judicial sea efectiva y para ello debe evitarse que «un posible fallo favorable a la pretensión deducida quede desprovisto de eficacia por la conservación o consolidación irreversible de situaciones contrarias al derecho o interés reconocido por el órgano judicial en su momento», incorporándose así la tutela cautelar al ámbito del derecho fundamental a la tutela judicial efectiva. Ello resulta ineludible desde una comprensión subjetiva de la jurisdicción contencioso-administrativa[2]. Constituye así una faceta del ámbito subjetivo de este derecho fundamental, para evitar el daño jurídico que puede suponer el retraso en la adopción de la sentencia (*periculum in mora*), lo que constituye su *ratio*. Pero también incide sobre la dimensión objetiva de este derecho. La correcta articulación de un sistema de tutela cautelar y su efectiva aplicación por los órganos judiciales refuerzan la confianza del ciudadano en el sistema de justicia administrativa. Con ello

1. SsTC 26/2022, FJ 1.º; 34/2010, FJ 6.º; 159/2008, FJ 2.º; y 218/1994, FJ 3.º.
2. García de Enterría (1995: 15); Rodríguez Pontón (1999: 48).

se evita la impresión entre los ciudadanos de que requerir el control de la actuación administrativa ante un tribunal puede resultar vano o inútil ante la prolongada duración del proceso contencioso-administrativo[3]. Igualmente tal sistema de justicia provisional favorecería una reducción de la litigiosidad[4]. Consecuentemente, toda norma que excluya *ab radice* la posibilidad de otorgar una tutela cautelar frente a una actuación administrativa debe considerarse incompatible con el derecho a la tutela judicial efectiva[5]. La exclusión por el legislador del sistema de tutela cautelar y la inadecuada aplicación por el órgano judicial supone, en definitiva, una denegación anticipada de justicia[6]. La tutela cautelar se presenta como el instrumento adecuado para evitar que la demora inherente al proceso, a su duración, desemboque (ante la aplicación del instrumento de planeamiento y su materialización) como consecuencia de la ulterior dificultad en ejecutar la sentencia en sus propios términos, en una «estafa procesal» para el recurrente[7].

90. Ahora bien, debe tenerse en cuenta que la garantía de tutela judicial efectiva otorgada por el artículo 24 CE no es predicable sólo para quienes instan el proceso judicial, sino también para aquellos que concurren a los procesos judiciales como parte legitimada en concepto de demandado, apelado o en cualquiera otra de las legalmente previstas, cuyos intereses deben ser objeto de atención. Pero también, en su caso, deben valorarse los intereses de terceros que no son parte en el proceso, pero resultan afectados por la actuación administrativa impugnada (un acto o una disposición administrativa. El alcance que deba darse a esos otros intereses en relación con los esgrimidos por el solicitante de la tutela cautelar no pueden ser definidos *a priori*[8].

---

3. Fuertes López (2002: 70).
4. García de Enterría (1995: 198) señalaba que la Administración frente a la que se hubiese otorgado la medida cautelar abandonaría el proceso o buscaría fórmulas de composición con el recurrente, mientras que el recurrente al que se desestimase la medida cautelar en muchos casos desistiría del proceso.
5. SsTC 79/2017, FJ 16.º; 238/1992, FJ 3.º; y 115/1987, FJ 4.º. Es más, resultaría igualmente contrario a la constitución un régimen donde la impugnación en vía contencioso-administrativa de la norma o acto por otra Administración pública determinara de manera automática (reglada para el órgano judicial) la suspensión cautelar de tal norma o acto. Y ello porque supondría un desconocimiento de la autonómica constitucionalmente garantizada de tales administraciones, STC 79/2017, FJ 17.º.
6. García de Enterría (1995: 315); Chinchilla Marín (1991: 30).
7. Chinchilla Marín (1991: 27) hablaba de frustración intensa del recurrente.
8. Chinchilla Marín (2009: 152).

b) JUICIO PROBABILÍSTICO Y EXCLUSIÓN DE UN PRONUNCIAMIENTO SOBRE EL FONDO

91. Además, la medida cautelar no puede constituir una resolución anticipada de la cuestión sometida, a través del proceso, a la decisión del órgano jurisdiccional, pues sólo en la sentencia que ponga fin a aquél cabe decidir definitivamente, salvaguardándose así el derecho al proceso, que incorpora igualmente el artículo 24 CE[9]. En otros términos, son ajenas al incidente cautelar las cuestiones que corresponde resolver al proceso principal[10]. La tutela cautelar no constituye un «juicio sumario» sobre el fondo del asunto. *Prima facie*, resulta improcedente debatir en la pieza separada de suspensión cuestiones de fondo, siendo ello un límite a la adopción de medidas cautelares[11]. La excepción se encuentra en la concurrencia de una apariencia de buen derecho (*fumus boni iuris*)[12], tanto sobre la existencia del derecho o interés alegado como sobre la ilegalidad de la actuación administrativa[13]. Apariencia de buen derecho que no funciona como criterio único y excluyente, sino en conjunción con el resto de elementos[14]. La probabilidad o verosimilitud del

9. La STS de 20/04/2015 (ECLI:ES:TS:2015:1609) identifica como una aportación jurisprudencial la imposibilidad de prejuzgar el fondo del litigio, «ya que, por lo general, en la pieza separada de medidas cautelares se carece todavía de los elementos bastantes para llevar a cabo esa clase de enjuiciamiento, y porque, además, se produciría el efecto indeseable de que, por amparar el derecho a la tutela judicial efectiva cautelar, se vulneraría otro derecho, también fundamental e igualmente recogido en el artículo 24 CE, cual es el derecho al proceso con las garantías debidas de contradicción y prueba».
10. STC 148/1993, FJ 5.º.
11. Fuertes López (2002: 72), quien no obstante señala que el recurrente debería exponer ya las cuestiones de fondo, siquiera de forma mínima, los argumentos «que permitan, por un lado, dudar de la absoluta legalidad y validez del reglamento y, por otro, considerar que su petición no es desatinada». Asume así la línea marcada por Chinchilla Marín (1991: 46) y García de Enterría (1995: 175).
12. Y que deriva del principio general del derecho que determina que «la necesidad del proceso para obtener razón no debe convertirse en un daño para el que tiene la razón». Sobre el mismo, García de Enterría (1995: 177). De la Sierra Morón (2004: 259) precisa como tal criterio resulta útil, además, cuando la urgencia concurre tanto en el recurrente como en el interés general ínsito en la actuación administrativa, debiendo recurrirse a la proponderancia provisional de unos argumentos de fondo sobre otros.
13. Chinchilla Marín (1991: 184), que precisa que si bien la aplicación de esta regla supone un juicio sobre el fondo, ello es sólo provisional, por lo que no lo prejuzga el resultado final. Ahora bien, dado que esa decisión cautelar no se adopta desde la certeza de que la actuación administrativa es contraria a derecho, sino solamente desde la apariencia de todo ello, se ha calificado a la tutela cautelar como una «justicia a ciegas», Chinchilla Marín (2009: 134). En la misma línea, García de Enterría (1995: 208); Bacigalupo Saggese (1999: 111); De la Sierra Morón (2004: 259).
14. Sobre las dudas en este punto respecto de la jurisprudencia constitucional, Bacigalupo Saggese (1999: 55).

derecho o interés alegado por el recurrente y la ilegalidad de la actuación administrativa debe ser jurídicamente aceptable sobre la base de una cognición limitada del órgano judicial y de una adecuada actividad probatoria del recurrente[15], a la par de una insuficiente o inexistente oposición seria o consistente de la Administración[16], tanto en la vía administrativa como en la contencioso-administrativa. Dado que no puede adentrarse en las cuestiones de fondo, la adopción de la medida cautelar por el órgano judicial no puede generar «situaciones irreversibles»[17], siendo únicamente una decisión provisional. Ahora bien, la adopción de la medida cautelar sobre la base de la apariencia de buen derecho no prejuzga el fondo del asunto, ya en el proceso principal puede destruirse tal apariencia sobre la base de lo alegado y probado[18], constituyendo el otorgamiento de la medida cautelar una mera «justicia provisional»[19].

92. En consecuencia, para el TC, toda medida cautelar que no venga legalmente impuesta (esto es, que no tenga carácter automático por disposición legal) debe basarse, por imperativo del artículo 24 CE, en un juicio de racionalidad acerca de la finalidad perseguida y las circunstancias concurrentes, de forma tal que toda decisión desproporcionada o irrazonable no sería propiamente cautelar y compatible con el derecho a la tutela judicial efectiva. En suma, «el incidente cautelar entraña un juicio de cognición limitada en el que el órgano judicial no debe pronunciarse sobre las cuestiones que corresponde resolver en el proceso principal, sí ha de verificar la concurrencia de un peligro de daño jurídico para el derecho cuya protección se impetra derivado de la pendencia del proceso, del retraso en la emisión del fallo definitivo (*periculum in mora*) y la apariencia de que el demandante ostenta el derecho invocado con la consiguiente probable o verosímil ilegalidad de la actuación administrativa (*fumus boni iuris*) y, de otro lado, valorar el perjuicio que para el interés general... acarrearía la adopción de la medida cautelar solicitada»[20]. En este sentido, la decisión sobre la medida cautelar consiste en «un juicio probabilístico y con alcance limitado»[21]. El cálculo

---

15. Chinchilla Marín (1991: 45). Para Casares Marcos (2019: 377) es un criterio que puede operar en sentido positivo o negativo.
16. García de Enterría (1995: 339).
17. Fuertes López (2002: 81), Bacigalupo Saguesse (1999: 106); Chinchilla Marín (1991: 1769.
18. García de Enterría (1995: 188); Casares Marcos (2019: 377).
19. Es en este sentido en el que debe identificarse la funcionalidad de la tutela cautelar como una anticipación provisional de los efectos de la sentencia, como señala Rodríguez Pontón (1999: 37).
20. STC 148/1993, FJ 5.º.
21. SsTC 106/1994, FJ 3.º; 105/1994, FJ 3.º; y ATC 356/1993, FJ 2.º.

de probabilidad del daño no puede realizarse en abstracto, sino que debe realizarse sobre el concreto derecho o interés alegado por el recurrente y la necesidad de que el mismo reclame una tutela provisional y urgente ante un daño ya producido o de inminente (probable) producción, acreditado por el recurrente, junto con la exigencia de que el recurso se fundamente en un argumento jurídico aparentemente válido[22]. Pero también ha precisado el TC que la irreversibilidad, desde la perspectiva del derecho a la tutela judicial efectiva, no puede ni debe identificarse en todo caso con la irreparabilidad desde una perspectiva económica. Y ello porque tal entendimiento llevaría a denegar en todo caso la tutela cautelar frente a pretensiones relativas a derechos de contenido patrimonial o derechos de otro tipo cuya frustración podría resarcirse económicamente en todo caso. Por el contrario, el elemento decisivo aquí también es si la situación anterior podría o no ser restaurada en su plenitud mediante una reparación pecuniaria[23]; esto es, se requiere identificar por anticipado por el órgano judicial si los derechos e intereses reconocidos o materializados en la ulterior sentencia favorable al recurrente y que no puede materializarse por el transcurso del tiempo, pueden ser satisfechos mediante el reconocimiento de unos derechos económicos del recurrente (transformación en una compensación económica)[24]. Se trata, por tanto, de un concepto que sólo puede determinarse en cada caso concreto[25]. Su concreción debe identificarse con la frustración de la pretensión ejercida en el recurso si éste es finalmente estimado desde la óptica de la efectividad de la ejecución de la sentencia.

---

22. Chinchilla Marín (1991: 183). García de Enterría (1995: 175) precisa que la apreciación de la existencia del riesgo de afección a la tutela judicial efectiva sólo puede apreciarse tras una valoración prima facie de las posiciones de las partes con el fin de evitar que la aquella parte que sostiene una posición injusta manifiestamente no pueda beneficiarse de la duración del proceso. En la misma línea, De la Sierra Morón (2004: 268).
23. SsTC 159/2008; y 218/1994. Allí se afirma que «...en algunos supuestos la indemnización a posteriori de los perjuicios producidos por la pendencia del proceso principal en el derecho de contenido patrimonial puede resultar tan insuficiente para preservar la futura integridad del mismo, como cuando se afecta a otro tipo de derecho, ya que puede darse el caso de que la situación anterior del derecho de contenido patrimonial no pueda ser restaurada en su plenitud mediante una reparación pecuniaria...».
24. García de Enterría (1995: 175) señala al respecto que el perjuicio debe analizarse desde la perspectiva, no de su posible reparabilidad económica, sino desde la perspectiva del riesgo de que se fruste la tutela efectiva derivada de la sentencia final. En la misma línea, De la Sierra Morón (2004: 256).
25. De la Sierra Morón (2004: 225).

c) INCIDENCIA DE LA TUTELA DEL INTERÉS PÚBLICO ÍNSITO EN LA ACTUACIÓN ADMINISTRATIVA Y ADECUACIÓN DE LA MEDIDA CAUTELAR

93. Cuando la medida cautelar se solicita frente a una actuación administrativa, de carácter normativo, la determinación del daño para el interés o derecho alegado por el recurrente debe confrontarse con el posible perjuicio producido al interés público ínsito en dicha norma[26]. La inmediata ejecutividad de los actos administrativos, predicable igualmente respecto de las normas reglamentarias y en concreto de los instrumentos de planeamiento urbanístico[27], no aparece como una regla que elimine la tutela cautelar en todo caso[28] ni tampoco la aplicación del principio de la apariencia de buen derecho, ya que ello conduciría a un «abuso de ejecutividad» de la actuación administrativa[29].

94. Además, y por lo que respecta a la tipología de medidas cautelares a adoptar, el TC ha precisado que la concreta medida a adoptar deberá ser «la adecuada a su finalidad de garantizar la efectividad de la tutela judicial que en su día se otorgue»[30]. Dado que la medida cautelar anticipa en parte (provisionalmente) los efectos de la decisión final, resulta evidente que no cabe acordar cautelarmente medidas que produzcan consecuencias que nunca podrían derivarse de la resolución final[31]. La medida cautelar tiene una naturaleza instrumental y provisional respecto de la pretensión principal[32]. La funcionalidad u homogeneidad de la medida cautelar requiere

---

26. Chinchilla Marín (1991: 44). En contra García de Enterría (1995: 215), para quién tal principio no puede oponerse al derecho fundamental a la tutela judicial efectiva.
27. La legislación urbanística estatal había establecido la regla general de la inmediata ejecutividad de los planes una vez publicada su aprobación definitiva (y la normativa): art. 44 Ley de 12 de mayo de 1956, sobre Régimen del Suelo y Ordenación Urbana; art. 56 Real Decreto 1346/1976, de 9 de abril, por el que se aprueba el texto refundido de la Ley sobre Régimen del Suelo y Ordenación Urbana; art. 131 Real Decreto Legislativo 1/1992, de 26 de junio, por el que se aprueba el Texto Refundido de la Ley sobre el Régimen del Suelo y Ordenación Urbana —declarado inconstitucional por su carácter supletorio por la STC 61/1997—. Hoy esa regla se incorpora, con diversas formulaciones, en la legislación autónoma. P.e., el art. 64.d) Ley 9/2001, de 17 de julio, de Suelo de la Comunidad de Madrid precisa que la entrada en vigor del planeamiento determina «la ejecutividad de sus determinaciones».
28. Chinchilla Marín (1991: 177); Trayter Jiménez (1996: 331).
29. García de Enterría (1995: 213).
30. STC 148/93, FJ 6.º.
31. STC 39/1995, FJ 4.º.
32. Chinchilla Marín (1991: 33); Bacigalupo Saggese (1999: 133); Chinchilla Marín (2009: 140); Santandreu Montero (2007: 312); De la Sierra Morón (2004: 52). La cuestión doctrinal de si se trata de un mero incidente dentro del proceso o si se trata,

la identidad entre el resultado de la sentencia y el que se consiga con la medida cautelar[33].

B) LA SUSPENSIÓN CAUTELAR DE LAS NORMAS LEGALES CON INCIDENCIA SOBRE EL DESARROLLO SOSTENIBLE Y LOS RECURSOS NATURALES EN LOS RECURSOS DE INCONSTITUCIONALIDAD

a) PONDERACIÓN DE INTERESES, PERJUICIOS DE DIFÍCIL O IMPOSIBLE REPARACIÓN Y PRESUNCIÓN DE CONSTITUCIONALIDAD DE LA LEY IMPUGNADA

95. Como es suficientemente conocido, ante el planteamiento de un recurso de inconstitucionalidad frente a una Ley autonómica por el Presidente del Gobierno, se produce la suspensión «automática» del precepto legal autonómico impugnado cuando se invoca la previsión del artículo 161.2 CE[34], habiendo precisado el TC que tal órgano constitucional no puede modificar y limitar el efecto suspensivo de la vigencia del precepto impugnado sin perjuicio de lo que pueda resolver en el momento de ratificar o levantar la suspensión[35]. El incidente cautelar presenta «autonomía» respecto del procedimiento principal donde se dilucida la constitucionalidad de la Ley, por lo que debe desvincularse plenamente de la decisión sobre la cuestión de fondo, que deberá dirimirse mediante sentencia.

96. El TC afirma que para decidir acerca del mantenimiento o levantamiento de la medida cautelar de suspensión de la vigencia de una Ley autonómica impugnada por el Gobierno de la Nación, la técnica jurídica que debe adoptarse es la de la ponderación de los intereses en juego. Y tales intereses son tanto el general y público como, en su caso, el particular o privado de las per-

por el contrario, de un proceso autónomo y sumario presenta, a los efectos del presente trabajo, una nula incidencia, dada la posición del legislador español plasmada en la LJCA.

33. Chinchilla Marín (1991: 38), quien señala que la medida cautelar debe estar «preordenada» a la ejecución de la sentencia.

34. Que dispone «El Gobierno podrá impugnar ante el Tribunal Constitucional las disposiciones y resoluciones adoptadas por los órganos de las Comunidades Autónomas. La impugnación producirá la suspensión de la disposición o resolución recurrida, pero el Tribunal, en su caso, deberá ratificarla o levantarla en un plazo no superior a cinco meses». Consecuentemente, cuando el recurso de inconstitucionalidad es planteado por cualquiera de los otros sujetos legitimados, no se produce la suspensión de la Ley, incluso aun cuando sea solicitada expresamente en el recurso, como precisa el ATC 72/1991.

35. Cfr. ATC 243/1998.

sonas afectadas. Y una vez determinada la prevalencia de un interés, ello debe ponderarse con los perjuicios de imposible o difícil reparación que puedan derivarse del mantenimiento o levantamiento de la suspensión. Daños que no pueden resultar meramente hipotéticos, debiendo presentar un suficiente grado de certeza y concreción. En otros términos, debe determinarse los intereses que han de prevalecer, por ser menos resistentes al perjuicio o acreedores de una protección preferente, y cuáles deben ceder, por ser su lesión menos onerosa o de menor incidencia su sacrificio en caso de colisión, teniendo en cuenta, a tal fin, de una parte, la irreparabilidad o dificultad de reparación de las situaciones que pudieran generarse y, de otra parte, la trascendencia de los intereses subyacentes, generales y particulares. Tal análisis ponderativo ha de efectuarse mediante el estricto examen de las situaciones de hecho creadas y al margen de la viabilidad de las pretensiones que se formulan en la demanda. *Prima facie*, aquí el TC rechaza explícitamente el recurso a la técnica de la apariencia de buen derecho[36], salvo cuando los preceptos impugnados sobre los que versa el incidente de suspensión contienen previsiones muy similares (una «similitud intensa o coincidencia literal») con otras normas ya declaradas inconstitucionales y nulas por sentencia del TC[37], cuando se produce el

36. Sin perjuicio de que en determinados Autos se precise, más como recurso retórico que como afirmación interpretativa, que la ponderación «...debe normalmente efectuarse, *salvo supuestos de manifiesta ausencia de cobertura competencial*, mediante el estricto examen de las situaciones de hecho creadas por las normas discutidas y al margen de la viabilidad de las pretensiones que en la demanda se formulan, pues la interpretación de las reglas de deslinde competencial que al caso hagan debe, obviamente, quedar procesalmente diferida a la sentencia que resuelva la controversia competencial...». En este sentido, cfr. AaTC 335/1993; 243/1993; y 101/1993.

37. Cfr. ATC 41/2016. En el mismo se mantiene la suspensión del Decreto-ley de la Generalitat de Cataluña 7/2014, de 23 de diciembre, por el cual se deroga la letra b) del apartado 3 y el segundo párrafo del apartado 4 del art. 9 del Decreto-ley 1/2009, de 22 de diciembre, de ordenación de los equipamientos comerciales, donde solo permite la instalación de grandes o medianas superficies fuera de la trama urbana en los municipios que cuenten con un número de habitantes (5.000, en el caso de los medianos y grandes establecimientos y de 50.000 en el de grandes establecimientos territoriales), que sean capital de comarca, o que la implantación se produzca dentro de las zonas de acceso restringido de las estaciones de líneas transfronterizas y transregionales del sistema ferroviario, que acojan al tren de alta velocidad o líneas de largo recorrido, de los puertos clasificados de interés general y de los aeropuertos comerciales. Y ello porque «Al existir una gran similitud entre la normativa que declaró inconstitucional y nula la STC 193/2013 y la que regula esta materia tras la derogación que lleva a cabo la norma impugnada en este proceso constitucional, la presunción de constitucionalidad de la Ley impugnada debe ceder ante la apariencia de buen derecho que se deriva de la referida Sentencia y, por ello, ha de mantenerse la suspensión de la eficacia del Decreto-ley impugnado al concurrir el presupuesto

bloqueo de competencias estatales[38] o cuando se suscitan cuestiones de gran relieve constitucional.

En cuanto al reparto de la carga, el mantenimiento de la suspensión requiere que el Gobierno de la Nación, a quien se debe la iniciativa de la suspensión, aporte y razone con detalle los argumentos que la justifiquen de forma individualizada sobre cada uno de los preceptos cuya suspensión pretende mantenerse, pues debe partirse en principio de la presunción de constitucionalidad de las normas legales objeto de conflicto, dado el carácter democrático directo del órgano que las adopta, la asamblea autonómica[39], lo que determina el carácter excepcional de la medida cautelar.

97. Evidentemente, la posible coexistencia de dos régimen legales contradictorios si se acuerda el levantamiento de la suspensión de la norma recurrida no puede convertirse en los procesos de discrepancia competencial en principio determinante del mantenimiento de la suspensión, puesto que en todo conflicto de dicha naturaleza se produce una duplicidad de normativas, la estatal y la autonómica[40], rectificándose así una posición inicial que ante las dificultades y retrasos en la actuación estatal que podía ocasionar la obligación de someterse a dos procedimientos distintos acordaba mantener la suspensión[41].

b) LA PREVALENCIA DEL MEDIO AMBIENTE Y LOS RECURSOS NATURALES FRENTE A INTERESES DE CARÁCTER PATRIMONIAL COMO REGLA DE PRECEDENCIA CONDICIONADA

98. Como toda actividad ponderativa, la fijación de la prevalencia de un interés sobre otro permite la formulación de una regla aplicable pro futuro, siempre que los nuevos hechos puedan subsumirse bajo sus premisas. Y aquí

---

que, por excepción, permite resolver el incidente de suspensión en virtud del criterio del fumus boni iuris o apariencia de buen derecho».

38. Cfr. ATC 35/2023. Allí se precisa que el bloqueo constitucional se produce «bien porque la competencia estatal afectada está palmariamente reconocida por el bloque de constitucionalidad y no es discutida por las partes, bien porque la norma autonómica impugnada reconoce expresamente que se ha dictado con la única finalidad de dejar en suspenso el ejercicio de una competencia estatal cuya legitimidad se discute, bien porque concurren a la vez ambos requisitos: una competencia incontrovertida del Estado y una norma autonómica dictada con el propósito confesado de evitar que sea menoscabada por el ejercicio por el Estado de sus propias competencias».

39. Cfr. ATC 35/2023.

40. Cfr. ATC 99/2003.

41. Cfr. ATC 259/1998.

el TC, por lo que respecta al presente trabajo, ha fijado una clara regla de precedencia cuando uno de los intereses en presencia es el interés medioambiental anclado en la utilización racional de los recursos naturales tutelado por el artículo 45 CE, al que otorga una clara primacía. Para el TC «...en materia de suspensión cautelar la salvaguarda del interés ecológico merece la condición de interés preferente, dada la fragilidad y la irreparabilidad de los perjuicios que se podrían producir en caso de su perturbación, por lo que sólo cabe admitir su subordinación a otros intereses públicos o privados de carácter patrimonial cuando la lesión de éstos suponga afectar a un sector económico de manera directa e inmediata, fundamental para la economía de la Nación, con posibles perjuicios económicos de muy difícil reparación o bien cuando la aplicación de las medidas controvertidas fueran susceptibles de provocar gravísimos efectos perjudiciales...»[42]. Cuando se enfrenta a intereses privados, la prevalencia del principio de utilización racional de los recursos naturales sólo cede si impone limitaciones irracionales o desproporcionadas, o generan daños irreparables[43].

99. Como excepción, no existe dicha precedencia cuando la potencial actuación lesiva no es autorizada directamente por la Ley impugnada, sino que requiere ulteriores actos jurídico-públicos para su materialización, al no existir aquí en el perjuicio alegado las notas de certeza o probabilidad e inmediatez[44]. Tampoco concurre dicho perjuicio cierto y constatable cuando el interés público alegado para mantener la suspensión se articula a través de un instrumento de planificación aún no elaborado y aprobado[45]. O cuando

42. Cfr., p.e., AaTC 114/2011; 277/2009; 225/2009; 34/2009; 88/2008; y 252/2001. Debe dejarse al margen un primer ATC 260/1982 —referente a la Ley 12/1981, por la que se establecen normas adicionales de protección de los espacios de especial interés natural afectados por actividades extractivas de Cataluña—, donde esa ponderación de los intereses en presencia no se efectúa sobre alegaciones concretas, aduciéndose simplemente para mantener la suspensión que «...es aconsejable la ratificación de la suspensión por cuanto si se alzara ésta podrían originarse situaciones que comprometiesen los efectos de la sentencia en la hipótesis, que no es el momento de juzgar, de producirse una estimación de algún punto del recurso...».
43. Cfr. ATC 101/1993.
44. Cfr. AaTC 88/2008; 252/2001; 118/1990; 79/1990.
45. Cfr. ATC 312/1999. En tal supuesto, una vez aprobado el instrumento de planeamiento estatal, podrán materializarse los perjuicios derivados de la actuación autonómica regulada en la Ley impugnada. Será en ese momento cuando podrá el Estado reaccionar a través del correspondiente conflicto de competencia, solicitando allí la medida de que se trate. En la misma línea, cfr. ATC 87/1991.

la regulación autonómica que puede ocasionar el perjuicio no tiene carácter vinculante, sino meramente orientativo[46].

---

46. Cfr. ATC 73/1999. Allí se precisa que «...Son, sin duda, relevantes desde la perspectiva del interés público o general los perjuicios invocados por el Abogado del Estado en favor del mantenimiento de la suspensión, si bien dada la naturaleza y alcance de la norma legal recurrida hay que convenir en el presente supuesto con las representaciones procesales de las Cortes y de la Diputación General de Aragón en que no cabe hablar de tales perjuicios. La norma impugnada contiene, como hemos señalado, una Directriz de Ordenación Territorial, figura que integra, junto con otras, uno de los apartados de las Directrices Generales de Ordenación Territorial, definidas éstas en el art. 10 de la Ley de Aragón 11/1992, de 24 de noviembre, de Ordenación del Territorio como "el instrumento básico de ordenación conjunta e integrada de la totalidad del territorio de la Comunidad Autónoma de Aragón". En la determinación del grado de eficacia y vinculación de las Directrices de Ordenación Territorial, la Ley de Aragón 7/1998, de 16 de julio, se remite a los arts. 14.2 y 25 de la citada Ley de Aragón 11/1992. El primero de los preceptos citados prevé que "en los instrumentos de ordenación del territorio de Aragón se distinguirán con precisión aquellos de sus contenidos que tengan carácter de determinaciones vinculantes de ordenación territorial de aquellos otros que posean solamente naturaleza de directriz orientativa", precisando respecto a las directrices orientativas "que sólo deberán ser tenidas en cuenta por las administraciones públicas en la configuración de sus propias políticas de incidencia territorial". Por su parte, el art. 25.2 b de la misma Ley dispone que las determinaciones de las Directrices Generales de Ordenación Territorial habrán de ser respetadas por "todas las Administraciones Públicas actuantes en Aragón en aquellas materias en que la Comunidad Autónoma aragonesa tenga competencias". A partir de lo anterior, y dado que, si la Administración del Estado es la competente, según mantiene en su escrito de alegaciones el Abogado del Estado, lo que en modo alguno niegan ni cuestionan las representaciones procesales de las Cortes y de la Diputación General de Aragón, para distribuir la población reclusa entre los distintos centros penitenciarios y para determinar la situación y capacidad de los almacenes de residuos nucleares, vinculándose los perjuicios aducidos en favor del mantenimiento de la suspensión al ejercicio de las citadas competencias estatales, hay que concluir que la Directriz de Ordenación Territorial impugnada no tiene para la Administración del Estado carácter vinculante, sino orientativo, por lo que el mantenimiento de la suspensión no viene exigida por los perjuicios que invoca el Abogado del Estado. De otra parte, la norma legal recurrida no genera "per se" perjuicios ciertos y efectivos a los intereses generales, que obliguen a mantener la suspensión frente a la presunción de validez y constitucionalidad de la ley. En efecto, los hipotéticos perjuicios que pudieran derivarse de la vigencia y aplicación de la norma recurrida aparecen condicionados a una actuación estatal que entrase en contradicción con sus previsiones y que la Comunidad Autónoma, en aplicación de la Directriz impugnada, decidiese impedirla o, en otro caso, imponerle a la Administración estatal una actuación en el sentido de dicha Directriz. En uno u otro supuesto, los perjuicios no derivarían directamente del precepto ahora recurrido, sino de la eventual decisión autonómica en uno de los dos sentidos apuntados, la cual sería susceptible de impugnación en la que siempre se podría plantear la suspensión sobre la base de la producción de daños y perjuicios para el interés público...En definitiva, la eficacia de la disposición legal impugnada no afecta a los intereses generales en la

100. La proyección de dicha regla de precedencia condicional determina que se declare el mantenimiento de la suspensión de Ley de Castilla y León 6/2010, de 28 de mayo, de declaración del proyecto regional «Complejo de Ocio y Aventura Meseta-Ski». Y ello porque «la aplicación de la norma impugnada no resulta ser indiferente desde la perspectiva del interés ecológico y medioambiental..., pues —teniendo en cuenta que la reparación del daño medioambiental resulta en muchas ocasiones difícil, cuando no imposible, dada su fragilidad— el levantamiento de la suspensión del precepto impugnado colocaría en situación de mayor riesgo los valores medioambientales susceptibles de protección y consistentes en este caso en la regeneración de la masa forestal en una zona protegida por el propio planeamiento urbanístico...»[47].

---

medida suficiente como para mantener una suspensión que, de acuerdo con la doctrina de este Tribunal Constitucional, sólo procede en presencia de perjuicios ciertos y efectivos, en ausencia de los cuales debe atenderse a la presunción de validez propia de las leyes...».

47. ATC 114/2011. Allí se precisa que «...de la ponderación de los diferentes intereses puestos de manifiesto por las partes comparecidas resulta que no aparece aquí ni se invoca de contrario una lesión de intereses públicos o privados de carácter patrimonial de tal magnitud que suponga afectar a un sector económico de manera directa e inmediata, fundamental para la economía de la Nación, con posibles perjuicios económicos de muy difícil reparación. En efecto, aun cuando la finalidad económica que persigue el proyecto al que hace referencia la Ley 6/2010 es indudable, y baste para ello con el examen de las afirmaciones contenidas en su propia exposición de motivos, lo cierto es que, desde el punto de vista cautelar que ahora hemos de adoptar, el perseguido efecto dinamizador de la actividad económica que se infiere tanto de la ya aludida exposición de motivos de la Ley 6/2010 como de la memoria del proyecto regional no reviste por sí solo la entidad suficiente para enervar la prevalencia otorgada, en la ponderación propia de este tipo de incidentes, a los intereses específicamente medioambientales. No nos encontramos aquí ante alguno de los supuestos en los que, conforme a nuestra doctrina, los intereses medioambientales hayan de quedar subordinados a otros, pues, en este caso, los vinculados a la explotación de la instalación proyectada no pueden encontrarse comprendidos entre aquellos que pueden conllevar el desplazamiento de los relacionados con la preservación del medioambiente. Por un lado, es clara la incompatibilidad de la actividad proyectada con la recuperación de la cubierta vegetal en la zona afectada dado el carácter notorio, cierto y de presente en el alcance e intensidad de los daños que podría sufrir la regeneración de los terrenos forestales en los que se proyecta la instalación, objetivo éste de regeneración en cuya consecución coinciden el ordenamiento estatal y el autonómico. Por otro lado ya hemos apreciado que tampoco aparece aquí una lesión de intereses públicos o privados de carácter patrimonial de tal magnitud que suponga afectar a un sector económico de manera directa e inmediata, fundamental para la economía de la Nación, con posibles perjuicios económicos de muy difícil reparación...».

Se mantiene la suspensión de la suspensión de los arts. 1, 2 y 3 de la Ley de Canarias 7/2009, de 6 de mayo, de modificación del Texto Refundido aprobado por Decreto Legislativo 1/2000, de 8 de mayo, de las Leyes de ordenación del territorio de Canarias y de espacios naturales de Canarias sobre declaración y ordenación de áreas urbanas en el litoral canario que, en síntesis, determina para las áreas a las que se refiere, clasificadas como asentamientos rurales a la entrada en vigor de la Ley 22/1988, de 28 de julio, de costas, la anchura de la servidumbre de protección, y el régimen que resulta aplicable dentro de la misma, no sea la genérica de 100 metros sino una reducida de 20 metros. Para el TC resulta evidente «...el riesgo costero que provocaría el establecimiento de nuevas construcciones en la zona controvertida mediante la expansión o el crecimiento de las áreas urbanas, por lo que las razones medioambientales que justifican la servidumbre de protección han de prevalecer en este caso», con el fin de evitar la consolidación de situaciones jurídicas que produjeran efectos sobre los bienes de dominio público marítimo-terrestre difíciles de reparar[48]. La misma argumentación se adoptó para acordar el mantenimiento de la suspensión de la Disposición Adicional Segunda de la Ley 18/2008, de Vivienda de Galicia[49], por la que se da una nueva redacción a la Disposición Adicional Tercera de la Ley 9/2002, de Ordenación Urbanística y de Protección del Medio Rural de Galicia. De for-

48. ATC 277/2009.

49. Cuyo tenor es «Disposición adicional tercera. Núcleos rurales preexistentes de carácter tradicional afectados por la legislación de costas. 1. A los núcleos rurales preexistentes de carácter tradicional contemplados en la Ley 11/1985, de 22 de agosto, de adaptación de la del suelo a Galicia, les será de aplicación el régimen previsto en el apartado 3 de la disposición transitoria tercera de la Ley 22/1988, de 28 de julio, de costas, así como lo establecido en el apartado 3 de la disposición transitoria séptima y en los apartados 1 y 3 de la disposición transitoria novena del Reglamento general para el desarrollo y ejecución de dicha Ley de costas, cuando, a la entrada en vigor de esta última, concurriera en los mismos alguno de los siguientes supuestos: a) En municipios con planeamiento, los terrenos clasificados de suelo urbano de núcleo rural, así como aquellos que reunían alguno de los siguientes requisitos: —Que contaban con acceso rodado, abastecimiento de agua, evacuación de aguas residuales y suministro de energía eléctrica. —Que, aun careciendo de alguno de los servicios citados en el guion anterior, estaban comprendidos en áreas consolidadas por la edificación como mínimo en dos terceras partes de su superficie, de conformidad con la ordenación de aplicación. b) En municipios sin planeamiento, los terrenos que reunían alguno de los siguientes requisitos: —Que contaban con acceso rodado, abastecimiento de agua, evacuación de aguas residuales y suministro de energía eléctrica. —Que, aun careciendo de alguno de los servicios citados en el guion anterior, estaban comprendidos en áreas consolidadas por la edificación como mínimo en la mitad de su superficie. 2. Reglamentariamente se establecerá la documentación y el procedimiento para determinar las áreas en que concurren los requisitos señalados en el apartado anterior. 3. En los deslindes del dominio público marítimo-terrestre el límite interior de su zona de servidumbre de protección habrá de ajustarse a la realidad urbanística preexistente reconocida expresamente por la Administración urbanística autonómica».

ma sintética, la norma autonómica suspendida determina que en los núcleos rurales la servidumbre de protección regulada por el artículo 23.1 de la Ley 22/1988 de Costas se realice en los términos de la Disposición Transitoria Tercera; esto es, que su distancia sea de 20 metros y no de 100 metros fijados con carácter general. La justificación del mantenimiento de la suspensión la cifra el TC, de una parte, en la inexistencia de una protección adecuada de la integridad del demanio marítimo-terrestre en la normativa impugnada, por lo que debe prevalecer el interés ecológico sobre el desarrollo urbanístico al no concurrir una lesión de intereses públicos o privados de carácter patrimonial de tal magnitud que suponga afectar a un sector económico de manera directa e inmediata, fundamental para la economía de la Nación con posibles perjuicios económicos de muy difícil reparación, dado que se permite el desarrollo de los núcleos rurales preexistentes hacia el interior. Y de otra parte en la posibilidad de la consolidación de situaciones jurídicas que produjeran efectos sobre los bienes de dominio público marítimo-terrestre difíciles de reparar[50].

50. En concreto el ATC 225/2009 precisa que «…el levantamiento de la suspensión que pesa sobre el precepto autonómico permitiría que, respecto de los concretos terrenos que regula en la franja de litoral comprendida entre los 20 y los 100 metros, no fuesen de aplicación las limitaciones de la servidumbre de protección respecto a determinados usos y actividades, singularmente los edificatorios, que se encuentran sometidas a prohibición o a algún tipo de limitación (arts. 25 y 26 de la Ley de costas. La consecuencia sería que dichos usos podrían ser permitidos puesto que, como se ha señalado, ninguna limitación específica por razones medioambientales se establece expresamente en la legislación urbanística gallega respecto del suelo de núcleo rural. Esto es, la aplicación de la normativa autonómica no garantiza, en la franja de terreno discutida, la efectividad de las limitaciones impuestas por razones medioambientales a los terrenos colindantes con el dominio público marítimo-terrestre por la servidumbre de protección ni, por consiguiente, imposibilita que el citado demanio sufra perjuicios en tanto se resuelve el proceso principal. Más en concreto, por lo que se refiere a los dos primeros apartados de la disposición impugnada, aun estimando, como han señalado el Parlamento y Gobierno de Galicia, que no se trata de zonas desiertas o no ocupadas a la fecha de entrada en vigor de la Ley de costas, no puede obviarse que la propia regulación de la servidumbre de protección establece un sistema de protección diferente en función de la clase de suelo. Así, no puede dejar de advertirse el riesgo de progresiva degradación del medio costero que provocaría el establecimiento de nuevas construcciones en la zona controvertida mediante la expansión o crecimiento del núcleo rural que se reputa previamente consolidado por la edificación tal y como dispone la Ley 9/2002. Lo mismo sucede en relación con el apartado tercero pues se afecta a la definición de la servidumbre de protección, por lo que las razones medioambientales que la justifican han de prevalecer también en este caso. También debe tomarse en consideración que la aplicación de la norma impugnada podría dar lugar, en su caso, a la consolidación de situaciones jurídicas que produjeran efectos sobre los bienes de dominio público marítimo-terrestre difíciles de reparar. Por tanto, cabe concluir que el levantamiento de la suspensión del precepto impugnado colocaría en situación de mayor riesgo los valores medioambientales, vinculados a la gestión, protección y desarrollo de la zona

101. Igualmente determina que se acuerde el mantenimiento de la suspensión de los artículos 4.b) y 16.3 de la Ley 21/2007, de Régimen Jurídico y Económico de los Puertos de Andalucía[51], que permiten autorizar en la zona de servicio de los puertos autonómicos con carácter excepcional y complementario el uso hotelero. Aquí el TC precisa que «...los argumentos en los que se justifique el mantenimiento de la suspensión solicitada han de ser aportados y razonados con detalle, lo que viene a significar que, en este caso, sea preciso demostrar, más allá de la simple comparación entre lo dispuesto en las dos normas que han entrado en conflicto, que la autorización de usos no portuarios, singularmente los hoteleros, es, en sí misma, susceptible de ser determinante para la producción de daños medioambientales, los cuales, por su propia naturaleza, resultan ser de imposible o difícil reparación...». Excluyendo la aplicación de la doctrina de la apariencia de buen derecho que en este caso reforzaría la presunción de adecuación

costera, que resultan prevalentes en atención al interés ecológico y medioambiental subyacente... la preexistencia de núcleos de población cercanos a la costa anteriores a la entrada en vigor de la Ley de costas es, evidentemente, una realidad reconocida por el legislador gallego y también por el propio legislador estatal, pero ese reconocimiento no impide sino que, por el contrario, obliga a que dicha realidad se cohoneste con los objetivos de protección medioambiental que inspiran ambas legislaciones. Además, la suspensión de la disposición impugnada en nada afecta a la protección que al núcleo rural tradicional, en tanto que característico de la realidad urbanística de Galicia, dispensa la legislación autonómica, pues únicamente evita, con el carácter provisional que es propio de este incidente, que se configure una excepción respecto a la protección medioambiental que la legislación de costas prevé con carácter general al conservar una zona de protección desde el límite interior de la ribera del mar, en cuanto impide que las construcciones se acerquen a ésta en demasía. En todo caso, si se trata de un núcleo consolidado por la edificación con anterioridad a 1988, al mismo le resultará directamente de aplicación la reducción de la zona afectada por la servidumbre de protección del dominio público marítimo terrestre en los términos previstos por el apartado 3 de la disposición transitoria tercera de la Ley de costas y sus disposiciones de desarrollo. Ello pone de manifiesto, desde esta perspectiva, que la suspensión del precepto impugnado no afecta a las situaciones de los núcleos existentes a la entrada en vigor de la referida Ley de costas sino que únicamente incide sobre el desarrollo urbanístico de éstos cuando vaya a producirse en dirección al mar, en atención, con la perspectiva cautelar en la que ahora debemos situarnos, a la dificultad en la reparación del perjuicio ambiental en la zona litoral...».

51. Que disponen: «Artículo 4. Competencias del Consejo de Gobierno. b) La autorización que, con carácter excepcional y por razones de utilidad pública debidamente acreditadas, se otorgue para las ocupaciones y utilizaciones del dominio público portuario que, con carácter excepcional, se destinen a uso hotelero. Artículo 16. Usos y actividades permitidos en el dominio público portuario. 3. Entre los usos compatibles a los que se refiere el apartado anterior, el Consejo de Gobierno, excepcionalmente, podrá autorizar el uso hotelero, siempre que no se emplace en los primeros 20 metros medidos a partir del límite interior de la ribera del mar o del cantil del muelle...».

constitucional de la norma impugnada (dado que puede aventurarse que la impugnación estatal deberá ser desestimada, al permitirse por la norma autonómica los mismos usos compatibles autorizados por la actual legislación estatal portuaria), el Alto Tribunal acuerda mantener la suspensión de la vigencia con carácter cautelar[52] ante la prevalencia del interés público

52. Para el ATC 34/2009 «...En efecto, si bien no puede desconocerse el hecho de que la construcción o ampliación de un puerto es una obra pública transformadora de la realidad de la costa en la que se asienta, ello no impide que, en dicho grado de transformación, haya de tenerse en cuenta el equilibrio a conseguir entre la finalidad de la obra y la preservación de los valores medioambientales asociados al dominio público marítimo-terrestre, pues el sustrato físico del puerto es una costa que, conforme a la normativa aplicable, no pierde su calificación jurídica como dominio público marítimo-terrestre, pues tal es el criterio tanto del legislador (al respecto, arts. 4.1 y 49 de la Ley de costas, 14.2 y 3 de la Ley 27/1992, de 24 de noviembre, de puertos del Estado y de la marina mercante, y 93 de la Ley 48/2003...la aplicación de las disposiciones impugnadas no resulta ser indiferente desde la perspectiva del interés ecológico y medioambiental subyacente. Dicho interés, de acuerdo con la doctrina que ya hemos recogido, ha de merecer consideración preferente en la resolución de este tipo de incidentes, máxime cuando las concretas normas en cuestión no incluyen referencia alguna de carácter ambiental o vinculada a la preservación del espacio demanial en relación con los denominados usos compatibles con los portuarios que tuviera en cuenta la valoración de los intereses medioambientales y la posibilidad de corrección de los posibles perjuicios, sino que únicamente se exige que los usos no portuarios, singularmente los hoteleros, favorezcan el equilibrio económico y social del puerto sin más especificaciones adicionales que estar previstos, como regla general, en el correspondiente plan de usos de los espacios portuarios y ajustarse al planeamiento urbanístico...Todo lo anterior justifica que haya de mantenerse la suspensión de los preceptos impugnados en cuanto a los usos cuestionados, en especial los hoteleros, por ser esta decisión la que, desde la perspectiva cautelar propia de este incidente y valorando las repercusiones que dichos usos hoteleros pueden tener sobre los bienes demaniales, tiende a asegurar la integridad de los bienes que integran el dominio público marítimo-terrestre, pues no debemos olvidar que, conforme al art. 20 de la Ley de costas, la protección del dominio público marítimo-terrestre, consecuencia directa del mandato constitucional del art. 132.2 CE, comprende, entre otros aspectos, la prevención de las perjudiciales consecuencias de obras e instalaciones. De esta forma, en la ponderación propia de este incidente, la prevalencia que hemos de otorgar a los valores medioambientales vinculados a la gestión, protección y desarrollo de la zona costera evitando su pérdida y degradación, por los perjuicios irreparables o de muy difícil reparación que para éstos se derivarían del levantamiento de la suspensión de los preceptos impugnados, presenta una innegable dimensión de interés general. En este caso el mantenimiento de la suspensión de los preceptos impugnados, los cuales no regulan un aspecto sustantivo de la competencia autonómica en materia de puertos, tampoco impide, precisamente por esa razón, el pleno desarrollo de la práctica totalidad de las previsiones de la Ley de Andalucía, con la única excepción de lo relativo a los eventuales usos no portuarios de tales espacios, usos que la propia exposición de motivos de la Ley distingue, calificándolos como usos complemen-

«desarrollo sostenible» frente al interés público «desarrollo económico de la actividad portuaria», sin que la regulación de éste haya incorporado medidas de protección medioambiental, por lo que podrían producirse situaciones de imposible o difícil reparación dada la fragilidad del dominio público marítimo-terrestre.

La misma argumentación determina el mantenimiento de la suspensión del artículo 9 de la Ley 3/2007 de Medidas Urgentes de Modernización del Gobierno y la Administración de la Comunidad de Madrid, por el que se introduce un nuevo párrafo en el artículo 100.3 de la Ley 16/1995 Forestal y de Protección de la Naturaleza de la Comunidad de Madrid, exigiendo que los Agentes Forestales obtengan una previa autorización judicial para poder acceder a montes o terrenos forestales de titularidad privada, salvo cuando dicho acceso se derive de las actuaciones encaminadas a la extinción de un incendio[53]. El TC aprecia la afección a un sector determinante de la econo-

tarios y compatibles de las que entiende como actividades habituales y normales que pueden realizarse en los puertos, asegurando así la gestión o explotación de los servicios portuarios de competencia de la Comunidad Autónoma, de modo que el mantenimiento de la suspensión no perjudique en exceso a los intereses a cuyos fines sirve la norma de los que los preceptos recurridos forman parte. Añádase a ello que, en particular, la aplicación de los arts. 4 b) y 16.3 de la Ley, en la medida que permiten la implantación de instalaciones hoteleras en dichos ámbitos, podría dar lugar, amén de sus consecuencias materiales, a la consolidación de situaciones jurídicas que produjeran efectos sobre los bienes de dominio público marítimo-terrestre difíciles de reparar si los citados preceptos no se declaran, en este concreto aspecto, conformes a la Constitución y aquellas situaciones jurídicas vinculadas a los usos hoteleros en los espacios portuarios pudieran o hubieran de ser anuladas. Lo anteriormente expuesto permite apreciar que no nos encontramos aquí ante alguno de los supuestos en los que, conforme a nuestra doctrina, los intereses medioambientales hayan de quedar subordinados a otros intereses, pues no aparece aquí una lesión de intereses públicos o privados de carácter patrimonial de tal calibre que suponga afectar a un sector económico de manera directa e inmediata, fundamental para la economía de la Nación con posibles perjuicios económicos de muy difícil reparación. Al respecto los intereses vinculados a la explotación de los usos no portuarios, especialmente los hoteleros, no pueden encontrarse comprendidos entre aquellos que pueden conllevar el enervamiento de los específicamente medioambientales cuando los perjuicios que pudieran generarse fueren notorios en su alcance o intensidad…».

53. Cfr. ATC 88/2008, donde se señala que «…De lo expuesto se deduce que la propia normativa autonómica ha sido sensible a la necesidad de articular unas vías eficaces de acción ante las actuaciones contrarias al ordenamiento forestal, las cuales han de operar como factor disuasorio de éstas así como hacer posible la reparación de los daños provocados por las mismas. Estas formas de acción encomendadas a los agentes forestales, según se plasma en las dos normas citadas, no persiguen únicamente una finalidad represiva o sancionadora, vinculada a labores de policía administrativa especial que responden al objetivo de vigilancia y protección del medio natural, sino también preventiva, mediante

mía en la regulación de los artículos 4.1, 9.2, 10, 11 y 23 de la Ley 1/1986, de Pesca Marítima de Cataluña, que permite impedir cualquier actividad

---

la utilización de medios positivos que eviten la producción del daño, como, por ejemplo, la información y orientación a los ciudadanos, la defensa y prevención contra plagas y enfermedades que amenacen el ecosistema, funciones relacionadas con la prevención, detección, extinción e investigación de incendios forestales, desarrollo y fomento de la reforestación y regeneración de los montes y terrenos forestales desarbolados o, en fin, el apoyo técnico a las actividades de gestión que la Comunidad de Madrid desarrolla en el medio natural para su aprovechamiento, restauración y mejora continua, funciones todas ellas que pueden entenderse incluidas en lo que al efecto dispone el art. 5 de la ya citada Ley 1/2002, al establecer las funciones de los agentes forestales. 7. Lo anteriormente expuesto en cuanto a la obligación de los poderes públicos de promover la conservación del medio ambiente, así como en lo relativo a las funciones que la normativa autonómica asigna a los agentes forestales debe ahora ponerse en relación con los concretos perjuicios alegados por el Abogado del Estado, de los cuales, a la vista de la documentación aportada, han de destacarse tres extremos. En primer lugar, los relativos a los daños medioambientales efectivamente producidos en relación con la prevención en materia de incendios y en otros ámbitos, con la realización de construcciones en terrenos protegidos y con los perjuicios para flora y fauna derivados de la corta ilegal y la caza furtiva. En segundo lugar, el hecho de que lo previsto en el precepto impugnado resultaría ser de aplicación a la mayor parte de los montes y terrenos forestales de las Comunidad Autónoma, puesto que éstos son, en su inmensa mayoría, de titularidad privada. Por último, en tercer lugar, la gran desproporción existente entre el número de autorizaciones judiciales solicitadas durante la vigencia del precepto y las efectivamente concedidas. Teniendo en cuenta los tres extremos citados, y sin perjuicio de la valoración que la norma merezca desde el punto de vista del orden constitucional de delimitación de competencias, aspecto controvertido en el proceso principal y del todo ajeno al presente incidente, podemos concluir que, como se expone a continuación, se ha razonado consistentemente —teniendo en cuenta que la reparación del daño medioambiental resulta en muchas ocasiones difícil, cuando no imposible, dada su fragilidad— que el levantamiento de la suspensión del precepto impugnado colocaría en situación de mayor riesgo los valores medioambientales a cuya protección está ordenada la legislación autonómica, singularmente, la propia Ley 12/1995. Por ello, podemos considerar que se han aportado elementos de juicio suficientes para que apreciemos que concurren aquí las notas de certeza e inmediatez de los daños y la imposibilidad de corregir los posibles perjuicios susceptibles de ser considerados como determinantes para acordar el mantenimiento de la inicial suspensión del precepto impugnado. 8. En tal sentido, la prevalencia que, en la ponderación propia de este incidente, hemos de otorgar a los valores medioambientales, por los perjuicios irreparables o de muy difícil reparación que para éstos se derivarían del levantamiento de la suspensión de este proceso según se razona en la documentación aportada por el Abogado del Estado, presenta una innegable dimensión de interés general que, en este caso, no puede ser contradicha por los intereses particulares que, contrapuestos al general medioambiental, han sido puestos de relieve en los alegatos de las representaciones procesales del Gobierno y de la Asamblea de Madrid. En efecto, no pueden ser tomados en consideración los alegatos referidos a la inviolabilidad del domicilio por cuanto se encuentran conectados con aspectos de fondo discutidos en el proceso principal, sin perjuicio de señalar que el mantenimiento de la suspensión de la norma impugnada no afectaría, evidentemente, a la inviolabilidad del domicilio, cuyo respeto está expresamente establecido en la normativa estatal que se reputa vulnerada en el recurso de inconstitucionalidad. En especial, en lo relativo a la prevalencia del derecho de propiedad privada establecido en el art. 33 CE, no debe obviarse que tal derecho otorga, en relación con los montes y terrenos forestales, un haz de facultades individuales sobre dichos bienes, pero también un conjunto de derechos y obligaciones establecidos, de acuerdo con las Leyes, en atención a valores o intereses de la comunidad, es decir, a la finalidad o utilidad social que cada categoría de bienes esté llamada a cumplir. Lo que en este caso significa que las facultades inherentes al derecho de propiedad han de cohonestarse con las medidas tendentes a proteger el medio natural en cumplimiento del mandato que impone el art. 45 CE (STC 170/1989, de 19 de octubre, F. 8). Resulta claro que la regulación en materia de montes por los diferentes entes competentes para ello afecta al ejercicio del derecho de propiedad de los bienes sobre los que recae, al configurar su contenido y condicionar su ejercicio a la función social que tienen que cumplir. De esta manera el derecho a la propiedad privada de las fincas forestales en ningún momento se ve afectado en su titularidad, pero está delimitado de acuerdo con la normativa que tenga por finalidad la protección del medioambiente. No cabe olvidar que la incorporación de tales exigencias medioambientales a la definición del derecho de propiedad responde a un principio tutelado por la propia Constitución y de cuya eficacia normativa con carácter general no es posible sustraerse a la hora de valorar las repercusiones que para los propietarios privados de montes y terrenos forestales en la Comunidad de Madrid puede suponer el mantenimiento de la suspensión del precepto controvertido. Asimismo, y a la vista de las funciones de los agentes forestales que ya hemos examinado y, en particular, de la relevancia que tienen las estrictamente preventivas en relación con la preservación y uso racional de los valores naturales, tampoco cabe deducir que de la posibilidad de acceder a los montes o terrenos forestales hayan de derivarse necesariamente consecuencias represivas, pues no todo acceso resultará en un procedimiento sancionador y, en los supuestos en que así ocurra, el mismo revestirá todas las garantías exigidas por el ordenamiento jurídico, amén de ser incoado por los órganos competentes de la propia Comunidad de Madrid. Por ello el mantenimiento de la suspensión del precepto, aun cuando efectivamente pueda suponer una limitación de las facultades dominicales en el sentido de permitir el acceso de los agentes forestales a los montes y terrenos forestales privados que constituyen la mayoría de los existentes en la Comunidad de Madrid, ha de considerarse proporcionada en relación con la función medioambiental a las que esos bienes están vinculados, como expresión del mandato contenido en el art. 45 CE. Es evidente que los montes y terrenos forestales revisten un interés general, al incidir positivamente en los procesos ecológicos y ambientales, dada la trascendencia que estos ecosistemas desempeñan en la regulación del ciclo hidrológico, el cambio climático, la producción de materias primas, etc. Por el contrario, de esa medida no se deducen limitaciones irrazonables, conforme a criterios socialmente aceptados, o desproporcionadas del derecho de propiedad, por cuanto no supone una anulación de la utilidad meramente individual del derecho ni altera la recognoscibilidad de las facultades de disponibilidad que éste conlleva ni las posibilidades reales de hacerlo efectivo. De hecho, la normativa en materia de montes establece como principio general que, sin perjuicio de las competencias de las Administraciones Públicas, los propietarios de los montes sean los responsables de su gestión técnica y material…».

industrial o extractiva, fijando todo tipo de prohibiciones y limitaciones, así como estableciendo el número de unidades de barcos y sus características, lo que determina la procedencia del mantenimiento de la suspensión[54].

102. Por el contrario, esa prevalencia del «desarrollo sostenible» determina que se acuerde el levantamiento de la suspensión de los artículos 12.4 y 38.2 de la Ley 16/2002, de Protección contra la contaminación acústica de Cataluña, que imponen a las sociedades que exploten las instalaciones aeroportuarias la obligación de asumir el acondicionamiento de los edificios afectados por la zona de ruido, sean instalaciones de nuevo cuño o ya existentes, en los términos fijados por la declaración de impacto ambiental, así como la obligación de elaborar un Plan con recursos financieros suficientes para acometer las actuaciones necesarias para minimizar la afección acústica cuando se sobrepasen los niveles legales. Para el TC aquí no existen perjuicios inmediatamente materializables[55].

---

54. Cfr. ATC 890/1986, que precisa que «...En el presente caso, el Consejo Ejecutivo de la Generalidad de Cataluña estima que la Ley de Pesca Marítima fija su objetivo en la consecución de una explotación correcta de los recursos marinos, por lo que de mantenerse la suspensión se posibilitara la continuación de una explotación irracional de los caladeros de Cataluña, con grave e irreversible perjuicio para el sector pesquero. El Parlamento de Cataluña, se limita a ratificarse en su escrito de alegaciones y en el que sostenía la plena constitucionalidad de la Ley impugnada. El Letrado del Estado, señala que la Ley en cuestión, al contener una regulación amplísima del sector pesquero, en aspectos básicos, incide de manera directa e inmediata en dicho sector, fundamental para la economía de la nación, afectando a armadores y pescadores con posibles perjuicios económicos de muy difícil reparación, además de que el establecimiento de determinadas limitaciones, que puede suponer un obstáculo para la entrada de barcos de otras Comunidades Autónomas, produciría una grave distorsión en la libertad de circulación. El carácter de las disposiciones impugnadas y los efectos jurídicos de las mismas, aconsejan, en tanto se decide sobre su conformidad o disconformidad con la Constitución, mantener la suspensión, pues la inmediata eficacia de los preceptos inicialmente suspendidos supondría unas consecuencias materiales, que dada su especial trascendencia para el sector económico implicado, no deben producirse en una situación de interinidad...».
55. Cfr. ATC 99/2003, donde se señala que «...Centrada así la cuestión, se trata de dilucidar si los perjuicios alegados por el Abogado del Estado tienen la gravedad y consistencia necesarias como para prevalecer sobre la presunción de legitimidad de la Ley catalana y los intereses que se vinculan a su aplicación efectiva. Dichos perjuicios se concretan en la afectación que tendría para los intereses generales conectados al funcionamiento de las infraestructuras de competencia estatal, singularmente, aeropuertos, el alto coste económico necesario para hacer frente a las medidas de insonorización que traería consigo el levantamiento de la suspensión. También quedarían afectados los intereses de terceros, usuarios y concesionarios, en caso de que se obstaculizara o impidiera la utilización de las infraestructuras. En este punto, el Abogado del Estado matiza su planteamiento señalando que los perjuicios aducidos se manifestarían esencialmente

El mismo argumento, la inexistencia de perjuicios ciertos y actuales, determina que se acuerde el levantamiento de la suspensión de la Ley Foral 16/2000, que modifica la Ley Foral 10/1999, por la que se declara Parque Natural las Bardenas Reales de Navarra, al establecer la Disposición Final 3.ª que el Plan de Ordenación de los Recursos Naturales sólo será de aplicación

---

respecto de las infraestructuras ya existentes, donde la insonorización exigida no debe superar lo previsto ya por la declaración de impacto ambiental. Frente a ello, debemos ponderar la alta relevancia que para el medio ambiente en general y para las personas en particular tiene el cumplimiento de la regulación autonómica, pues es de todos conocido el alto coste que para la salud y el equilibrio de las personas tiene habitar o desenvolverse en las áreas de influencia de estas infraestructuras, en especial, de los aeropuertos, y soportar los niveles de ruido que les son propios. Entrando ya a examinar el art. 12.4, segundo inciso, se aprecia que el mismo hace expresa referencia a la declaración de impacto ambiental al regular la obligación de acondicionamiento de los edificios situados en la zona de influencia de los aeropuertos y helipuertos, sean o no de nueva construcción. Pues bien, teniendo en cuenta esta referencia explícita y no existiendo controversia acerca de que al Estado le corresponde realizar dicha declaración de impacto ambiental en las infraestructuras de su competencia… lo cierto es que los perjuicios aducidos por el Abogado del Estado distan de resultar inmediatamente materializables si se alzara la suspensión del precepto, pues, como señala el Letrado de la Generalidad, las obligaciones de acondicionamiento dependerían de lo que, al efecto, señalara la declaración de impacto. En todo caso, de no ser así, es decir, si la obligación legal se concretara en el futuro en términos diferentes a los aquí expresados y conllevara la aplicación de nuevas medidas que trascendieran dicha declaración y su coste supusiera perjuicios constatables, es clara nuestra doctrina que permite que el Abogado del Estado se dirija de nuevo a este Tribunal solicitando la revisión del acuerdo que ahora adoptemos…Todo ello, en fin, abona el alzamiento de la suspensión, máxime cuando el mantenimiento del precepto en suspenso impide su normal despliegue respecto de las infraestructuras de competencia autonómica, con el consiguiente perjuicio para la salud humana y el medio ambiente, intereses estos que deben prevalecer también sobre los de los terceros usuarios o concesionarios de las instalaciones, a los que también ha aludido el Abogado del Estado. En cuanto al art. 38.2, el Abogado del Estado anuda el perjuicio al interés general con el hecho de que al Departamento de medio ambiente de la Generalidad deba sometérsele, por parte del órgano estatal competente sobre la infraestructura, un Plan para su aprobación, Plan que ha de contener las medidas que minimicen el impacto acústico para los supuestos en que se sobrepasen las valores de atención establecidos en la Ley y que suponen una mayor protección que los previstos en la normativa estatal y, por ello, un alto coste. También en este caso hemos de proceder al levantamiento de la suspensión. Es obvio que tampoco se han de derivar en este supuesto perjuicios inmediatos para el interés general, puesto que, antes que nada, debiera producirse efectivamente el supuesto previsto, es decir, que en determinada infraestructura estatal se sobrepasen los valores de atención regulados; tras de lo cual, el Estado estaría obligado a elaborar un Plan de minimización de impacto y a someterlo a la Generalidad para su aprobación. De modo que sólo entonces, a partir de tal aprobación, podría concretarse el perjuicio.

cuando se produzca el desmantelamiento de las instalaciones militares[56]. O el levantamiento de la suspensión de determinadas previsiones del Anexo de la Ley 11/1990, de Prevención del Impacto Ecológico de Canarias, dado que no se argumenta en qué medida el sometimiento de determinadas actividades a una figura de evaluación abreviada establecida por la normativa

---

Pues bien, existe al respecto una doctrina reiterada en la que "hemos puesto de relieve que cuando la competencia estatal implicada deba ejercerse a través de Planes que aún no están elaborados, no puede alegarse la existencia de un perjuicio cierto y constatable, sino, a lo más, futuro e hipotético. Lo que determina que concluyéramos que sólo se materializarán los perjuicios cuando dicho Plan se haya concretado y resulte efectivamente obstaculizado por la actuación autonómica derivada de su informe vinculante o de otras técnicas. En tales casos, podrá el Estado reaccionar a través de la promoción del correspondiente conflicto de competencia y solicitar la suspensión de la medida de que se trate" ...Esta es también la situación en que nos encontramos en el presente caso. Si a ello se une la posibilidad, siempre abierta, de pedir al Tribunal la reconsideración de su decisión en este incidente, se aprecia que los perjuicios aducidos por el Abogado del Estado carecen hoy y en el inmediato futuro de materialización, por lo que procede levantar la suspensión de este artículo...».

56. El ATC 225/2001 establece que «...No cabe duda de que los intereses generales vinculados a la Defensa Nacional se encuentran comprendidos entre aquéllos que pueden conllevar el enervamiento de los específicamente medioambientales cuando los perjuicios que pudieran generarse fueren notorios, ciertos y de presente, en su alcance o intensidad, encontrándose en este supuesto los intereses vinculados al adiestramiento y perfeccionamiento del personal del Ejército del Aire, en razón a la misión que las Fuerzas Armadas tienen encomendada constitucionalmente (art 8.1 CE). Sin embargo, en este caso existen circunstancias que determinan que los perjuicios que pudieran hipotéticamente ocasionarse a la Defensa Nacional como consecuencia del levantamiento de la suspensión no hayan de generarse con carácter inmediato, pudiendo, además, el Estado reaccionar contra su producción misma en la hipótesis de que tal posibilidad pudiera concretarse. En efecto, la generación de los antedichos perjuicios se conecta de modo directo con la aprobación del Plan de Ordenación de los Recursos Naturales para la zona implicada, toda vez que en dicho Plan "se establecerán las determinaciones y el régimen de los terrenos ocupados por el polígono de tiro" (disposición final 3.ª de la Ley 16/2000). Pues bien, la modificación del Plan de Ordenación de los Recursos Naturales deberá ser redactado por la Comunidad de las Bardenas Reales y posteriormente tramitado y aprobado por el Gobierno de Navarra, pero, en todo caso según la disposición final referenciada, sus "determinaciones y régimen jurídico serán efectivos una vez que se produzca el total desmantelamiento de las edificaciones e instalaciones militares que sean incompatibles con los usos definidos por el Plan de Ordenación de los Recursos Naturales, que se desactiven los explosivos y se retiren todos los elementos y restos de carácter militar existentes en los terrenos ocupados por el campo de tiro y zonas adyacentes al mismo". Es decir, la propia Ley Foral difiere la efectividad entrada en vigor del cambio de uso de suelo ocupado por el campo de tiro y de las zonas adyacentes hasta el desmantelamiento de las instalaciones militares. Pues bien, según el Acuerdo entre el Ministerio de Defensa y la Comunidad de Bardenas Reales de Navarra, en relación con la cesión de uso de terrenos para un campo de instrucción

autonómica en vez de la evaluación ordinaria establecida por la legislación básica estatal[57]. Igualmente se levanta la suspensión ante la inexistencia de perjuicios acreditados del art. 173 de la Ley 7/2021, de 29 de diciembre, de

y adiestramiento aéreo de las Fuerzas Armadas, que el Abogado del Estado ha acompañado a sus alegaciones, las partes firmantes exponen que "consideran conveniente alcanzar este Acuerdo que mantenga las relaciones entre ambas entidades durante el tiempo considerado necesario para que por el Ministerio de Defensa se proceda a la localización y puesta en funcionamiento de un Campo de entrenamiento alternativo y fuera de la Comunidad Foral de Navarra, comprometiéndose el citado Ministerio a llevar a cabo los máximos esfuerzos para la consecución del citado objetivo y así concluir con el actual uso militar para que el territorio afectado pueda ser objeto de la limpieza técnica y el desmantelamiento oportuno que permita ser reintegrado al uso civil" (apartado cuarto). En concordancia con ello, ambas partes acuerdan que se continúe destinando al uso militar... la superficie de 2.244 hectáreas actualmente destinadas a Campo de tiro y Entrenamiento, por un plazo comprendido desde la fecha de hoy hasta el 31 de diciembre de 2008, entendiéndose que dentro de este período se dará por concluido este acuerdo para el uso militar, si antes del vencimiento de dicho plazo el Ministerio de Defensa tuviera operativo otro campo de entrenamiento alternativo, en cuyo caso se procederá de inmediato por el Ministerio de Defensa a suspensión de las actividades militares y culminarán los trabajos de limpieza técnica de los restos de dicha actividad militar… Consecuentemente con lo expuesto, ningún perjuicio cierto y actual puede generarse para los intereses generales de la Defensa Nacional por el levantamiento de la suspensión de la Ley Foral recurrida, ya que el límite temporal acordado por el propio Ministerio de Defensa para el mantenimiento de uso militar del espacio protegido resulta respetado por la Ley impugnada. Incluso si se produjeran perjuicios contrariando la previsión legal, podrá tener lugar la reacción preventiva del Estado ante este Tribunal mediante el procedimiento que en cada caso corresponda (ATC 287/1999, F. 5). Por todo ello, debe prevalecer el interés conectado a la presunción de legitimidad de las leyes y sin que ello implique pronunciamiento alguno sobre el fondo del asunto…».

57. Cfr. ATC 90/1991, donde se precisa que «…Quedan solamente por considerar los argumentos en favor de la suspensión que atañen a la preservación del medio ambiente del territorio canario. En este punto, tanto el Gobierno como el Parlamento de la Comunidad Autónoma ofrecen numerosas razones tendentes a mostrar que la legislación impugnada no solamente no disminuye la protección efectiva ofrecida por la legislación estatal, sino que la refuerza. No es precise entrar a examinarlas en detalle, no obstante, porque el Abogado del Estado se ha limitado a afirmar que la vigencia provisional de los preceptos recurridos podría perjudicar al medio ambiente y, consecuentemente, irrogar danos a los ciudadanos. No se ofrece ningún dato objetivo concrete que de cuerpo a tales afirmaciones genéricas, y, desde luego, no es en absoluto evidente que el sometimiento temporal de las extracciones mineras a cielo abierto de materias volcánicas, con producción entre las 4.000 y 100.000 toneladas/año, y de los puertos deportivos con capacidad inferior a 100 embarcaciones, a la evaluación detallada de impacto ecológico que prevé la legislación regional, en vez de la evaluación ordinaria de impacto ambiental que prevé la legislación nacional, pueda dar lugar a graves perjuicios al indudable interés general que se cifra en la adecuada protección del medio ambiente en las islas Canarias…».

medidas fiscales, de gestión administrativa y financiera y de organización de la Generalitat Valenciana, por el que se añade un apartado 6 al art. 7 del Texto Refundido de la Ley de ordenación del territorio, urbanismo y paisaje, aprobado por el Decreto Legislativo 1/2021, de 18 de junio, que impone la limitación en los nuevos desarrollos urbanísticos de sectores o unidades de ejecución e implantación de las actividades económicas que impliquen riesgos para la salud o manipulación de sustancias peligrosas, en el caso de tanques para almacenamiento de productos petrolíferos combustibles de más de 5.000 metros cúbicos situados en el interior de recintos portuarios, cuya actividad no tenga interrelación de servicio con instalaciones estratégicas estatales, deben situarse al menos a 1000 metros de distancia, contados desde el perímetro exterior de la instalación hasta la zona más próxima, de suelos calificados como residenciales, dotacionales educativos o sanitarios, y suelos de uso terciario especial[58]. O respecto de los art. 20.1.b) y 30.d) de la Ley 8/2020, de 30 de julio, de ordenación del litoral de Cataluña, atribuyen a los Ayuntamientos la competencia para otorgar las autorizaciones de uso del dominio público marítimo terrestre para actividades diferentes a la explotación de los servicios de temporada, al tratarse de un perjuicio hipotético[59].

103. Desde otra perspectiva, la prevalencia de los intereses medioambientales impone como otra regla de precedencia condicionada el que cuando la normativa autonómica determina un nivel de protección medioambiental inferior al fijado por la normativa básica estatal deba mantenerse la suspensión, mientras que cuando el nivel de protección es superior debe acordarse el levantamiento de tal suspensión. Por ello se acuerda el levantamiento de la suspensión de los artículos 40, 41, apartados a), b), c), d), e) y g), 43.3, 44, 45, 46, 47 y 48 y, por conexión, los arts. 112.10, 11 y 12; 113.6 y 7 y 120.3 y 18, de la Ley Foral 2/1993, de Protección y Gestión de la Fauna Silvestre y sus hábitats de Navarra; de los artículos. 5, 6, 7, 8, 9, 10, 11, 12.1 y 2, 13, 14, 18, 36.7 y, por conexión, los arts. 60.15 y 17; 61.3, 4, 5, 6, 7, 11, 12, 13 y 18, y 62.4, 5, 6 y 7, de la Ley 6/1992, de Protección de los ecosistemas acuáticos y de regulación de la pesca de Castilla y León, que imponen unos umbrales ecológicos mínimos en la calidad y caudal de las aguas superior al fijado por la legislación estatal, protegiendo así la riqueza biológica de las aguas[60].

58. Cfr. ATC 35/2003.
59. Cfr. ATC 83/2021, donde se precisa que el «…carácter desmontable de las instalaciones disminuye, si no anula, el riesgo de que se produzcan perjuicios irreparables en el dominio público marítimo-terrestre…».
60. Cfr. ATC 335/1993, donde se señala que «…La solicitud de mantenimiento de la suspensión se funda en la indeterminación de los parámetros que estas normas legales introducen y en la amplitud de facultades que recogen; aseverando, que estas medi-

104. Esta regla de prevalencia condicionada también se proyecta cuando el nivel de protección se anuda a la cuantía de las sanciones. Así, se acuerda el mantenimiento de la suspensión del artículo 217 del Texto Refundido aprobado por Decreto Legislativo 1/2000 de las Leyes de Ordenación del Territorio y Espacios Naturales Protegidos de Canarias que fija una cuantía inferior en materia sanciones en el ámbito de los Espacios Naturales Protegidos que la fijada por la normativa básica estatal, pero acuerda el levantamiento de la suspensión respecto del artículo 220.2 y 224.1.a) del mismo Texto Refundido, que imponen sanciones superiores en la zona periférica de protección[61]. Igualmente se acuerda el mantenimiento de la

---

das pueden afectar a otros usos como son el abastecimiento de las poblaciones o los regadíos agrícolas y causar severos perjuicios a los intereses privados de los titulares de aprovechamiento [unas tachas que se hacen extensibles a las letras a), b), c), e) y g) del art. 41, y al art. 47 de la Ley impugnada]. Así expuestas las cosas, el incidente de suspensión que nos ocupa es sustancialmente igual a los resueltos en los AATC 101/1993 y 243/1993, en los cuales se acordó levantar la suspensión de la vigencia de las análogas Ley de Pesca Fluvial de Castilla-La Mancha, y Ley de Protección de los Ecosistemas Acuáticos de Castilla y León; unas resoluciones cuyo contenido resultará, sin duda, notorio a la Abogacía del Estado que asume la representación y defensa del Gobierno tanto en este proceso como en aquéllos; sin embargo, ningún esfuerzo se hace por discutir de manera trabada en Derecho lo expuesto en tales pronunciamientos. La persistencia de las mismas razones que nos llevaron a efectuar entonces aquella ponderación de los intereses en conflicto, públicos y privados, obliga a reiterar esos pronunciamientos, y el carácter objetivo y general de los procesos de control normativo permite remitirnos a la extensa fundamentación en el primero de ellos expuesta; y, por consiguiente, levantar también la suspensión de estos artículos recurridos de la Ley del Parlamento de Navarra, para preservar el interés general en la protección de la riqueza biológica del país. Y la pretendida indeterminación o imprecisión de los cánones y pautas fijadas en la Ley autonómica —según se dijo ya en el ATC 243/1993, fundamento jurídico 2.º— ni es tal, pues difícilmente podrían haberse manejado por el legislador otros criterios de forma general y apriorística, ni impide su determinación caso a caso por los poderes públicos autonómicos; en suma, es un argumento que no permite alterar la fundamentación de nuestras anteriores decisiones. Por último, en modo alguno queda acreditado —más allá de meras afirmaciones— por quien tiene la carga de hacerlo que la introducción por la normativa autonómica de unos umbrales ecológicos mínimos, con el fin de preservar los ecosistemas, impida el abastecimiento de agua de las poblaciones, por los mismos o por otros medios, o haga imposible los regadíos agrícolas...». En idéntico sentido, cfr. AaTC 243/1993; y 101/1993; respecto de otras Leyes de Pesca Fluvial autonómicas.

61. Cfr. ATC 25/2000, precisándose que «...Este último argumento no resulta atendible puesto que, habiendo declarado este Tribunal que la salvaguardia del interés ecológico merece la consideración de finalidad preferente en la jurisprudencia sobre suspensión cautelar de normas..., es claro que la entrada en vigor de la norma sancionadora más benigna podría ocasionar las consecuencias sobre las que advierte el abogado del Estado. Por otro lado, resulta oportuno recordar una vez más que en este incidente

suspensión de los artículos 103.1 y 113 de la Ley 7/1995, de Fauna Silvestre, Caza y Pesca Fluvial de la Región de Murcia, al fijar un plazo de prescripción de las infracciones y unas cuantías de las sanciones inferiores a las determinadas por la normativa básica estatal[62]. Por el contrario, se acuerda

---

de suspensión ha de rechazarse cualquier tipo de consideración que trate de vincular el levantamiento o ratificación de la suspensión al tema objeto de debate, dado que ninguna incidencia puede tener en la resolución que ahora vayamos a adoptar la cuestión de fondo sobre la que versa el proceso, pues de lo que en este incidente se trata no es de vindicar o defender la titularidad de la competencia discutida, sino de alegar y acreditar los perjuicios irreparables o de difícil reparación que se producirían, en concreto, por la vigencia de los preceptos impugnados durante el tiempo que dure el proceso constitucional...En la presente ocasión, el abogado del Estado solicita el mantenimiento de la suspensión de los arts. 217, 220.2 y 224.1 a) de la Ley 9/1999, de 13 de mayo, de Ordenación del Territorio de Canarias por entender que, correspondiéndose las infracciones en ellos contempladas con las tipificadas en los arts. 38. 1.ª, 6.ª y 7.ª de la Ley 4/1989, de 27 de marzo, de Conservación de Espacios Naturales y de la Flora y Fauna Silvestre, los mínimos de las sanciones previstas en la norma autonómica resultan notablemente más bajos que los contenidos en la ley estatal, lo que implica una minoración drástica de la protección dispensada a los valores ambientales por la normativa básica. Por el contrario, para la representación procesal del Gobierno de Canarias los ilícitos administrativos tipificados en los preceptos objeto del presente recurso sólo parcialmente coinciden con los previstos en la normativa básica estatal. "Prima facie", hemos de significar que de la lectura de los preceptos de la ley estatal invocados como básicos y de los de la ley autonómica sobre los que se traba el conflicto, así como del contraste entre unos y otros, se deriva que existe una notable coincidencia o similitud entre ambos, sin que resulte adecuado a la finalidad de este incidente, por ser propio de la Sentencia que en su día se dicte, profundizar en la determinación de si esa coincidencia es o no absoluta. Por tanto, atendiendo a la finalidad de protección del interés ecológico, que este Tribunal ha declarado prevalente en su jurisprudencia cautelar...y a la vista de la disparidad de sanciones previstas en las normas en contraste, debemos mantener la suspensión de los preceptos impugnados. Sin embargo, esa declaración no se extiende a la aplicación de los arts. 220.2 y 224.1 a) de la ley impugnada a la zona periférica de protección, puesto que el art. 18.1 Ley 4/1989 distingue entre espacios naturales protegidos y zonas periféricas de protección y sobre dicha distinción se lleva a cabo la tipificación del ilícito administrativo contenido en el art. 38.1.ª Ley 4/1989, que se ciñe al espacio natural protegido "stricto sensu", pues la definición de una infracción en un ámbito geográfico ajeno al mismo incrementa la protección asegurada a los valores ambientales...».

62. Cfr. ATC 353/1995, que afirma que «...2. De acuerdo con una doctrina muy consolidada de este Tribunal relativa al tipo de incidentes que aquí nos ocupa...para su resolución es necesario ponderar, de un lado, los intereses en presencia, tanto el general y público como el particular y privado de las terceras personas afectadas, y, de otro, los perjuicios de difícil o imposible reparación que podrían seguirse del mantenimiento o del levantamiento de la suspensión de la vigencia y aplicación de la disposición impugnada. Por otro lado, esta ponderación debe efectuarse mediante el estricto examen de las situaciones de hecho creadas por las normas discutidas, y

el levantamiento de la suspensión de los artículos 23.2.b), 23.2 c), 27, 28.4 y 29.1 de la Ley vasca 5/1989, de Protección y Ordenación de la Reserva de la Biosfera de Urdaibai del País Vasco, dado el carácter similar de la cuantía de las sanciones fijadas y los plazos[63].

---

al margen de la viabilidad de las pretensiones formuladas en la demanda, pues la interpretación de las reglas de deslinde competencial aplicables al caso debe quedar procesalmente diferida a la Sentencia que resuelva la controversia competencial. Por último, y conforme también a dicha doctrina, el mantenimiento de la suspensión automática, en cuanto excepción a la regla general de la vocación de vigencia y eficacia de las normas jurídicas, requiere que el Gobierno, a quien se debe la iniciativa, aporte y razone con detalle los argumentos que la justifiquen. Junto a esta doctrina general, hay que tener en cuenta, además, para la decisión del caso presente la establecida en las diversas ocasiones en que nos hemos tenido que pronunciar sobre el mantenimiento o alzamiento de la suspensión automática de disposiciones autonómicas relativas a la protección de la fauna silvestre....Teniendo en cuenta el grave peligro que supone la amenaza contra las especies en trance de extinción, a través de todas estas resoluciones hemos sentado el criterio de que la protección del interés ecológico resulta preferente en este tipo de decisiones sobre suspensión cautelar de normas, por lo que, mientras el Tribunal resuelve el fondo del asunto, ha de prevalecer provisionalmente la aplicación de aquella norma (sea la estatal o la autonómica) que asegure prima facie una mayor protección de los recursos naturales y de la riqueza biológica. 3. Pues bien, la aplicación al caso presente de la doctrina expuesta ha de conducir necesariamente al mantenimiento de la suspensión de los preceptos impugnados de la normativa autonómica, pues prima facie resulta evidente el carácter más protector para la fauna silvestre de los preceptos de la normativa estatal enfrentados a aquéllos. En relación con la ampliación autonómica del catálogo de especies comercializables, hay que advertir... que el alzamiento de la suspensión acarrearía perjuicios irreversibles para las especies afectadas. Y en relación con las disposiciones en materia sancionadora, hay que señalar... que en casos como el presente en que la normativa autonómica impugnada es sensiblemente más benigna que la estatal (plazo de prescripción de las infracciones muy graves de tres años, frente a los cuatro previstos en la Ley estatal, y cuantía mínima de las multas por dichas infracciones de 1.000.001 pesetas, frente a los 10.000.001 pesetas previstos en la Ley estatal) la decisión debe consistir en mantener provisionalmente su suspensión en favor de la aplicación de la normativa sancionadora estatal más estricta, pues es razonable temer que la aplicación de la más benigna podría ocasionar consecuencias desfavorables para las especies protegidas, y el daño para éstas constituiría, en cualquier caso, un perjuicio al interés público difícilmente reparable y de mayor entidad que el que pudiera causarse a los infractores sancionados o sancionados más gravemente...». En la misma línea se sitúan los AaTC 209/1995; 80/1990; 29/1990 —referente a la Ley 1/1989, por la que se modifica la calificación de determinadas infracciones administrativas en materia de caza y pesca fluvial y se elevan las cuantías de las sanciones—.

63. Cfr. ATC 143/1990, que argumenta «...A diferencia del asunto resuelto en nuestro ATC 29/1990, no existe una disparidad drástica, entre las sanciones prevista por la normativa estatal y la autonómica, y la reducción de un plazo todavía razonable del tiempo de ejercicio del derecho de tanteo y retracto por parte de la Administración

105. Cuando lo que se impugna son normas urbanísticas autonómicas que imponen a los propietarios deberes que no se ajustan a la legislación básica sobre la materia, el TC acuerda el levantamiento con base en un dato significativo: ante la colisión entre los posibles perjuicios económicos de los propietarios afectados y los posibles perjuicios económicos de las Administraciones urbanísticas, ofrece *prima facie* mayores garantías de responder frente a tales eventuales perjuicios una Administración que un particular[64]. Por el contrario, si la normativa autonómica impone la reclasificación automática de suelos no urbanizables (en situación básica de rural) para la ejecución de políticas autonómicas en suelos urbanizables se mantiene la suspensión ante la difícil reversibilidad de la transformación urbanística[65].

---

correspondiente no supone un impedimento al ejercicio efectivo de tales derechos. Ha de reconocerse que la aplicación inmediata de los preceptos impugnados asegura prima facie una suficiente protección del medio ambiente. Además, la suspensión de unos concretos preceptos de un conjunto ordenador que trata en forma sistemática de proteger el medio ambiente puede repercutir negativamente en la efectividad del conjunto del propio sistema...».

64. Cfr. ATC 173/2002, donde se señala que «...es evidente que los perjuicios para los propietarios pueden ser, sin duda, considerables; también lo serían, sin embargo, los causados a las Corporaciones municipales con la inaplicación de la norma autonómica, que claramente les beneficia, afectando gravemente a sus actuaciones urbanísticas. Y, puestos en la tesitura de ponderar las dificultades para la reparación de unos y otros perjuicios, ha de coincidirse [...] en la afirmación de que en ese punto son mayores las garantías que cabe esperar de las Administraciones públicas para la reparación de dichos daños eventuales...». En la misma línea se sitúan los AaTC 46/1999; y 282/1998.

65. Cfr. ATC 310/1992, que en el proceso de inconstitucionalidad del artículo 3 de la Ley de Cantabria 4/1992, sobre Constitución de reservas regionales del suelo y otras actuaciones urbanísticas prioritarias, señala «...En el presente caso, el precepto legal impugnado establece que, una vez iniciados los trámites para la expropiación de los terrenos no urbanizables con el fin de constituir reservas regionales de suelo o para otras actuaciones urbanísticas prioritarias, el Ayuntamiento afectado modificará el planeamiento clasificando dichos terrenos como suelo urbanizable o apto para urbanizar. Ello implicaría, como el Abogado del Estado aduce, la reclasificación de terrenos no urbanizables por las razones de interés regional en que la Ley de Cantabria 4/1992 se funda, con la consecuencia de imponer a los Ayuntamientos obligaciones de modificación del planeamiento autónomamente elaborado, reduciendo las áreas de suelo no urbanizable. Es obvio que son alteraciones difícilmente reversibles que afectarían tanto al interés público municipal como al particular de los propietarios de los terrenos afectados, así como a los valores de reserva y protección de suelos para usos agrícolas, forestales o medioambientales que la clasificación como no urbanizables conlleva. Frente a ello, mantener la suspensión del precepto impugnado durante el tiempo que dure la tramitación del proceso de constitucionalidad implica simplemente un retraso de la puesta en marcha de uno de los varios instrumentos de la política urbanística de la Comunidad Autónoma, "cuya trascendencia resulta imposible de evaluar", como expresamente se nos dice por la Diputación Regional de Cantabria.

c) LA PREVALENCIA DE LA PROTECCIÓN DEL PATRIMONIO HISTÓRICO FRENTE AL INTERÉS URBANÍSTICO COMO REGLA DE PREVALENCIA CONDICIONADA

106. Junto a la protección del medio ambiente, la protección del patrimonio histórico-artístico también se erige como un bien constitucionalmente relevante que permite fundamentar el mantenimiento de la suspensión de la ley autonómica por parte del TC al ostentar una prevalencia *prima facie* respecto de las competencias urbanística. En concreto, se precisa por el TC que «en su ponderación que por imperativo del art. 46 CE es indudable que los intereses públicos que están presentes en los recursos histórico-artísticos deben ser protegidos por los poderes públicos como garantía del derecho que a su conservación y disfrute ostenta la comunidad en tanto que se trata de bienes portadores de valores significativos que los hacen merecedores de un especial reconocimiento por parte del ordenamiento jurídico». Por ello, «los valores asociados a la preservación del patrimonio histórico no pueden resultar enervados por el interés en ejecutar inmediatamente un Plan Especial de Reforma Interior de dicha zona… pues aquellos valores pudieran resultar seriamente afectados con las actuaciones necesarias para la ejecución de dicho plan y, ante el riesgo de degradación, destrucción o pérdida, el interés en la preservación de los valores que definen los inmuebles afectados por la ejecución del plan como integrantes del patrimonio histórico artístico ha de ser considerado prevalente»[66]. La clave se sitúa, por tanto, en la posibilidad de degradación irrecuperable del patrimonio histórico derivado de un planeamiento que potencialmente pueda afectarlo.

De ahí se deriva el mantenimiento de la suspensión de la Ley 2/2010, de 31 de marzo, de medidas de protección y revitalización del conjunto histórico de la ciudad de Valencia que, en esencia, permitía la ejecución del Plan Especial de Protección y de Reforma Interior del Cabanyal-Canyamelar, desconociendo el carácter de BIC del mismo al determinar que las determinaciones legales autonómicas no podrán ser menoscabadas por los actos o acuerdos de otras administraciones públicas[67].

Ante unas y otras consideraciones, forzoso es reconocer el mayor peso de aquellas que postulan el mantenimiento de la suspensión acordada en su día, no compensado por la alegación de que las eventuales modificaciones del planeamiento por obra de la vigencia de la Ley no empezarían a producirse sino transcurridos "varios meses", cuando presumiblemente estuviera ya resuelto el recurso de inconstitucionalidad, profecía esta imposible de confirmar a priori por su misma naturaleza hipotética…».

66. ATC 104/2010.

67. El ATC 104/2010 precisa que «Si el Plan Especial de Reforma Interior aprobado no contradice, sino que complementa y refuerza la protección del conjunto histórico, es

Por el contrario, se levanta la suspensión de un precepto del Decreto-ley 2/2020, de 9 de marzo, de mejora y simplificación de la regulación para el fomento de la actividad productiva de Andalucía, que elimina la autorización autonómica para las obras de intervención mínima sobre tales bienes. Para el TC, dado que las obras que pueden realizarse sin autorización o sin necesidad de presentar una comunicación previa son únicamente las referidas a «intervenciones mínimas», que presentan un alcance muy limitado, al referirse solamente a obras interiores que no afecten ni a elementos estructurales de este tipo de bienes ni a sus elementos decorativos, no se produce un riesgo cierto de deterioro de tales bienes[68].

d) CUESTIONES PROCESALES

107. La solicitud de levantamiento de la suspensión puede formularse por los órganos autonómicos con anterioridad al plazo de 5 meses previsto por el artículo 161.2 CE, puesto que éste es un plazo máximo dentro del cual el TC debe pronunciarse sobre el mantenimiento o levantamiento de la suspensión[69]. En la resolución de tal incidente cautelar deben rechazarse todas aquellas argumentaciones que traten de vincular necesariamente el levantamiento o ratificación de la suspensión a la solución que, en su caso, pudiera darse a la cuestión de fondo objeto del debate sobre el que versa el proceso, dado que ninguna relevancia puede tener en la resolución que deba adoptarse cautelarmente[70]. Acordado el levantamiento de la suspensión cautelar de la norma autonómica impugnada, si la aplicación de la normativa impugnada con anterioridad a que se adopte el pronunciamiento de fondo sobre su adecuación constitucional ocasiona efectivamente unos perjuicios

---

una cuestión que se relaciona con el fondo del asunto debatida en el proceso principal. Por el contrario fácilmente se colige que el peligro de pérdida o deterioro de los bienes objeto de especial protección en atención a los valores histórico-artísticos que en su momento determinaron la inclusión del Cabanyal en el conjunto histórico de Valencia han de merecer consideración preferente, desde la perspectiva cautelar que debemos adoptar en este momento, sobre las eventuales actuaciones modificatorias de la estructura urbana y arquitectónica que se realizarían en la zona en caso de que recobrasen su vigencia los preceptos legales ahora suspendidos así como frente a los eventuales retrasos en la ejecución de la planificación urbanística derivados del mantenimiento de la suspensión inicialmente acordada en tanto se decide la cuestión litigiosa».

68. ATC 92/2020.
69. Cfr., entre otros, AaTC 225/2009, 157/2008, 99/2003.
70. Cfr. ATC 34/2009.

que no habían sido considerados por el TC, cabe que solicitar la revisión del acuerdo de levantamiento de la suspensión cautelar[71].

e) EL CONFLICTO POSITIVO DE COMPETENCIAS

108. La misma regla de prevalencia del interés medioambiental se aplica por el TC cuando en un conflicto positivo de competencias plantado por el Gobierno frente a un reglamento autonómico[72], aquél invoque el artículo

---

71. Cfr. ATC 99/2003; y 252/2001.
72. La misma posición se adopta cuando la actuación autonómica que genera el conflicto positivo es una resolución. Así, p.e., el ATC 355/2007 señala, ante la orden de suspensión de las obras de una planta desaladora a construir en la zona periférica de protección de un Parque Natural, que «...no cabe tampoco ignorar en la ponderación que hemos de realizar la existencia de intereses generales vinculados a la seguridad del abastecimiento de agua para consumo humano y para regadíos, seguridad que, ante la situación de déficit de recursos hídricos que padece la zona de la cuenca del Segura... De ello podemos colegir que el Estado ha optado por la utilización, entre otras actuaciones ambientalmente posibles del recurso a la técnica de la desalación como modo de garantizar la seguridad en el suministro y hacer frente a las necesidades hídricas, en especial de aguas destinadas a consumo humano y a riegos. Tales intereses pueden encontrarse comprendidos entre aquellos que, en determinadas circunstancias, pueden conllevar el enervamiento de los específicamente medioambientales, especialmente cuando estos últimos no hayan de generarse con carácter inmediato y existan posibilidades de reacción contra su producción, de tal forma que la perturbación de los recursos biológicos naturales no sea irreparable. A estos efectos procede que consideremos, al hilo de las alegaciones formuladas por la representación procesal de la Generalitat Valenciana, los eventuales riesgos para los valores medioambientales que se derivarían directamente de la ubicación prevista para el emplazamiento de la instalación cuestionada, distinguiéndolos de aquellos otros que serían predicables de las consecuencias derivadas de su puesta en funcionamiento, más en concreto, de los relacionados con los efectos del vertido de la salmuera.... atendiendo a las circunstancias que concurren en el presente caso, podemos ya avanzar que de la sola ubicación proyectada para la desaladora no se deriva que la misma conlleve la destrucción de hábitats o espacios de singular valor o deteriore gravemente dicho espacio. En primer lugar, ya hemos apreciado que, en la zona periférica de protección del Parque Natural, la normativa valenciana permite el emplazamiento de determinadas infraestructuras, siempre que tal emplazamiento resulte inexcusable, lo que significa que, junto al interés general encarnado en la protección del medio ambiente, el régimen jurídico de este espacio natural protegido ha querido salvaguardar otros intereses generales permitiendo que su realización sea autorizable...Por otra parte tampoco ha de obviarse aquí el hecho de que, tal como ha señalado el Abogado del Estado en sus alegaciones, en esa misma zona periférica de protección del Parque Natural se ubican otras instalaciones vinculadas a la prestación de servicios a la población, como un hospital, una subestación eléctrica o, incluso, una depuradora, lo que conlleva, cuando menos, una clara relativización de la afirmación según la cual de la ubicación de la desaladora en el lugar proyectado se

161.2 CE. Así se acuerda levantar la suspensión del Decreto del Consejo de Gobierno de la Junta de Andalucía 418/1984, de 25 de octubre, por el que se aprueba el Plan de Ordenación de los Recursos Naturales y el Plan Rector de Uso y Gestión del Parque Natural Cabo de Gata-Níjar, al estar fundamentada la restricción a la pesca en las aguas del Parque en la preservación del ecosistema[73].

---

derive la puesta en peligro de hábitats o espacios de especial valor medioambiental... se han aportado elementos de juicio suficientes para que apreciemos que no concurren aquí las notas de certeza e inmediatez de los daños y la imposibilidad de corregir los posibles perjuicios susceptibles de ser considerados como determinantes para acordar el alzamiento de la inicial suspensión del acuerdo impugnado...».

73. En concreto, el ATC 222/1995, precisa que «...De la ponderación de los intereses en conflicto, públicos y privados, señalados por una y otra parte, debe prevalecer en el presente supuesto el encaminado a la protección de los ecosistemas marítimo y terrestre y los recursos naturales del Parque Natural Cabo de Gata-Níjar, pues los perjuicios que para éstos se derivan del mantenimiento de la suspensión durante la sustanciación de este proceso pueden resultar irreparables o de muy difícil reparación, según se razona en los informes técnicos que aporta el Consejo de Gobierno de la Junta de Andalucía, al tratarse de un ecosistema muy frágil y de recursos por sí mismos no renovables. Es indudable que los preceptos impugnados, tal y como evidencia la conexión de sus contenidos, responden a la finalidad de compatibilizar la conservación del ecosistema y de sus recursos naturales con el aprovechamiento sostenido de los recursos pesqueros, por lo que dada su incidencia en los aspectos ecológicos indicados, la vigencia de los mismos asegura, "prima facie", una mayor protección de los recursos naturales, fauna y riqueza biológica de la zona, cuestión que posee, según hemos tenido ocasión de señalar en supuestos similares, una innegable dimensión propia del interés general...Al tiempo no se percibe —ni el Abogado del Estado que insta la ratificación de la suspensión demuestra lo contrario— que de los preceptos impugnados se deduzcan limitaciones irracionales, conforme a criterios socialmente aceptados, o desproporcionadas. Tampoco perjuicios irreparables a la política pesquera del Estado o a los intereses de los pescadores o profesionales del sector afectados, dada la mínima transcendencia que por su caracterización geológica y escasas batimetrías poseen los caladeros de la zona para las flotas industriales, según se razona en los citados informes técnicos, a lo que nada opone el Abogado del Estado. En todo caso, los perjuicios que éste alega que se podrían derivar del levantamiento de la suspensión, cuya irreparabilidad o dificultosa reparación no acredita, serán siempre de menor entidad que el daño irreversible que, sin duda, produciría la ruptura del delicado equilibrio ecológico de la zona o la desaparición de especies en peligro de extinción. Estas razones llevan a conceder prevalencia al interés general en la preservación de los ecosistemas y de los recursos del Parque y, en consecuencia, a levantar la suspensión de los preceptos objeto del conflicto de competencia...».

C) LA APLICACIÓN DEL RÉGIMEN DE TUTELA CAUTELAR PROPIA DEL DERECHO DE LA UNIÓN CUANDO SE ALEGA LA VULNERACIÓN DE UNA NORMA DE DERECHO EUROPEO

109. Los órganos judiciales nacionales, además de jueces ordinarios de la correcta aplicación del derecho europeo, tienen hoy reconocida la competencia para la adopción de medidas cautelares si está en juego la tutela del orden público y del interés público de la Unión Europea. Esta atribución competencial, que no tiene un fundamento normativo expreso en los Tratados sino que ha sido reconocida por la jurisprudencia del TJUE como exigencia derivada de la garantía de la tutela judicial efectiva en los ámbitos de aplicación del derecho de la Unión Europea persigue fundamentalmente salvaguardar el «efecto útil» y la primacía del derecho de la Unión y satisfacer el derecho de los justiciables que han manifestado un interés en la demanda sobre el procedimiento de fondo[74]. El juez nacional que conoce de un litigio regido por el Derecho de la Unión está facultado para adoptar medidas provisionales que garanticen la plena eficacia de la resolución judicial que debe recaer acerca de la existencia de los derechos invocados sobre la base del Derecho de la Unión[75].Y ello con el alcance propio del derecho de la Unión, aunque tal régimen de tutela cautelar no sea conforme con el régimen procesal interno de un Estado miembro[76].

110. Aquí debe tenerse en cuenta que cuando se aplique por las Administraciones nacionales alguna norma de derecho europeo, la extensión de la tutela cautelar que puede impetrarse de los órganos judiciales nacionales debe ser la propia fijada por el TJUE[77]. En efecto, la obligación de

74. Moreiro González (2016: 480); De la Sierra Morón (2004: 90).
75. SsTJUE de 02/06/2022, Asunto C-353/20 (ECLI:EU:C:2022:423); 14/05/2020, Asuntos acumulados C-924/19 PPU y C-925/19 PPU (ECLI:EU:C:2020:367); 13/02/2014, Asunto C-530/11 (ECLI:EU:C:2014:67); 15/01/2013, Asunto C-416/10 (ECLI:EU:C:2013:8); 13/05/2007, Asunto C-432/05 (ECLI:EU:C:2007:163); 11/01/2001, Asunto C-226/99 (ECLI:EU:C:2001:14); y 09/06/1990, Asunto C-213/89 (ECLI:EU:C:1990:257). Aquí debe precisarse que el Derecho de la Unión no tiene por efecto obligar a los Estados miembros a crear vías de recurso distintas de las existentes en el Derecho interno, a menos, no obstante, que del sistema del ordenamiento jurídico nacional en cuestión se desprenda que no existe ninguna vía de recurso judicial que permita, siquiera sea por vía incidental, garantizar el respeto de los derechos que el Derecho de la Unión confiere a los justiciables, o de que la única vía de los justiciables para acceder a un juez sea infringir el Derecho.
76. STJUE de 14/03/2013, Asunto C-415/11 (ECLI:EU:C:2013:164).
77. De la Sierra Morón (2004: 79) alude a la obligación de seguir el modelo de tutela cautelar impuesto por el TJUE.

los Estados miembros de garantizar la tutela judicial efectiva en un ámbito cubierto por el Derecho de la Unión, que se deriva del TUE (arts. 4.3 —principio de cooperación— y 19.1 —garantía por los Estados miembros de la tutela judicial efectiva en los ámbitos cubiertos por el Derecho de la Unión—) debe interpretarse en el sentido de que el derecho a la tutela judicial efectiva reconocida en la CDFUE (art. 47) constituye base suficiente para invocar tal derecho, sin que su contenido deba ser desarrollado por otras disposiciones del Derecho de la Unión o por disposiciones del Derecho interno de los Estados miembros, ya que el reconocimiento del mencionado derecho en un caso concreto presupone que la persona que lo invoque se ampare en derechos o libertades garantizados por el Derecho de la Unión. Al respecto existe una consolidada jurisprudencia del TJUE[78], con un claro carácter evolutivo[79]. Partiendo del carácter no suspensivo de los recursos ante el TJUE, como consecuencia de la presunción de legalidad de los actos de las instituciones europeas, se afirma el carácter excepcional del otorgamiento de las medidas cautelares. Pueden adoptarse las medidas provisionales que procedan (no sólo la suspensión) si se demuestra que a primera vista la concesión de las mismas resulta material y jurídicamente justificada (*fumus boni iuris*) y que tales medidas son urgentes (*periculum in mora*), en el sentido de que es necesario otorgarlas y que surtan efectos antes de que se resuelva sobre el recurso principal para evitar que los intereses de la parte que las solicita sufran un perjuicio grave e irreparable. Estos requisitos son acumulativos, de manera que la medida cautelar deben desestimarse cuando no concurra alguno de ellos. Además de la concurrencia de estos dos requisitos, el órgano judicial debe sopesar los intereses en juego, incluidos los intereses públicos presentes en la actuación pública impugnada. En todo caso, la medida adoptada debe ser provisional en el sentido de que no prejuzguen las cuestiones de hecho y de Derecho objeto del litigio ni neutralicen de antemano las consecuencias de la resolución que posteriormente se dicte en el procedimiento principal. Para el TJUE, el juez de medidas provisionales dispone de una amplia facultad de apreciación y puede determinar libremente, a la vista de las particularidades del asunto, de qué manera debe verificarse la existencia de los diferentes requisitos y el orden que debe seguirse en este examen, puesto que ninguna norma jurídica le impone un esquema de análisis preestablecido para apreciar si es necesario pronunciarse con carácter provisional.

111. La adopción de la medida cautelar requiere la existencia de una situación de urgencia, lo que concurre cuando resulta necesario decidir provisio-

78. Entre otros, AaTG de 14/07/2023 (ECLI:ECLI:EU:T:2023:405); 01/12/2021 (ECLI:ECLI:EU:C:2021:984).

79. Sobre ello, De la Sierra Morón (2004: 97).

nalmente a fin de evitar que los intereses de la parte que solicita la protección provisional sufran un perjuicio grave e irreparable, lo que se produciría si la no adopción de la medida cautelar impidiese garantizar la plena eficacia de la sentencia definitiva, incurriendo en un déficit de protección jurídica. No resulta necesario que la producción e inminencia del riesgo se determinen con absoluta certeza, bastando con que dicho perjuicio se pueda prever con un grado de probabilidad suficiente, si bien no bastan las meras hipótesis. La urgencia requiere una afectación directa, individual y singularizada a los intereses jurídicos del solicitante. Con carácter general, los particulares no pueden alegar perjuicios causados a terceros o al interés general salvo en supuestos en los que deban considerarse los intereses concurrentes. Ahora bien, las normas de derecho europeo confieren derechos a los ciudadanos no solo cuando las mismas los atribuyen de modo explícito, sino también cuando imponen obligaciones positivas o negativas de manera bien definida tanto a los particulares como a los Estados miembros o a las instituciones de la Unión. El incumplimiento por un Estado miembro de tales obligaciones positivas o negativas puede obstaculizar el ejercicio, por los particulares interesados, de los derechos que les son conferidos implícitamente en virtud de las disposiciones del Derecho de la Unión de que se trate, y que pueden invocar en el ámbito nacional, alterando la situación jurídica que tales disposiciones pretenden crear para dichos particulares[80].

Para ello, se debe aportar al juez de medidas provisionales la información concreta y específica, respaldada por pruebas documentales detalladas y certificadas, que acredite la situación en que se encuentra la parte que solicita las medidas provisionales y que permita apreciar las consecuencias que se producirían con toda probabilidad de no concederse las medidas solicitadas. Lo que debe probarse son los hechos que supuestamente sirven de base para prever tal perjuicio.

112. En segundo lugar, la apariencia de buen derecho (*fumus boni iuris*) cumple cuando al menos uno de los motivos invocados en apoyo del recurso principal por la parte que solicite las medidas provisionales no parezca, a primera vista, carente de fundamento sólido. Ello debe interpretarse en el sentido de que se trate de un motivo que merezca un examen en profundidad, que al no corresponder al proceso provisional de tutela cautelar debe efectuarse en el marco del procedimiento sobre el fondo. Esa apariencia de buen derecho, por sólida que sea, no puede paliar la inexistencia de urgencia

80. STJUE de 22/12/2022, Asunto C-61/21 (ECLI:EU:C:2022:1015).

salvo en 3 concretos ámbitos (en materia de medidas restrictivas, en materia de contratos y en materia de acceso a documentos)[81].

113. Finalmente, el órgano judicial debe, si concurren los dos requisitos anteriores, ponderar los distintos intereses en presencia, determinando si el interés de la parte que solicita la suspensión de la ejecución en obtenerla prevalece o no sobre el interés que reviste la aplicación inmediata del acto impugnado. Para ello debe analizar si la eventual anulación de dicho acto por el juez que conoce del fondo permitiría remover la situación que se crearía por su ejecución inmediata y, al contrario, si la suspensión de la ejecución de dicho acto podría entorpecer su plena eficacia en el supuesto de que se desestimara el recurso principal[82].

114. En esta tesitura, el TJUE reconoce que la posibilidad de obtener la tutela cautelar ante la inaplicación o incorrecta aplicación del derecho de la Unión europea resulta más necesaria en materia de medio ambiente, puesto que la ejecutividad del acto nacional podría privar de efecto útil a la sentencia final[83].

---

81. ATG de 19/07/2016, Asunto T-131/16 R (ECLI:EU:T:2016:427).
82. ATG de 27/11/2013, Asunto C-278/2013 (ECLI:EU:T:2013:119).
83. SsTJUE de 13/02/2014, Asunto C-530/11 (ECLI:EU:C:2014:67); y 15/01/2013, Asunto C-416/10 (ECLI:EU:C:2013:8).

IV

La excepcionalidad del otorgamiento de una tutela cautelar frente a los instrumentos de planeamiento bajo la vigencia de la ley de la jurisdicción de 1956

A) LA RELECTURA CONSTITUCIONAL DEL ARTÍCULO 122 DE LA LEY DE LA JURISDICCIÓN DE 1956. LOS DAÑOS O PERJUICIOS DE IMPOSIBLE O DIFÍCIL REPARACIÓN Y LA PONDERACIÓN DE LAS EXIGENCIAS DE LOS INTERESES EN JUEGO ANTE LA IMPUGNACIÓN DE UN INSTRUMENTO DE PLANEAMIENTO

115. Con carácter general, la pretensión de una tutela cautelar bajo la vigencia de la Ley de la Jurisdicción Contencioso-Administrativa de 1956 tradicionalmente chocó con una predisposición contraria por parte de los órganos jurisdiccionales[1]. Ciertamente la regulación del artículo 122.2, que ya se proyecta expresamente sobre las disposiciones reglamentarias[2], preveía la procedencia de la suspensión cuando de la «ejecución hubiera de ocasionar daños o perjuicios de reparación imposible o difícil», siguiendo los precedentes normativos[3]. Los órganos de la jurisdicción contencioso-ad-

1. Bacigalupo Saggese (1999: 15); Fuertes López (2002: 58); Chinchilla Marín (1991: 142).
2. Dado que en la Ley sobre el ejercicio de la jurisdicción contencioso-administrativa de 13 de septiembre de 1888 (Ley Santamaría de Paredes) se consideraban irrecurribles las disposiciones reglamentarias, al conceptualizarse por la jurisprudencia como actos políticos o de gobierno (discrecionales) conforme a su art. 4.1.
3. La medida cautelar de suspensión se recoge por vez primera en el art. 3 del Reglamento de procedimientos para los negocios contenciosos de la administración de las provincias de Ultramar, aprobado Real Decreto de 4 de julio de 1861 (Gaceta de Madrid núm. 194, de 13 de julio), como una facultad discrecional del tribunal ante la concurrencia de

ministrativa realizaron durante la dictadura una aplicación (interpretación) restrictiva a su otorgamiento[4] en cuanto plasmación de una concepción del «Derecho administrativo autoritario» basado en el dogma de la «decisión

perjuicios graves e irreparables para el interesado, adoptada a partir de la postura de la Administración. Allí se dispone que «La interposición de la demanda no suspende la ejecución de lo mandado; pero si en algún caso pudiese esta producir perjuicios graves é irreparables al interesado, podrá suspenderse sin ulterior recurso, siempre que de ello no resultase inconveniente para los intereses de la Administración á juicio de la Autoridad que hubiera dictado la providencia reclamada». Posteriormente, el art. 84 del Reglamento del Ministerio de la Gobernación, aprobado por Real Decreto de 30 de noviembre de 1870 (Gaceta de Madrid núm. 341, de 7 de diciembre) y el art. 54 del Reglamento para el régimen y tramitación de los negocios en el Ministerio de Hacienda, aprobado por Real Decreto de 18 de febrero de 1871 (Gaceta de Madrid núm. 53, de 22 de febrero), precisan que las actuaciones adoptadas «en los expedientes particulares se habrán de ejecutar inmediatamente, no pudiendo suspenderse sus efectos sino cuando fuesen reclamadas en la vía contencioso administrativa, y pudiera su ejecución causar perjuicios a los intereses públicos, o daño irreparable a los particulares», configurando tal medida como decisión discrecional de la Administración activa. Posteriormente, el art. 172 de la Ley Municipal y el art. 51 de la Ley Provincial, ambas de 2 de octubre de 1877 (Gaceta de Madrid núm. 277, de 4 de octubre) permiten la suspensión por el tribunal «cuando á su juicio proceda y convenga á fin de evitar un perjuicio grave é irreparable». Finalmente, el art. 100 de la Ley sobre el ejercicio de la jurisdicción contencioso-administrativa de 13 de septiembre de 1888 (Gaceta de Madrid núm. núm. 258, de 14 de septiembre, dispuso que «Los Tribunales de lo contencioso-administrativo podrán acordar, oído el Fiscal, la suspensión de las resoluciones reclamadas en la vía contenciosa cuando la ejecución pueda ocasionar daños irreparables, exigiendo fianza de estar á las resultas al que hubiere pedido la suspensión. Si el Fiscal se opusiere á la suspensión, fundado en que de ésta puede seguirse perjuicio al servicio público, no podrá llevarse á efecto sin acuerdo del Gobernador ó del Gobierno, según que la resolución reclamada proceda de la Administración local ó provincial, ó de la central, los cuales expondrán como fundamento de su acuerdo las razones que aconsejen tal medida. Cuando de la suspensión de las resoluciones de que trata el párrafo anterior pueda seguirse menoscabo al servicio público, se limitará el Tribunal á dar curso á las pretensiones de suspensión, elevándolas con su informe al Ministerio ó Autoridad á quien incumba resolverlas», donde se reconoce una limitada discrecionalidad del órgano judicial para otorgarla, salvo oposición de la Administración, en cuyo caso corresponde a ésta la decisión sobre la suspensión.

4. Sobre esta evolución, Rodríguez-Arana Muñoz (1987: 701), que rastrea la ejecutividad de las decisiones del poder público desde el Antiguo Régimen, en la medida en que «la acción de las autoridades se expresaba gubernativamente y con fuerza ejecutiva, sin embargo de apelación..., si bien la transformación de un asunto gubernativo en contencioso determinaba la suspensión del acto en tanto en cuanto el asunto no dejase de ser contencioso», hasta la aparición de la jurisdicción contencioso-administrativa donde se instaura el carácter no suspensivo de la interposición del recurso ante la ejecutividad de la actuación administrativa y la prevalencia del interés general sobre el interés individual. Esta regulación conduce a los tribunales a entender que la suspensión no puede irrogar un menoscabo o perjuicio al servicio público.

ejecutoria»[5]. La medida cautelar se configuraba como excepcional frente al principio de ejecutividad de la actuación administrativa[6].

Tras la entrada en vigor de la Constitución de 1978, la fuerza expansiva del derecho a la tutela judicial efectiva y su proyección a la tutela cautelar determinó una relectura del precepto[7] a la luz de la propia Exposición de Motivos de la Ley jurisdiccional, complementándose la exigencia de un perjuicio irreparable o de difícil reparación con la necesidad de ponderar la medida en que el interés público exigiese la ejecución del acto en relación con los aludidos perjuicios. Tales preceptos requerían del órgano judicial, en la concepción del Tribunal Supremo y ante el conflicto de intereses, «...una meditada y racional valoración de dichos intereses contrapuestos que revele ser la de efectos menos perjudiciales, onerosos y perturbadores dentro del contexto global de la situación jurídica creada por el acto administrativo cuya ejecución se solicita sea suspendida...». Por tanto, para el Tribunal Supremo la norma del artículo 122.2 de la Ley Jurisdiccional, a la luz del artículo 24 de la Constitución, resultaba incompleta debiendo integrarse con el criterio que deriva de la Exposición de Motivos de dicha Ley. Ello implica que a la hora de decidir respecto de una petición de suspensión hubiese de tenerse en cuenta «...ante todo en qué medida el interés público exige la ejecución, para después valorar el tipo de perjuicios que se seguirían de aquélla...».

5. En concreto, la Exposición de Motivos, Apartado VII, precisaba que «...En orden a la suspensión, la Ley la admite cuando la ejecución hubiere de ocasionar daños de reparación imposible o difícil. Al juzgar sobre su procedencia se debe ponderar, ante todo, la medida en que el interés público exija la ejecución para otorgar la suspensión, con mayor o menor amplitud según el grado en que el interés público esté en juego. Respecto de la dificultad de la reparación, no cabe excluirla sin más por la circunstancia de que el daño o perjuicio que podría derivar de la ejecución sea valorable económicamente...». Esta regulación se completaba en el art. 123 de la Ley de la Jurisdicción de 1956, al exigir que si el Abogado del Estado se opusiera a la misma fundado en que esta puede seguirse graves perturbaciones a los intereses públicos no podía el tribunal acordarla sin que previamente informe el Ministerio o autoridad de que procediese el acto o la disposición del recurso.

6. Como destaca Bacigalupo Saggese (1999: 16), máxime ante el dogma de la solvencia de la Administración, que determinaba el carácter reparable económicamente de los daños.

7. Chinchilla Marín (1991: 135). No obstante, como apunta Casares Marcos (2019: 357) esa reinterpretación expansiva comenzó con anterioridad no solo como una respuesta dirigida a reequilibrar en vía contenciosa las posiciones procesales de los litigantes, sino sobre todo por la necesidad pragmática de evitar el colapso de la jurisdicción contencioso-administrativa tanto por el número de asuntos como por su duración. Sobre ese reequilibrio, Santandreu Montero (2007: 309).

Y aquí se incorpora la figura de la apariencia de buen derecho[8], bastando en algunos casos la simple enunciación del argumento de la ilegalidad del reglamento[9] para otorgar la suspensión, una vez acreditado el perjuicio del recurrente. Esta línea jurisprudencial no es unívoca, conviviendo con otra línea «restauradora» (o, más bien, «reaccionaria») del principio de ejecutividad[10], donde la apariencia de buen derecho únicamente se admite (al menos formalmente) cuando (i) la actuación impugnada —norma o acto— se dicta en ejecución o desarrollo de una actuación —normativa o resolutiva— previamente declarada nula; y (ii) cuando se impugna una actuación idéntica a otra previamente anulada. Por el contrario, se rechaza la figura de la apariencia de buen derecho cuando las causas alegadas han de ser objeto de análisis por vez primera, ya que ello supondría prejuzgar el fondo del asunto.

B) LA EXCEPCIONALIDAD DE LA SUSPENSIÓN CAUTELAR DE INSTRUMENTOS DE PLANEAMIENTO URBANÍSTICO EN CUANTO NORMAS REGLAMENTARIAS

116. La proyección de la tutela cautelar sobre la figura de los instrumentos de planeamiento parte de la afirmación de la eficacia general y mayor objetividad que se predica del plan en cuanto norma reglamentaria, cuya presunción de validez y objetividad se concibe de forma reforzada como consecuencia del específico procedimiento de aprobación (basado en un análisis de la realidad y un juicio ponderativo) y su finalidad transformadora (de esa realidad social)[11], que debe garantizarse en la mayor medida posible para «evitar un grave trastorno a la actividad administrativa», para evitar los perjuicios que la dilación en ejecutar el plan ocasionaría a la comunidad (sociedad). Siendo el campo del planeamiento urbanístico el ámbito referido a normas reglamentarias donde se adopta la suspensión con mayor facilidad[12], la realidad es que el porcentaje de supuestos donde se acuerda

---

8. Que se incorpora de forma restrictiva, puesto que la nulidad alegada debía ser ostensible, patente y manifiesta, como precisa Bacigalupo Saggese (1999: 21), lo que unido a la limitación de la cognición para no pronunciarse sobre el fondo limitaba su operatividad.
9. García de Enterría (1995: 252), quien afirmaba que «no existe la menor razón para dar a la voluntad administrativa expresada en Reglamentos el menor plus de consistencia respecto de la expresada en actos; antes bien lo contrario, dada la mayor peligrosidad del Reglamento por su alcance general y tendencialmente permanente respecto de los simples actos singulares».
10. Bacigalupo Saggese (1999: 43); Casares Marcos (2019: 359).
11. Fuertes López (2002: 59); Trayter Jiménez (1996: 332).
12. Como destaca Fuertes López (2002: 58).

tal suspensión es exiguo[13], produciéndose únicamente tras la instauración del régimen democrático[14].

117. Aquí el Tribunal Supremo afirmó la preeminencia incondicionada del interés público plasmado en la aprobación del instrumento de planeamiento, que culmina un procedimiento donde se han tenido en cuenta todos los intereses en presencia a través del trámite de información pública y de solicitud de informes sectoriales. En este contexto la noción de «interés público» se identificó con «la necesidad de que la ciudad cuente con los instrumentos de planeamiento adecuados que estructuren su desarrollo urbano». Y dicho interés era, en estos momentos, incuestionablemente superior al interés privado y limitado del propietario de una parcela o solar. Esa preeminencia determinó que fuesen excepcionales los supuestos donde se acordó la suspensión cautelar[15], al requerirse la producción de un perjuicio «superlativo» vinculado por un nexo de causalidad directa con la aplicación de la disposición impugnada[16]. Al respecto se señalaba axiomáticamente que «... la suspensión de la ejecución del planeamiento incide sobre una disposición de carácter general, en la que el interés público se presenta más acentuado que en los actos administrativos, y que esta circunstancia condiciona la suspensión, supeditándola a la producción de unos daños o perjuicios, no sólo imposibles o difíciles de reparar sino de una entidad superior o al menos igual a los que acarrearían a la comunidad las dilaciones en ejecutar el instrumento de planeamiento...»[17]. La justificación de la preeminencia del interés

---

13. De 128 supuestos donde el TS tuvo que pronunciarse desde la entrada en vigor de la Constitución, solo en 26 supuestos se accede a la suspensión cautelar, lo que supone solamente alrededor del 20%
14. Salvo error, no existe ningún pronunciamiento del Tribunal Supremo desde la entrada en vigor de la Ley de la Jurisdicción de 1956 hasta la entrada en vigor de la Constitución sobre suspensión cautelar de instrumentos de planeamiento en los repertorios de jurisprudencia al uso. Por ello la exposición que se realiza a continuación se centra en la jurisprudencia recaída sobre la LJCA de 1956 desde 1978 hasta la aplicación de la LJCA de 1998.
15. Fuertes López (2002: 59); Trayter Jiménez (1996: 333).
16. Así, p.e., el ATS de 21/10/1986 (ECLI:ES:TS:1986:481A) deniega la suspensión cautelar dado que el hipotético daño derivaba, no del Plan Especial impugnado que articula la renovación urbana, sino en su caso del Plan General que establece dicha zona como de renovación urbana.
17. Cfr. STS de 03/10/2001 (ECLI:ES:TS:2001:7522); STS de 20/03/2001 (ECLI:ES:TS:2001:2251); STS de 12/02/2001 (ECLI:ES:TS:2001:902); STS de 07/02/2000 (ECLI:ES:TS:2000:79); STS de 06/07/1999 (ECLI:ES:TS:1999:4817); STS de 07/06/1999 (ECLI:ES:TS:1999:4009); STS de 18/05/1999 (ECLI:ES:TS:1999:3442); STS de 11/05/1999 (ECLI:ES:TS:1999:3205); STS de 10/05/1999 (ECLI:ES:TS:1999:3188); STS de 16/03/1999 (ECLI:ES:TS:1999:1849); ATS de 01/10/1996 (ECLI:ES:TS:1996:4789A); ATS de

público representado en el instrumento de planeamiento se fundamentaba en su «inmediata ejecutividad» (principio enunciando en los artículos 44 y 45 de la Ley de Procedimiento Administrativo de 1958 y en la legislación urbanística, que supone trasladar la carga de la prueba sobre el recurrente) y en la vinculación que imponen a la Administración y a los ciudadanos (principios enunciados en los artículos 56 y 57 del Texto Refundido de 1976), así como en el carácter de generalidad de sus determinaciones y la amplitud de sus efectos[18]. Y ello incluso cuando el instrumento de planeamiento,

---

29/07/1996 (ECLI:ES:TS:1996:4126A); STS de 18/07/1996 (ECLI:ES:TS:1996:4492); STS de 09/07/1996 (ECLI:ES:TS:1996:4213); STS de 11/06/1996 (ECLI:ES:TS:1996:3544); ATS de 08/05/1996 (ECLI:ES:TS:1996:4212A); STS de 29/04/1996 (ECLI:ES:TS:1996:1933A); ATS de 10/10/1995 (Arz. 7509); ATS de 31/05/1995 (Arz. 3816); ATS de 08/11/1994 (Arz. 4161); ATS de 25/10/1994 (ECLI:ES:TS:1994:2186A); ATS de 28/12/1993 (ECLI:ES:TS:1993:288A); ATS de 07/12/1993 (ECLI:ES:TS:1993:255A); ATS de 13/10/1993 (ECLI:ES:TS:1993:1601A); ATS de 11/10/1993 (ECLI:ES:TS:1993:11384A); ATS de 19/07/1993 (ECLI:ES:TS:1993:176A; ATS de 18/05/1993 (ECLI:ES:TS:1993:57A); ATS de 25/03/1993 (ECLI:ES:TS:1993:4086A); ATS de 09/02/1993 (ECLI:ES:TS:1993:1939A); ATS de 08/02/1993 (ECLI:ES:TS:1993:1934A); ATS de 10/11/1992 (ECLI:ES:TS:1992:3231A); ATS de 23/09/1992 (ECLI:ES:TS:1992:528A); ATS de 09/09/1992 (ECLI:ES:TS:1992:483A); ATS de 14/05/1992 (ECLI:ES:TS:1992:1475A); ATS de 13/05/1992 (ECLI:ES:TS:1992:1459A); ATS de 12/02/1992 (ECLI:ES:TS:1992:97A); ATS de 12/02/1992 (Arz. 2827); ATS de 07/09/1991 (ECLI:ES:TS:1991:333A); ATS de 31/07/1991 (Arz. 6219); ATS de 14/05/1991 (ECLI:ES:TS:1991:3620A); ATS de 27/12/1990 (Arz. 10265); ATS de 20/12/1990 (Arz. 9993); ATS de 04/12/1990 (Arz. 9717); ATS de 28/09/1990 (Arz. 6891); ATS de 26/09/1990 (Arz. 7387); ATS de 04/05/1990 (ECLI:ES:TS:1990:1711A); ATS de 05/04/1990 (ECLI:ES:TS:1990:1895A); ATS de 15/11/1989 (ECLI:ES:TS:1989:871A); ATS de 30/10/1989 (ECLI:ES:TS:1989:871A); ATS de 24/07/1989 (ECLI:ES:TS:1989:871A); ATS de 30/03/1989 (Arz. 2439); ATS de 07/12/1988 (ECLI:ES:TS:1988:1393A); ATS de 21/11/1988 (ECLI:ES:TS:1988:1234A); ATS de 01/03/1988 (Arz. 1758). En definitiva, aquí se aplica el adagio jurisprudencial conforme al cual «cuando las exigencias de ejecución que el interés público presenta son tenues bastarán perjuicios de escasa entidad para provocar la suspensión; por el contrario, cuando aquella exigencia es de gran intensidad, sólo perjuicios de elevada consideración podrán determinar la suspensión de la ejecución del acto».

18. Cfr. STS de 06/07/1999 (ECLI:ES:TS:1999:4817); STS de 20/07/1998 (ECLI:ES:TS:1998:4891); ATS de 31/05/1995 (Arz. 3816); ATS de 25/03/1993 (ECLI:ES:TS:1993:4086A); ATS de 06/01/1993 (ECLI:ES:TS:1993:1901A); ATS de 10/11/1992 (ECLI:ES:TS:1992:3231A); ATS de 23/09/1992 (ECLI:ES:TS:1992:528A); ATS de 09/09/1992 (ECLI:ES:TS:1992:483A); ATS de 09/09/1992 (ECLI:ES:TS:1992:2815A); ATS de 10/06/1992 (Arz. 5078); ATS de 27/12/1990 (Arz. 10265); ATS de 26/09/1990 (Arz. 7387); ATS de 15/05/1990 (ECLI:ES:TS:1990:1696A); ATS de 30/10/1989 (ECLI:ES:TS:1989:871A); ATS de 31/03/1989 (ECLI:ES:TS:1989:871A); ATS de 30/12/1988 (Arz. 10266); ATS de 07/12/1988 (Arz. 9485); ATS de 30/10/1987 (ECLI:ES:TS:1987:865A); y ATS de 29/05/1984 (Arz. 3151). En unos casos se afirma «...El principio de eficacia de la actuación administrativa —art. 103.1 de la Constitución — con el apoyo que recibe de la presunción de legalidad del acto administrativo —art.

o su alteración, hubiese sido promovido por sujetos privados que se ven directamente favorecidos por la nueva ordenación, en la medida en que el Plan debía satisfacer en todo caso intereses colectivos[19].

Esta regla quebraba cuando se adoptaba como cauce procesal la Ley 62/1978, donde la regla legal articulada era la inversa, la suspensión salvo

---

45.1 de la Ley de Procedimiento Administrativo— da lugar a la regla general de la ejecutividad —arts. 101 de la citada Ley de Procedimiento y 4.º 1 e) de la Ley 7/1985, de 2 abril, Reguladora de las Bases del Régimen Local— que se mantiene, en principio, aunque se formule recurso —arts. 116 de la ya invocada Ley de Procedimiento y 122.1 de la Ley Jurisdiccional—. Al propio tiempo, el principio de la efectividad de la tutela judicial recogido en el art. 24.1 de la Constitución reclama que el control jurisdiccional que tan ampliamente traza su art. 106.1 haya de proyectarse también sobre la ejecutividad del acto administrativo. Y dada la duración del proceso, el control sobre la ejecutividad ha de adelantarse al enjuiciamiento del fondo del asunto...». Mientras que en otros el argumento es que «...habida cuenta la carga procesal de alegar y justificar suficientemente la concurrencia del expresado supuesto excepcional del citado art. 122.2 que incumbe al solicitante de la suspensión de un acto administrativo, dados los principios de ejecutividad y presunción de legalidad de que gozan estos actos a tenor de lo que disponen los arts. 44 y 45 de la Ley de Procedimiento Administrativo y el 122.1 de la Ley Reguladora de este Orden Jurisdiccional, así como la improcedencia de entrar en el examen de las cuestiones litigiosas de fondo (supuestas causas de nulidad de pleno derecho que se imputan al aludido Estudio de Detalle), las que han de ser decididas en la sentencia que en su día recaiga en los autos principales, no se considera procedente acceder en el presente caso a la petición de suspensión formulada por la parte recurrente, habida cuenta de los aludidos principios, reconocidos en casos similares al presente por la doctrina jurisprudencial, y ponderando además debidamente los intereses meramente particulares del actor, frente al interés general derivado del planeamiento, en principio de prevalente salvaguarda respecto del privado de los recurrentes en el caso litigioso...».

19. Cfr. STS de 11/06/1996 (ECLI:ES:TS:1996:3544), donde expresamente se afirma, ante la impugnación de la Modificación Puntual del Plan General de Madrid relativa a la «ampliación del Estadio Santiago Bernabéu» que «...el interés público en la modificación del Plan General de Ordenación Urbana de Madrid operada por el Acuerdo del Consejo de Gobierno de la Comunidad de Madrid de 4 octubre 1991, pese a que tenga como uno de sus objetivos la ampliación del Estadio "Santiago Bernabéu", haya sido debida a iniciativa del Real Madrid, Club de Fútbol, y beneficie a éste, es indiscutible que concurre al favorecer a la colectividad, ya que además de dicho objetivo persigue la racionalización de los accesos al Estadio, la reconsideración de los viales circundantes al mismo y la mejora de las condiciones de tráfico y estacionamiento de los vehículos en la zona, para cuyas necesidades la modificación ha previsto la creación de un aparcamiento subterráneo bajo suelos calificados como viario y área ajardinada y la de una gran plaza peatonal en la fachada principal del Estadio mediante la depresión de la conexión viaria entre las calles Rafael Salgado y Concha Espina, así como el establecimiento de una ordenanza nueva que permita atender a las necesidades de ampliación y seguridad del recinto deportivo...».

que se acreditase la existencia de un perjuicio grave para el interés general ínsito en el instrumento de planeamiento[20], si bien esta vía se utilizó sólo en contadísimas ocasiones, dada la dificultad de alegar la vulneración de un derecho fundamental por parte del instrumento de planeamiento o de su procedimiento de elaboración y aprobación.

Esta postura renuente a otorgar la suspensión cautelar se veía reforzada con un argumento adicional[21]. Los instrumentos de ordenación urbanística, dada su naturaleza normativa, requieren para su efectiva y última ejecución, de actos concretos de aprobación de instrumentos de gestión urbanística o de otorgamiento de autorizaciones en materia de edificación. Y desde esta realidad se afirmó que la medida cautelar eficaz sería la que se proyectase sobre tales actos de ejecución del plan; esto es, los perjuicios irreparables no los ocasionaría directamente el instrumento de planeamiento, sino los posteriores actos de gestión urbanística y de otorgamiento de licencias, por lo que la suspensión cautelar podía y debía solicitarse respecto de ellos[22].

20. Cfr. ATS de 17/12/ 1986 (ECLI:ES:TS:1986:1133A), que confirma la suspensión del Plan Parcial de Chamartín en el municipio de Madrid, ante la impugnación por dicha vía de la previsión de ubicar un centro de rehabilitación de toxicómanos, al haberse alegado el derecho a la protección de la infancia, dada su ubicación junto a las instalaciones de un centro escolar. Sobre ello precisa el Tribunal Supremo que «...Con esta decisión no se niega la facultad del Ayuntamiento de promocionar e instalar Centros como el que es objeto de estas actuaciones procesales, al contrario, y como también se declara en el Auto recurrido, no puede menos de alabarse cualquier iniciativa de la Administración en tal sentido, con objeto de paliar tan grave problema social, ahora bien, lo que habrá de determinarse en su momento, es si el lugar elegido para la instalación del Centro de Rehabilitación de Toxicómanos es en el presente supuesto el idóneo, atendiendo a la circunstancia derivada del posible riesgo y perjuicio que ello suponga para una población infantil y adolescente que en gran número asiste a los 34 centros de enseñanza que, según se alega, existen en la proximidades del lugar donde se pretende situar el mencionado Centro, alguno colindante con éste, y ello, insistimos, es lo que habrá que determinarse al resolver en relación con la cuestión de fondo suscitada en este proceso especial , concretándose, entonces, si con la indicada ubicación del Centro se vulnera alguno de los alegados derechos constitucionales especialmente protegidos, para cuya defensa indudable es que dicho proceso es el marco adecuado, donde, en definitiva, deberán valorarse las contrapuestas posturas de las partes ahora litigantes, en orden a fijar, si a pesar de las facultades del Ayuntamiento en el ejercicio de la opción planificadora que aparece prevista en el Plan Parcial de Chamartín, con ello se conculcan derechos fundamentales de la numerosa población escolar, tan necesarios de protección, como puedan serlo también los de las personas que se trata de rehabilitar en el Centro al que venimos aludiendo...».

21. Trayter Jiménez (1996: 334).

22. Cfr., p.e., STS de 23/03/1999 (ECLI:ES:TS:1999:2035); ATS de 17/06/1997 (ECLI:ES:TS:1997:7007A); STS de 11/06/1996 (ECLI:ES:TS:1996:3544); ATS de 08/05/1996 (ECLI:ES:TS:1996:4212A); ATS de 28/12/1993 (ECLI:ES:TS:1993:288A);

En todo caso, y como corolario, se afirmaba además que los daños que pudiera ocasionar la ejecución del instrumento de planeamiento siempre serían determinables y perfectamente resarcibles[23], pero si se acordara la suspensión y el recurso fuere después desestimado se llegarían a consolidar situaciones urbanísticas incompatibles con el planeamiento.

C) LAS LÍNEAS JURISPRUDENCIALES DONDE SE ADMITE EXCEPCIONALMENTE LA SUSPENSIÓN

118. La aplicación práctica de esta construcción sobre la tutela cautelar en materia de suspensión de instrumentos de planeamiento urbanístico por parte del Tribunal Supremo adopta como elemento central la irreparabilidad del daño alegado por el recurrente. Ciertamente sólo se consideran daños irreparables supuestos cualificados. El daño alegado no debe ser, simplemente, un daño o perjuicio económico, dado que en tal supuesto el mismo es de «posible reparación»[24]. Tampoco debe ser un daño que pueda ser reparado económicamente (fundamentalmente cuando el daño sea el pago de cantidades económica)[25] o que sea susceptible de evaluación económica, dada la solvencia económica de las Administraciones Públicas[26]. En este contextos sólo se consideran daños irreparables:

i) La desaparición de una actividad industrial ubicada sobre edificaciones afectadas por la nueva ordenación cuando ésta determina directa e inmediatamente su clausura[27].

ATS de 01/10/1993 (ECLI:ES:TS:1993:1590A); ATS 20/12/1990 (Arz. 9990); ATS de 30/10/1989 (ECLI:ES:TS:1989:871A).

23. Sobre la evolución jurisprudencial ante la reparabilidad económica del daño, cfr. BACIGALUPO SAGGESE, MARIANO. *La nueva tutela... cit.*, PÁGS. 18 Y SS.

24. Cfr. ATS de 01/03/1988 (Arz. 1758).

25. Cfr. ATS de 04/05/1988 (ECLI:ES:TS:1989:183A).

26. Cfr., p.e., STS de 12/02/2001 (ECLI:ES:TS:2001:902).

27. Así, p.e., el ATS de 08/02/1989 (ECLI:ES:TS:1989:183A) accede a la suspensión cautelar de la revisión del PGOU de Madrid que desclasifica un suelo urbano a suelo urbanizable no programado sobre el que se encuentra instalada una industria cementera, porque el interés público del Plan no exige su inmediata ejecución, al quedar diferida la ordenación a la aprobación posterior del Programa de Actuación Urbanística, mientras que la aplicación de las determinaciones del planeamiento suponen un riesgo para la supervivencia de la fábrica de la cementera, con la consiguiente repercusión negativa en el interés público, afectado por la disminución en la producción de cemento. En concreto, el Auto precisa que «...la aplicación de las determinaciones del planeamiento que se viene analizando suponen un riesgo para la supervivencia de la fábrica de la entidad apelada, con la consiguiente repercusión negativa en el interés público, afectado por la disminución en la producción de cemento, y si no aparece como exigencia

ii) Las demoliciones de edificaciones respecto de las que puedan concurrir valores arquitectónicos[28].

---

inmediata la nueva ordenación de los terrenos de autos, al quedar ésta confiada a un futuro Programa de Actuación Urbanística, hay que entender como interés preferente el relativo a la empresa apelada, si se tiene en cuenta, además, que las nuevas actividades que aquélla pueda acometer en el futuro podrán ser controladas por parte de la Administración municipal a través de las correspondientes licencias. Dado que en el caso que nos ocupa, las exigencias de ejecución que el interés público presenta, como se ha indicado, no pueden entenderse como intensas porque la ordenación prevista en el acto en cuestión no va a ser aplicada, en su mayor parte, de forma inmediata al tener que ser precisada posteriormente, perjuicios de carácter privado como los que concurren en el supuesto enjuiciado, de elevada consideración y que se concretan en el riesgo de supervivencia de una importante empresa, son más que suficientes para determinar la suspensión de la ejecución que se interesa si, además, a aquellos perjuicios de carácter privado están ligados otros de carácter público derivados de la falta de producción suficiente de cemento...». A su vez, el ATS de 29/05/1984 (Arz. 3151) accede a la suspensión del Plan Parcial del Barrio de Fatjó de Cornellá de Llobregat al afectar a la pervivencia de una industria, dada la incompatibilidad de la calificación otorgada por el citado Plan Parcial con el uso industrial existente, con las posibles repercusiones que ello tendría sobre las relaciones laborales de la empresa con sus trabajadores. En concreto, el Auto precisa que «...éste ha de decidirse en favor de la suspensión de la ejecutividad del Plan Parcial mencionado, porque a todas luces es más prudente mantener el "statu quo" de las instalaciones fabriles de la empresa accionante, hasta tanto se falla el fondo del asunto, dada la importancia de las mismas, y la plantilla laboral que depende de ellas, que precipitarse en una ejecución anticipada; cosa que, a buen seguro, ni la propia Administración se atrevería a hacer, hasta tanto conocer el sentido de la resolución judicial que ponga fin al proceso...».

28. Cfr. ATS de 09/10/1992 (Arz. 8365), donde acuerda la suspensión del Plan Especial de Protección y Conservación del Casco Antiguo de Vicálvaro, que determina la demolición de dos edificaciones adosadas a una iglesia. En la misma línea, el ATS de 04/05/1988 (ECLI:ES:TS:1989:183A), afirma que «...no aparecen exigencias intensas del interés público para que la demolición de que se trata se lleve a cabo antes de resolverse sobre la cuestión de las características arquitectónicas de aquéllas, sino que, por el contrario, dicho interés reclama la conservación de las mismas durante el período de tramitación de los autos principales en atención a las consecuencias irreparables que podrían derivarse de la demolición anticipada. Por otro lado, finalmente, la circunstancia de que con posterioridad a la aprobación del planeamiento de que se trata hayan de dictarse otros actos para ejecución de la demolición a la que nos venimos refiriendo, no puede ser obstáculo a la suspensión a la que se accede bastando tener presente que no se discute que en el planeamiento impugnado se ordena la demolición referida, por lo que al estar ante una impugnación de las previstas en el art. 39.1 de la Ley de esta Jurisdicción, obligado se hace pronunciarse sobre la suspensión interesada. Demorar la resolución sobre la procedencia de dicha suspensión al planteamiento de una impugnación indirecta del Plan de las determinadas en el apartado segundo de dicho artículo, implicaría obligar a la parte interesada al planteamiento de dicha impugnación siendo así que la vía procesal por la misma elegida es la ya señalada de la impugnación directa del Plan...».

iii) La afectación a superficies exteriores al ámbito contemplado por el instrumento de planeamiento[29].

Por el contrario, se rechaza que se produzca un daño irreparable que justifique la suspensión:

i) Cuando la nueva ordenación simplemente impone la condición de fuera de ordenación a una actividad industrial[30].

ii) Cuando el instrumento de planeamiento desclasifica un suelo urbanizable a suelo no urbanizable[31].

iii) Cuando se produce una disminución de aprovechamiento urbanístico[32].

---

29. Cfr. ATS de 30/07/1991 (ECLI:ES:TS:1991:320A), donde se aduce que «...en el supuesto que contemplamos las encontradas posturas que ha motivado la instalación de un gran Centro Comercial en Albacete, por sus repercusiones en distintos ámbitos y sectores económicos y urbanísticos de la Ciudad y que, indudablemente no recaerían exclusivamente en el Sector IV, donde se pretende instalar por el promotor del Plan, al abarcar su centro sólo el 42% de su superficie y que haría, si no imposible, sí sumamente difícil el restablecimiento de la situación urbanística del Sector (viales, etc.,) y de todo su entorno con una cadena de actos (al parecer ya iniciada) todo lo cual... aconseja la suspensión del Acto impugnado...».
30. Así, el ATS de 26/09/1990 (Arz. 7387) no accede a la suspensión del Plan General que clasifica como agrícolas terrenos colindantes a una fábrica, impidiendo su expansión futura, dado que no afecta de forma directa e inmediata a la actividad industrial. Igualmente, el ATS de 11/03/1992 (ECLI:ES:TS:1992:183A), deniega la suspensión de la Modificación Puntual del Plan General de Madrid relativa al «pasillo verde ferroviario», dado que simplemente determina la condición de fuera de ordenación de determinadas industrias. En concreto, el Auto precisa, aceptando el pronunciamiento de instancia, que «...sin negar que la situación de fuera de ordenación puede conllevar restricciones en cuanto a la posibilidad de realizar determinadas reformas o ampliaciones en las industrias afectadas por aquélla, ello no es motivo por sí mismo bastante para dejar en suspenso el acto administrativo del que se deriva aquella consecuencia (sin perjuicio de lo que en definitiva se resuelva sobre su legalidad) cuando dicha suspensión puede acarrear un perjuicio aún mayor para el interés general de la colectividad, al dejar paralizada la ejecución de un ambicioso proyecto urbanístico que se presenta por sus autores como un instrumento adecuado para la regeneración social de una extensa zona de la ciudad...».
31. Cfr. STS de 06/07/1996 (ECLI:ES:TS:1999:4817).
32. Cfr. STS de 03/02/2003 (ECLI:ES:TS:2003:627), puesto que «...la minoración del aprovechamiento tipo que alegan los recurrentes, y que fundamenta los perjuicios en los que sustenta la petición de suspensión, no justifican la suspensión solicitada pues el eventual éxito del recurso constituiría base suficiente para el resarcimiento correspondiente...».

iv) Cuando la alegación del derribo de las edificaciones queda desvirtuada por la aprobación del Proyecto de Compensación[33].

v) Cuando simplemente se alude a unos posibles perjuicios para el erario público que devendrían de las indemnizaciones a otorgar por el Ayuntamiento[34].

vi) Cuando se alega la posible afección a derechos e intereses de terceros[35].

vii) Cuando se alega la privación de una situación de monopolio económico, dado que a la par genera un beneficio en los terceros respecto de los que se abre dicho mercado[36].

33. Cfr. ATS de 04/05/1990 (ECLI:ES:TS:1990:1711A), que deniega la suspensión del Plan Parcial, ya que «...se cuenta además con las tajantes afirmaciones de los representantes procesales de las partes demandadas —Cooperativa y Ayuntamiento— asegurando que en modo alguno los mismos van a verse privados de sus actuales viviendas; llegando a declarar que al aprobarse el Proyecto de Compensación el aprovechamiento que correspondía a los recurrentes les ha sido adjudicado precisamente coincidiendo con sus viviendas, de manera que "en absoluto van a ser derribadas". Resultando inconcebible que al expresarse de esta forma estén conscientemente faltando a la verdad y a sus verdaderas intenciones, ya que lo están haciendo dentro de un cauce revestido de tanta seriedad y solemnidad como es el judicial...».

34. Cfr. ATS de 03/01/1991 (Arz. 492), donde se indica que «...como de lo actuado en las presentes actuaciones resulta que los interesados se limitan a afirmar que caso de que en el ámbito de que se trata se edificara en exceso el Ayuntamiento se vería obligado a hacer frente a importantes indemnizaciones con el consiguiente perjuicio para el interés público, como por aquél, según se ha ya señalado, se han adoptado determinadas medidas para evitar un exceso de edificación, sin que aparezca acreditada la insuficiencia de aquéllas, es obligado concluir que no se ha justificado debidamente la realidad de los perjuicios que se alegan...» En la misma línea, cfr. ATS de 30/12/1988 (ATS 1510/1988 – ECLI:ES:TS:1988:1510A).

35. Cfr. ATS de 03/02/1987 (ECLI:ES:TS:1987:1702A), que deniega la suspensión de un Estudio de Detalle, ya que «...no habiéndose alegado en este recurso como motivo de la solicitada del acuerdo aprobatorio del estudio de detalle daños y perjuicios de imposible o difícil reparación sino la incidencia de su presunta ilegalidad en los derechos de terceros que no se pueden contemplar sin la previa resolución de la controversia suscitada, y cuando, a mayor abundamiento los actos que se dicten en ejecución del estudio de detalle son recurribles ante esta jurisdicción...».

36. Cfr. ATS de 27/09/1989 (ECLI:ES:TS:1989:2680A), que precisa que «...ubicado su Centro Comercial; de modo que el beneficio comercial que se le produciría a la recurrente si se decretase la suspensión, sería el perjuicio que se ocasionaría a su competidora recurrida, mereciendo en este momento unos y otros intereses la misma protección, por lo que a los efectos del artículo 122.2 de la Ley Reguladora de esta Jurisdicción no puede resolverse la cuestión de la suspensión solamente atendiendo a unos u otros intereses puesto que ambos son igualmente protegibles, al margen del juicio que sobre

viii) Cuando se alega el aumento de sección del vial sobre la parcela, al ser un perjuicio reparable[37].

ix) Cuando se alegación de la vulneración del principio de equidistribución, ya que ello es una cuestión de fondo y no genera, en ningún caso, un perjuicio irreparable[38].

x) Cuando el instrumento de planeamiento adopta como sistema de gestión la expropiación, si la fundamentación alegada son los posibles perjuicios que la larga tramitación del expediente expropiatorio producirá en el recurrente[39], dada la garantía que supone el propio expediente expropiatorio y las técnicas reguladas en la legislación expropiatoria para compensar esa demora; o si la fundamentación

la legalidad del acuerdo recurrido se habrá en su día de hacer pero sobre el que, como es obvio, no es posible pronunciarse ahora...».

37. Cfr. ATS de 09/09/1992 (ECLI:ES:TS:1992:483A).

38. Cfr. ATS de 13/10/1993 (ECLI:ES:TS:1993:1601A).

39. Cfr. ATS de 10/06/1992 (ECLI:ES:TS:1992:3257A), que desestima la suspensión del Programa de Actuación Urbanística «Arroyo Culebro» que afecta a 3 términos municipales del sur de Madrid, ya que «...el hecho de que se haya adoptado el sistema de expropiación, no supone en sí, como pretenden los apelantes la producción de aquellos daños o perjuicios, antes al contrario es un procedimiento con todas las garantías de que le ha provisto la normativa vigente con sus mecanismos de recursos en la vía administrativa y judicial en caso de que la compensación económica o justiprecio estén en discordancia con el real valor del bien expropiado...». En la misma línea, el ATS de 16/12/1980 (ECLI:ES:TS:1980:67A), que rechaza la suspensión del Plan Especial de Reforma Interior, argumentando que «...sin perjuicio de las facultades, derechos o acciones que puedan corresponder al titular de finca afectada por el Plan para combatir al mismo o a los actos jurídicos que de él traigan causa (los propiamente nacidos en el procedimiento expropiatorio, etc.); pero que, en todo caso, tal problemática nos sitúa en un supuesto diferente del de "reparación difícil" previsto en el art. 122 de la Ley, como presupuesto de la suspensión, ya que la ocupación anticipada o indebida de la finca, etc. (hechos que habrán de ampararse en actos distintos del combatido aunque sea la raíz) siempre supondrá soportar unos perjuicios económicos perfectamente cuantificables y realizables, sin que la complejidad que pueda significar el procedimiento administrativo a que haya que acudir para el cobro de la indemnización —y habida cuenta de la solvencia "ex lege" de la Administración demandada— desnaturalice lo dicho, esto es, que tales trámites a cumplir, demoras, etc., puedan cualificar de difícil o de imposible reparación algo (daño posible) que cabe exactamente determinar en su cuantía y que jurídicamente aparece investido de las necesarias garantías para poder ser exigido o impuesto a la Administración causante, en su caso, del daño o perjuicio...». En la misma línea, cfr. ATS de 18/07/1995 (Arz. 6174); ATS de 14/05/1991 (ECLI:ES:TS:1991:3620A); ATS de 15/11/1989 (ECLI:ES:TS:1989:871A).

es, simplemente, que la Administración pretende obtener terrenos a bajo precio para después obtener las plusvalías urbanísticas[40].

119. A partir de la recepción explícita[41] por el Tribunal Supremo de la doctrina de la apariencia de buen derecho[42], su aplicabilidad teórica se afirma precisando que dicho criterio «no es una regla independiente para obtener la tutela cautelar sino una pauta de interpretación del artículo 122.1 de la Ley de la Jurisdicción Contencioso-Administrativa, lo que supone por un lado que en el momento de acordar la suspensión no debe anticiparse el juicio que corresponde hacer en la sentencia, y que sólo pueden tenerse en cuenta elementos que dada su claridad y evidencia autoricen la adopción de la medida solicitada»[43]. La utilización de tal técnica no queda limitada

40. Cfr. ATS de 20/12/1990 (Arz. 9990), que deniega la suspensión del Plan Especial de Reforma Interior La Coracha en Málaga, ya que «...la suspensión de que se trata se había interesado alegando que "el fin que el Ayuntamiento de Málaga pretende con el citado P.E.R.I., es muy distinto del contemplado en el expediente". También se decía que lo que el Ayuntamiento pretende es hacerse con terrenos a bajo precio (véanse las irrisorias cantidades en que se han valorado las fincas de mis representados) para después construir y obtener pingües beneficios...Se han indicado en el anterior razonamiento las alegaciones que se hicieron para justificar la petición de suspensión de que se trata, alegaciones que, por pertenecer al fondo del asunto, tal como señala la Sala de instancia, no pueden producir los efectos que se pretenden. Para tratar de salvar el obstáculo al que se acaba de aludir, en esta segunda instancia se dice por los apelantes que "el Expediente de Expropiación, por vía de urgencia, tiene como fin la expulsión inmediata de los vecinos del barrio y la ocupación por el Organismo expropiante de las fincas objeto de la expropiación". También se alega que "hasta tanto el P.E.R.I. La Coracha no adquiera su plena ejecutoriedad, el Expediente de Expropiación consecuencia del mismo (...) debe ser paralizado, por producir daños y perjuicios irreparables". Pero las alegaciones que acaban de ser señaladas tampoco tienen entidad bastante para que pueda accederse a la suspensión que se interesa, pues aparte de que las afirmaciones que se hacen por los recurrentes carecen de datos concretos que permitan ponderar adecuadamente en qué medida resulta afectada la situación personal de cada uno de ellos con la aprobación cuya suspensión se pretende, de lo actuado no aparece que vaya a ser imposible o difícil una eventual reparación de los perjuicios causados...».

41. Con anterioridad, en algunos supuestos se acuerda la suspensión ante la concurrencia de una manifiesta causa de nulidad, si bien no se hace referencia a dicha doctrina. Así, p.e., el ATS de 10/05/1991 (Arz. 4270) acuerda la suspensión del Proyecto de Delimitación de Suelo Urbano de Jávea, dado que dicho municipio contaba con un previo Plan General.

42. Inicialmente fundamentada en la proyección al proceso contencioso-administrativo de la regulación del artículo 116.1 de la Ley de Procedimiento Administrativo y en la doctrina del TJUE.

43. Cfr., p.e., STS de 11/05/1999 (ECLI:ES:TS:1999:3205), ATS de 29/12/1993 (ECLI:ES:TS:1993:289A); ATS de 08/02/ 1993 (ECLI:ES:TS:1993:1934A); ATS de

a los supuestos donde se produce un conflicto entre intereses públicos y privados. La misma es igualmente aplicable cuando existen dos intereses públicos contrapuestos, por haber recurrido una Administración Pública[44].

120. En materia de impugnación de instrumentos de planeamiento urbanístico, la suspensión del instrumento de planeamiento se acuerda:

i) Cuando existe una previa sentencia no firme sobre el fondo del asunto que declare la ilegalidad del instrumento de planeamiento[45],

---

11/03/1992 (ECLI:ES:TS:1992:183A); ATS de 12/02/1992 (ECLI:ES:TS:1992:104A); ATS de 12/02/1992 (ECLI:ES:TS:1992:97A).

44. Cfr. STS de 10/05/2001 (ECLI:ES:TS:2001:3822).

45. Cfr. ATS de 12/02/1992 (Arz. 2816), que desestima la suspensión del Estudio de Detalle, ya que «...en una nueva exégesis del art. 24 de la Constitución Española, ha afirmado como una derivación del derecho a una tutela judicial efectiva el derecho a una tutela cautelar por fuerza del principio de Derecho que se resume en que "la necesidad del proceso para obtener razón no debe convertirse en un daño para el que tiene la razón", y que esta tutela cautelar, a fin de evitar la frustración de la sentencia final, ha de otorgarse a quien en principio ostente el "fumus boni iuris", es decir, la apariencia de buen derecho, y en aplicación de esa doctrina ha sentado tal apariencia en quien ya ha obtenido una sentencia aún no firme sobre el fondo del asunto anulatoria del acto impugnado, en el presente caso se han producido dos sentencias contradictorias en relación con el Estudio de Detalle que nos ocupa, la dictada en el proceso principal por la Sección Segunda de la Sala de lo Contencioso-Administrativo del Tribunal Superior de Justicia de Madrid el 28-11-1990, y la pronunciada por la Sección Primera de dicha Sala el 24-10-1991, siendo aquélla confirmatoria del acto recurrido y ésta anulatoria en parte del mismo, lo cual impide discernir tal apariencia de buen derecho, puesto que el hacerlo supondría un examen crítico de las dos sentencias y, en definitiva, un enjuiciamiento del fondo del asunto hasta sus últimas consecuencias, impropio del momento y trámite en que nos encontramos...». O la STS de 07/06/1999 (ECLI:ES:TS:1999:4006), que precisa, para desestimar la suspensión de un Estudio de Detalle, que «...Entrando en el examen de los dos primeros motivos se observa que los mismos censuran los Autos recurridos —cuya fundamentación es, por cierto, clara y prolija en forma impecable— sobre la base de insistir en alegar la ilegalidad clara y manifiesta del Estudio de Detalle. Se olvida así que lo que se ha discutido en la pieza es la procedencia o improcedencia de la suspensión cautelar de la efectividad del instrumento de planeamiento que se reputa ilegal. Es cierto que tal forma de argumentar podría encontrar justificación desde la perspectiva de la doctrina de la apariencia de buen derecho de la impugnación ("fumus boni iuris"), en la medida en que la ilegalidad de la ordenación urbanística atacada fuera, como sostiene la parte recurrente, clara y ostensible, lo que, en forma refleja, podría adquirir relieve a efectos cautelares. Tal argumentación carece, sin embargo, de eficacia en el presente caso ya que los Autos recurridos han dado una respuesta tajante a tal planteamiento, que no resulta desvirtuada. Así, por ejemplo, en el Auto de 20 de febrero de 1996 se señala que "cuando menos en tres ocasiones el tema de fondo ha sido objeto de debate y contienda jurídica, y en todas ellas se reconoció y ratificó el aprovechamiento del solar" (sic). Esta

ya que en tal supuesto queda destruida la presunción de legalidad del mismo[46]. Por el contrario, si ha recaído una sentencia de instancia que confirma la legalidad del instrumento de planeamiento, se rechaza que la suspensión pueda fundamentarse en la concurrencia de vicios de ilegalidad del instrumento de planeamiento[47].

ii) Cuando resulta evidente y manifiesto el ejercicio de facultades por la Administración urbanística al margen de la atribución legal de competencias[48].

iii) Adicionalmente, la apariencia de buen derecho se vincula a la ausencia de una contestación «seria» de la Administración demandada sobre la legalidad del instrumento de planeamiento cuando el recurrente adopta como criterio de su petición de suspensión la apariencia de buen derecho[49].

---

respuesta de la Sala de Valencia, que se razona ampliamente en las dos resoluciones recurridas, es suficiente para apreciar que la apariencia de buen derecho no juega, al menos en el momento cautelar en que nos movemos, en favor de los planteamientos de la parte recurrente. No es suficiente la simple negación, que hace la recurrente, de un razonamiento tan importante como el que efectúa la Sala "a quo", por lo que los dos primeros motivos de casación decaen por inconsistencia…». En la misma línea, cfr. ATS de 22/07/1992 (ECLI:ES:TS:1992:2500A), donde se acuerda la suspensión de un Plan Parcial.

46. Así, p.e., el ATS de 09/03/1993 (ECLI:ES:TS:1993:25A), confirma la suspensión del Estudio de Detalle, dado que el TSJ había anulado en la instancia el referido Estudio de Detalle. El Auto precisa que «…Sabido es que la ejecutividad del acto administrativo es consecuencia de la presunción de legalidad que deriva del mismo. En relación con lo que se acaba de indicar preciso es poner de relieve que en los autos principales a los que se ha hecho referencia en el fundamento anterior, y según resulta de la Apelación 4580/1992 que se tramita ante este Tribunal, se ha dictado sentencia, objeto de la expresada apelación, en la que el Tribunal de instancia ha anulado los actos administrativos de cuya suspensión se trata. Resulta, por tanto, que la presunción de legalidad de dichos actos ha quedado en principio destruida dado el sentido de la sentencia indicada, por lo que al faltar la base o fundamento que justifica la ejecutividad de los actos a los que nos referimos, y habida cuenta, además, de la conocida doctrina jurisprudencial que declara que en los supuestos como el que ahora se enjuicia ha de ponderarse el valor jurídico que aparente tener la pretensión ejercitada en los autos principales, obligado se hace entender que procede la confirmación del fallo recurrido, sin que, por tanto, puedan ser estimadas las alegaciones de las partes apelantes…».

47. Cfr. ATS de 25/03/1993 (ECLI:ES:TS:1993:4086A).

48. Así, p.e., la STS de 10/05/2001 (ECLI:ES:TS:2001:3822), confirma la suspensión de la Revisión del Plan General, acordada por acuerdo municipal que «revoca» la resolución autonómica que había denegado la aprobación de dicha revisión.

49. Así, el ATS de 23/09/1992 (ECLI:ES:TS:1992:528A), confirma la suspensión del Plan Especial de Reforma Interior, al concurrir dicha falta respuesta «seria». Se señala al

La apariencia de buen derecho se configura así, frente al formal rechazo de su utilización, como el criterio determinante de la suspensión de los instrumentos de planeamiento[50].

D) LA EXISTENCIA DE INTERESES PÚBLICOS CONTRAPUESTOS. EL EJEMPLO DE LA PROTECCIÓN DEL DOMINIO PÚBLICO MARÍTIMO-TERRESTRE

121. En un primer momento, cuando el recurrente era la Administración autonómica y alegaba una afección al interés supralocal, inicialmente tampoco se accedía a la suspensión cautelar, aduciéndose aquí que ante el conflicto que se ofrece como posible entre los intereses públicos autonómicos y los locales, al no ser posible en el incidente cautelar discernir con los elementos obrantes en autos que se poseen cuál de ellos sea más acusado, debe optarse por mantener la eficacia del instrumento de planeamiento impugnado[51]. La

respecto que «...En el supuesto que ahora se examina, impugnado el Plan Especial de Reforma Interior PR 6.4, denominado "Sor Angela de la Cruz", la Sala a quo ha suspendido su ejecutividad únicamente respecto de su virtualidad expropiatoria en cuanto a la finca litigiosa. Y en este sentido será de indicar: A) La parte recurrente en los autos principales formulaba un detenido razonamiento sobre la innecesaridad de la afectación de la señalada finca para el logro de la finalidad urbanística perseguida con la reforma interior proyectada. B) Ya en la primera instancia la Administración demandada se limitó ante la petición de suspensión a formular unas alegaciones genéricas sobre la ejecutividad del acto administrativo y sobre las características generales de la suspensión, sin concretar la necesidad de ocupar la finca en cuestión para el logro del objetivo urbanístico pretendido, línea ésta en la que se ha mantenido, ya como apelante, en esta segunda instancia. Así las cosas, la falta de una contestación seria de la Administración, aun sin necesidad de recordar la doctrina del fumus boni iuris, genera una duda fundada sobre la existencia de un interés público que demande la ejecución respecto de la finca litigiosa, por lo que los perjuicios derivados de aquélla han de considerarse aquí bastantes para mantener el acertado pronunciamiento suspensivo de la Sala de instancia...». En el mismo sentido, cfr. ATS de 01/10/1993 (ECLI:ES:TS:1993:1590A).

50. Santandreu Montero (2007: 333).

51. Cfr. ATS de 24/01/1994 (ECLI:ES:TS:1994:3072A), donde además se rechaza la aplicación de la doctrina de la apariencia de buen derecho, dado que se impugna la decisión del Ayuntamiento por la que se tiene aprobado por silencio administrativo el Plan Parcial ante la falta de resolución del órgano autonómico y se ordena su publicación, dado que «...en un somero examen de la validez del acto impugnado y del que éste dio por presuntamente producido por silencio que es a lo más que puede llegarse en una incidencia de suspensión, que veda por su propia naturaleza toda consideración de nulidades que no se presenten como ostensibles y manifiestas, por una parte, no puede decirse en modo alguno que el Ayuntamiento de Arona hubiese suplantado competencias de la Comisión de Urbanismo y Medio Ambiente de Canarias, al haberse limitado a constatar un hecho —la producción de la aprobación definitiva por silencio

argumentación que se infiere es que la determinación de la prevalencia de uno u otro interés exigiría un juicio sobre el fondo del asunto.

La misma argumentación se adopta cuando la Administración recurrente es la propia Administración Local frente a un instrumento de planeamiento aprobado definitivamente por la Administración autonómica[52]. Lo relevante es que se afirma en tales supuestos, de forma expresa, que no cabe realizar por el órgano jurisdiccional una ponderación entre los intereses públicos en presencia, dado que los dos persiguen la satisfacción del interés general, no existiendo una atribución legal de prevalencia de unos sobre otros[53]. En otros supuestos, simplemente se rechaza la suspensión porque ni se acredita la producción de un daño irreparable ni la concurrencia de la apariencia de buen derecho en la pretensión de la Administración Local, requiriéndose un análisis del fondo de la cuestión[54].

122. Sólo en una fase posterior se procede a realizar una ponderación de los intereses en juego, identificando como tales, de una parte a los intereses autonómicos, consistentes en que se proceda a la ejecución del instrumento

---

positivo derivado de la inactividad de ésta— y a disponer lo procedente al efecto —la publicación del acto presunto— que lógicamente era él quien tenía que disponer; por otra parte, los presupuestos formales necesarios para la producción del acto silente se habían producido conforme a lo dispuesto en los artículos 41 del Texto Refundido de la Ley sobre Régimen del Suelo y Ordenación Urbana de 9 abril 1976, 133 del Reglamento de Planeamiento de 23 junio 1978 y 6 del Real Decreto Ley 16/1981, de 16 octubre; y finalmente, formalmente completo el expediente, la Comisión de Urbanismo y Medio Ambiente de Canarias, no podía suspender de ningún modo el plazo que tenía para resolver...».

52. Cfr. STS de 16/03/1999 (ECLI:ES:TS:1999:1849), donde se afirma que el interés público presente en las Normas Subsidiarias aprobadas por la Comunidad Autónoma prevalece frente al interés del Ayuntamiento. En la misma línea, cfr. ATS de 06/01/1993 (ECLI:ES:TS:1993:1901A).

53. En concreto, el ATS de 06/01/1993 (ECLI:ES:TS:1993:1901A), ante la solicitud de suspensión del Plan Especial aprobado por la Comisión Provincial por parte del Ayuntamiento, señala que «...De otra parte, la ponderación de los intereses privados y los generales que pueden entrar en juego en toda resolución de suspensión de la ejecución de un acto administrativo, que según la doctrina jurisprudencial debe llevar a cabo el juzgador en estos no tiene virtualidad en el supuesto que se enjuicia, en que ambas partes litigantes son Administraciones públicas obligadas a defender el interés general, sin que se haya demostrado la prevalencia de los que invoca el Ayuntamiento demandante frente al que defiende la Administración Autonómica demandada; todo ello sin perjuicio de lo que definitivamente se decida en el proceso en que se ha planteado el presente incidente...».

54. Cfr. STS de 20/07/1998 (ECLI:ES:TS:1998:4891); ATS de 07/12/1993 (ECLI:ES:TS:1993:255A); o ATS de 08/02/1993 (ECLI:ES:TS:1993:1934A).

de planeamiento en los términos aprobados por la Comunidad Autónoma en concreción de sus intereses supralocales; y de otra parte los intereses municipales, consistentes en que se ejecute el instrumento de planeamiento en los términos inicialmente aprobados por el Ayuntamiento en ejercicio de su competencia en materia de urbanismo. Y en este punto, se otorga prevalencia a los intereses locales como plasmación del reconocimiento de la autonomía local[55]. Como excepción, se otorga prevalencia al interés autonómico cuando se produce una actuación municipal posterior a la resolución autonómica que pone fin al procedimiento de aprobación del instrumento de planeamiento (sea aprobándolo total o parcialmente, o denegando dicha aprobación) que desconoce la misma, invadiendo así la competencia autonómica[56].

55. En concreto, el ATS de 11/04/1994 (ECLI:ES:TS:1994:48A), precisa que «...tratándose de un planeamiento urbanístico municipal, no se puede desconocer al Concejo una legítima facultad para gestionar con autonomía los intereses propios de su respectiva colectividad, lo que exige garantir cautelarmente su derecho a intervenir en asunto que tan directamente le afecta, como expresa el artículo 2.1 de la Ley 7/1985, de 2 abril, Reguladora de las Bases de Régimen Local, de plena vigencia en Navarra conforme a lo dispuesto por la Disposición Adicional Tercera de esta Ley y por el artículo 46.3 de la Ley Orgánica 3/1982, de 10 agosto, de Reintegración y Amejoramiento del Régimen Foral de Navarra, cuya facultad no podría ejercer en el caso de que, estimándose el recurso contencioso-administrativo por él interpuesto, se hubiera ejecutado por la Comunidad Foral demandada la determinación del Plan General aprobada definitivamente y que es objeto de impugnación en el pleito del que dimana este incidente de suspensión. Sin embargo, el interés público de la Comunidad Foral en ejecutar la determinación aprobada definitivamente, en relación con la unidad a ejecutar por expropiación, no se perjudica al posponerse al dictado de la sentencia definitiva, a diferencia del que defiende el Concejo demandante (ahora apelado), el cual, de llevarse a cabo la previsión del Gobierno de Navarra, carecería totalmente de efectividad, lo que, precisamente, trata de preservar nuestro sistema de medidas cautelares y concretamente la suspensión de la ejecución del acto o disposición impugnados, prevista por el artículo 122.2 de la Ley de esta Jurisdicción, exhaustivamente interpretado por la Jurisprudencia de esta Sala, entre otras en las resoluciones antes citadas...».

56. Cfr. STS de 10/05/2001 (ECLI:ES:TS:2001:3822), donde se confirma la suspensión cautelar de la aprobación de la Revisión del Plan General acordada por el municipio, dado que «...ha hecho en realidad ha sido "revisar jurídicamente" la resolución autonómica (puesto que asume unas partes del acuerdo y rechaza otras); de forma que si al dictar su acuerdo la Junta estaba ejerciendo competencias legítimas (aprobación de planes urbanísticos) la revisión que de él hace el Ayuntamiento implica de suyo una invasión de aquella competencia y el interés público perjudicado es el de la Junta al ejercer sin interferencia esa competencia...al revisar un acto administrativo que no le es propio, el Ayuntamiento de Marbella está perjudicando claramente a la seguridad jurídica (artículo 9.3 de la Constitución), pues todos los interesados en la función urbanística en Marbella "pueden sentirse confundidos acerca de cuál acto administrativo, el autonómico o el local, debe aplicarse". (Este es un argumento decisivo, que expresa muy

123. Por el contrario, cuando la Administración demandante era la Administración General del Estado y ésta alegaba la afección a los bienes de dominio público marítimo-terrestre (o el desconocimiento de competencias estatales)[57], con carácter general sí se accede a la suspensión[58], si bien circunscrita al ámbito territorial que afecta a tales bienes de dominio público marítimo-terrestre si ello resulta posible por mantener el resto de la ordenación del instrumento de planeamiento su operatividad, dado que la protección de tales bienes demaniales sólo puede lograrse en este momento procesal[59]. Como argumento adicional se aduce que la falta de solicitud del informe preceptivo de la Administración de Costas exigido por el art. 112 de la Ley 22/1988, impide «la necesaria determinación y concreción de los extremos litigiosos, habiéndose además desconocido con ello competencias estatales». En todo caso, y dado el carácter cautelar de la suspensión, de

claramente que, entre otros, la seguridad jurídica es un interés público defendido por la Junta, que avala la suspensión del acto municipal)...».

57. Téngase en cuenta que el artículo 119 de la Ley 22/1988 no supone una inversión de la regla general del artículo 122 de la Ley de la Jurisdicción. Conforme al mismo «Se declaran contrarios al interés general los actos y acuerdos que infrinjan la presente Ley o las normas aprobadas conforme a la misma, y podrán ser impugnados directamente por la Administración del Estado, autonómica o local, ante los órganos del orden jurisdiccional contencioso-administrativo, con petición expresa de suspensión. El Tribunal se pronunciará sobre dicha suspensión en el primer trámite siguiente a la petición de la misma».

58. Cfr. ATS de 08/03/1993, (ECLI:ES:TS:1993:20A); ATS de 30/12/1992 (ECLI:ES:TS:1992:3371A); ATS de 22/09/1992 (ECLI:ES:TS:1992:2923A); ATS de 09/06/1992 (ECLI:ES:TS:1992:1196A); ATS de 11/03/1992 (ECLI:ES:TS:1990:322A); ATS de 10/03/ 1992 (ECLI:ES:TS:1992:173A); ATS de 10/03/1992 (ECLI:ES:TS:1992:2895A); ATS de 12/02/1992 (ECLI:ES:TS:1992:3246A); ATS de 02/10/ 1991 (ECLI:ES:TS:1991:367A); ATS de 06/09/1991 (ECLI:ES:TS:1991:329A).

59. Al respecto se argumenta, p.e., por el ATS de 06/09/1991 (ECLI:ES:TS:1991:330A) que «...En cuanto a la cuestión principal planteada en esta alzada jurisdiccional, procede confirmar la suspensión de los actos administrativos impugnados en el recurso de que esta pieza dimana, que acordó el Tribunal de primera instancia en sus citados Autos de 27 de noviembre de 1989 y 22 de enero de 1990, puesto que de las propias alegaciones de las partes, vertidas en ambas instancias, se desprende concluyentemente que la ejecución de aquellos actos pueden afectar a la determinación, protección, utilización y policía del dominio público marítimo-terrestre (artículo 1 de la Ley de Costas) en la zona del litoral contigua a la afectada por el Plan Parcial, según en el citado Auto se argumenta; debe significarse que, al haberse omitido en el procedimiento de aprobación definitiva del Plan Parcial de que se trata el informe que, con carácter preceptivo y vinculante, corresponde a la Administración del Estado según lo preceptuado en el artículo 112 de la referida Ley de Costas, se ha impedido la necesaria determinación y concreción de los extremos litigiosos, habiéndose además desconociendo con ello competencias estatales, a tenor del Real Decreto 356/1985, de 20 de febrero, sobre traspaso de funciones y servicio del Estado en materia de ordenación del litoral...».

adoptarse la misma, la concurrencia de nuevas circunstancias o datos permite al órgano jurisdiccional proceder a su levantamiento[60].

> No obstante, también existe una línea jurisprudencial que, al socaire de la afirmación de que la solicitud de suspensión incide en una disposición de carácter general en que el interés público está más acentuado que si de un acto singular se tratase, debe acreditarse para su otorgamiento la producción con la ejecución de unos daños y perjuicios «no ya difíciles o imposibles de reparar, sino de una entidad semejante o superior a los que a la comunidad acarrearía las dilaciones en ejecutar» el planeamiento. A ello se une el argumento de la imposibilidad de entrar sobre el fondo del asunto en el incidente cautelar y la posibilidad de impugnar los actos de ejecución que determinarían la efectiva transformación del demanio litoral[61].

E) LA SUSPENSIÓN CAUTELAR DE INSTRUMENTOS DE PLANEAMIENTO DE INICIATIVA PARTICULAR SOLICITADA POR EL AYUNTAMIENTO

124. Un supuesto especial se produce cuando el objeto de la tutela cautelar es un Plan Parcial de iniciativa particular y quien impetra tal medida cautelar es el propio Ayuntamiento que debe tramitarlo, ante la obtención de una resolución judicial en primera instancia que considere aprobado por silencio administrativo positivo dicho instrumento de planeamiento. Otra vertiente de este supuesto se produce cuando ante el silencio administrativo municipal se recurre en vía administrativa ante los órganos administrativos superiores que ejercen la tutela sobre la Entidad Local y se ordena por éstos al Ayuntamiento la aprobación inicial y posterior tramitación del instrumento de planeamiento de desarrollo de iniciativa particular[62]. En ambos casos,

60. Cfr. ATS de 24/12/1991 (ECLI:ES:TS:1991:1272A).
61. Se desestima la suspensión por ATS de 13/10/ 1993 (ECLI:ES:TS:1993:1605A); ATS de 09/11/1992 (ECLI:ES:TS:1992:3023A); ATS de 15/10/1991 (ECLI:ES:TS:1991:394A); y ATS de 24/07/1991 (Arz. 6361). Igualmente, el ATS de 13/05/1992 (ECLI:ES:TS:1992:1459A) desestima la suspensión en la medida en que el recurrente es el Ayuntamiento frente a la aprobación definitiva por el órgano autonómico de un Plan General Metropolitano.
62. En concreto, los ATS de 10/02/1981 (ECLI:ES:TS:1981:17A) y ATS 08/07/1981 (ECLI:ES:TS:1981:27A), acuerdan respectivamente la suspensión de las resoluciones del Tribunal Administrativo delegado de la Diputación Foral de Navarra, que acuerda la aprobación inicial y posterior tramitación de un Plan Parcial. El ATS de 08/07/1981 (ECLI:ES:TS:1981:27A) precisa que «...la suspensión de los actos o decisiones administrativos sólo procede cuando la misma sea precisa para evitar un daño o perjuicio de imposible o difícil reparación; circunstancia que cabe deducir en el caso examinado, como hecho notorio, y tal como resalta el auto de la Sala de instancia de 24 noviembre 1978 al parecer —como presuntamente fundada— la oposición del Ayuntamiento de Pamplona a la aprobación inicial del Plan parcial nuevo (aprobada por el Tribunal

aunque no se especifique, se acuerda otorgar la suspensión, al considerar preponderante los intereses públicos municipales en la ordenación de la ciudad y apreciar con carácter indiciario la ilegalidad de los Planes aprobados inicialmente, frente al mero control de legalidad o, en su caso, control de oportunidad injustificado verificado por la Administración autonómica.

F) LAS POSIBLES AFECCIONES MEDIOAMBIENTALES DEL INSTRUMENTO DE PLANEAMIENTO NO JUSTIFICAN LA SUSPENSIÓN

125. En este período la alegación de una posible afección medioambiental por parte del instrumento de planeamiento no justifica la procedencia de la suspensión, ya que se considera que la acreditación de dicha afección constituye el fondo del asunto[63], sin que la mera aprobación del instrumento de planeamiento determine por sí mismo unos perjuicios irreparables. Como

---

Administrativo provincial) por diferencias o excesos esenciales, tales como número excesivo de viviendas por Ha., insuficiencia de dotaciones en zonas verdes, cesiones obligatorias de terrenos, etc....».

63. Así, ATS de 06/10/1992 (ECLI:ES:TS:1992:3298A), revoca el Auto del Tribunal Superior de Justicia de Madrid que había acordado la suspensión cautelar de un Estudio de Detalle, considerando que la alegación del impacto medioambiental debe ser objeto del proceso principal. En concreto se señala que «...En el caso que nos ocupa la acreditación de los perjuicios o daños de imposible o difícil reparación la basa la parte recurrente, en su calidad de ejerciente de la acción pública del art. 235 de la Ley del Suelo, Texto Refundido de 1976, en la aportación de una copia de acta notarial que justifica la realidad de siete fotografías del Polígono 3 en el lugar denominado Los Peñascales, Torrelodones, y en un informe, que también aporta, emitido por la Facultad de Biología de la Universidad Complutense de Madrid. Ninguno de ambos documentos son suficientes para dejar acreditados aquellos daños o perjuicios con categoría suficiente para que esta Sala decrete la suspensión del acto impugnado. El informe hace referencia, en general, al impacto negativo que ecológicamente hablando ejerce la proximidad a la capital madrileña, y también las urbanizaciones que se han ido creando y se crean en las inmediaciones del Monte de El Pardo, en localidades como Hoyo de Manzanares, Las Rozas o Torrelodones; y entre estas últimas también las ubicadas en el Polígono de autos. Frente a ello hay constancia en los autos de que el Ayuntamiento durante el proceso de elaboración de las Normas Subsidiarias de Planeamiento, a las que desarrolla el Estudio de Detalle que se impugna por la Asociación recurrente, ha solicitado los oportunos informes a la Dirección General del Medio Ambiente de la Comunidad de Madrid y al Parque Regional de la Cuenca Alta de Manzanares que propusieron diversas medidas cuya ejecución no consta haya sido inobservada. En todo caso ello es materia a considerar en el fondo del asunto y no en una pieza separada de suspensión. En definitiva no se da en el presente supuesto la concreción imprescindible en la acreditación de daños o perjuicios ni tampoco, en su caso, en la irreparabilidad o difícil reparación de los mismos para propiciar un pronunciamiento de suspensión

argumento adicional que coadyuva a rechazar analizar la cuestión de fondo se aduce, si ello se ha producido, que el instrumento de planeamiento se ha sometido al procedimiento de evaluación ambiental obteniendo una declaración favorable[64]. Rige ahí, por tanto, la presunción de validez de la evaluación ambiental, como argumento formal que se impone a la afección ambiental denunciada.

G) LA DIMENSIÓN PROCESAL. LA PRUEBA DE LOS PERJUICIOS. LA DOCTRINA DEL FUMUS BONI IURIS Y SU PROYECCIÓN SOBRE LA IMPUGNACIÓN DE INSTRUMENTOS DE PLANEAMIENTO

126. En un plano procesal, esta construcción determina que el recurrente deba alegar la producción de un daño presente y real causado por la ejecutividad del instrumento de planeamiento, no siendo suficiente la simple alegación de perjuicios genéricos. Si no se contiene tal alegación, concretando e individualizando que daño se le infiere, se desestima la petición de suspensión[65]. La apreciación de la concurrencia de un perjuicio de difícil o imposible reparación parte de la exigencia de acreditar su realidad, siquie-

---

del acto impugnado; lo que comporta junto con la estimación del recurso de apelación la revocación del auto apelado...».

64. En este sentido, p.e., los AaTS de 07/01/1993 (ECLI:ES:TS:1993:2218A y ECLI:ES:TS:1993:1902A) desestiman la solicitud de suspensión del Proyecto de Incidencia Supramunicipal para la construcción del embalse de Itoiz, ya que «...si bien un daño en el ecosistema es de reparación imposible o difícil, no basta con alegar tal daño como posible o temido por los recurrentes —en tal caso habría que suspender todas las obras públicas objeto de recurso— sino que se tiene que acreditar o probar por lo menos indiciariamente a efectos de la suspensión pedida, que con la obra a realizar se va a producir un daño en el ecosistema por no haberse estudiado y resuelto el impacto medio ambiental», lo cual estima no es el supuesto de autos, «ya que se ha acreditado que tal cuestión ha sido objeto de detallado estudio y se ha tenido muy en cuenta a la hora de aprobar el proyecto».

65. Cfr. ATS de 09/03/1998 (ECLI:ES:TS:1998:7223A), que deniega la suspensión de las Normas Subsidiarias de Los Molinos, al precisar que «...no son atendibles las razones en que la parte recurrente funda su petición de suspensión del acto impugnado. En efecto, y antes que nada, conviene poner de relieve que la entidad actora no ha ni siquiera alegado que la ejecución del acto impugnado vaya a originarle algún daño o perjuicio, y mucho menos que éste sea de difícil o imposible reparación. De esta forma, queda incumplido el primer y fundamental requisito exigido en el art. 122.2 de la Ley Jurisdiccional para que pueda otorgarse la suspensión solicitada...». En la misma línea, cfr. STS de 22/07/1998 (ECLI:ES:TS:1998:4950); ATS de 11/10/1993 (ECLI:ES:TS:1993:11384A); ATS de 07/12/1988 (Arz. 9485); ATS de 29/03/1988 (Arz. 2484).

ra sea indiciariamente o a través de la técnica de las presunciones, puesto que en caso contrario se desestima la suspensión[66]. Esto es, debe quedar acreditada la existencia de tales perjuicios bien mediante su acreditación a través de cualquier medio admisible en derecho, bien y ante la inexistencia de un específico período procesal de prueba[67] mediante la razonable y lógica deducción derivada de las alegaciones formuladas por el recurrente.

66. Cfr. ATS de 22/07/1988 (ECLI:ES:TS:1988:718A), que deniega la suspensión de un Plan Especial de Ordenación Volumétrica que permite la construcción de edificaciones con una altura significativa, impugnado por propietarios de edificaciones ubicadas en la colindancia del ámbito del plan, ya que «...aunque se alega el gravísimo perjuicio que la ejecución del plan puede irrogarles por la construcción de unos edificios a los que se califica de "monstruosos" y la aparición de una zona comercial, no se concreta en qué van a consistir tales daños y perjuicios ni la dificultad o imposibilidad de su reparación, si ellos llegaran a cobrar realidad, lo que hace sea procedente desestimar los recursos de apelación interpuestos y confirmar los autos recurridos, no cabiendo invocar el carácter público de la acción, ni la existencia de un interés general por el ordenamiento urbanístico de la zona, por cuanto lo que la Ley exige para decretar la suspensión de la ejecutividad es la existencia real y concreta de unos daños y perjuicios y, como, se ha indicado, ellos no han sido acreditados...». O el ATS de 26/09/1990 (Arz. 7392), que precisa que«...Deben quedar, por tanto, concretados en las actuaciones los perjuicios que pueda ocasionar la ejecución del acto de que se trate. En el caso que nos ocupa la parte interesada no especifica los daños que pueda producirle la ejecución del Plan en cuestión y funda su pretensión de una violación del principio constitucional de igualdad. Esta Sala viene declarando con reiteración que en los incidentes como el que ahora nos ocupa no pueden ser analizados motivos que se refieran al fondo del asunto principal al quedar concretados al análisis de la concurrencia de los requisitos previstos en el párrafo segundo del mencionado artículo 122 de la Ley de esta Jurisdicción...». O finalmente, el ATS de 06/02/1993 (ECLI:ES:TS:1993:1901A), que rechaza otorgar la suspensión, dado que «...Si bien es cierto que la resolución apelada contiene una fundamentación jurídica tan sucinta y genérica que solamente desde un punto de vista formal merece ser calificada de tal, no lo es menos que el Ayuntamiento recurrente se limita en esta alzada a reiterar básicamente sus alegaciones vertidas en la primera instancia de este incidente de suspensión, referentes casi exclusivamente y en lo esencial a cuestiones que son propias del proceso principal, puesto que se reducen a aducir supuestos motivos de anulación de los actos recurridos, por razón de las modificaciones de determinaciones urbanísticas que introduce el Plan Especial aprobado definitivamente en dicho Acuerdo de 19-7-1989, respecto del planeamiento anterior; por el contrario, no se han concretado ni justificado, ni siquiera en principio, cuáles puedan ser los daños o perjuicios de difícil o imposible resarcimiento que se seguirían de no suspenderse la ejecución de dicho acto aprobatorio del Plan Especial, que es el requisito específico exigido por el art. 122.2 de la Ley Jurisdiccional para que proceda suspender la ejecución de los actos administrativos recurridos, ya que se trata de un supuesto excepcional contrario a la presunción de legalidad y ejecutividad de los mismos que consagran los arts. 44 y 45 de la Ley de Procedimiento Administrativo y 122.1 de dicha Ley Reguladora de esta Jurisdicción....».

67. Como precisa el ATS de 12/02/1992 (ECLI:ES:TS:1992:97A).

En concreto, esa acreditación debe realizarse bien de forma directa bien indiciariamente, no requiriéndose una prueba rigurosa. Incluso cabe que la incuestionable realidad de las consecuencias que puedan derivarse de la ejecución inmediata del instrumento de planeamiento haga innecesaria la realización de actividad probatoria alguna[68]. Y aquí no cabe eludir por el recurrente la acreditación de la producción del daño argumentando que sería necesario realizar una hipotética comparación entre las situaciones urbanísticas derivadas de la aprobación del instrumento de planeamiento y la que fijaría un nuevo planeamiento que se aprobase en sustitución del impugnado si fuese anulado, ya que «...toda ejecución de un planeamiento al incidir sobre la realidad produce unas determinadas consecuencias y serán éstas las que deberán tenerse presente para adoptar la medida cautelar de que se trata...»[69].

127. Inicialmente la ponderación a realizar en la pieza separada de suspensión no puede tomar en cuenta alegaciones sobre el fondo del asunto relativas a la ilegalidad del instrumento de planeamiento, dado que su examen y determinación es una cuestión vedada en el incidente cautelar y reservada para el proceso principal[70]. Por tanto, se rechaza que la simple alegación

68. Con carácter general, p.e., la STS de 20/07/1998 (ECLI:ES:TS:1998:4891), afirma que «...ha de ser alegada y suficientemente acreditada por el que insta la suspensión, facilitando al Tribunal, siquiera indiciariamente, los elementos o circunstancias productores o susceptibles de producir los referidos daños y perjuicios de al menos difícil remedio posterior... la suspensión del acto impugnado, no exige una prueba rigurosa de los daños o perjuicios citados, e incluso, a veces de la propia naturaleza del acto o disposición y las consecuencias que puedan derivarse de la ejecución inmediata, se ha derivado la suficiencia probatoria de existencia de tales daños. Pero, la existencia de tales daños y perjuicios ha de ser desde luego, alegada, como causa de la suspensión solicitada, incluso cuando se haga valer también el principio de seguridad jurídica o la apariencia de buen derecho, que pueden ser, sí, factores importantes a la hora de dilucidar la prevalencia armonizadora del interés público en relación con el daño o perjuicio alegado...».

69. Cfr. ATS de 18/05/1993 (ECLI:ES:TS:1993:57A).

70. Cfr. ATS de 15/05/1990 (ECLI:ES:TS:1990:1696A); ATS de 05/04/1990 (ECLI:ES:TS:1990:1895A); ATS de 30/03/1989 (Arz. 2439); ATS de 01/03/1988 (Arz. 1758). En esta línea, el ATS de 30/10/1990 (Arz. 8332), que desestima la suspensión de un Plan Especial de Reforma Interior ya que la alegación del recurrente se articula a partir de la ilegalidad del citado Plan Especial por establecer un aumento de la edificabilidad sin un paralelo aumento de las zonas verdes. En concreto precisa que «...se tiene presente que las alegaciones de la parte apelante para interesar la referida suspensión se apoyan en el dato de que el Plan Especial de que se trata infringe el Plan General, pero es esta una cuestión que no puede abordarse en las presentes actuaciones, pues sabido es que es doctrina jurisprudencial reiterada la de que al examinar la procedencia de la suspensión de un acto administrativo no se puede analizar la

de la ilegalidad del instrumento de planeamiento justifique la suspensión, con independencia de que el recurso sea planteado por sujetos privados o por la Administración autonómica, incluso cuando el instrumento de planeamiento estuviese incurso en una causa de nulidad de pleno derecho en los términos previstos por el artículo 116 de la entonces vigente Ley de Procedimiento Administrativo de 1958, salvo que dicha causa de nulidad de pleno derecho fuese ostensible y evidente, puesto que en caso contrario se entraría a juzgar en el incide cautelar sobre el fondo del asunto. Desde esta perspectiva, la alegación de la incorrecta delimitación territorial del instrumento de planeamiento no puede justificar la suspensión del instrumento de planeamiento[71]. Tampoco la simple alegación de la vulneración del principio de jerarquía normativa[72], o la imputación de desviación de poder atribuible al instrumento de planeamiento[73]. Pero sí la previa anulación del instrumento de planeamiento en la instancia[74].

cuestión de fondo planteada en el pleito principal. Así pues, en el presente caso sobre los intereses públicos inherentes a la ejecución del Plan Especial en cuestión no pueden prevalecer los del Plan General de que se trata al hacerse derivar estos últimos del hecho de una infracción de dicho Plan General por parte del Especial cuya existencia debe ser decidida en los autos principales...».

71. Cfr. ATS de 03/01/1991 (Arz. 491).
72. Cfr. ATS de 23/01/1991 (ECLI:ES:TS:1991:31A), donde rechaza la suspensión ante la falta de prueba de la vulneración del principio de jerarquía normativa: «...se afirma que el Estudio de Detalle en cuestión infringe el principio de jerarquía normativa al no respetar ciertas determinaciones del correspondiente Plan General. Ahora bien, de lo actuado en la pieza de suspensión que nos ocupa no aparece con la claridad necesaria la existencia de la causa de nulidad alegada ya que en ningún elemento probatorio se ha traído a los autos para tratar de acreditar la realidad de la nulidad en cuestión. No se puede, por tanto, dada la doctrina antes sentada, accederse a la suspensión interesada...».
73. Cfr. ATS de 21/10/1986 (ECLI:ES:TS:1986:481A).
74. El ATS de 14/04/1992 (ECLI:ES:TS:1992:1484A) confirma la suspensión de las Normas Subsidiarias de Ordizia, en la medida en que en los autos principales se ha anulado por el Tribunal de instancia tales instrumentos de planeamiento, dado que «...destruida en principio la presunción de legalidad derivada de los actos administrativos cuestionados...procede confirmar lo resuelto por el Auto apelado al ser la ejecutividad de los actos administrativos una consecuencia de la presunción de legalidad derivada de los mismos...».

V

La arquitectura del sistema cautelar en la Ley 29/1998

A) LA ESTRUCTURA DEL ARTÍCULO 130. LA PONDERACIÓN DE INTE,RESES EN CONFLICTO Y LA IDENTIFICACIÓN DE LA PÉRDIDA CIERTA DE LA FINALIDAD EN EL RECURSO FRENTE A DISPOSICIONES REGLAMENTARIAS

128. La posición central que en el sistema constitucional ostenta el ciudadano debe reflejarse igualmente en el ámbito de la tutela cautelar frente a las actuaciones y disposiciones de la Administración Pública[1]. En este contexto el artículo 130 de la Ley 29/1998, de 13 de julio, de la Jurisdicción Contencioso-Administrativa, positiviza y desarrolla la lectura del Tribunal Constitucional y el Tribunal Supremo sobre la figura de las medidas cautelares que completaba el requisito de la existencia de un perjuicio con la necesidad de una previa ponderación de los intereses en juego. En concreto se exige en la vigente regulación legal que el órgano jurisdiccional, realice una ponderación de los intereses, públicos y privados, en conflicto tras determinar si la aplicación de la disposición puede hacer perder al recurso su finalidad legítima. Pero incluso cuando la prevalencia corresponda al

1. Como señala la STC 218/1994, la potestad jurisdiccional de suspensión, como todas las medidas cautelares, responde a la necesidad de asegurar, en su caso, la efectividad del pronunciamiento futuro del órgano judicial; esto es, de evitar que un posible fallo favorable a la pretensión deducida quede desprovisto de eficacia. Pero, además, en el proceso administrativo la «justicia cautelar» tiene determinadas finalidades específicas, incluso con trascendencia constitucional, y que pueden cifrarse genéricamente en constituir un límite o contrapeso a las prerrogativas exorbitantes de las Administraciones Públicas, con el fin de garantizar una situación de igualdad, con respecto a los particulares, ante los tribunales, sin la cual sería pura ficción la facultad de control o fiscalización de la actuación administrativa que garantiza el artículo 106.1 de la Constitución.

interés del recurrente y exista el riesgo (o la certeza) de que la aplicación de la disposición pueda hacer perder la finalidad al recurso, el órgano jurisdiccional podrá denegar la medida cautelar cuando de la misma pudiera producirse una «perturbación grave» de los intereses generales o de tercero, lo que debe interpretarse en el sentido de que tales perturbaciones deben ser sustanciales e intensas[2].

129. De forma sintética, resulta un axioma en la jurisprudencia recaída en la aplicación del artículo 130 LJCA la afirmación de que «...la finalidad legítima del recurso es, no sólo, pero sí prioritariamente, la efectividad de la sentencia que finalmente haya de ser dictada en él; de suerte que el instituto de las medidas cautelares tiene su razón de ser, prioritaria, aunque no única, en la necesidad de preservar ese efecto útil de la futura sentencia, ante la posibilidad de que el transcurso del tiempo en que ha de desenvolverse el proceso lo ponga en riesgo, por poder surgir, en ese espacio temporal, situaciones irreversibles o de difícil o costosa reversibilidad...». La pérdida de la finalidad del recurso, en consecuencia, no aparece conectada exclusivamente a aquellos supuestos donde concurran situaciones irreversibles, sino también «...cuando la situación que ha de surgir sin la adopción de la medida cautelar suponga un obstáculo serio, en el sentido de no ser de fácil y pronta eliminación, para el disfrute de aquel efecto útil de la hipotética sentencia futura...». No obstante, en esta interpretación judicial puede percibirse en muchos casos la reconducción de la noción de «pérdida de la finalidad legítima del recurso» a la clásica noción de perjuicio de difícil o imposible reparación[3]. Por ello, la decisión del otorgamiento o no de una medida cautelar se articula a través de la realización de un pronóstico sobre los efectos que la aplicación de la misma tendría sobre los derechos e intereses esgrimidos en la pretensión del demandante, una vez contrastados con el resto de intereses, públicos y privados, en presencia[4]. Además, en el caso de la tutela cautelar impetrada frente a una disposición reglamentaria sólo se prevé de forma expresa la figura de la suspensión cautelar, art. 129.2 LJCA, lo que en principio resulta ajustado al carácter de instrumentalidad y homogeneidad de las medidas cautelares.

2. Fuertes López (2002: 78), que diferencia la noción de perturbación o trastorno de la de daño o perjuicio. En la misma línea, Chinchilla Marín (2009: 153).
3. Chinchilla Marín (2009: 147).
4. P.e., la STS de 17/07/2008 (ECLI:ES:TS:2008:4078), afirma que «...la decisión cautelar ha de ponderar la medida en que el interés público demanda la ejecución, para adoptar la suspensión cautelar en función de la intensidad de los intereses públicos concurrentes. Esta operación jurídica en virtud de la cual se valoran, sopesan y ponderan los intereses en juego comprende tanto los interés públicos como los de carácter privado, así como el contraste entre los diversos intereses públicos concurrentes...».

130. Ello implica interpretar la expresión «únicamente» del art. 130 LJCA en el siguiente sentido. En la arquitectura del derecho a la tutela judicial efectiva la misma no puede (no debe) seguir configurándose como algo excepcional[5], sino como una técnica «singular» (limitada a aquellos supuestos donde concurran los presupuestos establecidos)[6] para otorgar una anticipada y provisional tutela hasta que recaiga la sentencia en el proceso principal. Y aquí el Tribunal Supremo relativiza[7] el alcance de la noción del *periculum in mora*, acuñando el tópico de que «cuando las exigencias de ejecución que el interés público presente sean tenues bastarán perjuicios de escasa entidad para provocar la suspensión. Por el contrario, cuando aquéllas exigencias sean de gran intensidad sólo perjuicios de muy elevada consideración podrán determinar la suspensión».

A ello deben sumarse dos axiomas jurisprudenciales añadidos. En primer lugar, se afirma la existencia de un criterio restrictivo respecto de la suspensión cautelar de disposiciones reglamentarias, dados «los intensos intereses públicos vinculados a su vigencia y aplicación efectiva»[8], lo que supone «ya un grave perjuicio del interés público, porque, en principio, existe un indudable interés público en la aplicación inmediata de unas normas que se promulgan para integrarse en el ordenamiento y ser cumplidas por todos sus destinatarios»[9]. Y ello incluso cuando se solicite la suspensión cautelar parcial de una disposición reglamentaria, dado que «condicionaría la coherencia y homogeneidad de la norma aprobada y su eficacia en el sector que trata de regular». En segundo lugar, se precisa que el criterio de la apariencia de buen derecho no está recogido expresamente en la LJCA, aunque tampoco excluido por ella y sí está previsto por el art. 728 LEC. Por ello, «debe aplicarse con extrema prudencia por suponer un pronunciamiento sobre el fondo del litigio en los momentos iniciales del proceso». Se limita así su operatividad, circunscribiéndola a los supuestos «de impugnación

5. La EM de la LJCA 1998, apartado 5.º, expresamente asume esta configuración al señalar que «Se parte de la base de que la justicia cautelar forma parte del derecho a la tutela efectiva, tal como tiene declarado la jurisprudencia más reciente, por lo que la adopción de medidas provisionales que permitan asegurar el resultado del proceso no debe contemplarse como una excepción, sino como facultad que el órgano judicial puede ejercitar siempre que resulte necesario».
6. Fuertes López (2002: 60). No obstante, Chinchilla Marín (2009: 139) afirma que en el régimen ordinario, el otorgamiento de las medidas cautelares sigue siendo una excepción.
7. Chinchilla Marín (2009: 153).
8. P.e., AaTS de 30/10/2023 (ECLI:ES:TS:2023:14614A).
9. P.e., AaTS de 12/09/2023 (ECLI:ES:TS:2023:11340A); o 17/01/2023 (ECLI:ES:TS:2023:548A).

de actos aplicativos de disposiciones declaradas nulas, de los que reiteren o sean idénticos a otros ya anulados o en aquellos casos en que los vicios de nulidad sean manifiestos de manera que no sea preciso examinarlos para su apreciación»[10], o cuando exista «un criterio reiterado de la jurisprudencia frente al que la Administración opone una resistencia contumaz, sin que sirva para prejuzgar el fondo debatido»[11]. En otros términos, sólo cabe su aplicación en aquellos supuestos donde «*in ictu oculi*, de un vistazo, se aprecie el fundamento de la pretensión de quien pide la medida». Y ello porque «de lo contrario, se quebrantaría el derecho fundamental al proceso con las debidas garantías de contradicción y prueba (art. 24 CE)».

131. Consecuentemente, se afirma que la vigente regulación de las medidas cautelares se fundamenta en un presupuesto claro y evidente: la existencia del *periculum in mora*. Si bien como contrapeso o parámetro de contención del anterior criterio, se exige, al mismo tiempo, una detallada valoración o ponderación del interés general o de terceros con el interés esgrimido por el recurrente.

B) LA SERIEDAD DE LA SOLICITUD DE LA MEDIDA CAUTELAR Y LA CARGA DE LA PRUEBA. LA INCIDENCIA DEL EJERCICIO DE LA ACCIÓN PÚBLICA

132. La jurisprudencia exige la concurrencia en la pretensión del recurrente que impetra la adopción de la medida cautelar de un mínimo de «seriedad»[12] (sin que ello pueda confundirse con la figura de la apariencia de buen derecho). La pretensión de tutela cautelar debe presentar una mínima solidez argumental, justificada en su caso en la actividad probatoria precisa[13]. Esto es, el recurrente debe acreditar la situación de urgencia que demanda la medida cautelar y el grado de afectación a un interés, público o privado,

---

10. P.e., AaTS de 30/10/2023 (ECLI:ES:TS:2023:14614A).
11. P.e., ATS de 12/09/2023 (ECLI:ES:TS:2023:11340A).
12. En este contexto es donde debe situarse la aparente restricción de la tutela cautelar establecida por el artículo 130.1 LJCA con la utilización del adverbio «únicamente». Como correctamente precisa Fuertes López (2002: 60), no se trata de una tutela cautelar excepcional, sino sometida al cumplimiento de los requisitos legales. Y ello es reconocido por la propia Exposición de Motivos, Apartado V, al señalar que «...Se parte de la base de que la justicia cautelar forma parte del derecho a la tutela efectiva, tal como tiene declarado la jurisprudencia más reciente, por lo que la adopción de medidas provisionales que permitan asegurar el resultado del proceso no debe contemplarse como una excepción, sino como facultad que el órgano judicial puede ejercitar siempre que resulte necesario...».
13. Cfr., p.e., STS de 30/04/2001 (ECLI:ES:TS:2001:3520).

del que asume su defensa. Paralelamente, la oposición a la pretensión de la suspensión debe basarse en la preeminencia del interés público ínsito en el instrumento de planeamiento o en la inexistencia de perjuicio alguno para el interés defendido por el recurrente[14]. Oposición que requiere una mayor argumentación cuando la pretensión de suspensión se fundamenta en la defensa, no de un interés privado, sino de un interés público[15].

133. No resulta constitucionalmente admisible una denegación con base en construcciones abstractas[16], al margen de la realidad subyacente aportada al proceso. Aquí no existen unos hechos ciertos que permitan penetrar sobre el fondo del asunto cuando ello requiera concretar un juicio (control negativo) sobre la ponderación efectuada por la Administración, p.e., referente a la razonabilidad del criterio de aumento de población asumido[17].

134. La determinación de la procedencia o no de la medida cautelar por parte del juez se efectúa, no a partir de la realidad extrínseca al proceso, sino del «universo fáctico» delimitado en el proceso por los escritos de las partes y las pruebas practicadas. En consecuencia, resulta necesaria la justificación, aun incompleta o por indicios, de aquellas circunstancias que puedan permitir al órgano jurisdiccional la valoración de la procedencia de la medida cautelar. La mera alegación, sin prueba alguna, no permite estimar como probado que la vigencia de la disposición impugnada pueda ocasionar

14. Igualmente debe exigirse una mínima «seriedad» en la oposición a la adopción de la medida cautelar de la Administración autora de la disposición, puesto que en caso contrario, o de silencio, debe otorgarse, *prima facie*, un menor peso al interés general representado por el instrumento de planeamiento. En este punto, Jiménez Plaza (2005: 163) considera que se produciría una apariencia de buen derecho en el recurrente, si bien es una posición que no comparto.

15. Cfr. STS de 23/12/2008 (ECLI:ES:TS:2008:6911).

16. Aquí resulta ejemplar la afirmación de la STS de 17/10/2001 (ECLI:ES:TS:2001:7983), al señalar que la Sala de instancia que desestimó la medida cautelar «...no contesta en absoluto a los argumentos de las partes y se limita a exponer unos argumentos generales, sin descender al caso concreto; son argumentos que podrían valer para todos los casos en que se deniegue la suspensión, lo que quiere decir inequívocamente que no sirven para ninguno, porque las decisiones judiciales deben fundarse en razones referentes al caso concreto; una sola frase particular pero atinada puede servir de fundamento, y sirve, mucho mejor que grandes disquisiciones teóricas de las que se ignora a qué caso se refieren, así sea entre diez o entre cien...». Cuestión distinta es que la Sentencia incurre posteriormente, a mi juicio, en el mismo vicio denunciado, al adoptar como fundamentación una afirmación estereotipada. El mismo razonamiento crítico, pero ahora sí con una valoración circunstanciada se encuentra en la STS de 22/10/2002 (ECLI:ES:TS:2002:6971), que desestima la solicitud de suspensión al no probarse la afección al interés público defendido.

17. STS de 08/02/2017 (ECLI:ES:TS:2017:400).

perjuicios, ni menos que pueda hacer perder su finalidad al recurso. Con carácter general, al recurrente le incumbe la carga de probar adecuadamente qué efectos negativos provoca la aplicación del instrumento de planeamiento en sus intereses privados y en qué medida puede producirse la perdida de la finalidad del recurso por la inmediata aplicación del plan. Ahí reside el interés del sujeto que insta la medida cautelar. Ahora bien, cuando la impugnación se verifica ejerciendo la acción pública en materia urbanística y, por tanto, defendiendo intereses públicos, esta regla se matiza[18]. Se produce un «traslado» del interés fuera de la esfera personal del recurrente, anclándose en la tutela de la legalidad para la protección de unos valores públicos especialmente «sensibles»[19]. A su vez, la Administración municipal asume la carga de probar la reparabilidad de los posibles perjuicios y la corrección de la ponderación de intereses ínsita en el plan. Finalmente, la relación procesal puede verse ampliada, ante la existencia de sujetos que ostenten la posición de codemandados, como circunstancia derivada de la titularidad de las parcelas afectadas por la nueva ordenación que establece un régimen urbanístico más favorable (reconocimiento de edificabilidad, cambio de uso... etc.) que supone un mayor contenido económico del derecho de propiedad urbana. En la medida en que ahora tienen atribuidos deberes y/o derechos anteriormente no atribuidos por el plan, la decisión sobre la suspensión de la ejecución del instrumento de planeamiento afecta directamente a sus intereses, lo que requiere que sean traídos al proceso. Lo decisivo en el ámbito cautelar es que la decisión de los órganos jurisdiccionales debe producirse a la luz de los términos concretos del supuesto de hecho planteado.

18. ATSJ de 27/07/2015 (Recurso contencioso-administrativo núm. 629/2015-1).
19. Calvo Rojas (2012: 839) correctamente identifica que las administraciones públicas no ostentan el monopolio de la tutela de los intereses públicos. Bravo Vesga (2010: 40) imprecisamente alude a que el interés particular del recurrente se identifica con intereses públicos, por lo que debe ser considerado en pie de igualdad con el interés público en mantener el plan, sin que sea suficiente la simple alegación al interés prevalente en el plan.

C) LA CONCRECIÓN DEL ELENCO DE MEDIDAS CAUTELARES A LA SUSPENSIÓN Y LA ANOTACIÓN PREVENTIVA DE DEMANDA CUANDO SE IMPETRA LA TUTELA CAUTELAR FRENTE A UN INSTRUMENTO DE PLANEAMIENTO EN CUANTO NORMA REGLAMENTARIA. LA EXCEPCIONALIDAD DE LAS MEDIDAS CAUTELARES POSITIVAS

a) LA SUSPENSIÓN COMO MEDIDA PRIMARIA

135. Ante la impugnación de los instrumentos de planeamiento, en su condición de normas reglamentarias, la pretensión ejercida por el recurrente es la pretensión anulatoria de la totalidad o parte de las determinaciones del instrumento de planeamiento en los términos del artículo 31.1 LJCA. Consecuentemente, y dado el carácter instrumental de la tutela cautelar, la medida cautelar que puede impetrarse del órgano jurisdiccional ante el ejercicio de dicha pretensión es, primariamente, la suspensión cautelar de la eficacia de la disposición[20]. Si el único contenido de la sentencia radica en anular el Plan, total o parcialmente, sin que pueda determinar el sentido en que deben quedar redactados los preceptos reglamentarios anulados, a tenor del artículo 71.2 LJCA, en ningún caso podrá con carácter cautelar anticipar el contenido de los mismos[21]. Ahora bien, en muchos casos junto a la pretensión anulatoria se articula por el recurrente también la pretensión de reconocimiento de una situación jurídica individualiza (p.e., la efectiva clasificación de su parcela como suelo urbano y no como suelo urbanizable por contar con los servicios urbanísticos básicos y estar integrada en la trama urbana... etc.). ¿Cabe aquí solicitar una medida cautelar positiva consistente en la determinación de un concreto régimen urbanístico para una parcela?

136. La respuesta aquí debe ser, con carácter general, negativa[22], ya que ello podría dar lugar a anticipar cautelarmente en forma irreversible el contenido eventual estimatorio en el supuesto de que la sentencia fuese desestima-

20. Como precisa Bacigalupo Saggese (1999: 158) ante la necesaria relación de instrumentalidad y homogeneidad que debe existir entre la medida cautelar y la sentencia que resuelve congruentemente con la pretensión ejercida. Por ello, e juez contencioso-administrativo actúa así como «normador negativo». En la misma línea, Fuertes López (2002: 64); Melero Alonso (2005: 428).

21. Afirman la procedencia exclusiva de la medida cautelar de suspensión respecto de las disposiciones de carácter general, entre otras, las SsTS de 17/03/2009 (ECLI:ES:TS:2009:2376); o 30/11/2005 (ECLI:ES:TS:2005:7814).

22. Por el contrario, admite la posibilidad de solicitar otras medidas cautelares frente a la impugnación de reglamentos sin mayor precisión, Chinchilla Marín (2009: 143); De la Sierra Morón (2004: 159); Gil Ibáñez (2001: 31).

toria, exigiendo además su apreciación un pronunciamiento sobre el fondo vedado en el ámbito cautelar. Es evidente que una medida cautelar nunca podrá exceder su funcionalidad otorgando mayor cobertura que la que se persigue en la pretensión procesal cuya eficacia se pretende salvaguardar (sea desde la perspectiva material sea desde la perspectiva del ámbito territorial[23]). Pero aquí debe darse un paso más, distinguiendo el contenido del planeamiento urbanístico desde la diferente técnica de dirección normativa establecida por el legislador. Cuando la regulación del planeamiento responde a decisiones conformadoras o discrecionales, debe rechazarse en todo caso la posibilidad de adoptar una medida cautelar distinta a la suspensión, ya que ello implicaría que el órgano judicial estuviera determinando «la forma en que han de quedar redactados los preceptos de una disposición general en sustitución» de la inicialmente aprobada, vulnerando el art. 71.2 LJCA.

Pero cuando la regulación adoptada por el planeamiento responde al ejercicio de una decisión reglada ese límite ya no resulta aplicable. La cuestión aquí reside entonces en determinar si existe un riesgo grave de pérdida de la finalidad del recurso. P.e., cuando un instrumento de planeamiento clasifica como urbanizable o como suelo urbano no consolidado un suelo que su propietario considera que es suelo urbano consolidado, ante la impugnación de esa determinación no puede apreciarse tal riesgo de pérdida de la finalidad del recurso, ya que los posibles perjuicios económicos derivados de la imposibilidad de ejercer directamente las facultades edificatorias mediante una licencia podrían ser fácilmente compensados en términos económicos. Es más, el interesado podría ejercer ese derecho a edificar afianzando simultáneamente la ejecución de las obras de urbanización, pudiendo resarcirse *a posteriori* de tales gastos de urbanización...

b) LA ANOTACIÓN PREVENTIVA DE DEMANDA

137. Ciertamente la medida cautelar de anotación preventiva[24] del recurso contencioso-administrativo en el que se ejerce la pretensión de anulación de un instrumento de planeamiento urbanístico, prevista en el art. 65.1.f)

23. Cfr. STS de 30/11/2005 (ECLI:ES:TS:2005:7814).
24. Las SsTS de 20/09/2018 (ECLI: ES:TS:2018:3401); y 17/07/2018 (ECLI:ES:TS:2018:2971) afirman expresamente el carácter de medida cautelar de la anotación registral de la interposición del recurso. Esta medida encuentra su cobertura en la cláusula general de las medidas cautelares innominadas del art. 129.1 LJCA, que como precisa CHINCHILLA MARÍN (2009: 142) adopta como criterio la idoneidad de las medidas para asegurar la efectividad de la sentencia, no estableciendo límites ni prohibiciones de ningún género ni en cuanto al tipo de medida que puede adoptarse ni en cuanto a los supuestos de

TRLSRU[25], también puede ser una herramienta adecuada[26] para garantizar el derecho a la tutela judicial efectiva del recurrente que impugna un instrumento de planeamiento, pero su carácter no automático u obligatorio[27], la posible exigencia de caución, y sus efectos diferidos en el tiempo la convierten en una medida menos determinante de la protección cautelar de las pretensiones del recurrente si la misma es ejercida aisladamente y al margen de la medida cautelar de suspensión. A ello se une el hecho de que tal anotación preventiva se practica mediante nota marginal que caducará a los cuatro años, salvo que se acuerde su prórroga, art. 67.2 TRLSRU[28], en cuyo caso se mantendrá hasta la conclusión del proceso, art. 199 RH[29]. Inscripción registral cuyo título es el mandamiento judicial que indica el otorgamiento de tal medida cautelar, las fincas afectadas y la caución que en su caso deba prestar el recurrente.

138. La anotación preventiva, que debe proyectarse sobre concretas parcelas identificadas por el recurrente (o susceptibles de ser identificadas si lo solicita la Sala[30]), y a cuyos titulares registrales hay dar audiencia con carácter previo a la adopción de la misma[31], arts. 67 y 68 RD 1093/1997, no produce unos efectos impeditivos del desarrollo urbanístico (y su posterior constancia registral a través de la inscripción del proyectos de equidistribu-

---

hecho frente a los que procede su adopción, así como tampoco respecto de los efectos que pudieran derivarse de su adopción.

25. El origen de esta figura se sitúa en el art. 67 del Real Decreto 1093/1997, de 4 de julio, por el que se aprueban las normas complementarias al Reglamento para la ejecución de la Ley Hipotecaria sobre inscripción en el Registro de la Propiedad de actos de naturaleza urbanística (BOE núm. 175, de 23 de julio) y posteriormente, en la Disposición Adicional Décima, apartado 1.6, de la Ley 8/1990, de 25 de julio, de Reforma del Régimen Urbanístico y Valoraciones del Suelo (BOE núm. 17, de 27 de julio), donde se regulaba la posibilidad de inscripción de los recursos frente a los instrumentos de planeamiento. Hasta ese momento sólo se admitía la anotación preventiva de demandas en el orden civil, Fuertes López (2023: 1881).
26. Sobre la misma, acertadamente Fuertes López (2001:149), resalta la trascendencia «real» de la pretensión de anulación del instrumento de planeamiento, en la medida en que la estimación de las pretensiones pueden determinar una variación de la clasificación o calificación de los suelos objeto de la anotación preventiva.
27. Hernáez Salguero (2005: 80); y Arnaiz Eguren (2001:461).
28. Y donde no hay que realizar un nuevo incidente para tramitar una nueva medida cautelar, sino simplemente al tratarse de una medida cautelar ya existente no precisa más que el requisito del transcurso del tiempo establecido para ello y la correspondiente solicitud, STS 24/04/2003 ECLI:ES:TS:2003:2839).
29. Fuertes López (2023: 1882).
30. Merelo Abela (2011: 178).
31. STS de 21/06/2010 (ECLI:ES:TS:2010:3368).

ción[32]), sino simplemente informativos de la existencia de un litigio[33] que pueden contribuir a evitar hipotéticos conflictos en el momento —en gran medida irreversible— de la ejecución de las sentencia ante la presencia de terceros que puedan alegar desconocer todo lo jurisdiccionalmente actuado y resultar protegidos por la buena fe registral en los términos previstos en el artículo 34 de la Ley Hipotecaria. La anotación preventiva enerva en perjuicio de tercero el juego de la presunción de exactitud y validez del contenido del Registro, por lo que se función es meramente preventiva, al anunciar el posible carácter claudicante de la titularidad o derecho inscrito[34]. De no procederse a la anotación preventiva de demanda, no podrá posteriormente instarse, en su caso, la rectificación registral si esos terceros no han sido llamados al proceso contencioso-administrativo. Y ello porque la medida cautelar de anotación preventiva no comporta ninguna prohibición de disponer ya que no se proyecta sobre la titularidad del titular de las fincas anotadas, aun cuando de hecho pueda producir cierto efecto disuasorio para posibles adquirentes ya que tales terceros quedarán afectados por la sentencia en iguales condiciones que las de su transmitente. La anotación preventiva de demanda frente a los instrumentos de planeamiento presenta un doble contenido, el procesal conforme al cual se asegura que la sentencia que en su día recaiga tendrá la misma eficacia que si se hubiere dictado ya el día de la presentación de la demanda, y el contenido sustantivo a través del cual se consigue la ventaja que proporciona el principio de prioridad registral. Y ello porque la anotación preventiva de demanda tiene, desde el punto de vista registral, únicamente la virtualidad de retrotraer a su fecha la sentencia que en su día se dicte, sin que afecta a terceros anotantes cuya anotación sea anterior a la fecha de aquélla, art. 198 RH[35]. La ulterior sentencia recaída en el procedimiento contencioso-administrativo que anule el instrumento de planeamiento puede ser título suficiente para practicar los asientos registrales que de la misma deriven en la medida en que pueden generar, modificar o extinguir derechos sobre fincas inscritas en el Registro (siempre y cuando los titulares registrales afectados hayan sido convocados al proceso[36]). En consecuencia, el registrador deberá (a petición del recurren-

32. Cfr. SsTS de 21/06/2010 (ECLI:ES:TS:2010:3368); 17/03/ 2009 (ECLI:ES:TS:2009:2376).
33. Sin que sea necesario para su adopción que se exprese en la solicitud de suspensión las concretas parcelas sobre las que se solicita, siempre y cuando se ofrezca la posibilidad de la concreción de las fincas que quedarían afectadas y, con ello, la de sus titulares registrales, por si se considerase procedente su audiencia previa, como precisa la STS de 17/03/2009 (ECLI:ES:TS:2009:2376).
34. Fuertes López (2023: 1881).
35. STSJ de Madrid de 31/05/2018 (ECLI:ES:TSJM:2018:7429).
36. Sobre ello, Fuertes López (2023: 1882).

te) cancelar los asientos posteriores a la anotación preventiva de demanda si el recurso es estimado y los títulos existentes resultan contradictorios con el contenido de la sentencia o, simplemente a cancelar la propia anotación preventiva si el recurso es desestimado[37]. Aquí parece razonable permitir la inscripción de la sentencia no firme que anule el instrumento de planeamiento, sin perjuicio de que se haga constar la existencia de un recurso de casación (estatal o autonómico) frente a la misma[38].

Esta configuración determina que en la práctica, el recurrente frente a la aprobación de un instrumento de planeamiento urbanístico solicite, de forma conjunta ambas medidas cautelares con la finalidad de obtener, cuando menos, el otorgamiento de una de ellas por el órgano jurisdiccional.

139. Aun cuando se trata de una medida cautelar y deben cumplirse los requisitos exigidos en el art. 130 LJCA y por tanto debe realizarse una valoración circunstanciada de los intereses en conflicto y acreditar que en qué medida el interés del recurrente o el interés público está en peligro[39], lo cierto es que debe reconocerse un matiz diferencial con la medida cautelar de suspensión, dada su diferente funcionalidad. La anotación preventiva de la demanda no produce unos efectos impeditivos del desarrollo urbanístico sino meramente informativos de la existencia de un litigio frente a terceros, por lo que su exigencia y concreción en el caso concreto deberían requerir una «modulación» en la valoración, consistente en un menor rigorismo en la acreditación de los riesgos y perjuicios que podrían sufrirse[40]. En todo caso, la operatividad de esta anotación preventiva requiere para su adopción no sólo que se haya interpuesto un recurso frente a un plan, sino que de resultar anulado el plan se afecten a derechos o facultades inscritas, derivándose así una «eficacia real no obligacional»[41].

No obstante, la práctica judicial se muestra muy rigorista, con el fin de evitar que con el ejercicio de esta tutela cautelar pueda resentirse la actuación de la Administración pública al poner en primer plano la inexistencia en

37. Gómez Manresa (2008: 77); Fuertes López (2023: 1882).
38. Fuertes López (2023: 1883).
39. SsTS de 17/07/2018 (ECLI:ES:TS:2018:2971); 17/07/2018 (ECLI:ES:TS:2018:2971). El artículo 67 del Real Decreto 1093/1997 exige para proceder a la anotación preventiva de demanda que «existiese justificación suficiente», requisito que debe ser reconducido a la justificación de toda medida cautelar exigida por el artículo 130 LJCA. En este sentido, Merelo Abela (2011: 168).
40. Expresamente STS de 17/03/2009 (ECLI:ES:TS:2009:2376), si bien en las posteriores SsTS de 17/07/2018 (ECLI:ES:TS:2018:2971); 17/07/2018 (ECLI:ES:TS:2018:2971) no hacen referencia a tal modulación.
41. Fuertes López (2023: 1881).

muchos casos de una afección a derechos o intereses propios del recurrente[42], desconociendo que pueden concurrir intereses públicos igualmente afectados. La exigencia de caución para hacer frente a los posibles daños irrogados a los titulares registrales de las fincas afectadas garantiza solicitudes injustificadas o con un propósito simplemente de retardar la actuación urbanística[43].

140. Dado que la anotación preventiva de demanda no tiene ni efectos impeditivos de la transformación urbanística del suelo mediante la disposición de las parcelas, surge la pregunta de si puede solicitarse tales efectos como medidas complementarias. La respuesta debe ser negativa, al no implicar un riesgo para efectividad del fallo judicial tal disposición, en la medida en que la anotación preventiva de demanda ya enerva la protección registral de terceros.

c) ¿MEDIDAS POSITIVAS REGULATORIAS?

141. Con carácter general no parece necesario adoptar medidas cautelares positivas, al margen de la suspensión o la anotación preventiva de demanda, cuya finalidad sea preservar el objeto del litigio sin modificar el *statu quo ante*. Ahora bien, no resulta imposible imaginar supuestos donde, junto a la solicitud de anulación de un instrumento de planeamiento, sea preciso incorporar medidas de protección de bienes jurídicos con relevancia constitucional (patrimonio histórico, medio ambiente) indebidamente tutelados por el planeamiento anterior al que es objeto del recurso y que si se acuerda la suspensión recobraría su vigencia (siquiera de forma provisional). Ahí el derecho a la tutela cautelar requiere admitir la posibilidad de adoptar una medida cautelar que incorporarse un concreto régimen provisional de protección (medida cautelar de carácter regulatorio).

142. Cuestión distinta es que se impugne las determinaciones de un instrumento de planeamiento territorial que obligue a los instrumentos de planeamiento urbanístico a adaptarse al mismo en un plazo determinando y que fije como consecuencia del incumplimiento de la obligación de adaptación las propias del incumplimiento de los deberes urbanísticos (llevando asociado, por tanto, la posibilidad de desclasificación o expropiación, entre otras medidas). Aquí la medida cautelar a adoptar sí puede ser una medida positiva, que fije un plazo de adaptación superior al fijado por el instrumento

42. Gómez Manresa (2008: 95).
43. Gómez Manresa (2008: 97); Fuertes López (2023: 1881).

territorial impugnado[44]. Igualmente se ha otorgado la medida positiva de autorizar la formulación y presentación de un instrumento de planeamiento de desarrollo de iniciativa particular sin condicionarlo a la previa aprobación de otro instrumento de planeamiento de desarrollo exigida por el instrumento de planeamiento general, si bien excluyendo su ejecución hasta la aprobación del segundo instrumento de planeamiento de desarrollo[45].

D) CUESTIONES PROCESALES DEL INCIDENTE CAUTELAR FRENTE A INSTRUMENTOS DE PLANEAMIENTO

a) IMPUGNACIÓN DEL INSTRUMENTO DE PLANEAMIENTO Y MOMENTO DE SOLICITUD DE LA TUTELA CAUTELAR

143. Los planes de urbanismo son configurados jurisprudencialmente como disposiciones administrativas de carácter general, por lo que a tenor del artículo 112.3 LPAC la impugnación de la concreta ordenación en ellos establecida por parte de los ciudadanos deberá efectuarse directamente a través del recurso contencioso-administrativo (bien mediante la articulación de un escrito de interposición y un escrito de demanda, o directamente a través de escrito de demanda). Por ello aquí debe realizarse una interpretación conforme con dicho precepto básico de cualquier norma autonómica que imponga la interposición de recursos de alzada frente a los actos de aproba-

44. Cfr. ATS de 09/02/1993 (ECLI:ES:TS:1993:1925A), que ante la impugnación del Plan Insular de Ordenación de Lanzarote, que impone la obligación de adaptarse a sus determinaciones en el plazo de 6 meses, otorga como medida cautelar la ampliación de tal plazo hasta 2 años, respecto del ámbito que afecta a un Plan Especial de Ordenación Turística que afecta a un Centro de Interés Turístico Nacional. Por el contrario, los AaTS de 29/10/1996 (Arz. 7597), 29/04/1996 (ECLI:ES:TS:1996:1933A); y 11/05/1994 (ECLI:ES:TS:1994:4028A) rechazan la solicitud de suspensión solicitada respecto del mismo instrumento de ordenación territorial, en la medida en que se solicita una vez superado el plazo fijado por tal instrumento para proceder a la adaptación de los instrumentos de planeamiento urbanístico y respecto de Planes Parciales.

45. Cfr. STS de 18/12/2001 (ECLI:ES:TS:2001:9957), donde se precisa que «...Resulta patente, por tanto, que cuando la Generalitat afirma en su recurso de casación: "Del objeto derivado de la determinación y condición de constante referencia, resulta que la suspensión de la misma, y permitir al recurrente redactar el Plan Parcial (y ejecutarlo) tendría como efecto un desarrollo urbanístico del territorio incoherente, desordenado y desvinculado del resto de ámbito objeto de ordenación del Plan Especial en cuestión", no ha comprendido el alcance de la resolución impugnada, que permite la tramitación del Plan Parcial, pero no su ejecución sin la previa cobertura del Plan Especial si este requisito es necesario. En dicha resolución se manifiesta una ponderada valoración de los intereses públicos y privados latentes en el conflicto. Ponderación que, debido seguramente a una lectura precipitada de la resolución, no ha sido adecuadamente valorada por la entidad impugnante...».

ción de los instrumentos de ordenación territorial y urbanística, siendo sólo admisible la exigencia del agotamiento de la vía administrativa cuando se impugne el acto administrativo de aprobación por un vicio de competencia o procedimiento en la adopción de tal acto[46]. Si la impugnación se dirige contra el contenido, material o formal, del instrumento de planeamiento en sí mismo considerado, la vía administrativa no resulta procedente.

144. El plazo de impugnación a través del recurso directo del instrumento de planeamiento territorial o urbanístico será el de 2 meses computados desde su publicación (del acuerdo de aprobación, de las normas urbanísticas

46. Cfr. STS de 16/12/2012 (ECLI:ES:TS:2012:879), donde se precisa que «...el artículo 107.3 de la Ley 30/92, en el que se dispone que "contra las disposiciones de carácter general no cabrá recurso en vía administrativa", es un precepto estatal básico que no puede ser contradicho por la legislación autonómica, ni siquiera en aquellas materias que, como el urbanismo, son de la exclusiva competencia de ésta, pues en ellas la Comunidad Autónoma puede normar aspectos procedimentales y de régimen jurídico, pero sin infringir las normas básicas del Estado. El precepto de que se trata no es sólo básico en virtud de lo dispuesto en el artículo 149.1.18.ª de la Constitución Española, sino también de lo establecido en su artículo 149.1.8.ª, que atribuye competencia al Estado para fijar "las reglas relativas a la aplicación y eficacia de las normas jurídicas", aspectos estos que están implicados cuando se ordena una vía de recursos administrativos contra ciertas disposiciones de carácter general (v.g. los planes de urbanismo), con la posibilidad de que se pida y se conceda la suspensión de su eficacia (artículo 111 de la Ley 30/92). Ni lo dispuesto en el artículo 233 del Texto Refundido de la Ley del Suelo de 9 de abril de 1976, ni lo establecido en el 306.2 del de 1992 pueden prevalecer frente a una norma posterior como es el artículo 107.3 de la Ley 30/92. Los preceptos de la legislación urbanística catalana en los que regula el procedimiento de aprobación de los planes deben ser interpretados concordadamente con el citado artículo 107.3 de la Ley 30/92, pues si cabe una interpretación armonizadora debe aceptarse para evitar el desplazamiento que la prevalencia de Ley básica estatal producirá en otro caso sobre la norma autonómica. (artículo 149.3 de la CE). Esa interpretación armonizadora es la siguiente: El acuerdo de aprobación definitiva de un Plan de Urbanismo tiene un aspecto de acto administrativo (el acuerdo en sí adoptado por la Comisión, con sus requisitos de procedimiento, de quórum, etc.) y otro aspecto de disposición de carácter general (el propio Plan de urbanismo que se aprueba). Pues bien, la exigencia de agotamiento de la vía administrativa que imponen en el Derecho Autonómico de Cataluña los artículos 294 del T.R. 1/90, de 12 de Julio y 16.4 de la Ley Autonómica 2/2002, de 14 de marzo, es conforme a Derecho en cuanto se impugne el acuerdo de la Comisión en el aspecto que tiene de acto administrativo, pero no en cuanto se impugne la disposición misma, pues en este último caso el artículo 107.3 de la Ley 30/92 prohíbe la alzada. En el presente caso, la parte demandante impugna la ordenación misma del Plan, no aspectos del concreto acto de aprobación, y, por lo tanto, no rige la exigencia de agotamiento de la vía administrativa que se contenía en la publicación del acto...». En la misma línea, cfr. SsTS de 09/02/2012 (ECLI:ES:TS:2012:704); 20/10/2011 (ECLI:ES:TS:2011:6806); 30/09/2009 (ECLI:ES:TS:2009:5809); 19/03/2008 (ECLI:ES:TS:2008:1393); y 19/12/2007 (ECLI:ES:TS:2007:9048).

y demás elementos exigidos por el art. 70.2 LBRL y la legislación urbanística autonómica) en el correspondiente Boletín Oficial. La excepción se encuentra en aquellos supuestos donde la Administración autora del plan ha procedido a su notificación personal a los propietarios afectados (con carácter preceptivo si se trata de un plan de iniciativa particular o con carácter voluntario en los demás supuestos), en cuyo caso el plazo de 2 meses deberá computarse, no desde la publicación si ésta es previa, sino desde la recepción de la notificación individualizada cuando ésta sea posterior[47] (en ambos casos podrá presentarse el recurso hasta las 15 horas del día siguiente al del vencimiento del plazo por aplicación del artículo 135.1 LEC[48]). Y aquí debe precisarse que hasta que no se produzca dicha publicación no podrá producirse la impugnación del instrumento de planeamiento ni, consecuentemente, solicitar su suspensión cautelar, puesto que el plan, en cuanto norma jurídica sólo produce efectos desde su publicación, art. 131 LPAC. De impugnarse con anterioridad (computándose los plazos a partir de la aprobación por el órgano competente), el recurso y la pieza incidental deberán ser declarados inadmisibles, salvo que en el momento en que se resuelva ya se haya producido la publicación[49]. Obviamente, no cabe solicitar la suspensión respecto de la aprobación provisional del instrumento de planeamiento, sino que la misma sólo cabe cuando tal instrumento ha sido aprobado definitivamente[50].

145. Consecuentemente con esta naturaleza de disposición administrativa de carácter general, la pretensión de suspensión cautelar del instrumento de planeamiento debe contenerse en el escrito de interposición del recurso o en el escrito de demanda si el procedimiento se ha iniciado así directamente, a tenor del art. 129.2 LJCA. En cualquier otro momento procesal posterior resulta improcedente la solicitud de la medida cautelar, debiendo la misma ser desestimada. Ahora bien, una primera interpretación del tenor del artículo 129.2 LJCA llevaría a considerar que no resultan alternativas indiferentes la solicitud en uno u otro escrito. Sólo cabría solicitarlas en el escrito de demanda si éste es el escrito por el que se inicia directamente el proceso, puesto que si se hubiera formulado previo escrito de interposición sería en dicha actuación procesal donde necesariamente deberá solicitarse

47. Cfr. STS de 26/06/2009 (ECLI:ES:TS:2009:4768).
48. Cfr. STS de 29/05/2009 (ECLI:ES:TS:2009:3408).
49. Cfr. ATSJ de la Comunidad Valenciana de 18/02/2009 (ECLI:ES:TSJCV:2009:35A).
50. Cfr. ATS de 21/05/1991 (ECLI:ES:TS:1991:3625A).

la medida cautelar[51]. El argumento adoptado para esta interpretación era el requisito de la «urgencia» ínsito en la medida cautelar[52].

Esta no es una interpretación razonable y proporcionada del derecho a acceso al proceso que priva materialmente de la tutela judicial efectiva al recurrente. En atención al objeto impugnado, una disposición administrativa de carácter general que proyecta su eficacia sobre un amplio número de sujetos, ordenando el modelo de ciudad y las «relaciones urbanas» de

---

51. Esta fue la interpretación inicialmente por la jurisprudencia. Así, el ATSJ del País Vasco de 27/09/2007 (ECLI:ES:TSJPV:2007:775A). En concreto se precisa que «...La razón que justifica este régimen restrictivo hay que buscarla en la seguridad jurídica, principio del ordenamiento democrático (art. 9.3 CE) que entraña mayores exigencias tratándose de disposiciones de carácter general, cuya vigencia viene necesariamente ligada a su publicación en el correspondiente diario oficial, momento a partir del cual arranca el plazo para la interposición del recurso contencioso-administrativo y para la solicitud de la medida cautelar de suspensión, o de otra naturaleza. La tesis interpretativa contraria hace equivalentes en la ratio del precepto los momentos de interposición del recurso y de formalización de la demanda, sin explicar razonablemente por qué no cabe solicitar la medida entre ambos trámites, esto es, convierte en indiferente que la medida cautelar se interese en el escrito de interposición o en el de demanda a los fines perseguidos por el precepto, que no son otros que el logro del mayor grado de certeza acerca de la vigencia de las normas reglamentarias. La Sala entiende sin embargo, que no cabe equiparar ambos momentos procesales sin grave riesgo de la seguridad jurídica, que es como decimos la finalidad del precepto, que lo que pretende es una secuencia temporal de dos meses entre la publicación de la norma y su eventual suspensión que deberá ser inmediatamente publicada en el mismo diario oficial (art.134.2 LJ), pues no debemos olvidar que en los recursos iniciados en virtud de escrito de interposición, son diversos los trámites, con sus incidentes, que suceden al mismo hasta la interposición de la demanda (anuncio en el diario oficial correspondiente, reclamación del expediente, emplazamientos, puesta de manifiesto del expediente a las partes, incidente relativo a la insuficiencia del expediente etc.) pudiendo mediar un largo periodo de tiempo entre ambos, de forma que resultaría de todo punto ilógico admitir que ambos momentos procesales de interposición del recurso y de formulación de la demanda guardan entre sí alguna identidad o nexo que los hace equiparables a efectos de admitir indistintamente la solicitud de medidas cautelares en cualquiera de ellos. La admisión en tales supuestos de la solicitud de medidas cautelares de forma indistinta en el escrito de interposición o en el de demanda, aparece como una decisión arbitraria y carente de toda razonabilidad por contradictoria con la finalidad del precepto, ya que erosiona el grado de certeza y seguridad jurídica que el precepto trata de dispensar en relación con la vigencia de las disposiciones de carácter general, por lo que resulta contraria como decimos a su espíritu y finalidad...». En el mismo sentido, AaTSJ de Castilla y León (Sala de Valladolid) de 08/02/2005 (ECLI:ES:TSJCL:2005:70A); de 22 de diciembre de 2004 (ECLI:ES:TSJCL:2004:680A).
52. Sobre tal carácter, Chinchilla Marín (1991: 36). Esta interpretación era igualmente defendida por Fuertes López (2002: 65).

la sociedad, resultar razonable restringir la posibilidad de su suspensión a los primeros momentos de su impugnación, para evitar que despliegue su eficacia afectando a los intereses de múltiples sujetos, públicos y privados, ajenos al proceso. Pero esa limitación no debe ir más allá de la prevista por el legislador, que permite su solicitud en esos dos momentos (el escrito de interposición o el escrito de demanda), máxime en aquellos casos como es el planeamiento urbanístico donde puede resultar necesario para la correcta fundamentación de la pretensión cautelar el estudio del expediente administrativo[53]. Además, esta interpretación debe tenerse en cuenta las especialidades propias del procedimiento de aprobación de los instrumentos de planeamiento urbanístico y la posibilidad reconocida por la legislación autonómica de otorgar la aprobación a reserva de la subsanación de deficiencias. En tal supuesto, una vez subsanadas aquellas deficiencias, se requiere la correspondiente publicación en el diario oficial. En tal circunstancia, el recurso contencioso-administrativo debe ser objeto de ampliación al acto que da por subsanadas las deficiencias y procede a la publicación del plan, pudiendo procederse en ese momento a solicitar la medida cautelar[54].

146. La única excepción admitida por la jurisprudencia[55] para su solicitud en un momento posterior radica en aquellos supuestos donde se ha formulado una cuestión prejudicial ante el TJUE, donde puede solicitarse la medida cautelar en un momento posterior al de la iniciación del proceso contencioso-administrativo, ya que en caso contrario la denegación de la suspensión cautelar podría suponer un riesgo para el efecto útil de las normas de la Unión Europea. Y ello porque aun cuando el planteamiento de una cuestión prejudicial relativa a un precepto normativo nacional no implica que la vigencia o eficacia del mismo queden en suspenso, ni la del resto de normas adoptadas en desarrollo del mismo, ese mismo principio del efecto útil exige que las partes en el proceso se abstengan escrupulosamente de realizar ninguna actuación que pueda alterar los términos del debate procesal y de la propia cuestión prejudicial.

Cuando la impugnación del plan se realiza a través de un recurso indirecto, cuestionando actos de ejecución del plan que puedan irrogar daños, será

53. STS de 17/05/2013 (ECLI:ES:TS:2013:2578), reiterando la rectificación jurisprudencial establecida desde el ATS de 31/01/2007 (ECLI:ES:TS:2007:1650A).
54. STS de 17/05/2013 (ECLI:ES:TS:2013:2578).
55. AaTS de 30/11/2022 (ECLI:ES:TS:2022:17328A); y 18/05/2022 (ECLI:ES:TS:2022:7575A). En tales supuestos, además, la apariencia de buen derecho se convierte en criterio decisivo, dado que «en el momento de resolver sobre la solicitud de suspensión cautelar, el órgano jurisdiccional nacional entienda que la pretensión de la parte interesada tiene posibilidades de prosperar».

en el recurso de ese acto donde pueda solicitarse la suspensión cautelar de los mismos, sin que pueda solicitarse la suspensión cautelar del instrumento de planeamiento[56]. Obviamente, si el objeto del recurso contencioso-administrativo no es el instrumento de planeamiento urbanístico (recurso directo o recurso indirecto), no cabe solicitar su suspensión, al constituir ello una desviación procesal.

147. La medida cautelar debe solicitarse mediante la figura del otrosí en el escrito de demanda o en el de interposición (el que inicie del proceso), art. 131 LJCA. Con ello se garantiza que *prima facie* el avance de la tramitación del proceso principal no afecte a la tramitación del incidente cautelar[57], siendo independientes la tramitación del proceso principal y la del este incidente. Ahora bien esa independencia o autonomía se ve relativizada por el carácter instrumental del incidente cautelar respecto del proceso principal.

148. ¿Quiénes son los sujetos legitimados para solicitar la medida cautelar de suspensión del instrumento de planeamiento? Obviamente quien ostenta la condición de recurrente. El problema se plantea respecto de la Administración autonómica cuando ésta ocupa la posición procesal de codemandada. No resulta posible que planté igualmente la adopción de la medida cautelar de suspensión del acto impugnado, en la medida en que su posición procesal requiere que defienda la legalidad de tal instrumento de planeamiento. Cuestión distinta es que, si considera que el plan que aprobó o no impugnó en su momento debe reputarse contrario a Derecho a la luz de un nuevo análisis del mismo, no se oponga la adopción de dicha medida cautelar.

149. La competencia para determinar la medida cautelar, dado que se configura como un incidente cautelar del proceso principal, corresponde a la Sala de lo Contencioso-Administrativo del correspondiente TSJ, conforme a los arts. 8.1 y 10.1.b) LJCA, cuando se formula el recurso directo. Su decisión corresponde, por tanto, a un órgano colegiado, sin perjuicio de que la decisión sea propuesta por el magistrado individual al que se asigna la ponencia[58].

---

56. Cfr. ATSJ del País Vasco de 10/01/2008 (ECLI:ES:TSJPV:2008:127A), recaído ante la impugnación de la modificación puntual del Plan General de Ordenación Urbana de Baracaldo.
57. De la Sierra Morón (2004: 197).
58. No existe así una figura de juez único, si bien como señala De la Sierra Morón (2004: 196), con ello se garantiza el principio de colegialidad a la vez que se posibilita la adecuada agilidad.

150. Dado que se impugna un instrumento de planeamiento, que es objeto de publicación para su entrada en vigor y que deriva de un procedimiento donde se ha verificado una amplia fase de consultas a Administraciones afectadas y de información pública (preponderancia *prima facie* del principio democrático), no parece razonable admitir la adopción de medidas cautelarísimas (*inaudita parte*), dada la inexistencia de una urgencia extrema que afecte al derecho a la tutela judicial en su dimensión de efectividad del fallo.

b) SUSTANCIACIÓN DEL INCIDENTE CAUTELAR

151. Durante la sustanciación de la pieza de medidas cautelares, en la que el órgano jurisdiccional decide sobre la suspensión o no de la eficacia provisional del instrumento de planeamiento con la información y contradicción necesaria, la configuración constitucional del derecho a la tutela cautelar en cuanto manifestación del derecho a la tutela judicial efectiva impone dos consecuencias. En primer lugar, la tramitación del incidente debería ser lo más rápida posible, para evitar situaciones de efectiva aplicación (o de apariencia de eficacia) del plan, en cuanto norma reglamentaria, respecto de terceros que no son parte en el procedimiento[59]. En segundo lugar, el principio de buena administración exigiría que por la Administración no pueda procederse a realizar actuaciones que supongan la ejecución de las determinaciones del instrumento de planeamiento urbanístico impugnado cuando ello imposibilite la efectividad de la hipotética tutela judicial cautelar, cuando tales actuaciones determinen la desaparición o pérdida irremediable de los intereses cuya protección se pretende o prejuzgan irreparablemente la decisión firme del proceso cautelar[60].

152. En la pieza de medidas cautelares corresponde al recurrente que demanda la suspensión acreditar la existencia del *periculum in mora* respecto del interés, público o privado, por el defendido, así como la prevalencia de tal interés frente al interés público ínsito en la aprobación del instrumento de planeamiento. Y esa acreditación no puede fundamentarse simplemente en la alegación de las causas de invalidez del instrumento de planeamiento, salvo que concurran los presupuestos restrictivos para aplicar la doctrina del *fumus boni iuris*, puesto que en otro caso se estaría impetrando del órgano jurisdiccional una valoración del fondo del asunto sin respetar el derecho

59. Fuertes López (2002: 85).
60. Chinchilla Marín (1991: 141) y (2009: 160), quien resume esta consecuencia identificando que la interposición del recurso y la solicitud de medida cautelar determina la «suspensión automática» hasta que el órgano judicial adopte la decisión sobre tal medida cautelar. Este criterio ha sido explícita asumido desde la STC 78/1996, FJ. 5.º.

al proceso con las garantías debidas de contradicción y prueba[61]. Tampoco resulta válido alegar que el origen del daño está, no en el instrumento de planeamiento impugnado y cuya suspensión cautelar se solicita, sino en un posterior y en su caso todavía no aprobado instrumento de gestión, al no constituir el objeto del proceso[62]. Obviamente, la tardanza en la resolución de la pieza separada de suspensión no es motivo que acredite la procedencia en el otorgamiento de la suspensión por sí sola[63].

153. Para acreditar tales extremos, el recurrente podrá solicitar el recibimiento a prueba de la pieza cautelar, debiendo aplicarse en este punto los criterios generales sobre admisibilidad de las pruebas propuestas y derecho de defensa, con una matización. Si las pruebas propuestas hacen referencia a las cuestiones de fondo, deberán ser inadmitidas por improcedentes, no generando indefensión tal decisión del órgano jurisdiccional[64]. Y este criterio deberá aplicarse incluso cuando pretenda alegarse la concurrencia de una apariencia de buen derecho. En otros términos, la actividad probatoria debe circunscribirse tanto a la existencia de la urgencia en la adopción de la medida cautelar como en la prevalencia del interés público o privado alegado. Aquí debe tenerse presente que la aportación del material probatorio al incidente cautelar incluso pueden acordarse de oficio la práctica de pruebas mediante diligencia para mejor proveer, art. 61.2 LJCA[65]. No existe una previsión expresa respecto de la fase de prueba en el incidente cautelar, lo que conduce a la doctrina a remitirse a la decisión del órgano judicial[66]. No obstante, la vigencia del principio de contradicción impone la aplicación de las previsiones generales de los arts. 60 y 61 LJCA, si bien circunscritas las

61. Cfr. STS de 25/07/2006 (ECLI:ES:TS:2006:5174); y AaTSJ de Castilla y León (Sala de Valladolid) de 10/09/2009 (ECLI:ES:TSJCL:2009:839A); 13/12/2007 (ECLI:ES:TSJCL:2007:605A); y 19/06/2007 (ECLI:ES:TSJCL:2007:362A).
62. Cfr. ATSJ de Justicia de Castilla y León (Sala de Valladolid) de 13/12/2007 (ECLI:ES:TSJCL:2007:605A).
63. Cfr. STS de 03/02/2003 (ECLI:ES:TS:2003:627), donde se precisa que la eventual demora en la resolución de la pieza incidental podrá generar la responsabilidad patrimonial por funcionamiento anormal del órgano jurisdiccional, pero no «...generar, por sí misma, un derecho a la suspensión de los acuerdos impugnados...».
64. Cfr. SsTS de 05/10/2005 (ECLI:ES:TS:2005:5897); y 18/05/2005 (ECLI:ES:TS:2005:3197).
65. Cfr. ATSJ de Murcia de 26/07/2007 (ECLI:ES:TSJMU:2007:57A), donde se acuerda por la Sala, ante la solicitud de suspensión de la modificación del Plan General que incorpora una reclasificación a suelo urbanizable sectorizado de unos suelos no urbanizables de protección, recabar informe del Ayuntamiento sobre si se ha iniciado procedimiento para la aprobación del Plan Parcial correspondiente a los terrenos, y, en su caso, estado en que se encuentre su tramitación, con el fin de determinar la evidencia y cercanía del daño.
66. Así, De la Sierra Morón (2004: 206).

pruebas a aquellos hechos sobre los que no exista certidumbre vinculados a los elementos propios de la adopción de la medida cautelar. La aplicación supletoria de la LEC (art. 732) conduce a limitar la propuesta de la práctica de pruebas al escrito de solicitud de la misma, sin que resulte posible (preclusión) su propuesta en un momento ulterior[67]. Es cierto que en muchos supuestos la propuesta y práctica de prueba resultará innecesaria, puesto que los hechos sobre los que basar la solicitud de la medida cautelar resultan incontrovertidos, estando incorporados a la propia documentación del instrumento de planeamiento[68].

154. La vigencia del principio de contradicción en el incidente cautelar requiere dar traslado de la solicitud de medida cautelar a la administración que ha aprobado el instrumento de planeamiento (dado el carácter bifásico de muchos planes, debe darse traslado por el Letrado de la Administración de Justicia tanto a la administración autonómica como a la administración local, así como a cualquier otro posible codemandado en el proceso principal) por un plazo de 10 días, art. 131 LJCA, a efecto de que se formulen las alegaciones pertinentes frente a la solicitud de la medida cautelar de suspensión.

155. La LJCA no contempla expresamente la posibilidad de celebrar una vista en la pieza cautelar. Ciertamente el principio de celeridad aconsejaría con carácter general no dilatar la tramitación con este trámite, pero en determinadas ocasiones puede resultar procedente su celebración cuando Sala considere conveniente clarificar elementos inciertos o busque formarse una imagen más ajustada del conflicto planteado. El principio de escritura de las actuaciones ante los TSJ no es óbice para la aplicación supletoria del art. 734 LEC, como fundamento para la verificación de la vista cuando ello resulte procedente[69].

c) RESOLUCIÓN DEL INCIDENTE CAUTELAR. POSIBLE MODIFICACIÓN DE LA MEDIDA CAUTELAR DE SUSPENSIÓN

156. Tras la tramitación, el incidente cautelar debe resolverse mediante Auto, art. 131 LJCA. Aun cuando allí se establece un plazo de 5 días para su adopción, lo cierto es que este plazo es «papel mojado», prolongándose su tramitación durante plazos superiores (habitualmente en plazos cercanos o superiores al año). El derecho a la tutela judicial efectiva requiere que el

67. Casares Marcos (2019: 383).
68. En sentido similar, Casares Marcos (2019: 386).
69. En esta línea, De la Sierra Morón (2004: 205).

Auto sea motivado, expresando las razones por las que concede o deniega la medida cautelar, permitiendo así al justiciable conocer las razones de su decisión. Pero también requiere que el Auto sea congruente con la solicitud de medida cautelar impetrada[70].

157. Quedará carente de objeto la pieza de medidas cautelares si con anterioridad a su resolución el instrumento de planeamiento queda anulado en vía administrativa[71]. Por el contrario, no quedará carente de objeto si en vía administrativa se acuerda la cesación temporal de la eficacia o la suspensión de la tramitación caso de no estar todavía aprobado, no el concreto instrumento de planeamiento impugnado, sino el planeamiento de desarrollo de éste que contendría las determinaciones de ordenación pormenorizadas necesarias para posibilitar la gestión urbanística y, por tanto, la ejecución del instrumento impugnado[72].

158. Una vez adoptada la medida cautelar, la misma deberá mantenerse siempre y cuando no se alteren las circunstancias fácticas subyacentes, puesto que una modificación en éstas puede demandar la modificación de la medida cautelar (*rebus sic stantibus*)[73], ya que no se trata de resoluciones judiciales que producen efectos de cosa juzgada. Por ello, la suspensión del plan (total o parcial) puede ser modificada en cualquier momento siempre que se haya producido una alteración de las circunstancias que fueron tenidas en cuenta en el momento de adoptarse[74]. Esta regla debe interpretarse de forma estricta, con el fin de garantizar la independencia del procedimiento cautelar respecto del proceso principal. Los avances que se produzcan en la tramitación de este no pueden servir de base a la modificación o revocación de la medida cautelar, art. 132.2 LJCA, ya que ello implicaría prejuzgar el fondo del asunto[75]. Por ello, la modificación de las circunstancias debe proyectarse sobre la realidad fáctica y la incidencia que tiene sobre la posible pérdida de finalidad del recurso y la tutela del interés público. Deben tratarse de modificaciones «extraprocesales»[76]. En todo caso, esa alteración de la medida cautelar será acordada por el órgano judicial a solicitud de

70. Casares Marcos (2019: 389).
71. Cfr. ATSJ de Justicia de Castilla y León (Sala de Valladolid) de 04/02/2009 (ECLI:ES:TSJCL:2009:511A).
72. Cfr. ATSJ de Murcia de 26/07/2007 (ECLI:ES:TSJMU:2007:57A).
73. Cfr. STC 105/1994; ATC 340/1993.
74. Cfr. STSJ de Andalucía (Sala de Granada) de 23/02/2009 (ECLI:ES:TSJAND:2009:1438).
75. De la Sierra Morón (2004: 209).
76. Bacigalupo Saggese (1999: 191).

los interesados. Solicitud de los interesados que puede ser provocada por el órgano judicial tras la convocatoria de una vista para tal fin[77].

Ahora bien, este precepto no permite que el recurso de casación se fundamente en la incorrecta ponderación de los intereses en juego a la luz de un hecho o normativa posterior que no existía o estaba en vigor en el momento inicial de solicitar la medida cautelar ante el Tribunal Superior de Justicia. De producirse tal hecho nuevo (sea un evento fáctico o un evento jurídico) el mismo deberá hacerse valer ante primeramente ante el Tribunal Superior de Justicia conforme al cauce previsto en el artículo 132.1 LJCA[78].

159. Como se ha señalado, el Auto que pone fin a la pieza del incidente cautelar no presenta el carácter de cosa juzgada. Por ello, si se deniega la adopción de la medida cautelar de suspensión en un determinado procedimiento, ello no puede utilizarse como argumento único para denegar la medida cautelar solicitada en el segundo procedimiento, ni siquiera sobre la base del art. 132 LJCA. Esa posible interpretación debe rechazarse[79], ya que tal precepto se refiere al mismo proceso y a los avances que en éste se produzcan, con lo que no contempla las medidas cautelares solicitadas en diferente litigio aunque en él se impugne el mismo instrumento de planeamiento, de manera que no cabe basar en el artículo 132 LJCA la negativa a adoptar una medida cautelar porque en otro pleito haya sido denegada por el Tribunal que de él conoce.

160. Devenida firme la medida cautelar de suspensión del instrumento de planeamiento adoptada, bien por ser confirmada (o adoptada) por el Tribunal Supremo bien por no haber sido recurrida en casación, la misma deberá ser objeto de publicación en el mismo diario oficial en que se publicó el referido plan, a tenor del artículo 134.2 LJCA. A partir de ese momento, la medida cautelar desplegará su eficacia *erga omnes* y no sólo respecto del recurrente[80]. Aquí podría mantenerse que respecto del tercero ajeno al recurso, la suspensión despliega sus efectos desde la publicación en el diario oficial correspondiente, mientras que respecto del recurrente desde el mismo momento de la notificación del Auto que acuerda la suspensión judicial inicial. Pero ello no resulta compatible con los principios de seguridad jurídicas e igualdad en la aplicación de la Ley, dado que desde el momento en que la

77. De la Sierra Morón (2004: 211).
78. Cfr. STS de 02/10/2002 (ECLI:ES:TS:2002:6406).
79. Cfr. STS de 09/02/2010 (ECLI:ES:TS:2010:1375).
80. Fuertes López (2002: 82).

Administración conoce la adopción de la medida cautelar debe asumir sus efectos jurídicos respecto de todos los ciudadanos[81].

d) LA LIMITADA VÍA DE RECURSO FRENTE AL AUTO QUE DECIDE EL INCIDENTE CAUTELAR

161. Frente a los Autos de los TSJ recaídos en la pieza separada de suspensión[82] deberá interponerse, con carácter previo a la casación, recurso de súplica, a tenor del artículo 87.2 LJCA. Éste es un requisito de procedibilidad para el acceso a la casación, admitiéndose el recurso de casación tanto cuando se dirija de forma individualizada frente al Auto del Tribunal Superior de Justicia que deniega la suspensión como frente al Auto del Tribunal Superior de Justicia que desestima el recurso de súplica, como cuando se dirija conjuntamente frente a ambos, puesto que el segundo es, en este supuesto, confirmatorio del primero[83].

162. Es evidente la dificultad de la concurrencia de alguno de los supuestos donde pueda apreciarse la existencia del interés casacional objetivo en materia cautelar (sea respecto de actos o normas), dada la consolidada jurisprudencia existente al respecto[84]. No resulta posible fundamentar el recurso en la causa del art. 88.2.g) LJCA (impugnación directa de una disposición reglamentaria), dado que el Auto impugnado «no resuelve un proceso en que se impugnó, directa o indirectamente, una disposición de carácter general, sino que limita su cognición a una pieza separada, la de medidas cautelares, relacionada con ese proceso»[85]. No existe así desde la entrada en vigor del nuevo sistema casacional decisión alguna del TS sobre la medida cautelar de suspensión de

81. Fuertes López (2002: 83).
82. La competencia de los Tribunales Superiores se infiere de los artículos 10.1.b) y 8.1 de la Ley 29/1998.
83. Cfr. SsTS de 06/07/2009 (ECLI:ES:TS:2009:4469); 09/02/2006 (ECLI:ES:TS:2006:1155); 31/05/2003 (ECLI:ES:TS:2003:3732). Y ello porque debe realizarse una lectura conforme al artículo 24 de la Constitución del escrito de interposición del recurso de casación, entendiendo que el mismo se dirige, en todo caso, frente al Auto que desestima la suspensión.
84. Sólo de forma excepcional ha sido apreciada la concurrencia de interés casacional objetivo en materia cautelar. Así se ha apreciado la concurrencia de la causa del art. 88.2.a) LJCA por la infracción en la ponderación de los intereses en conflicto de alguna norma de derecho europeo o de la jurisprudencia del TJUE —STS de 29/11/2022 (ECLI:ES:TS:2022:4365), en materia de extranjería—; por concurrir una cuestión prejudicial penal —STS de 14/07/2020 (ECLI:ES:TS:2020:4192), en materia de sanciones a funcionarios públicos—; o por proyectarse sobre formas de control administrativo novedosas —ATS de 16/11/2022 (ECLI:ES:TS:2022:16028A), en materia de declaraciones responsables—.
85. ATS de 23/04/2018 (ECLI:ES:TS:2018:3851A).

un instrumento de planeamiento. Éste constituye un ámbito propio y (casi) exclusivo de la competencia de los Tribunales Superiores de Justicia.

163. En todo caso, la interposición del recurso de casación no tiene efectos suspensivos[86], ya que ello resultaría contrario a la naturaleza del propio incidente cautelar, siguiendo su preparación y sustanciación los requisitos generales fijados en los arts. 86 y ss. LJCA. La preparación del recurso de casación no requiere incorporar el juicio de relevancia exigido por el artículo 89.2.e) LJCA, dado que el mismo sólo resulta exigible en los recursos deducidos frente a sentencias, no frente a Autos[87]. En el recurso deberá emplazarse a todos aquellos que fueron parte en la instancia, ya que en caso contrario podrá sustanciarse un incidente de nulidad de actuaciones[88]. Obviamente, si se denegó la medida cautelar de suspensión de la ejecutividad del instrumento de planeamiento, el recurso de casación interpuesto frente al Auto denegatorio carecerá sobrevenidamente de objeto si recae sentencia firme en el proceso principal, dado que la suspensión es una medida provisional

86. Ya bajo el régimen de la Ley de 1956, el recurso de apelación lo era a un solo efecto, como precisó el ATS de 15 de octubre de 1991 (ECLI:ES:TS:1991:394A), señalando al respecto que «...La primera porque el auto de suspensión sigue el régimen general establecido en el artículo 93 de la Ley de la Jurisdicción contencioso-administrativa que señala para los autos la admisión de la apelación contra los mismos en un solo efecto; en tanto que el art. 96, que se refiere a las sentencias, establece como norma general la apelación de las mismas en ambos efectos. De la conjugación de los arts. 122 y 125 de la Ley de la Jurisdicción no parece caber duda posible que la apelación de un auto de suspensión no debe producir efectos suspensivos porque irían en contra de la naturaleza y finalidad de la suspensión, que habrá de hacerse efectiva desde el momento en que se dicte, comunicándose a la Administración de que proceda el acto con la efectividad análoga a la ejecución de sentencia...».

87. En síntesis, se afirma al respecto que la finalidad del artículo 86.3 es acotar la naturaleza de las normas —de Derecho estatal o comunitario— cuya infracción puede servir de fundamento al recurso de casación. Evidentemente su propósito no es delimitar las sentencias contra las que puede prepararse o interponerse recurso de casación. El citado artículo 86.3 se refiere expresamente a las sentencias que sean «susceptibles de recurso de casación». A su vez, el artículo 89.2 tiene como finalidad que el recurrente anuncie en el escrito de preparación la infracción de aquellas normas jurídicas que fundamentarán su escrito de interposición del recurso, justificando al propio tiempo la trascendencia de su infracción en el «fallo de la sentencia». En consecuencia, uno y otro artículo se refieren exclusivamente a las sentencias. Por ello, la carga procesal que se exige al recurrente por el artículo 89.2 se limita a los supuestos del artículo 86.4 al que aquél se remite (sentencias, y no otro tipo de resoluciones dictadas por las Salas de lo Contencioso-Administrativo de los Tribunales Superiores de Justicia) por lo que resulta inaplicable a los autos dictados en la pieza separada de medidas cautelares.

88. Cfr. ATS de 01/06/2010 (ECLI:ES:TS:2010:6934A).

establecida para garantizar la efectividad de tal sentencia[89]. Y a la inversa, si se otorgó la medida cautelar de suspensión pero cuando la misma es dictada ya se encuentra ejecutado el instrumento de planeamiento, el recurso que se interponga frente a los Autos del Tribunal Superior de Justicia deberán ser desestimados al carecer sobrevenidamente de objeto[90].

El cuestionamiento de la ponderación de intereses efectuada por el Tribunal de instancia no supone un cuestionamiento de la valoración de la prueba, excluido con carácter general como objeto del recurso de casación[91], sino la consideración de una infracción del precepto sustantivo que regula cómo debe hacerse la operación lógica para resolver la petición de suspensión recurrible en casación por la vía del artículo 88.1.d) LJCA, y no como violación del deber general de motivación de la Sentencia recurrible por la vía del artículo 88.1.c) LJCA[92]. Lo que no cabe efectuar en el recurso de casación es alterar los fundamentos fácticos que se alegaron en la instancia, dado el carácter de recurso extraordinario que presenta el recurso de casación[93].

164. La valoración judicial de los datos y elementos que determinan la necesidad o innecesaridad de acordar las medidas cautelares en un concreto proceso encierra un problema de aplicación de la legalidad ordinaria que carece de trascendencia constitucional, no siendo posible fundamentar en dicha denegación un recurso de amparo por vulneración del derecho a la

89. Aplicando la Ley de 1956, cfr. ATS de 05/03/1999 (ECLI:ES:TS:1999:10139A), donde se precisa que «...Así lo ha entendido esta Sala en sus Sentencias de 23 de septiembre y 21 de noviembre de 1995, en las que con cita de autos anteriores ha afirmado que en los supuestos de haberse pronunciado sentencia, aunque ésta no sea firme por haber sido recurrida en casación, al ser susceptible de ejecución conforme al precepto indicado, carece de significado la suspensión de la ejecución del acto administrativo impugnado, ya que no se está ante la ejecutividad de éste sino ante la ejecución de una sentencia recurrible en casación..., de manera que, una vez pronunciada sentencia por la Sala de Instancia, huelga cualquier consideración o resolución sobre la suspensión o no de la ejecución del acto, pues únicamente cabe solicitar la ejecución de la sentencia firme o, si ésta no lo fuese por haberse preparado recurso de casación, pedir al Tribunal de Instancia que acuerde su ejecución provisional o anticipada. En otras palabras, y tal como ha afirmado esta Sala en sus Sentencias, entre otras, de 27 de junio y 16 de octubre de 1996, y en los Autos de esta Sección de fecha 9 y 10 de julio de 1998 (entre otros) el recurso de casación pendiente contra el auto dictado en la pieza separada de medidas cautelares queda sin objeto una vez dictada sentencia, sea o no firme, en los autos principales...».
90. Como precisó, bajo la vigencia de la Ley de 1956 el ATS de 30/07/1991 (ECLI:ES:TS:1991:320A).
91. Cfr. STS de 21/01/2009 (ECLI:ES:TS:2009:44).
92. Cfr. SsTS de 03/02/2005 (ECLI:ES:TS:2005:580); 04/10/2003 (ECLI:ES:TS:2003:5980).
93. Cfr. STS de 15/09/2000 (ECLI:ES:TS:2000:6451).

tutela judicial efectiva[94]. Sólo la vulneración de normas y derechos procesales producida en la pieza cautelar es susceptible de convertirse en objeto del recurso de amparo afecte a una medida cautelar que pretenda evitar un daño sobre los derechos e intereses controvertidos en el proceso principal que de producirse llevaría a que el objeto de esos derechos o intereses desapareciera o resultara tan gravemente afectado que sus titulares, aunque obtuviesen una resolución de fondo favorable, no podrían ejercerlo o, cuando menos, no podrían desarrollar todas las facultades que lo conformaban inicialmente[95].

e) LA CAUCIÓN

165. La «contra cautela» permite asegurar el equilibrio entre los intereses en conflicto si la medida cautelar de suspensión puede ocasionar un perjuicio a la Administración demandada o a terceros afectados por la suspensión[96]. Su adopción es potestativa[97]; esto es, no resulta obligatoria para órgano judicial[98]. La misma consiste fundamentalmente en una garantía económica[99] para responder de las consecuencias de esa posible perturbación si finalmente la sentencia es desestimatoria de su pretensión[100]. Las figuras en que puede concretarse son múltiples[101].

---

94. Cfr. SsTC 27/1995; y 237/1991.
95. Cfr. SsTC 218/1994; y 237/1991.
96. Bacigalupo Saggese (1999: 193). Solo si el perjuicio ocasionado a los intereses públicos es grave y ello no puede ser paliado por la contra cautela, procederá denegar la medida cautelar.
97. Cfr. ATSJ de Madrid de 27/07/2015 (Recurso contencioso-administrativo núm. 629/2015-1); o ATSJ de Castilla y León (Sala de Valladolid) de 15/07/2011 (ECLI:ES:TSJCL:2011:138A).
98. Chinchilla Marín (2009: 144).
99. Chinchilla Marín (2009: 145) pone de relieve como la función de la contracautela no es solo asegurar el pago de una eventual indemnización por los daños y perjuicios derivados de la medida adoptada, sino evitar o paliar los perjuicios de cualquier naturaleza, y no solamente económica, que pudiera causar la adopción de medidas cautelares, por lo que la naturaleza de esas contracautelas puede ser variada y flexible. Desde otra perspectiva, De la Sierra Morón (2004: 214) pone de relieve como esta figura podría posibilitar una posición más proclive de los órganos judiciales al otorgamiento de la medida cautelar.
100. Chinchilla Marín (1991: 37) destaca que ello no deriva de una ulterior «ilegitimidad» de la medida cautelar si la sentencia es desestimatoria, sino del carácter provisional del juicio cautelar, que lleva consigo «un cierto margen de error». La garantía presenta un carácter instrumental positivo, al asegurar el derecho al resarcimiento por los daños producidos por la medida cautelar si ésta es dejada sin efecto por una sentencia desestimatoria, por lo que se define igualmente como una «medida cautelar», Chinchilla Marín (1991: 49).
101. Un análisis de las mismas en Santandreu Montero (2007: 320).

166. Cuando el órgano imponga la caución, la cuantificación de la misma no debe hacer virtualmente imposible o excesivamente difícil la obtención de la tutela cautelar[102], ya que la medida cautelar no se llevará a efecto hasta su constitución, al constituirse como condición de eficacia de la medida cautelar otorgada, art. 133.2 LJCA[103]. Por ello debe resultar proporcionada, para no convertir en ilusoria la tutela cautelar. Evidentemente la suspensión de la ejecutividad de un instrumento de planeamiento ocasiona perjuicios a quienes lo promueven y a quienes proyectan la construcción bajo su cobertura, en la medida en que el proceso edificatorio queda cercenado. Desde estas premisas, la cuantía de la caución debe corresponderse a los daños o perjuicios que resulten acreditados documentalmente (paralización de ventas, vencimiento de créditos, imposibilidad de utilización de viviendas y locales comercial... etc.,) y a la capacidad económica del recurrente que obtiene la medida cautelar[104]. También debe distinguirse si se ejercita la acción pública, en su caso por una ONG, o se defiende un interés privado. En definitiva, su cuantía deberá adoptarse a la luz de las circunstancias concretas del caso (circunstancias personales del recurrente, ámbito afectado y tipo de planeamiento, seriedad de los argumentos empleados... etc.), así como a la luz de la posible apariencia de buen derecho del recurrente[105], y sin que las mismas constituyan una barrera desproporcionada de acceso a la tutela cautelar.

102. Bacigalupo Saggese (1999: 195).
103. Chinchilla Marín (2009: 145).
104. Cfr. STS de 03/07/2007 (ECLI:ES:TS:2007:4873).
105. La STS de 27/03/2014 (ECLI:ES:TS:2014:1276) correctamente precisa que «...la solidez de la apariencia de buen derecho existente podría haber llevado a la Sala de instancia no solo a adoptar la suspensión cautelar —lo que efectivamente hizo— sino también a seguir un criterio menos gravoso para la asociación que postulaba la medida cautelar en lo que se refiere a la exigencia de caución...». A su vez, el ATSJ de Castilla y León (Sala de Valladolid) de 15/07/2011 (ECLI:ES:TSJCL:2011:138A) acuerda la suspensión de la Modificación del Plan General de Ordenación Urbana Finca Fuentes del Duero de la Cistérniga, por la que se desclasifica a suelo rústico común permitiendo la extracción de áridos de un suelo previamente clasificado como suelo rústico de protección agropecuaria recurrido por una asociación ecologista precisa que «...Tampoco se considera necesario en este caso la fijación de caución, dadas las circunstancias concurrentes. En este sentido ha de señalarse la apariencia de buen derecho de la parte actora que ha sido apreciada y que se trata de una materia, la urbanística, en la que existen unos intereses colectivos que el Legislador protege especialmente, y por ello considera pública la acción para exigir ante los Tribunales la observancia de la legalidad urbanística... Ha de indicarse, asimismo, que esa caución no es obligada en todos los casos, como se deduce del art. 133.1 de la Ley Jurisdiccional 29/1998, y así resulta también de la STS de 3 de febrero de 2009 en la que no se exige "caución alguna", no obstante accederse a la suspensión solicitada por la recurrente...».

167. Debe tenerse en cuenta que si la Administración afectada o el coadyuvante no solicitan caución o, solicitándola no justifican su cuantía, el Tribunal deberá rechazar acordar la exigencia de caución alguna[106].

168. Cuando el recurrente que obtiene la suspensión es la Administración del Estado, el Tribunal Supremo considera innecesaria la fijación de caución alguna, dada la solvencia reconocida a dicha Administración[107] Igualmente se considera innecesaria la prestación de caución cuando la suspensión se obtiene a partir de la apariencia de buen derecho derivada de la concurrencia de una causa de nulidad evidente y notoria[108]. Tampoco resulta procedente la imposición de una caución cuando el interés defendido por el recurrente privado es un interés público, prevalente sobre la simple ejecución del plan o sobre los intereses privados de los promotores del plan o de los propietarios beneficiados por tal ordenación. Y ello porque de considerarse procedente la suspensión bien por apreciar una apariencia de buen derecho sobre la base de la nulidad del instrumento de planeamiento superior, bien por haberse omitido un informe preceptivo, no existirán elementos patrimoniales que deban garantizarse.

169. Ese razonamiento se aprecia claramente en la decisión del Tribunal Superior de Justicia de Madrid por la que se suspende el Plan Parcial de Reforma Interior de desarrollo del Área de Planeamiento Remitido 02.21 «Mahou-Vicente Calderón»[109]. Al respecto el Tribunal Superior afirma «la inexistencia de perjuicios actuales ya que los intereses de terceros afectados, las mercantiles promotoras, se ven perturbados por nuestra anulación de los aprovechamientos lucrativos esperados con lo que su situación material

---

106. Cfr. STS de 20/12/2001 (ECLI:ES:TS:2001:1009), precisando al respecto que «...este Tribunal no cree necesario exigir tal caución, primero, porque la alegación que sobre ellos hizo en la instancia Desarrollos Ikea, SA Unipersonal es una alegación desprovista de prueba alguna y basada en puras afirmaciones de parte (como no sea certificados de obras que se dijeron acompañados a otros procesos, y que, por ello mismo, este Tribunal Supremo desconoce) y, segundo, porque la cantidad de 10.000 millones de pesetas que señaló como posible caución es una cifra que no deriva de prueba alguna, tan válida como cualquier otra (y por ello mismo inválida), y absolutamente injustificada...». En la misma línea, cfr. SsTS de 03/02/2009 (ECLI:ES:TS:2009:633); 22/11/2007 (ECLI:ES:TS:2007:7670); 25/10/2007 (ECLI:ES:TS:2007:7492); 03/10/2007 (ECLI:ES:TS:2007:8329); y 22/05/2007 (ECLI:ES:TS:2007:4050).

107. Cfr. SsTS de 22/11/2007 (ECLI:ES:TS:2007:7670); 25/10/2007 (ECLI:ES:TS:2007:7492); 03/10/2007 (ECLI:ES:TS:2007:8329); y 18/07/2002 (ECLI:ES:TS:2002:5436).

108. Cfr. ATSJ de Castilla y León (Sala de Valladolid) de 20/12/2005 (ECLI:ES:TSJCL:2005:1028A).

109. Cfr. ATSJ de Madrid de 27/07/2015 (Recurso contencioso-administrativo núm. 629/2015-1).

y jurídica actual no se ve afectada por la suspensión, no existe pérdida de un derecho preexistente; y, los intereses generales no se ven inquietados por la no ejecución perentoria de la urbanización de los terrenos de Mahou, primera de las fases de desarrollo, bien sea porque dicha urbanización no se puede ejecutar, bien porque se sostienen sobre unos costes de urbanización imposibles de soportar por el inconveniente de no poder hacer efectivos dichos aprovechamientos o bien sea porque el ejercicio de la acción pública urbanística en los términos que aparece planteada no genera daños ya que la circulación a través de la M-30 no se ve impedida y las instituciones docentes existentes siguen funcionando. En suma, no hay elementos patrimoniales que garantizar. La misma solución se adopta por [110].

También resulta improcedente la caución cuando la suspensión se proyecta sobre terrenos inicialmente rústicos y que el instrumento de planeamiento suspendido reclasifica. Se afirma que aquí no se está afectando a la propiedad de los titulares de esos suelos, sino a unas expectativas que aún no han sido consolidadas e incorporadas a su patrimonio» [111].

170. Otorgada la medida cautelar, si la misma es levantada como consecuencia de la desestimación de la pretensión ejercida por el recurrente [112], la acción indemnizatoria podrá ser ejercida por las Administración demandada y los sujetos codemandados (terceros afectados) que acrediten la realidad de los daños causados. Conforme al art. 133.3 LJCA, ello se tramitará como un incidente, debiendo ser solicitado en el plazo máximo de 1 año desde la fecha del alzamiento. La indemnización se materializará sobre la garantía prestada, sin que pueda ir más allá.

---

110. Cfr. SsTS de 21/10/2009 (ECLI:ES:TS:2010:6288); 03/02/2009 (ECLI:ES:TS:2009:633); y 23/12/2008 (ECLI:ES:TS:2008:6911).

111. STS de 30/01/2002 (ECLI:ES:TS:2002:534).

112. Y aquí debe tenerse en cuenta que la garantía constituida no se cancelará hasta que transcurra un año desde la fecha de alzamiento de la medida cautelar, Casares Marcos (2019: 392). Y ello incluso si el resultado del procedimiento principal estime la pretensión del recurrente, dado que cualquier perjudicado a consecuencia de su otorgamiento podrá solicitar indemnización de los daños sufridos ante el propio órgano jurisdiccional por el trámite de los incidentes dentro de este plazo de un año.

f) ¿EJECUCIÓN FORZOSA DE LA DESESTIMACIÓN DE LA MEDIDA CAUTELAR DE SUSPENSIÓN?

171. Acordada la medida cautelar de suspensión, conforme al art. 134.2 LJCA, el Auto judicial será objeto de publicación con el mismo alcance que el acuerdo de aprobación del instrumento de planeamiento.

172. Desestimada la medida cautelar de suspensión, si la Administración municipal decide no proceder a desarrollar el instrumento de planeamiento, general o parcial, sino que en ejercicio del *ius variandi* reconocido en el ámbito urbanístico opta por alterar la regulación urbanística sobre determinados terrenos, los titulares de éstos (o sujetos que ostenten un interés legítimo en su desarrollo) y que fueron parte en el incidente cautelar postulando el rechazo a la adopción de la medida de suspensión no pueden utilizar la vía del incidente de ejecución, arts. 103 y ss., LJCA. La decisión jurisdiccional por la que se deniega la suspensión no es susceptible de ser ejecutada a través del incidente de ejecución, dado su contenido simplemente negativo que se limita a permitir la ejecución del instrumento de planeamiento por la Administración[113]. La decisión de ejecutar o alterar el instrumento de planeamiento es una decisión administrativa autónoma susceptible de control, pero por la vía del correspondiente recurso contencioso-administrativo.

113. STS de 18/07/1996 (ECLI:ES:TS:1996:4492).

VI

Los resultados prácticos de las pretensiones de tutela cautelar frente a planes urbanísticos. Del paradigma tradicional basado en la preeminencia del interés público plasmado en el plan a la afirmación de la necesaria ponderación de los intereses en conflicto cuando existe en juego otro interés público vinculados a la garantía del desarrollo sostenible

A) DE LA PREVALENCIA PRIMA FACIE DEL INTERÉS GENERAL ÍNSITO EN EL INSTRUMENTO DE PLANEAMIENTO SOBRE LOS INTERESES PRIVADOS DE LOS TITULARES DE SUELO A LA NECESARIA PONDERACIÓN AD CASUM

a) LA DEFERENCIA HACIA EL PLAN COMO NORMA ADOPTADA POR UNA ADMINISTRACIÓN DEMOCRÁTICAMENTE ELEGIDA. LA DIFÍCIL APRECIACIÓN DEL RIESGO EN LA FASE DE PLANEAMIENTO Y SU REMISIÓN A LA FASE DE GESTIÓN O INTERVENCIÓN EN LA EDIFICACIÓN

173. Inicialmente se sigue afirmando como axioma incuestionable que el interés público ínsito en el instrumento de planeamiento, dado su carácter normativo se presente, *prima facie*, como más relevante que el interés privado de un propietario de terrenos[1], con independencia de que se afecte a un

1. Cfr. SsTS de 14/10/2005 (ECLI:ES:TS:2005:6164); 24/09/2003 (ECLI:ES:TS:2003:5686); 31/05/2003 (ECLI:ES:TS:2003:3732); 09/04/2003 (ECLI:ES:TS:2003:2479);

número amplio de ciudadanos[2], puesto que «si se generaliza la suspensión de los instrumentos urbanísticos (que van fundamentalmente encaminados a la creación de suelo con destino a la satisfacción de necesidades primarias), se correría el riesgo de una obstrucción generalizada a las actuaciones urbanísticas de las Administraciones públicas». Al respecto se señala[3] que «...en la ejecución de los instrumentos de planeamiento (que, en principio, encarnan las mejores aspiraciones urbanísticas de una comunidad, no sólo por provenir de la Administración urbanística, que las tiene encomendadas, sino por el cuidadoso procedimiento de elaboración a que están sometidas), existe un evidente interés público. Lo que aquí se impugna ... (es) una disposición de carácter general que constituye un instrumento de planeamiento con vocación de regulación efectiva de la realidad urbanística, y su obstaculización a través de la suspensión significaría una perturbación grave de un interés público...». Dos son, por tanto, los elementos sobre los que se asienta la afirmación jurisprudencial de la preponderancia del interés público «consistente en que el planeamiento urbanístico se ejecute». De una parte, su carácter normativo. De otra parte, el procedimiento participativo y ponderativo seguido para su aprobación.

174. Además, al constituirse el *periculum in mora* en *ratio* ultima de la tutela cautelar, la jurisprudencia rechaza con carácter general su otorgamiento cuando el plan, por sí mismo, no altera de forma directa la realidad, sino que necesita de actos de ejecución para que ello se produzca. Se deniega así la suspensión cuando la tutela cautelar pueda otorgarse respecto de los actos de ejecución del Plan[4]. Por tanto, se requiere la acreditación de un

---

02/10/2002 (ECLI:ES:TS:2002:6406); 18/09/2002 (ECLI:ES:TS:2002:5939); 13/03/2002 (ECLI:ES:TS:2002:1798); y 30/04/2001 (ECLI:ES:TS:2001:3520). Esta postura sigue encontrándose presente en diversos pronunciamientos de los Tribunales Superiores de Justicia. Así, ATSJ de Castilla y León (Sala de Valladolid) de 27/04/2010 (ECLI:ES:TSJCL:2010:307A); ATSJ del País Vasco de 13/01/2010 (ECLI:ES:TSJPV:2010:1A); AaTSJ de Justicia de Castilla y León (Sala de Valladolid) de 19/06/2007 (ECLI:ES:TSJCL:2007:362A); y 31 de enero de 2006 (ECLI:ES:TSJCL:2006:119A).

2. Cfr. STS de 14/04/2003 (ECLI:ES:TS:2003:2619), que rechaza que la afectación del Plan Especial de Reforma Interior en Madrid a 1.200 familias implique la prevalencia del interés privado sobre el interés general.

3. Cfr. STS de 13/03/2002 (ECLI:ES:TS:2002:1798).

4. Cfr. STS de 17/10/2001 (ECLI:ES:TS:2001:7983). En concreto se precisa para justificar el rechazo de la suspensión de las Normas Urbanísticas de El Boalo que «...1.ª) Lo que aquí se impugna son unas Normas Subsidiarias de Planeamiento, es decir, una disposición de carácter general. Y es constante la jurisprudencia de este Tribunal Supremo según la cual no debe suspenderse como regla general la ejecución de los Planes de Urbanismo, porque en su ejecución está implícito un evidente interés público...2.ª) El

riesgo actual, no meramente hipotético. El posible resarcimiento económico a los propietarios afectados no impide apreciar que el recurso pueda perder su finalidad[5], ya que en caso contrario supondría tanto como aceptar «... que la alteración de los terrenos que la ejecución del planeamiento llevaría a cabo haría aquéllos irrecuperables para el uso a que los destinaban sus propietarios...», y por tanto, dejar vacío de contenido un hipotético fallo favorable al recurrente.

175. En todo caso, en la valoración del interés esgrimido por el recurrente que solicita la suspensión cautelar (sea un sujeto privado o una Administración Pública) debe tenerse presente que resulta irrelevante su comportamiento anterior frente a determinaciones urbanísticas similares que le pudieron afectar y que no fueron recurridas, dado que «los móviles

---

acto impugnado no conlleva por sí mismo ninguna demolición. La previsión de las Normas necesita ser ejecutada, y será a ese acto de ejecución al que podrá achacarse el efecto directo e inmediato de la demolición. Hasta ahora sólo existe una previsión de las Normas que, como tal, no debe ser suspendida. 3.ª) Respecto a la apariencia de buen derecho por vulnerar las Normas Subsidiarias los principios de igualdad, proporcionalidad e interdicción de la arbitrariedad de los beneficios y cargas, al pretenderse la ampliación de la calle del Cerro exclusivamente a costa de la finca de las recurrentes, baste decir que, según parece, esa finca resulta por otro lado especialmente beneficiada en la clasificación y calificación del suelo, lo que podría compensar el sacrificio impuesto (dicho sea esto sin prejuzgar en absoluto el fondo del asunto)...». En la misma línea, y para el mismo instrumento de planeamiento, cfr. STS de 13/03/2002 (ECLI:ES:TS:2002:1798). Igualmente, el ATSJ de Castilla y León (Sala de Valladolid) de 31/01/2006 (ECLI:ES:TSJCL:2006:117A) deniega la suspensión cautelar de la Revisión del Plan General de Ordenación Urbana de León, frente a la alegación del particular de que la eficacia del Plan que clasifica su suelo como urbanizable le impone la obligación de entrega de terrenos dotacionales destinados a la erección de una rotonda sobre dicha finca. Justifica dicha denegación afirmando que «...En el caso examinado procede la denegación de la medida cautelar de suspensión solicitada porque los posibles perjuicios que puedan derivarse de las determinaciones urbanísticas contenidas en la Orden que impugna no son inmediatos, sino que exigirían otros actos posteriores susceptibles de impugnación y, por otro lado, el interés público que se presenta más acentuado en los supuestos como el examinado, en que se impugna un Plan General, que en los actos administrativos, resulta perturbado por la dilación en su ejecución; a lo que hay que añadir que no se aprecia de manera ostensible y manifiesta la apariencia de buen derecho del recurrente, lo que se dice a los solos efectos de valorar circunstanciadamente los intereses en conflicto para resolver la presente pieza de medidas cautelares, ya que sería preciso un examen profundo del fondo del asunto —que está reservado a la sentencia— anticipando un pronunciamiento —el carácter de solar y la calificación del suelo litigioso como urbano consolidado— que está vedado en la pieza cautelar...».

5. Cfr., p.e., STS de 05/03/2002 (ECLI:ES:TS:2002:1565).

no pueden empañar las causas o razones que se aducen en el ejercicio legítimo de una pretensión»[6].

b) LA NECESARIA RECONDUCCIÓN DE LA DEFERENCIA A TRAVÉS DE UNA EFECTIVA PONDERACIÓN. RELEVANCIA DEL ÁMBITO AL QUE AFECTA EL PLANEAMIENTO PARA DECIDIR LA MEDIDA CAUTELAR

176. No obstante, comienza progresivamente a afirmarse la superación de tal argumento y la exigencia de una efectiva ponderación en el caso concreto, atendiendo a los intereses en presencia y al ámbito territorial afectado, de los posibles intereses contrapuestos, mostrándose más proclives a otorgar la suspensión[7]. En línea de principio se afirma expresamente la irrelevancia de que el instrumento de planeamiento requiera posteriores actos de ejecución para afectar directamente a los interesados u ocasionar los daños irreparables, ya que todo instrumento presenta una eficacia ejecutiva respecto de los actos posteriores de ejecución, por lo que es susceptible por sí mismo de provocar tales daños[8]. Máxime cuando el terreno sobre el que se inquiere la medida cautelar es un suelo rústico de protección[9].

6. Cfr. STS de 03/02/2009 (ECLI:ES:TS:2009:633).
7. De 123 supuestos donde tanto el TS como los TSJ deben decidir sobre la tutela cautelar, deniegan la suspensión 64 decisiones, lo que supone un 52,03%, mientras que otorgan la suspensión 59, lo que supone un 47,97%.
8. Cfr. SsTS de 18/12/2008 (ECLI:ES:TS:2008:6916); 17/07/2008 (ECLI:ES:TS:2008:4078); y 17/03/2008 (ECLI:ES:TS:2008:728) no obstante esta afirmación, posteriormente se desestima el recurso de casación, precisamente, con fundamento en esta argumentación. Así se señala que «...En el caso que nos ocupa, la Sala de instancia no ha estimado necesaria una detenida ponderación de los intereses públicos y privados concernidos —a los que se refieren las alegaciones de las partes que quedaron reseñadas en los antecedentes primero, segundo y tercero— pues la decisión que se adopta en el auto de 26 de octubre de 2005 está basada en una razón previa que consiste en constatar que la ejecución del instrumento de planeamiento impugnado no ha de causar perjuicios irreparables, ni efectos inmediatos en cuanto a la materialización de las instalaciones, pues el acuerdo impugnado no da paso al inicio de las obras; así como en la consideración de que la suspensión supondría la paralización de trámites y estudios ambientales que están llamados a ilustrar sobre la adecuación del emplazamiento escogido y a calibrar el posible impacto ambiental de las instalaciones. Esas razones dadas por la Sala de instancia no han sido desvirtuadas, y, en consecuencia, tampoco el tercer motivo de casación puede ser acogido...».
9. Como precisa la STS de 30/01/2002 (ECLI:ES:TS:2002:534), «...No es cierto que el acto que aquí se impugna (a saber, un acuerdo que cambia la clasificación de un terreno de no urbanizable de protección de bosque a suelo apto para urbanizar) no pueda ser suspendido porque de él no se derive la efectiva urbanización del terreno. Es cierto que

177. En todo caso, en la ponderación de intereses en juego los órganos jurisdiccionales toman en consideración la mayor o menor complejidad del instrumento de planeamiento y el mayor o menor ámbito territorial sobre el que se proyectan para atribuir un mayor o menor «peso» al interés público ínsito en el instrumento de planeamiento. Así, existe una mayor facilidad en otorgar la suspensión cuando se trata de una modificación puntual de un instrumento de planeamiento que cuando se trata de su aprobación *ex novo* o de su revisión[10], independientemente de que los intereses en conflicto sean unos públicos y otros privados o todos ellos públicos. Igualmente resulta más «sencillo» otorgar la suspensión cuando se trata de un instrumento de

---

la urbanización requiere la posterior aprobación de un Plan Parcial y de un Proyecto de Urbanización (y quizá de una figura intermedia de distribución de beneficios y cargas si ello es necesario), pero también es cierto que es el cambio de clasificación el que da vía libre a las actuaciones posteriores y que si la ilegalidad se encuentra en la modificación misma no resulta lógico remitir a los demandantes a recursos indirectos posteriores que habrían de basarse en motivos atinentes a la Modificación de las Normas Subsidiarias, toda vez que la aprobación del Plan Parcial y del Proyecto de Urbanización y el otorgamiento de las licencias son actos reglados que habrán de ser concedidos si es que se ajustan a lo que los demandantes consideran ilegal. Así que es más conforme con la naturaleza de las cosas que la suspensión se otorgue (o deniegue) en el recurso en el que se impugna el acto o la disposición que se cree viciado y no en otros posteriores que quizá no incorporen ilegalidades propias sino derivadas sólo de aquello de lo que traen causa... La no suspensión podría hacer perder su finalidad legítima al recurso, si, como es lógicamente previsible (y así se admite por los propios recurrentes en casación), la ejecución desemboca en una urbanización, una venta de parcelas y unas construcciones de viviendas unifamiliares, todo ello en un suelo antes clasificado como no urbanizable de protección del bosque. Con una consecuencia de esa naturaleza, implicados además terceros adquirentes en la operación, la experiencia enseña que resulta muy difícil, casi imposible, y, en todo caso, completamente inusual, que la urbanización desaparezca y vuelva el suelo a ser no urbanizable de protección de bosques. La finalidad legítima (sea o no acertada) de mantener esa clasificación quedaría impedida por anticipado, y este resultado, tan desolador para el derecho a una tutela judicial efectiva del artículo 24-2 de la CE, es el que precisamente quiere evitarse con la suspensión...». En la misma línea la STS de 27/03/2014 (ECLI:ES:TS:2014:1276), que otorga la suspensión del Plan General Municipal de El Gordo en el Sector de Suelo Urbanizable «Marina Isla de Valdecañas», donde se reclasifica un suelo no urbanizable de especial protección a suelo urbanizable.

10. Cfr., p.e., STS de 07/10/2002 (ECLI:ES:TS:2002:6529), donde se afirma textualmente que «...No debemos olvidar que la suspensión decretada afecta a una modificación puntual de la revisión del planeamiento y no, como en otros casos en los que este Tribunal ha apreciado la existencia de un interés público ínsito en la ejecución de estos instrumentos generales de planeamiento, en la suspensión de una revisión general del Plan...». En idéntico sentido, cfr. SsTS de 03/02/2009 (ECLI:ES:TS:2009:633); y 09/02/2006 (ECLI:ES:TS:2006:1155).

planeamiento de desarrollo[11]. Ello se observa claramente cuando el instrumento impugnado es un Estudio de Detalle, dada su cobertura inmediata de las actuaciones edificatorias tras la obtención de la licencia de edificación. Aquí se aprecia con mayor facilidad esa posibilidad de pérdida de la finalidad legítima del recurso, ya que se «...pretende evitar la dificultad que pudiera suponer la ejecución de una eventual sentencia estimatoria dictada cuando se hubiera edificado una construcción sobre la parcela objeto de ordenación por aquel instrumento...»[12], ocasionando la suspensión de su eficacia una limitada afección al interés público ínsito en la ordenación urbanística[13].

---

11. Cfr. p.e., STS de 17/03/2008 (ECLI:ES:TS:2008:728), donde se señala que «...Es claro que la negativa a suspender la ejecutividad de un instrumento de planeamiento no puede fundarse en la consideración de que los planes urbanísticos tienen la naturaleza de disposiciones de carácter general... la denegación de la medida cautelar no podría sustentarse en una razón de esa índole desde el momento mismo en que la Ley 29/1998 prevé expresamente en su artículo 129.2 la posibilidad de suspender cautelarmente la vigencia de los preceptos impugnados de una disposición general... es el especial cuidado con que ha de adoptarse tal medida cautelar a un producto de la Administración cuyo fin o cuya función es la de incorporarse al ordenamiento jurídico para pasar a formar parte de él y regir en consecuencia, como normativa que se entiende acomodada al conjunto de ese ordenamiento, la pluralidad indeterminada de situaciones jurídicas incursas en su ámbito de aplicación... (pero) esa llamada a la especial prudencia en la adopción de la medida cautelar no opera en la misma medida cuando se trata de un instrumento de planeamiento con un ámbito de proyección territorial reducido, pues en tal caso pierden entidad aquellas consideraciones sobre la afectación general en caso de suspensión de su ejecutividad...».
12. Cfr. SsTS de 22/11/2007 (ECLI:ES:TS:2007:7670); 25/10/2007 (ECLI:ES:TS:2007:7492); 03/10/2007 (ECLI:ES:TS:2007:8329); 03/07/2007 (ECLI:ES:TS:2007:4873); y 10/06/2004 (ECLI:ES:TS:2004:3997).
13. En concreto, la STS de 03/07/2007 (ECLI:ES:TS:2007:4873), afirma que «...Tampoco es acertada la afirmación de que nuestra jurisprudencia proclame la imposibilidad o manifiesta improcedencia de suspender los instrumentos de planeamiento debido a su naturaleza de disposiciones de carácter general. No podría hacer tal proclamación desde el momento mismo en que la Ley 29/1998 prevé expresamente en su artículo 129.2 la posibilidad de suspender cautelarmente la vigencia de los preceptos impugnados de una disposición general. Lo que cabe extraer de aquella jurisprudencia es el especial cuidado con que ha de adoptarse tal medida cautelar a un producto de la Administración cuyo fin o cuya función es la de incorporarse al ordenamiento jurídico para pasar a formar parte de él y regir en consecuencia, como normativa que se entiende acomodada al conjunto de ese ordenamiento, la pluralidad indeterminada de situaciones jurídicas incursas en su ámbito de aplicación. De ahí también que una significativa limitación o escasez de éste, como ocurre con un Estudio de Detalle que como el de autos afecta a un espacio territorial muy reducido, reduzca correlativamente la posible distorsión del ordenamiento jurídico derivada de la medida cautelar y pueda ser valorada como una circunstancia más en aquella labor de especial cuidado

178. El argumento para este giro se encuentra en la constatación de una realidad indeseada[14]. El rechazo generalizado a la suspensión de los instrumentos de planeamiento ha determinado la consolidación de situaciones contrarias a la legalidad que posteriormente no han podido ser suprimidas en la fase de ejecución de la sentencia. Con ello se entronca en la interpretación generalizada de que la decisión del órgano judicial («podrá») sobre la adopción de la medida cautelar no es una decisión «discrecional»[15] o libre del órgano judicial, sin perjuicio de que en la determinación del alcance de tal medida sí deba reconocerse una mayor capacidad de decisión al órgano judicial (suspendiendo toda la norma o sólo algunos preceptos de la misma, en atención a su contenido y su alcance). En efecto, el TS reconoce que «de no suspenderse su ejecutividad, cuando se dictase una sentencia estimatoria, se habría llevado a cabo la ejecución de un planeamiento urbanístico radicalmente nulo, lo que contradice el más elemental principio de que cualquier actuación urbanística debe ajustarse a la legalidad, que es por lo que, en cualquier caso, debe velar la jurisdicción al decidir acerca de la suspensión o no de decisiones en esta materia, en la que los sucesivos instrumentos de ordenación concatenados, seguidos de actos de ejecución, suelen hacer irreversibles las situaciones, que sólo tienen solución a través de revisiones del planeamiento urbanístico o de las consiguientes demoliciones, de compleja y muy costosa realización ésta, y conducentes, de ordinario, aquéllas a declaraciones de imposibilidad legal de ejecutar las sentencia, que realmente encubren auténticos incumplimientos de sentencias firmes»[16].

---

con que tal medida ha de ser adoptada...». En idéntico sentido, cfr. ATSJ de Castilla y León (Sala de Valladolid) de 04/12/2009 (ECLI:ES:TSJCL:2009:1040A).

14. Como precisa la STS de 18/12/2008 (ECLI:ES:TS:2008:6916), al señalar que «...No obstante, la doctrina de esta Sala sobre la presencia de un interés público intenso en el caso de la suspensión de las normas reglamentarias que aconseja la denegación de tal cautela, no impide su suspensión que, en todo caso, ha de ser matizada en los términos que a continuación se expresan. Las peculiaridades propias de las disposiciones generales en este ámbito sectorial del urbanismo, en el trance de adoptar la decisión cautelar de los instrumentos de planeamiento, ha de valorar —de modo cuidadoso— la trascendencia y consecuencias prácticas a las que conduce la medida. En este sentido, la importación sin matices de tal doctrina general sobre la presencia del interés público en las disposiciones generales, en el ámbito del urbanismo, ha ocasionado situaciones indeseables, que solo pueden superarse mediante un análisis preciso y minucioso de las circunstancias del caso y de las consecuencias que comporta...».

15. Críticos con esa consideración como discrecional, Fuertes López (2002: 61); Bacigalupo Saggese (1999: 156); y García de Enterría (1995: 184). El término podrá no debe referirse a la atribución de una facultad discrecional, sino a la atribución de la competencia.

16. P.e., STS de 06/07/2009 ECLI:ES:TS:2009:4469).

179. No obstante, de forma incomprensible aún pueden encontrarse decisiones que deniegan la suspensión argumentando simplemente que la tutela cautelar podrá impetrarse frente a los actos de gestión, debiendo prevalecer el interés público en la ejecución del planeamiento para evitar su perturbación[17]. Aun cuando el resultado final pueda compartirse, la decisión judicial debería haber adoptado otra argumentación asumiendo la necesidad de la adecuada ponderación si se ha acreditado la existencia de un perjuicio. P.e., en el caso concreto, donde se solicita la suspensión respecto de una concreta parcela, pero no respecto de todo el plan, alegando únicamente la posible pérdida de finalidad del recurso, resulta razonable la desestimación de la solicitud de suspensión dado que en la ponderación no aparece como prevalente el simple interés particular, no existiendo una singularización de una concreta finca en la ordenación total del ámbito. Igualmente, la respuesta debe ser la desestimación si la fundamentación es simplemente genérica[18] o solo se alude a un interés privado, cuya afectación resulta o inespecífica o fácilmente resarcible[19].

---

17. Este es el caso del ATSJ de Galicia de 01/06/2021 (ECLI:ES:TSJGAL:2021:178A) que deniega la suspensión de la modificación puntual del Plan Parcial de Navia en Vigo instada respecto de una concreta parcela sobre la que se ubican instalaciones complementarias de un colegio privado. El TSJ afirma que «...la exclusión de una parcela como la de la congregación recurrente... podría producir una perturbación del interés público que la actuación comporta y, por otro, que su ocupación habría de materializarse con la cobertura de actos administrativos que, en su caso, podrían ser objeto de impugnación autónoma y en los recursos que se promuevan podrá interesarse las medidas cautelares que se tengan por convenientes...». En la misma línea, AaTSJ de Galicia de 28/05/2021 (ECLI:ES:TSJGAL:2021:174A); y 14/04/2021 (ECLI:ES:TSJGAL:2021:109A).
18. Así, ATSJ de La Rioja de 21/11/2019 (ECLI:ES:TSJLR:2019:47A), que desestima la suspensión del Plan Especial de Reforma Interior Lobete II de Logroño porque las alegaciones son meramente genéricas, no existiendo una seriedad en las argumentaciones.
19. ATSJ de Galicia de 22/07/2019 (ECLI:ES:TSJGAL:2019:233A), deniega la suspensión de la Modificación Puntual del Plan Especial de Protección y Rehabilitación da Cidade Histórica (PE-1), cuyo objeto es limitar los alojamientos de carácter temporal en su tejido residencial, afirmando que «... En cualquier caso, en el conflicto entre el interés particular del demandante —que no consta cuál es— y el interés general, ha de darse prevalencia a este último, atendiendo a los perjuicios que se derivarían de la adopción de la medida tanto para el interés público como para el de terceros interesados. Y se podría causar perjuicio para el interés público porque lo que se presume es que se pretende su consecución, además de que no ofrece ningún indicio el demandante de que se perjudiquen esas finalidades de protección y rehabilitación que persigue el Plan Especial objeto de modificación... Finalmente ha de ponderarse el interés público con el privado, y sí que se perjudicaría el interés público que hay que presumir que se persigue con la disposición general recurrida y que se concreta en la consolidación de usos y actividades expresamente prohibidas por el plan vigente agravando el riesgo

B) LA APLICACIÓN PRÁCTICA DE LA MEDIDA CAUTELAR DE SUSPENSIÓN. EXPOSICIÓN DE LAS LÍNEAS JURISPRUDENCIALES

a) ANTE LA ALEGACIÓN DE UN INTERÉS EXCLUSIVAMENTE PRIVADO SIGUE AFIRMÁNDOSE PRIMA FACIE LA PREEMINENCIA DEL INTERÉS PÚBLICO QUE REPRESENTA EL INSTRUMENTO DE PLANEAMIENTO SALVO QUE POSIBILITE LA DEMOLICIÓN DE LA EDIFICACIÓN

180. A pesar de la diferencia literal con la regulación de 1956, lo cierto es que la aplicación práctica del artículo 130 de la Ley de 1998 en el ámbito de la impugnación de los instrumentos de planeamiento determina, en línea de continuidad con el sistema anterior, la afirmación de la preeminencia del interés público ínsito en el instrumento de planeamiento, lo que determina que cuando el interés esgrimido por el recurrente es, simplemente, un interés particular la solicitud de suspensión sea, con carácter general, desestimada. Al respecto se sigue afirmando que «los posibles perjuicios que puedan derivarse para los recurrentes de las determinaciones urbanísticas contenidas en el plan impugnado no son prevalentes sobre el interés público, que se presenta más acentuado en los supuestos en que se impugna un Plan que puede resultar perturbado por la dilación en su ejecución». Aun reconociendo el cambio normativo, se precisa que «es constante la jurisprudencia que, en aplicación del artículo 122 de la antigua Ley jurisdiccional de 1956, apreció la dificultad de suspender cautelarmente la ejecución de planes de urbanismo, al incidir sobre actos equiparados a disposiciones de carácter general, en las que el interés público se presenta más acentuado que en los actos administrativos. A efectos del actual artículo 130 de la Ley de la Jurisdicción Contencioso-Administrativa, esta circunstancia sigue condicionando gravemente la posibilidad de suspensión, dada la perturbación de los intereses generales que comportan por regla general las dilaciones en ejecutar un plan...». Esta argumentación concluye precisando que los posibles daños y perjuicios que se causen por la falta de suspensión cautelar

---

de destrucción del tejido residencial de la ciudad histórica cuando lo que se pretende es limitar cualquier uso que no sea el estrictamente residencial, con menos de 30 días así como la protección del patrimonio cultural evitando su degradación y la consolidación de uso que se hubiera implantado ilegalmente con posterioridad al acuerdo de suspensión previa, de forma que el artículo 143 bis prevé que las actividades anteriores a la aprobación de la modificación se puedan mantener —si disponen de las autorizaciones y títulos habilitantes necesarios exigidos por la normativa y resulten compatibles con el régimen de protección del inmueble—...».

son «...unos daños y perjuicios particulares, perfectamente determinables y resarcibles...».

181. En la mayoría de los supuestos la argumentación adoptada por el órgano jurisdiccional reside simplemente en la preeminencia del interés público en la ejecución del instrumento de planeamiento, cuando simplemente se aduce la discrepancia del recurrente con la concreta opción de ordenación adoptada por el instrumento de planeamiento sobre la base de sus intereses privados. Ello se aprecia claramente cuando la controversia de fondo versa, simplemente, sobre la concreta clasificación otorgada a la parcela del recurrente[20] o sobre un uso prohibido por el instrumento de planeamiento que, de ser anulado, permitiría su ulterior implantación[21]. Igualmente se rechaza la suspensión cuando el único interés privado alegado por el recurrente es que siendo propietario de un porcentaje de suelo no se le permitió participar en la redacción del instrumento de planeamiento y se le impone su contenido[22]. Tampoco se otorga la suspensión del instrumento de planeamiento cuando simplemente se formulan genéricas alegaciones de producción de daños[23] o cuando el daño no se presenta sobre situaciones consolidadas, sino sobre situaciones que permiten eludir el potencial daño con una actuación diligente[24].

---

20. STS de 20/04/2015 (ECLI:ES:TS:2015:1609), que desestima la suspensión del Plan General de Ordenación Municipal de A Estrada.
21. ATSJ de Aragón de 28/09/2021 (ECLI:ES:TSJAR:2021:449A), que deniega la suspensión de la modificación aislada n.º 181 del Plan General de Ordenación Urbana de Zaragoza que regula las distancias de los locales de juego respecto a determinadas dotaciones de uso público, concluyendo que «... es claro que se pudieran producir perjuicios irreparables, si se suspende la modificación del Plan General. Pues la instalación de locales de juego en la zona prohibida, ya perjudica el bien de interés general que se quiere preservar, la protección de los menores frente a los locales de juego...».
22. Cfr. AaTSJ de Castilla y León (Sala de Valladolid) de 23/12/2008 (ECLI:ES:TSJCL:2008:284A); y 29/07/2008 (ECLI:ES:TSJCL:2008:205A), que desestiman la suspensión del Plan Parcial del Sector 12 en el municipio de La Cistérniga formulado por una promotora privada.
23. Cfr. ATSJ de Castilla y León (Sala de Valladolid) de 13/12/2007 (ECLI:ES:TSJCL:2007:605A), que deniega la suspensión del Plan Parcial SUDSO 31 «Cueto del Moro» del municipio de Sariegos.
24. ATSJ de Aragón de 05/06/2023 (ECLI:ES:TSJAR:2023:155A), que otorga la suspensión de la Modificación Aislada Número 27 del Plan General de Ordenación Urbana de Sabiñánigo que excluye de los usos permitidos en suelo no urbanizable de especial protección la implantación de instalaciones fotovoltaicas no destinadas al autoconsumo, si bien precisa que no existe una «...inversión muy consolidada... (pudiendo) haber optado por otros terrenos, o al menos haber esperado a que se despejase la situación jurídica...».

182. La medida cautelar es rechazada incluso cuando el perjuicio alegado es la transformación del uso de un terreno dotacional (parcela deportiva y de espacios libres obtenida por entrega gratuita) en un uso residencial de vivienda protegida y comercial, puesto que el interés alegado es meramente privado[25]. Tampoco cuando se aduce simplemente el interés privado consistente en la posible afección a las vistas e iluminación de la propia edificación por la futura edificación permitida por el nuevo planeamiento[26]; o en la incidencia sobre el valor de los terrenos[27]. La misma decisión negativa se adopta cuando el único interés real es la disminución de las cargas urbanísticas, solicitándose la suspensión del instrumento de planeamiento que únicamente delimita un sector[28]. La mera discrepancia respecto del trazado

25. ATSJ del País Vasco de 21/06/2011 (ECLI:ES:TSJPV:2011:212A) deniega la suspensión del Plan General de Ordenación Urbana de Berango, en relación con la Unidad Ejecución 5 de Lantzarte, y donde se alega como perjuicio en cuanto propietarios colindantes el cambio de calificación de una parcela dotacional deportiva y espacio libre para la construcción de más de 7000 m² de viviendas tasadas y 1200 m² de uso comercial, elevando la densidad del área y duplicando la altura de las viviendas colindantes. Frente a ello el TSJ precisa que «…Es razonable concluir que la ejecución de tales previsiones les causa perjuicios. Ahora bien, lo que no se acreditan es la difícil reparación de los mismos, toda vez que el derribo de lo construido es materialmente posible en ejecución de una sentencia estimatoria…», concluyendo que «… la doctrina jurisprudencial en relación con los instrumentos de planeamiento es constante y pacífica al atribuir prevalencia al interés que demanda su ejecución, salvo supuestos muy excepcionales en los que es también un interés público relevante el que demanda la suspensión, como lo es el medioambiental…».
26. Cfr. ATSJ de Castilla y León (Sala de Valladolid) de 22 de octubre de 2007 (ECLI:ES:TSJCL:2007:517A), que deniega la suspensión del Estudio de Detalle relativo al edifico del Museo Arqueológico de Valladolid (Palacio de Fabio Nelly) donde se aduce como interés privado la afección a su propiedad por la construcción de una edificación de 14 metros de altura a escasos metros de las ventanas de sus viviendas consistente en la pérdida de soleamiento, iluminación y vistas.
27. Cfr. STS de 09/04/2003 (ECLI:ES:TS:2003:2479), que desestima la suspensión del Programa de Actuación Integrada en Guardamar, ya que la única argumentación del recurrente es el mayor valor de los terrenos. Al respecto el TS afirma que «…la entidad actora sólo opone sus propios intereses económicos (así, se habla expresamente en el escrito inicial del valor crematístico de los terrenos y de la obtención de plusvalías), intereses privados que, desde luego, son legítimos y defendibles, pero que deben ceder, en trámite de medidas cautelares, ante los intereses públicos…».
28. Cf. ATSJ del País Vasco de 27/09/2007 (ECLI:ES:TSJPV:2007:775A), que deniega la suspensión del Plan Parcial Pino Albar en el municipio de Simancas, que sólo delimita un sector, ya que el interés privado radica en lograr una disminución de las cargas y un aumento de los beneficios de la equidistribución ante la solicitud de la delimitación de varios sectores. Ante la misma alegación se deniega la suspensión de la Revisión de las Normas Municipales de Mutriku, por ATSJ del País Vasco de 27/09/2007 (ECLI:ES:TSJPV:2007:775A).

de elementos estructurantes viarios no permite otorgar la suspensión.[29]; o sobre el sistema de actuación adoptado por el instrumento de planeamiento cuando excluye la iniciativa privada[30].

29. Cfr. STS de 19/12/2002 (ECLI:ES:TS:2002:8632), que deniega la suspensión de la Modificación Puntual del Plan General de Ordenación Urbana de Santiago de Compostela para el trazado de la nueva variante Sar-Pontepedriña. Aquí la fundamentación de la desestimación es reveladora: «...Los planes de urbanismo encierran en principio la solución que el interés público reclama para los problemas de ordenación del suelo, y por ello la jurisprudencia de este Tribunal Supremo es proclive, como regla general, a la no suspensión de esas soluciones, porque de otro modo se pondría el interés de los particulares por encima de los intereses de la colectividad... la Administración ha puesto de manifiesto un interés público concreto, ese interés público no puede verse pospuesto al puro interés privado de los demandantes...».
30. Cfr. STS de 05/03/2008 (ECLI:ES:TS:2008:1112) que deniega de la suspensión del Plan General de Getafe que adopta para un determinado ámbito el sistema de expropiación, frente al interés privado de una cooperativa que pretendía realizar su actividad mercantil sobre tales terrenos, precisando que «...lo cierto es que la Sala de instancia ha llevado a cabo una ponderación los intereses públicos implícitos en el planeamiento aprobado y en el sistema de actuación elegido, habiendo optado por la prevalencia de los intereses generales (que implican el mantenimiento de la legalidad urbanística) frente a los denominados intereses privados de la cooperativa recurrente y frente a la argumentación de que el recurso por la misma formulado pudiera perder su finalidad, de consumarse el desarrollo urbanístico previsto en la Revisión del Plan General de Ordenación Urbana que se impugna. Pues bien, tal actuación de la Sala de instancia, a la vista de los escasos datos que proporciona la recurrente, pone de manifiesto que la valoración efectuada por la citada Sala se nos presenta como sólida jurídicamente e impecable en su argumentación, por lo que hemos de proceder a su confirmación rechazando el motivo esgrimido...», confirmando la valoración efectuada en la instancia («...En relación, en segundo lugar, con la argumentación relativa a la producción de daños y perjuicios de imposible o difícil reparación en el caso de no suspenderse el Acuerdo impugnado, la Sala señala que "no debe olvidarse que cuando, como en el caso que nos ocupa, se pretende la suspensión de la ejecución de un instrumento de ordenación urbanística, se está incidiendo en una disposición de carácter general en que el interés público está más acentuado que si de un acto singular se tratase. Ello condiciona" —como ha señalado el Tribunal Supremo en sentencias de 27 de diciembre de 1990, 10 de noviembre de 1992, 9 de febrero y 15 de abril de 1993, 25 de octubre de 1994 o la de 11 de junio de 1996, entre otras— la suspensión, supeditándola a la producción de unos daños y perjuicios, no sólo imposibles o muy difíciles de reparar, sino de una entidad superior o, al menos, igual a la que a la comunidad acarrearía las dilaciones en la ejecución. En el juicio ponderativo de intereses juega un papel trascendental la ejecución del planeamiento que se alzaprima sobre los daños y perjuicios que originaría el supuesto derecho a la promoción privada aunque se tratase de viviendas sujetas a algún régimen de protección pública...»). En el mismo sentido, STS de 24/07/2008 (ECLI:ES:TS:2008:4067).

183. Obviamente si la única alegación del particular es, no la pérdida de la finalidad del recurso, sino simplemente la ilegalidad del instrumento de planeamiento, salvo que pueda aplicarse la doctrina de la apariencia de buen derecho, se procede a la desestimación de la tutela cautelar, ya que se trata de cuestiones que corresponden al proceso principal, no al incidente cautelar[31]. Tampoco se otorga la suspensión cautelar cuando alega la vulneración de la legalidad al fijar el instrumento de planeamiento parcial un aprovechamiento inferior al fijado por el instrumento de planeamiento general, así como un número de viviendas menor al fijado por aquél. Pero la determinación de tal ilegalidad requiere un pronunciamiento sobre el fondo que desborda el ámbito de la tutela cautelar[32]. En la misma línea, se desestima la suspensión cuando la alegación se fundamenta en la proyección del Plan Parcial sobre tres sectores contemplados diferenciadamente por el Plan General, siendo la determinación de su conformidad o no a Derecho la cuestión que debe dilucidarse en el proceso principal[33]. En la misma línea se desestima la suspensión de una modificación puntual que altera la calificación de dos suelos, intercambiando su destino a terciario y espacios libres e intercambiando su edificabilidad, al considerarse que ello es una cuestión de fondo[34].

184. En realidad, la lectura de los diferentes Autos y Sentencias que deniegan la suspensión permite afirmar que la argumentación apodíctica de la prevalencia del interés público ínsito en la aprobación del instrumento de planeamiento encierra una ponderación no explicitada (en la mayor parte de las ocasiones) de los intereses en presencia que arroja como resultado el menor valor del interés privado, junto con la falta de la acreditación de un

31. Cfr. ATSJ del País Vasco de 15/09/2005 (ECLI:ES:TSJPV:2005:633A), que deniega la suspensión del Plan Parcial del Área 26 Urtatza Zahar, en el municipio de Legazpi. O los AaTSJ de Castilla y León (Sala de Valladolid) de 06/05/2005 (ECLI:ES:TSJCL:2005:345A); y 08/02/2005 (ECLI:ES:TSJCL:2005:70A), que desestiman la suspensión cautelar de la Revisión del Plan General de Ordenación Urbana de Valladolid para adaptarlo a la Ley autonómica 5/1999.
32. Cfr. ATSJ de Castilla y León (Sala de Valladolid) de 31/01/2006 (ECLI:ES:TSJCL:2006:119A) que desestima la suspensión del Plan Parcial PR2 en el municipio de Santamaría del Páramo.
33. Cfr. STS de 21/11/2007 (ECLI:ES:TS:2007:8954), que desestima la suspensión de un Plan Parcial en Alcorcón.
34. Cfr. ATSJ de Castilla y León (Sala de Valladolid) de 27/04/2010 (ECLI:ES:TSJCL:2010:307A) que desestima la suspensión del Plan General de Valladolid. Por el contrario, resulta más acertada la postura del voto particular que, en atención a la doctrina de la propia Sala, aprecia la concurrencia de una apariencia de buen derecho en el recurrente, al considerar que tal suelo debe clasificarse como urbano no consolidado por imposición de la normativa castellano-leonesa.

perjuicio grave sobre el mismo, fundamentalmente por la ausencia de una argumentación seria del recurrente apoyada en la correspondiente labor probatoria siquiera a nivel indiciario, que acredite el riesgo de pérdida de la finalidad del recurso y la apariencia de buen derecho.

185. Por el contrario, sí se adopta la medida cautelar de suspensión cuando el instrumento de planeamiento impone la demolición de la edificación[35]. En tal supuesto, resulta irrelevante que deban aprobarse instrumentos de planeamiento de desarrollo e instrumentos de gestión con carácter previo a que pueda producirse la transformación efectiva del terreno y que los mismos puedan ser objeto de solicitud de suspensión[36].

35. Cfr. STS de 22/05/2007 (ECLI:ES:TS:2007:4050), que expresamente precisa que «… Con independencia de si el edificio, aunque no haya sido declarado bien de interés cultural a diferencia del templo junto al que está construido y al que estuvo vinculado en otro tiempo, tiene méritos o no para ser catalogado como especialmente protegido en el planeamiento municipal, lo que habrá de ser analizado en el pleito principal, lo cierto es que, de llevarse a cabo su demolición, la acción ejercitada por el demandante, propietario del mismo, perdería su finalidad al resultar imposible restituirlo a su estado anterior. La causa decisiva para acceder a la adopción de una medida cautelar es, conforme a lo establecido por el artículo 130.1 de la Ley de la Jurisdicción Contencioso-Administrativa, que, de ejecutarse el acto o aplicarse la disposición, el recurso pudiera perder su finalidad legítima. Es cierto que, en este caso, se han impugnado las determinaciones del planeamiento municipal que prevén la construcción de un vial por el terreno donde se alza la edificación, a la que no se otorga en aquél ninguna clase de protección, que es lo que ha puesto en tela de juicio el recurrente por entender que posee méritos históricos y artísticos para ser catalogada de acuerdo con el ordenamiento jurídico que impone la protección del patrimonio histórico y cultural. Tales determinaciones no conllevan, sin embargo, la inmediata demolición del edificio por ser necesaria la aprobación de instrumentos de desarrollo o, al menos, de un proyecto de ejecución, que, en su caso, serían susceptibles de suspensión, pero no es menos cierto que el destino del edificio, según el planeamiento aprobado, es el de ser demolido, lo que podría suceder de no adoptarse una medida cautelar que lo impida. 3.º. La Sala de instancia, al denegar la suspensión cautelar interesada, se limita a declarar que prevalece el interés general en ejecutar el vial sobre el particular en conservar el edificio, cuya declaración como bien de interés cultural fue expresamente rechazada, sin atender al carácter irreversible de la demolición en el caso de que se estimase la pretensión del demandante relativa a la necesidad de protegerlo debido a sus valores históricos y culturales así como a la posible existencia de soluciones alternativas para el trazado del vial. El Tribunal a quo no declara que exista urgencia en construir el vial tal y como está diseñado en las determinaciones del planeamiento impugnado, mientras que, de llevarse a cabo la destrucción del edificio a pesar de llegarse a la conclusión jurisdiccional definitiva de que procede su conservación, la situación, como afirma la representación procesal del recurrente, resultaría irreversible…».

36. Expresamente la STS de 27/03/2014 (ECLI:ES:TS:2014:1276) afirma que «…en los últimos años ha tomado fuerza una corriente jurisprudencial que, en evitación de múltiples recursos o impugnaciones en vía administrativa y sede jurisdiccional, viene accediendo

b) LA PONDERACIÓN CON INTERESES PÚBLICOS AUTONÓMICOS O ESTATALES SE DECANTA POR SU PREVALENCIA SOBRE EL INTERÉS ÍNSITO EN EL INSTRUMENTO DE PLANEAMIENTO

i) Funcionalidad del recurso

186. Cuando el recurso contencioso-administrativo se entabla entre dos Administraciones públicas, llamadas ambas a defender intereses públicos diferenciados, la valoración de los intereses en conflicto desde la perspectiva de la adopción de la medida cautelar de suspensión exige una mayor carga argumentativa para el órgano jurisdiccional, al no existir *prima facie* una regla de precedencia condicionada de unos intereses públicos frente a otros[37]. Aquí el recurso contencioso-administrativo presenta una doble funcionalidad[38], bien como un instrumento de control de la legalidad de la actuación de otras Administraciones bien como instrumento de defensa del ámbito de competencias propias y la autonomía reconocida a la Administración recurrente[39]. En la ponderación de los intereses públicos, la identificación

---

a suspender la ejecutividad de los instrumentos de planeamiento cuando hay riesgo de que, de no suspenderse la aplicación o ejecución del ordenamiento urbanístico aprobado, pierda su legítima finalidad el recurso contencioso-administrativo...».

37. Fuertes López (2002: 80).
38. Fuertes López (2002: 79).
39. En este sentido, SsTS de 18/12/2008 (ECLI:ES:TS:2008:6916); y 17/07/2008 (ECLI:ES:TS:2008:4078), señalan que «...Con carácter general, el planeamiento urbanístico efectivamente puede ser objeto de suspensión, como dispone el artículo 129.2 y 130.1 LJCA a propósito de las disposiciones generales, a pesar de tratarse de una norma reglamentaria que se presume dictada en defensa y para la protección de los intereses públicos, siempre que en su ejecución exista riesgo de perder el recurso su finalidad legítima, previa valoración de los intereses enfrentados —considerando los efectos irreversibles o de difícil reposición que pudiera ocasionar su ejecución—, y, en fin, que de ello no se siga una perturbación grave a los intereses generales. Recordemos, en segundo lugar, que en este caso el incidente cautelar se produce entre dos Administraciones Públicas cuya actuación debe estar presidida por la protección y defensa del interés público. Esta concurrencia de intereses públicos representados por ambas Administraciones —local y autonómica— constituye una circunstancia que forzosamente ha de influir en la ponderación de intereses afectados. En estos casos, la valoración circunstanciada tiene inevitablemente un margen más ajustado que en aquellos en los que confrontamos el interés público con intereses privados... Y, en fin, en tercer lugar, debemos señalar que la doctrina de esta Sala sobre la presencia de un interés público intenso en el caso de la suspensión de las normas reglamentarias que aconseja la denegación de tal cautela, no impide la suspensión de tales normas, y, en todo caso, ha de ser matizada en los términos que a continuación se expresan. Las peculiaridades propias de las disposiciones generales en este ámbito sectorial del urbanismo, en el trance de adoptar la decisión cautelar de los instrumentos de planeamiento, ha de valorar —de modo detallado y cuidadoso— la

y atribución de los defendidos por cada parte viene fijada por las reglas de distribución de competencias y su ámbito de intereses[40].

187. La cuestión estriba, por tanto, en proceder a la correcta identificación de los intereses en conflicto. Y aquí no puede incurrirse en el error de identificar como interés público defendido por la Administración territorial superior el evitar la alteración física del terreno en la medida en que ello no impediría el posterior efecto útil de una sentencia estimatoria, dado que ello supone confundir la ponderación de los intereses en juego con el posible *periculum in mora*[41]. En estos supuestos, el Tribunal se decanta, generalmente,

trascendencia y consecuencias prácticas a las que conduce la medida. En este sentido, la experiencia ha demostrado que la importación sin matices de tal doctrina general sobre la presencia del interés público en las disposiciones generales, en el ámbito del urbanismo, ha ocasionado situaciones indeseables, que solo pueden superarse mediante un análisis preciso y minucioso de las circunstancias del caso y de las consecuencias que comporta. A lo que debemos añadir que tales peculiaridades se agudizan, insistiendo en lo antes expuesto, cuando la actuación de la Administración local —autora del acto de aprobación del plan— es cuestionada por otra Administración Pública, como sucede, en este caso, con la Junta de Andalucía cuya actuación pretende también proteger el interés público...».

40. Cfr. Fuertes López, Mercedes. *Tutela cautelar... cit.*, pág. 80.
41. Incorrecta valoración que efectúa, p.e., la STS de 17/07/2008 (ECLI:ES:TS:2008:4078). Su argumentación, tras rechazar la existencia de una apariencia de buen derecho en la pretensión de la Comunidad Autónoma, es la siguiente: «...QUINTO. Por tanto, la valoración circunstanciada de los intereses en conflicto, que ha de hacerse en los términos expuestos, no se ha realizado en la resolución recurrida, salvo la referencia al interés público que demanda la ejecución del plan en sus propios términos. Y esta valoración no puede considerarse suficiente ni acertada, porque no siendo irreparables los inciertos perjuicios derivados de la adopción de la medida cautelar, sí lo son en mayor medida, o con más alta intensidad, los derivados de la no suspensión de la ejecución del plan, al menos en la parte que comporte una modificación de la realidad física del terreno sobre la que inciden. En este sentido, la ejecución del acto de aprobación del plan o, lo que es lo mismo, la vigencia del Plan Especial puede dificultar de modo grave la efectividad de la posterior sentencia estimatoria, frustrando el efecto útil de la misma. De manera que si no se suspende la vigencia del plan —si bien limitada a la ejecución de aquellas determinaciones que comporten la transformación de la realidad física de los terrenos— se iría progresivamente alcanzando un resultando irreversible, materializado mediante la construcción y la posible transmisión a terceros, creándose una situación que podría impedir el cumplimiento de la resolución final del proceso.…Por tanto, la ponderación de intereses expuesta por este Tribunal, al situarnos en la posición que demanda el citado 95.2.d) LJCA exige revocar la denegación de la suspensión cautelar instada, acordando la suspensión del Acuerdo que aprueba el Plan Especial de Reforma Interior, suspensión limitada a aquellas determinaciones que incidan, alterando, la realidad física de los terrenos...». En la misma línea, cfr. STS de 14/10/2005 (ECLI:ES:TS:2005:6164). Allí se rechaza la suspensión solicitada por el Ayuntamiento dado que «...Así, la Sala aplica con corrección el preferente criterio legal del periculum in mora cuando afirma

por el interés defendido por la Administración autonómica o estatal, si bien sólo en supuestos puntuales se realiza una identificación expresa de los

que "la eficacia y finalidad legítima del recurso no queda, por la desestimación de la medida cautelar interesada, en peligro a la espera de esa resolución judicial definitiva que declare la conformidad o no a Derecho de la resolución combatida, esto es, que el recurso no va a perder su eficacia por el normal transcurso del tiempo derivado de la tramitación del mismo, pues la clasificación (SAU) y calificación (deportivo, residencial y hotelero), por el Ayuntamiento y la entidad recurrente pretendidos, de prosperar el recurso, resultarían plenamente viables a pesar de las posibles actuaciones sobre el entorno autorizadas —como así resulta de las actuaciones— por la Administración competente en extracciones mineras, que en modo alguno se presentan como actuaciones irreversibles; resoluciones al parecer discutidas pero sobre las que, en el presente litigio, no podemos extender la tutela cautelar propia del presente...". Idéntica confusión se aprecia en la STS de 09/02/2006 (ECLI:ES:TS:2006:1155), donde se precisa que "...Sentadas estas premisas será de añadir que la Sala de instancia ha ponderado correctamente los intereses en presencia, en ambos casos públicos y prevalentes. Sin embargo, con facilidad se desprende que la Sala de instancia, en este caso, se inclina por impedir el desarrollo urbanístico de los terrenos afectados hasta el momento en que resuelva sobre la corrección legal, o no, de la modificación puntual del PGOU, sin intervención autonómica en el proceso aprobatorio. El tratarse, en este supuesto, como se ha expresado, de una modificación puntual, que afecta, en concreto, a los usos autorizables, es lo que ha determinado la interpretación del expresado criterio del periculum in mora en el sentido en que ha sido realizado por la Sala de instancia, pues, la no adopción de la medida cautelar de suspensión hubiera determinado la implantación de nuevos usos hoteleros por la sólo decisión municipal y sin intervención autonómica, perdiéndose así la finalidad del recurso...". Por el contrario, la STS de 07/10/2002 (ECLI:ES:TS:2002:6529), sí diferencia claramente entre ambos conceptos. Así, afirma que "...El motivo primero se formula al amparo del artículo 88.1 d) de la Ley 29/1998, de 13 de julio, reguladora de la Jurisdicción Contencioso-Administrativa (LJCA) que autoriza la casación por infracción de las normas del ordenamiento jurídico o la jurisprudencia aplicables para resolver la cuestión objeto de debate. Se denuncia una supuesta infracción del artículo 130.1 de la LJCA y se sostiene que la Sala a quo no expresa que el recurso perdería su finalidad legítima en caso de no acceder a la suspensión. No va a prosperar dicho alegato. El Auto recurrido de 28 de julio de 2000 aprecia correctamente que el proceso complejo de ejecución del planeamiento se plasma en una modificación permanente del entorno físico que, una vez realizada, es difícilmente modificable y que, en el presente caso, la pretensión cautelar del recurso de la Junta de Andalucía se ha basado precisamente en la frustración del fin legítimo del recurso ya que, en caso de no adoptarse la medida cautelar, se consolidarían unas actuaciones urbanísticas en las que no se han previsto los espacios libres que requiere el aumento de la densidad de la población y se consolidaría la implantación de un uso hotelero. La Sala de instancia confirma esta apreciación. No es admisible la alegación de contrario de inexistencia de tal riesgo ya que es aceptado expresamente incluso por la parte hoy recurrente, que alude a la posibilidad de tener que decretar una demolición y, en el tercer motivo de casación, llega a alegar incluso que la medida cautelar privará por determinado tiempo a aquella zona del término municipal de Almuñécar de disponer de una instalación hotelera", lo que demuestra que el periculum in mora que se desprende de la pieza es real e inminente...».

intereses públicos defendidos por una y otra Administración[42]. Esto es, el órgano judicial identifica en primer lugar las reglas de distribución de competencias, con el fin de identificar si se trata de una competencia exclusiva atribuida a una Administración u otra o, por el contrario, si se trata de una competencia compartida, determinando en este caso el interés que persigue y la autonomía que defiende cada Administración[43]. Los supuestos más habituales donde se otorga la suspensión se producen en la impugnación del planeamiento por parte de la Administración estatal en defensa de sus competencias en materia de dominio público marítimo-terrestre o hidráulico[44].

ii) Tutela de intereses autonómicos frente al interés local

188. En un primer momento todavía se produce una ausencia total del juicio ponderativo, no realizando una valoración ni expresa ni implícita, primando de forma exclusiva la prevalencia del interés ínsito en la aprobación del instrumento de planeamiento. Ciertamente contribuye al rechazo de la suspensión la deficiente argumentación jurídica de la Administración autonómica demandante, al no especificar e individualizar el interés general autonómico que se encuentra en juego, centrándose su argumentación en la ilegalidad del instrumento de planeamiento. Ello permite al órgano jurisdiccional rechazar la suspensión alegando simplemente que el daño, caso de producirse, en ningún caso sería irreparable. Así, se deniega la medi-

---

42. Así, p.e., la STS de 07/10/2002 (ECLI:ES:TS:2002:6529), decreta la suspensión cautelar de la Modificación Puntual del Plan General de Almuñecar, aprobada por el Ayuntamiento en virtud de la competencia delegada e impugnada por la Junta de Andalucía, con base en la siguiente identificación del interés autonómico: «...el Ayuntamiento de Almuñécar ha actuado en el ejercicio de una potestad que le ha sido delegada por la Junta de Andalucía que ahora impugna el acto en vía jurisdiccional. Sentadas estas premisas será de añadir que la Sala de Granada ha ponderado correctamente los intereses en presencia, en ambos casos públicos y prevalentes sobre un interés privado que no se concreta... Se aduce, en fin, que la ausencia de interés supramunicipal en la impugnación por parte de la Comunidad Autónoma es cuestión de fondo pero este Tribunal debe ratificar también como acertada la valoración de la Sala de Granada, que tiene otra vez en cuenta que el Ayuntamiento de Almuñécar está actuando por delegación y que la Comunidad Autónoma invoca que existen otras 17 modificaciones puntuales que podrían ser indicio de que el Ayuntamiento podría estar rozando una auténtica revisión del PGOU —posibilidad a la que incluso se refiere la propia representación municipal en el desarrollo argumental de su primer motivo de casación— por lo que el interés de la Comunidad Autónoma delegante se aparece como justificado de inmediato...».
43. Fuertes López (2002: 80).
44. Calvo Rojas (2012: 837).

da cautelar que incide sobre una parcela dotacional[45] impugnada por la Comunidad Autónoma, ya el daño no sería en ningún caso irreparable. En la misma línea se desestima la solicitud de suspensión la reducción en la entrega de terrenos dotacionales docentes y de servicios de interés general porque se considera posible reparar los eventuales perjuicios para el interés general dada la superficie total de terrenos dotacionales a entregar[46].

189. Pero progresivamente comienza a realizarse el juicio ponderativo de los dos intereses públicos en presencia. Y en este caso la prevalencia corresponde generalmente al interés de la Administración autonómica que se identifica con su propia competencia en materia urbanística (procediéndose implícitamente a una aplicación de la doctrina de la apariencia de buen derecho). Así, se declara la suspensión cautelar del plan por el que se modificaba el uso de una parcela de suelo urbano de industrial a residencial intensivo para la construcción de 63 viviendas para jóvenes[47]. En el juicio ponderativo

45. Cfr. STS de 18/11/2003 (ECLI:ES:TS:2003:7256), que deniega la suspensión de la modificación puntual del Plan General de Ordenación Urbana de Madrid y que recae exclusivamente sobre una parcela de servicios públicos (Mercado de Bami).
46. Cfr. SsTS de 23/10/2007 (ECLI:ES:TS:2007:7044); y 05/09/2006 (ECLI:ES:TS:2006:5199), que deniegan la suspensión solicitada por la Junta de Andalucía frente a la aprobación de un Plan Especial de Reforma Interior en el municipio de Mojácar. En esta última se precisa que «...Si bien el Tribunal a quo llega a una conclusión estrictamente jurídica relativa a la inexistencia de riesgos de pérdida de eficacia de la sentencia en el supuesto de estimarse el recurso Contencioso-Administrativo interpuesto, lo cierto es que la deduce de una premisa fáctica, con el carácter provisional propio de cualquier juicio cautelar, consistente en que el suelo destinado a espacio libre permanece dentro del uso público, lo que, unido a la justificación de la homogeneización de las cesiones de suelo como tales espacios libres de uso público, hace plausible aquella conclusión. La Administración autonómica recurrente, sin embargo, no combate eficazmente en casación los indicados hechos, limitándose a remitirse a un informe desfavorable de la Comisión Provincial de Ordenación del Territorio, del que deduce que al equipamiento docente debería destinarse una superficie de mil metros cuadrados en lugar de 430 m2, que los propios recurridos reconocen que el Plan de Reforma Interior reserva para tal uso. Ahora bien, si, como señala la Sala de instancia, está justificada la homogeneización de las cesiones de suelo de uso público con una superficie total de 1.696 metros cuadrados, es razonable su conclusión acerca de que el recurso no perdería su finalidad legítima al ser posible, en su día, proceder a la ejecución de una eventual sentencia estimatoria, que impusiese destinar mil metros cuadrados a equipamiento docente, de modo que el motivo de casación invocado debe ser desestimado...».
47. Cfr. STS de 29/12/2008 (ECLI:ES:TS:2008:7202), que confirma la suspensión de la modificación puntual núm. 105 del Plan General de Ordenación Urbana de Almuñecar. En concreto precisa que «...Pues bien, ni uno ni otro precepto han sido desconocidos o vulnerados por la Sala de instancia al acceder a la suspensión cautelar pedida por la Administración de la Comunidad Autónoma, porque, cuestionada la competencia municipal para llevar a cabo la aprobación de la modificación puntual que se tacha

se enfrenta, de una parte el interés público consistente en la proyección de la autonomía municipal sobre el diseño de la ciudad y los intereses privados tanto de la mercantil promotora de la actuación (ejecutada prácticamente en su totalidad) como de los terceros adquirentes que se verían privados de viviendas asequibles después de haber hecho un desembolso para adquirir las que les han sido adjudicadas en un concurso. De otra parte, el interés público representado por la Comunidad Autónoma consistente en la defensa del principio de legalidad en el ámbito urbanístico, al haber sido aprobado el plan por órgano incompetente. Ante este planteamiento, el Tribunal, sin acudir formalmente a la doctrina de la apariencia de buen derecho, establece como regla de prevalencia la procedencia de la suspensión para evitar situaciones difícilmente reversibles[48]. Con mayor rotundidad y precisión se declara la suspensión cautelar cuando se modifica el uso de un ámbito de industrial a residencial[49]. Los intereses en presencia son, sustancialmente, los

---

de injustificada, de no suspenderse su ejecutividad, cuando se dictase una sentencia estimatoria, se habría llevado a cabo la ejecución de un planeamiento urbanístico radicalmente nulo, lo que contradice el más elemental principio de que cualquier actuación urbanística debe ajustarse a la legalidad, que es por lo que, en cualquier caso, debe velar la jurisdicción al decidir acerca de la suspensión o no de decisiones en esta materia, en la que los sucesivos instrumentos de ordenación concatenados, seguidos de actos de ejecución, suelen hacer irreversibles las situaciones, que, como el propio Ayuntamiento admite al articular su recurso de casación, sólo tienen solución a través de revisiones del planeamiento urbanístico o de las consiguientes demoliciones, de compleja y muy costosa realización ésta, y conducentes, de ordinario, aquéllas a declaraciones de imposibilidad legal de ejecutar las sentencia, que realmente encubren auténticos incumplimientos de sentencias firmes. Por muy respetable que sea el derecho constitucional de que los jóvenes accedan a una vivienda digna, tal satisfacción no puede hacerse en contra de la legalidad urbanística, pues, de lo contrario, ese derecho se verá, en definitiva, frustrado, de manera que el Tribunal a quo ha realizado un correcto juicio de ponderación anteponiendo la efectividad de la sentencia y la legalidad urbanística a cualquier otra consideración...».

48. Hasta tal punto que la solución al problema jurídico ha tenido que partir de la legalización *ex post* de la actuación, a través de la aprobación definitiva de la modificación puntual núm. 105 mediante resolución de la Comisión Provincial de Ordenación del Territorio y Urbanismo de 14 de julio de 2008, donde se confirma el cambio de uso sobre una parcela y se vincula una nueva parcela a la operación, destinándola a zona verde pública (BOJA núm. 3, de 7 de enero de 2009).

49. Cfr. STS de 18/12/2008 (ECLI:ES:TS:2008:6916), que confirma la suspensión de la Innovación n.º 1 de las Normas Subsidiarias del Municipio de Macarena. La justificación es rotunda: «...Reparemos que el Auto de 30 de marzo de 2007 fundamenta la medida cautelar en la valoración de los intereses concurrentes como son los defendidos tanto por el Ayuntamiento recurrente como por la Administración autonómica recurrida, citando al respecto los "intereses locales" y los "intereses de terceros" (último párrafo del fundamento tercero de la citada resolución judicial), y poniendo de manifiesto, en fin, las consecuencias de una ejecución inmediata de la modificación del

mismos que en el supuesto anterior. Aquí concurre junto a la ponderación de los diversos intereses públicos (el autonómico ínsito en la aprobación conforme al ordenamiento jurídico del planeamiento general y el local que se concreta en el instrumento de planeamiento de desarrollo) la apreciación de una apariencia de buen derecho, aunque no se realice de forma expresa. Ello ocurre también cuando el instrumento de planeamiento general prevé una plaza o espacio libre público que es desconocida por un Estudio de Detalle cuya suspensión se otorga[50]. Expresamente en esta línea, se señala, ante la impugnación por la Comunidad Autónoma[51], que «...la paralización del desarrollo urbanístico de la zona causa menos perjuicio al interés general y

planeamiento impugnada. Esta ponderación revela, desde luego, que se ha realizado una valoración circunstanciada de los intereses afectados, aunque el resultado de la misma no coincida con la tesis que postula la Entidad local recurrente. Ciertamente la presencia del interés público en el caso de las disposiciones generales tiene unos perfiles propios y una modulación específica que ha de estar especialmente atenta al interés público urbanístico que no puede ceder ante un ligero interés particular. Sin embargo en el caso examinado se confrontan intereses públicos de diferente naturaleza e intensidad, representados por ambas Administraciones recurrente y recurrida, pues si bien la defensa de los intereses municipales puede demandar la alteración del planeamiento realizada, también el interés general que representan, como la experiencia ha demostrado, los posibles afectados en la ejecución que se inicia, ante una eventual Sentencia posterior estimatoria, también han de ser salvaguardados para que la Sentencia pueda tener efecto útil. Todo lo cual conecta tal valoración con la pérdida de finalidad del recurso que efectivamente puede tener lugar si se consuma la ejecución de las previsiones urbanísticas establecidas en la modificación impugnada antes de que recaiga Sentencia definitiva. Téngase en cuenta que el criterio de la valoración circunstanciada de los intereses en conflicto es, en este sentido, complementario del de la pérdida de la finalidad legítima del recurso. Como dijimos en Sentencia de 17 de julio de 2008 "en este caso el incidente cautelar se produce entre dos Administraciones Públicas cuya actuación debe estar presidida por la protección y defensa del interés público. Esta concurrencia de intereses públicos representados por ambas Administraciones —local y autonómica— constituye una circunstancia que forzosamente ha de influir en la ponderación de intereses afectados. En estos caos, la valoración circunstanciada tiene inevitablemente un margen más ajustado que en aquellos en los que confrontamos el interés público con intereses privados.(...) " El cotejo de los intereses públicos en conflicto oscila, en esta línea de razonamiento, entre no paralizar la actividad municipal de ejecución del planeamiento permitiendo el desarrollo de sus previsiones, y evitar la consumación mediante la transformación o mutación de la realidad física del terreno de disposiciones generales que pudieran no ser conforme con el ordenamiento jurídico...».

50. STS de 01/07/2002 (ECLI:ES:TS:2002:4842) que confirma la suspensión de un Estudio de Detalle en Betanzos.
51. Cfr. SsTS de 21/02/2006 (ECLI:ES:TS:2006:2237) y 19/10/2005 (ECLI:ES:TS:2005:6297). Implícitamente afirma la preeminencia del interés público defendido por la Comunidad Autónoma la STS de 21/01/2009 (ECLI:ES:TS:2009:44).

de terceros que si aquél se produce en contra de lo establecido en la Ley...». Y ello porque tal desarrollo urbanístico podrá proseguirse cuando se hayan despejado las dudas acerca de la denunciada ilegalidad.

190. No obstante, se deniega la suspensión cautelar cuando el posible interés autonómico es alegado, no por la Comunidad Autónoma sino por un particular y no resulta claro el deslinde entre los intereses de cada nivel territorial, máxime si se trata de competencias concurrentes[52].

iii) Tutela de intereses de otra Administración local

191. Cuando la Administración recurrente es otra Corporación local, cuyo término municipal es colindante con el que es objeto de la regulación del instrumento de planeamiento impugnado también se efectúa la ponderación de los intereses alegados, salvo que la administración recurrente no haya efectuado dicha exposición[53]. Por el contrario, cuando la Administración recurrente es una entidad local menor el dato de la mayor relevancia, siquiera sea territorial, del interés representado por las Administraciones implicadas en la aprobación del instrumento de planeamiento impugnado, Comunidad Autónoma, Diputación o Entidad Local, inclinan, sin mayor justificación el juicio ponderativo a favor de éstas[54].

---

52. ATSJ de Aragón de 28/09/2021 (ECLI:ES:TSJAR:2021:449A), que deniega la suspensión de la modificación aislada n.º 181 del Plan General de Ordenación Urbana de Zaragoza que establece unas distancias mínimas a dotaciones públicas para la instalación de salones de juego.

53. Cfr. ATSJ de Castilla y León (Sala de Valladolid) de 21/12/2004 (ECLI:ES:TSJCL:2004:679A), donde se desestima la solicitud de suspensión cautelar de la Modificación del Plan General de Ordenación Urbana de Valladolid para adaptarlo a la Ley 5/1999 presentada por el Ayuntamiento de Laguna de Duero, dado que no justifica la posible pérdida de finalidad del recurso ni la realidad de los intereses afectados. Ciertamente la Sala añade además el reiterado argumento de la remisión de los daños al momento de la gestión urbanística, si bien como argumento *a fortiori*.

54. Cfr. ATSJ de 31/05/2006 (ECLI:ES:TSJPV:2006:265A), que desestima la suspensión cautelar de la Revisión del Plan General de Ordenación Urbana de Vitoria, en concreto sobre el Sector S-33 Gamarra Mayor. La Junta Administrativa de Gamarra, entidad local menor que funciona en régimen de concejo abierto y que cuenta con 80 viviendas construidas se opone a la revisión del Plan General que establece un Sector de suelo urbanizable de 149.062 m2, con un sistema general de espacios libres paralelo al río Zadorra de 51.788 m2, y un aprovechamiento residencial de 97.274 m2, y 273 viviendas de tipología residencial colectiva con un 75,09% de VPO. El interés público alegado por la Junta es la defensa del modelo urbano tradicional, puesto que con la modificación se produciría un cambio cualitativo del pueblo desapareciendo el régimen concejil abierto y pérdida de su carácter rural. Pero ese interés cede ante el interés particular de los propietarios de suelo afectados por la reclasificación y el interés público muni-

c) PREVALENCIA DE LA PROTECCIÓN DE LOS BIENES CULTURALES

192. Cuando el instrumento de planeamiento frente al que se impetra la

---

cipal, a pesar de reconocerse la irreversibilidad del perjuicio. Aquí el TSJ señala que «...Si la finalidad legítima del recurso interpuesto por la Junta Administrativa de Gamarra Mayor es la anulación del texto refundido del PGOU: a) en relación con las previsiones de crecimiento residencial del Sector 33 Gamarra Mayor, impidiendo un crecimiento que supere el número de viviendas existentes, que la actora cifra en 80 sin que resulte cuestionada por la demandadas, que es el criterio que considera legalmente aplicable; y, b) que sea anulado en cuanto contempla la tipología de viviendas colectivas de VPO; hemos de concluir que la ejecución del PGOU en los términos en que está redactado dará finalmente lugar a la nueva construcción de 270 nuevas viviendas de las que un 75,09% serán de VPO. Ello representa una transformación de la realidad que a juicio de la Sala, si bien no es irreversible, en la medida en que toda construcción es susceptible de demolición, es de muy difícil vuelta atrás por los elevados perjuicios derivados de la misma, por lo que hemos de considerar justificada razonablemente la pérdida de la finalidad legítima del recurso en el supuesto de que se ejecute el PGOU en los términos previstos. Ahora bien, no cabe ignorar que conforme a la jurisprudencia la ejecución del planeamiento representa un interés general que salvo supuestos excepcionales debe prevalecer sobre intereses meramente privados. Así lo recuerda la STS Sala 3.ª de 9 abril 2003, (Pte: Yagüe Gil, Pedro José) "es doctrina de este Tribunal Supremo la de que el interés público urbanístico, que por principio encarna en los correspondientes Planes y Normas, exige su ejecución y que, por ello mismo, no es posible su suspensión cautelar sino excepcionalmente, sin que a tal interés público puedan oponérsele meros intereses privados económicos. De no ser así, y si se generaliza la suspensión de los instrumentos urbanísticos, (que van fundamentalmente encaminados a la creación de suelo con destino a la satisfacción de necesidades primarias), se correría el riesgo de una obstrucción generalizada a las actuaciones urbanísticas de las Administraciones públicas". En idéntico sentido SSTS de 20 y 23 de marzo de 2001 y 16 de marzo de 2002. Ciertamente en el caso de autos la recurrente es una Administración pública, pero dicha circunstancia no excluye la aplicación del criterio jurisprudencial citado, puesto que por su propia naturaleza, carece de competencias para encarnar el interés público urbanístico, competencias que legalmente le vienen atribuidas al Ayuntamiento de Vitoria-Gasteiz en todo lo que se circunscribe al ámbito municipal y a la Diputación Foral de Álava en relación con el control de la legalidad urbanística y los intereses supramunicipales. Concurre además un interés de los particulares propietarios de terrenos en el Sector interesados en su desarrollo y ejecución, interés que se ha concretado en la constitución de una asociación como paso previo a la constitución de una entidad urbanística colaboradora, habiendo promovido la aprobación inicial del Plan Parcial y de los estatutos y bases de la Junta de Compensación. Pues bien, la ponderación de los intereses en conflicto ha de resolverse otorgando prevalencia al interés público que demanda la ejecución del planeamiento en aras de satisfacer necesidades vitales de la población, como lo es la de vivienda (art.47 CE), frente al interés de la Junta Administrativa recurrente por preservar el pueblo de Gamarra Mayor del proceso urbanizador contemplado en el plan, salvaguardando su identidad, idiosincrasia, y forma de vida...».

tutela cautelar afecta a bienes objeto de protección histórico-artística (bien por tratarse de edificaciones catalogadas, bien por tratarse de conjuntos históricos) alterando los usos o edificabilidades de modo incompatible con la tutela de los elementos objeto de protección, el Tribunal considera prevalente la defensa del patrimonio cultural, ya que de no accederse a la suspensión podrían producirse situaciones irreversibles. Ahí los intereses en juego son, de una parte, el interés municipal en la ejecución del Plan, y de otra el interés de la colectividad en el respeto y defensa del patrimonio cultural.

Así, se declara la suspensión cuando se afecta a un ámbito catalogado mediante la demolición de diversas edificaciones para la apertura de una zona verde[55]. Igualmente se declara la procedencia de la medida de suspensión cuando se afecta a un ámbito declarado bien de interés cultural cuando se permite su demolición[56]. Ahora bien, si la edificación se pretende realizar

55. Cfr. STS de 23/12/2008 (ECLI:ES:TS:2008:6911), donde decreta la suspensión del Plan Especial de Protección y Reforma Interior del Área de Intervención 5 Montesacro en Cartagena, sobre la base de la siguiente argumentación: «...Si la regla primera en materia de medida cautelar de suspensión es la de que ésta ha de concederse cuando la ejecución del acto o la aplicación de la disposición impugnados pudiera hacer perder su finalidad legítima al recurso (artículo 130.1), ninguna duda cabe de que, en el presente caso, la ejecución del Plan en el área de intervención CA-5 hace perder la finalidad al recurso, porque, demolidas las edificaciones y creada una zona verde o una vía de penetración en el área donde no las había, este resultado material no puede más tarde ser remediado sino con dificultades realmente insuperables...Así que la remodelación supone la "alteración de la estructura urbana" y la "sustitución o eliminación de inmuebles", algunos de ellos catalogados, de forma que la pérdida de la finalidad del recurso es evidente, al crear la ejecución del Plan una situación irreversible...».

56. Cfr. SsTS de 25/05/2004 (ECLI:ES:TS:2004:3616); 12/04/2004 (ECLI:ES:TS:2004:2418); 16/03/2004 (ECLI:ES:TS:2004:1822); 24/02/2004 (ECLI:ES:TS:2004:1221); y 12/02/2004 (ECLI:ES:TS:2004:904), donde confirma la suspensión de la ejecutividad del Plan Especial de Protección y Reforma Interior del Cabanyal del municipio de Valencia. Al respecto se afirma que «...aunque la ejecución del Plan Especial impugnado precise de actos concretos de ejecución, susceptibles de impugnación autónoma en sede jurisdiccional, es el propio planeamiento especial el que confiere legitimidad y eficacia a dichos actos singulares hasta el extremo de que su aprobación constituye la declaración de necesidad de ocupación para ulteriores expropiaciones, con la que, según lo establecido en el artículo 21.1 de la Ley de Expropiación, se inicia el expediente expropiatorio, de manera que, en contra del parecer de las representaciones procesales de ambas Administraciones recurrentes, la mera aprobación del Plan Especial de Reforma Interior tiene una eficacia ejecutiva susceptible de ser suspendida...Si, como aseguran la Administración recurrente, el Plan Especial de Reforma Interior aprobado no contradice sino que complementa y refuerza la protección del conjunto histórico, tal cuestión habrá de dirimirse en el proceso principal, pero lo que la propia recurrente admite es que, por su interés histórico, el barrio que se trata de ordenar urbanísticamente con el planeamiento aprobado pertenece al patrimonio cultural de Valencia,

fuera del ámbito objeto de suspensión no existe razón para suspender el planeamiento en el recurso indirecto[57]. La suspensión se adopta, igualmen-

y como tal se encuentra especialmente protegido, a pesar de lo cual la ejecución del referido Plan Especial, contra cuya aprobación se ejercitan las acciones objeto del pleito que se sustancia ante la propia Sala de instancia, comportará demoliciones de edificios integrados en ese conjunto histórico, lo que supone un riesgo que dicha Sala viene a conjurar con la suspensión cautelar acordada, dada la irrecuperabilidad de lo que se derruyera...En el imprescindible juicio de ponderación, que se debe hacer para acordar medidas cautelares..., entre ellas la suspensión de la ejecutividad de los Planes urbanísticos, el Tribunal "a quo", con acierto, no ha comparado intereses generales con intereses particulares, pues no son éstos los invocados, sino que ha tenido en cuenta el interés público de proteger el barrio Cabanyal-Canyamelar, que en el ordenamiento jurídico valenciano goza de una especial consideración por su valor histórico y cultural, frente al que no puede prevalecer el interés en ejecutar inmediatamente un Plan Especial de Reforma Interior de dicho barrio, que está en tela de juicio, porque, si se declarase este Plan Especial contrario a derecho, aquellos valores pudieran resultar seriamente afectados con las demoliciones realizadas. A todas luces aparece como prevalente la protección dispensada al barrio por el propio ordenamiento jurídico, ya que la conformidad a derecho del planeamiento urbanístico, que altera la estructura de ese conjunto histórico, está cuestionada y deberá decidirse al término del proceso, cuya solución definitiva podría ser contraria a su legalidad, por lo que es razonable que la Sala de instancia se haya inclinado por amparar los valores que el ordenamiento jurídico autonómico preserva y protege...».

57. Cfr. ATSJ de la Comunidad Valenciana de 12/04/2006 (ECLI:ES:TSJCV:2006:3138). El Plan había sido suspendido cautelarmente con carácter parcial sobre un determinado ámbito por el Tribunal Superior de Justicia de la Comunidad Valenciana en un recurso directo frente al mismo. Ahora ante el otorgamiento de licencias de derribo otorgadas por el Ayuntamiento fuera del ámbito suspendido, se deniega la medida cautelar de suspensión. Pero aquí la denegación de la medida se fundamenta en una razón de fondo anticipada por la Sala, la inexistencia de valores de patrimonio cultural en las edificaciones a derribar. Esta circunstancia es correctamente puesta de relieve por el voto particular formulado, donde sí se realiza la necesaria ponderación de intereses concluyendo en la procedencia de la adopción de la medida cautelar de suspensión sin prejuzgar el fondo del asunto. En concreto el voto particular afirma que «...Así pues, de la normativa anteriormente expuesta se desprende que esta Sala, deberá previamente realizar una valoración de los intereses en conflicto y, seguidamente, acordar la medida cautelar interesada sólo en el supuesto de que la ejecución del acto impugnado inviabilizara la legítima finalidad del recurso, salvo grave perturbación de los intereses generales. La valoración de los intereses en conflicto deberá tomar en consideración: la naturaleza del daño, la seriedad de los motivos de impugnación del acto o disposición, la relación de los mismos con los intereses generales, debiendo preservar la legítima finalidad del recurso. Tales circunstancias fueron valoradas por el auto de instancia y por la sentencia mayoritaria de apelación de una forma diferente, llegando a soluciones contrarias. Pero si afrontamos las circunstancias a tener en cuenta por las normas legales antedichas, los pronunciamientos deberían ser los siguientes: a) La ejecución de las licencias de demolición privan al recurso contencioso-administrativo de su legítima finalidad, lo vacían de contenido y objeto, sin posible reparación

te, cuando junto con la afectación al bien protegido o catalogado concurre la apariencia de buen derecho apreciable en la demanda, al no haber sido

y con resultados irreversibles. b) Si se ejercita en el presente caso por los recurrentes la acción pública en defensa de intereses difusos (patrimonio cultural valenciano, valores urbanísticos, integridad de un barrio), la sentencia que se dicte en su día será con entera seguridad insatisfactoria: en caso de estimarse la demanda ya no quedarán inmuebles que salvaguardar. c) El auto apelado pone de manifiesto que la sentencia de esta Sala, desestimatoria del recurso contencioso-administrativo contra el PEPRI de Cabanyal-Canyamelar, se encuentra recurrida en casación. Tal circunstancia no priva al Plan Especial de ejecutividad, al menos en la zona no suspendida por la Sala, pero no es menos cierto que, en caso que el Tribunal Supremo estimara la casación, el resultado sería penoso e irreversible, con los inmuebles demolidos. d) El interés general no se vería negativamente afectado en caso de suspensión de las licencias de derribo, puesto que el Ayuntamiento de Valencia carece de instrumento de gestión alguno (proyecto de urbanización) para poder dar un fin legítimo a los resultados del derribo. Más bien al contrario, los intereses públicos aconsejan no derribar unos inmuebles sin otra finalidad que convertirlos en solares. e) Asimismo, si los derribos son manuales y van a dejar al descubierto medianeras de otros edificios colindantes, con la consiguiente generación de riesgos y la degradación del barrio, más acorde al interés general seria esperar al pronunciamiento del Tribunal Supremo y actuar de una manera general y sin restricciones. f) Se dice en la sentencia mayoritaria que los edificios a demoler se encuentran fuera de ordenación y están descatalogados, pero no es menos cierto que dicha descatalogación fue operada por el PEPRI recurrido en casación, de manera que una sentencia anulatoria del Tribunal Supremo provocaría la vigencia del PGOU de Valencia de 1988, la catalogación como CHP-2, nivel de protección 2 del catálogo del Plan General de los inmuebles 95 y 101 de la calle San Pedro, estando los otros 3 incluidos en el Conjunto Histórico Protegido del Cabanyal-Canyamelar encontrándonos con unos edificios ya demolidos y unos valores culturales perdidos de manera irreversible. g) Se dice en la sentencia mayoritaria que el interés general exige que las normas de planeamiento se cumplan, pero no es menos cierto que no estamos ante una actuación ejecutiva del planeamiento, pues ni siquiera es planeamiento lo que se ejecuta, ya que no existe el necesario proyecto de urbanización y no puede mantenerse que las licencias de demolición constituyan un desarrollo urbanístico, ya que no contribuyen a la creación o desarrollo de una trama urbana ni responden a. un modelo racional de ordenación del barrio del Cabanyal, no respondiendo por tanto al interés general. h) Resulta llamativo en el ámbito urbanístico que una demolición no persiga sus fines naturales: ruina, edificación o ejecución de un proyecto de urbanización, no resultando acorde al interés público demoler para conseguir solares en un medio en el que ello supondrá un evidente deterioro ambiental. Estaremos, pues ante una demolición sin causa, contraria a los intereses del barrio del Cabanyal, que aconsejaría su suspensión cautelar. i) Al anterior motivo impugnatorio debe añadirse la exigencia del art. 39.2-b) de la Ley 4/1998, de Patrimonio Cultural Valenciano, que en el ámbito de los Planos Especiales de protección de Conjuntos históricos obliga a tener en cuenta el siguiente criterio: "Se garantizará la edificación sustitutoria en los derribos de inmuebles, condicionándose la concesión de la licencia de derribo a la previa obtención de la de edificación". Todo ello permite apreciar una seriedad en los motivos impugnatorios de la actuación municipal...».

aprobado inicialmente el Estudio de Detalle, sino únicamente de forma definitiva, sin sometimiento a información pública[58].

193. Por el contrario, si el instrumento de planeamiento se adopta con la finalidad de protección del bien, se rechaza la suspensión[59], ya que aun

58. Cfr. ATSJ de Castilla y León (Sala de Valladolid) de 20/12/2005 (ECLI:ES:TSJCL:2005:1028A) que acuerda la suspensión del Estudio de Detalle de la UE 188 del Plan General de Valladolid. En concreto, se precisa que «...Es procedente la adopción de la medida cautelar de suspensión del Acuerdo municipal impugnado, toda vez que de no adoptarse esa medida el recurso perdería su finalidad legítima, ya que en el caso de una sentencia estimatoria del recurso su ejecución sería prácticamente imposible, teniendo en cuenta, además, que se aprecia de forma ostensible en este momento procesal —lo que se indica a los efectos de la resolución de este incidente, y sin perjuicio, por tanto, de lo que se diga en su día en la sentencia— la apariencia de buen derecho (STC de 29 de abril de 1993) que se invoca por la parte recurrente. En este sentido ha de destacarse que se aprecian graves irregularidades en la tramitación del Estudio de Detalle al que se refiere el Acuerdo impugnado, pues ese instrumento de planeamiento de desarrollo no consta aprobado inicialmente, que es un trámite necesario para llegar a su aprobación definitiva, como resulta de lo dispuesto en el art. 55 de la Ley de Urbanismo de Castilla y León 5/1999, de 8 de abril. Es decir, que la aprobación definitiva de un Estudio de Detalle se produce necesariamente después de su aprobación inicial, y esta aprobación inicial del Estudio de Detalle no consta en el expediente remitido que se haya producido. Debe destacarse que si bien se presentó ante el Ayuntamiento por la representación de Construcciones Aragón Izquierdo S.L. un Estudio de Detalle para desarrollar la Unidad de Actuación 188 del Plan General de Ordenación Urbana de Valladolid, esto no fue admitido por el Ayuntamiento al suponer una modificación de ese Plan en diversas determinaciones, entre ellas al aumentarse las alturas máximas permitidas, lo que llevó a que se aprobara inicialmente la Modificación del PGOU por Acuerdo de 8 de junio de 2.001, que fue informada desfavorablemente por la Comisión Territorial de Urbanismo por acuerdo de 26 de junio de 2.001, al afectarse, entre otros motivos, a "un edificio catalogado". Asimismo se indicaba en ese informe que se disminuía con la modificación la superficie destinada a espacios libres públicos del PGOU. Debe señalarse asimismo que la catalogación de los elementos que deban ser conservados o recuperados, con las medidas de protección que procedan es una determinación de ordenación general, conforme establece el art. 41.d) de la citada Ley 5/1999, que no puede ser modificada por Estudio de Detalle.

59. Cfr. STS de 18/09/2002 (ECLI:ES:TS:2002:5939), que deniega la suspensión cautelar de un Plan Especial de Reforma Interior del Barrio de San Nicolás en Las Palmas de Gran Canaria. Se afirma que "...La circunstancia de que, como se reconoce, se vaya a expropiar la vivienda de la recurrente —sobre lo que existe efectivamente un principio de prueba suficiente a efectos de la medida cautelar— determina que la afectación del derecho de propiedad por razones de interés público se ajuste a las exigencias del artículo 33.3 de la Norma Fundamental. Por otra parte es constante la jurisprudencia que, en aplicación del artículo 122 de la antigua Ley Jurisdiccional de 1956, apreció la dificultad de suspender cautelarmente la ejecución de planes de urbanismo, al incidir sobre actos equiparados a disposiciones de carácter general, en las que el interés público se presenta más acentuado que en los actos administrativos. A efectos del actual

cuando se afecta a un inmueble privado catalogado que será objeto de expropiación para destinarlo a Centro de Salud, no se ha probado la afectación al interés público en la protección del patrimonio arquitectónico. Igualmente se rechaza la suspensión cuando lo que se alega para proteger un determinado bien de interés cultural afectado por el instrumento de planeamiento es la competencia para afectar a un bien de titularidad distinta a la Administración que aprueba tal instrumento, dado que ello es una cuestión de fondo[60].

d) PREVALENCIA DE LA PROTECCIÓN DEL MEDIO AMBIENTE (I). EL DEMANIO MARÍTIMO-TERRESTRE

194. Cuando el interés público afectado por el instrumento de planeamiento es la tutela de los bienes demaniales costeros, el mismo se considera prevalente frente al interés público ínsito en el instrumento de planeamiento, como elemento imprescindible para proteger la integridad del demanio costero. Ello conduce a la suspensión de los instrumentos de planeamiento que ordenan la zona de servidumbre vulnerando las limitaciones establecidas por la legislación de costas (fundamentalmente fijando alineaciones de una edificación sobre suelo urbano dentro de la zona de 20 metros de

artículo 130 de la LJCA esta circunstancia sigue condicionando gravemente la posibilidad de suspensión, dada la perturbación de los intereses generales que comportan por regla general las dilaciones en ejecutar un Plan... La protección del edificio de autos es la que se refiere a edificios con ciertos valores edificatorios o ambientales que ilustran y sirven de referencia para comprender su época, lenguaje formal, temática funcional, tecnología constructiva u operación urbanística. La argumentación del motivo (en el que se invoca infracción del artículo 130.2 de la LJCA) no enerva, a la luz de estas circunstancias, el criterio del Auto recurrido porque no aparece razón alguna que justifique, siquiera sea en forma indiciaria, que el cambio de destino del edificio y su conversión en Centro de Salud de titularidad pública deba implicar —como simplemente se afirma— que se vayan a suprimir ni aun deteriorar los elementos arquitectónicos que el planeamiento ordena proteger...".

60. Cfr. STS de 10/02/2005 (ECLI:ES:TS:2005:787) que deniega la suspensión del Plan Especial de Reforma Interior de la Ciudad Universitaria de Madrid, dado que "...la cuestión relativa a la competencia estatal o autonómica deberá ser objeto de examen en el proceso, que se sustancia ante la Sala de instancia, para decidir si la declaración de bien cultural de la Ciudad Universitaria por el Decreto autonómico 21/99 es o no ajustada a derecho, por lo que la aducida competencia estatal no es razón suficiente para acordar preventivamente la exclusión interesada, ya que la demora en la resolución del pleito no es susceptible de hacer perder la finalidad legítima al recurso, de manera que, conforme a lo establecido en el artículo 130.1 de la Ley de esta Jurisdicción, no es procedente acceder a dicha exclusión cautelar...".

la servidumbre de protección[61]). Se considera prevalente la protección de la zona de servidumbre del dominio público marítimo terrestre frente a la construcción de la edificación residencial en la fachada litoral, ya que de no

61. La STS de 18/07/2002 (ECLI:ES:TS:2002:5436), estima el recurso planteado por la Administración estatal y revocando el Auto del Tribunal Superior de Justicia de Galicia que había denegado la suspensión de la ejecutividad de un Estudio de Detalle que establecía las alineaciones de una edificación sobre suelo urbano dentro de la zona de 20 metros de la servidumbre de protección, acuerda la misma, ya que "......Cuando el artículo 130.1 de la LJCA permite acordar la medida cautelar (aquí, suspensión) en los casos en que 'la ejecución del acto (...) pudiera hacer perder su finalidad legítima al recurso', no se está refiriendo sólo a los casos en que la ejecución impida la finalidad del recurso de forma definitiva y fatal, sino también a aquellos en que la ejecución del acto puede obstaculizar gravemente y hasta extremos dificultosísimos la efectividad de la posterior sentencia estimatoria. Y esto es lo que aquí ocurre. Si el Estudio de Detalle aquí impugnado no se suspende, la ordenación que conlleva puede dar lugar a la edificación del solar y a la ocupación con edificaciones de los 20 metros de la zona de servidumbre de protección (disposición transitoria tercera núm. 3 de la Ley de Costas de 28 de julio de 1988, disposición al parecer aquí aplicable por tratarse de suelo urbano a la entrada en vigor de dicha Ley), lo que resulta prohibido en su artículo 25.2 a). Hecho ello, transmitidos quizá a terceras personas los inmuebles resultantes, la reposición de las cosas a su estado anterior que habría de exigir la sentencia estimatoria sería de una extrema dificultad, como la experiencia enseña. Y este es un riesgo que no predicamos ahora para intereses privados, sino para un interés público evidente, a saber, para la integridad de una zona de servidumbre del dominio público marítimo-terrestre. Es cierto que es doctrina de esta Sala la de que por regla general no cabe la suspensión de los Planes y Normas Urbanísticas, que representan por principio la mejor solución que el interés público idea para las aspiraciones colectivas urbanísticas, frente a la que han de ceder los intereses privados. Pero en este caso a aquél interés urbanístico no se contraponen unos intereses privados, sino otro interés público, cual es el de la defensa de las zonas de servidumbre que están al servicio del dominio público marítimo terrestre, como decíamos. A todo lo cual hay que añadir (aunque con las cautelas necesarias, por constituir ello la cuestión de fondo), que la pretensión del señor Abogado del Estado no resulta a simple vista descartable sino que tiene una "apariencia de conformidad a Derecho" (artículo 136.1 de la LJCA, "a sensu contrario"). Pues, desde luego, de la sentencia del Tribunal Constitucional 149/1991, de 4 de julio se deduce que los informes de la Administración del Estado previstos en el artículo 117 de la Ley de Costas en cuanto a la zona de servidumbre de protección no son vinculantes, pero no que no sean preceptivos ni tampoco que, por no ser vinculantes, no pueda la Administración del Estado pretender ante los Tribunales de Justicia la efectividad de las normas que prohíben en esa zona determinadas edificaciones. Una cosa es la competencia para adoptar una decisión (que puede no corresponder a la Administración del Estado) y otra la legitimación para acudir a los Tribunales impugnando esa decisión (que no puede ser negada a esa Administración). Pero repetimos, dicho sea esto sin prejuzgar ni siquiera las ideas que se acaban de exponer, las cuales se dejan dichas únicamente por su utilidad para juzgar provisionalmente sobre la aparente "seriedad" de la pretensión que aquí ejercita la Administración del Estado...».

otorgarse la suspensión se permitiría obtener las oportunas licencias para levantar una construcción en la zona de servidumbre de protección[62]. Por el contrario, si lo que se permite implantar no es un uso residencial, sino un uso de espacios libres o zona verde no se otorga la suspensión, al existir tal riesgo inmediato para la integridad del demanio[63].

---

62. Las SsTS de 22/11/2007 (ECLI:ES:TS:2007:7670); 25/10/2007 (ECLI:ES:TS:2007:7492) y 03/10/2007 (ECLI:ES:TS:2007:8329), que revocan las decisiones del TSJ de Murcia con base en los siguientes argumentos: «...a) En primer término —desde la perspectiva provisional en la que ahora nos encontramos— la interpretación competencial de la representación estatal (con base en lo establecido en la STC 149/1991, de 4 de julio) se nos presenta consistente, a la vista de la jurisprudencia de esta Sala en relación con tal extremo. En concreto la Administración del Estado tiene plenas atribuciones para defender la zona de servidumbre de protección el dominio público marítimo terrestre de conformidad con lo establecido en los artículos 110.c) y 119 de la LC, debiendo citarse al respecto la sentencia del Tribunal Supremo 15 de diciembre de 2005. b) En segundo término, debemos añadir que tanto el argumento relativo a la coincidencia de alineaciones entre el PGOU y el Estudio de Detalle, como el de la necesaria exigencia de una posterior licencia para poder, en su caso, edificar, no se nos presentan, en el marco de la provisionalidad con la que ahora examinamos la cuestión, con una intensidad más que suficiente para soportar la decisión adoptada por la Sala de instancia denegatoria de la medida cautelar solicitada. Efectivamente, la coincidencia de alineaciones no excluye la presumible invasión parcial de la zona de servidumbre de protección, y la circunstancia de que las mismas ya estuvieran —y fueran coincidentes— con las del antiguo PGOU o su más reciente modificación, no excluye su todavía posible impugnación indirecta. Por otra parte, la argumentación relativa a la necesaria solicitud de licencia para poder realizar la edificación, no excluye los especiales caracteres —en el ámbito del planeamiento— de la figura del Estudio de Detalle, tan próximo y coincidente, en tiempo y contenido, con la misma licencia de edificación. Sin embargo, lo cierto es que de no suspenderse la eficacia del instrumento de ordenación urbanística que fija la alineación de la fachada marítima, se permitiría otorgar las oportunas licencias para levantar una construcción en la zona de servidumbre de protección, lo que precisamente trata de evitar la acción ejercitada por la Administración del Estado. En consecuencia, estamos ante el supuesto contemplado en el apartado 1 del artículo 130 de la LJCA. Y si frente a ello procedemos a la ponderación de los intereses públicos que una y otra Administración, estatal y local, esgrimen y defienden, consideramos más atendible la protección de la zona de servidumbre del dominio público marítimo terrestre que la construcción de la edificación residencial en la fachada litoral, razón por la que es nuestro parecer que, como sostiene el Abogado del Estado, el Tribunal a quo ha vulnerado lo dispuesto por el artículo 130 de la Ley Jurisdiccional al denegar la medida cautelar por él interesada...».
63. Cfr. ATSJ del País Vasco de 11/02/2003 (ECLI:ES:TSJPV:2003:1A), que deniega la suspensión cautelar del Estudio de Detalle del Polígono de Isuskiza. Frente a la alegación de la posible afección a la zona de servidumbre de protección establecida por la Ley de Costas, la Sala considera que no se ha acreditado suficientemente la existencia de perjuicios irreparables, puesto que lo que se permite construir sobre dicha superficie son jardines, no existiendo una apariencia de buen derecho.

195. Obviamente, si la afectación sobre el demanio costero se produce con base en la existencia de previos actos administrativos otorgados por la Administración estatal o no recurridos por la misma, no se otorga la suspensión cautelar, dado que no existe una acreditación creíble de la producción de daños irreparables ni existe una apariencia de buen derecho[64].

64. Así, la STS de 03/02/2005 (ECLI:ES:TS:2005:580) deniega la suspensión solicitada por la Abogacía del Estado del Plan Especial de Ordenación de los Usos del Puerto de Premiá del Mar, al considerar que la posible reducción significativa interna del puerto de uso pesquero y deportivo derivada del relleno del puerto primitivo, transformando esta superficie en un espacio lúdico y comercial, lo que podría implicar una afectación del uso pesquero y deportivo para el que fue otorgado. Y ello porque el Ayuntamiento al aprobar el Plan Especial había asumido los requerimientos establecidos por el Informe vinculante de Costas en la materia de su competencia. Sobre esta base se afirma que «... La Administración aquí actora no ha logrado llevar al ánimo de este Tribunal la convicción de que el Plan Especial impugnado vaya a hacer perder la finalidad al recurso ni vaya a originar daños o perjuicios de imposible o difícil reparación. Y ello porque la Generalidad de Cataluña ha afirmado reiteradamente, sin contradicción, estos dos hechos capitales: 1.º.– Que el Plan Especial impugnado "no autoriza ni determina ni contempla la ejecución de ningún tipo de obra respecto a la configuración física del puerto en sí y de su zona de servicio, es decir, no son objeto del Plan Especial ningún tipo de obras de infraestructura ni de superestructura portuarias en sentido estricto". Y ello porque la configuración física actual del puerto pesquero-deportivo de Premiá de Mar es el resultado de dos proyectos anteriores, a saber: A) La ampliación del puerto originario, que se realizó con base en una concesión otorgada por la Administración del Estado en fecha 17 de enero de 1991, en la cual se impusieron como condiciones la ejecución por el concesionario del Paseo Marítimo y el trasvase de arenas de las playas de levante a poniente del puerto, para corregir los efectos de la interrupción del transporte de arenas que la ampliación podía ocasionar. B) El "Proyecto de remodelación de la zona de servicio del puerto deportivo de Premiá de Mar", aprobado definitivamente por resolución del Consejero de Política Territorial y Obras Públicas de la Generalidad de Cataluña de 4 de octubre de 1999, y que no fue impugnado por la Administración del Estado. Aunque este proyecto no afectaba a la configuración exterior del puerto, contemplaba la remodelación interior de la zona de servicio. 2.º.– También ha afirmado la Generalidad que no es cierto que el Plan Especial impugnado haya sido aprobado en contra del informe de la Administración del Estado, sino que se han introducido en él las condiciones que respecto a la integridad y configuración del dominio público impuso aquel informe (trasvase de tierras, construcción del paseo marítimo y reparación de los desperfectos ocasionados a poniente del puerto), aunque no se han seguido aquellas observaciones que el informe contenía respecto de los usos, por entenderse que esta materia no es competencia estatal. Repetimos, nada de esto es discutido por la Administración del Estado ni en el recurso de súplica ni en este recurso de casación, razón por la cual (y a los solos efectos de esta suspensión, es decir, sin perjuicio de lo que pueda razonarse y decidirse cuando el pleito se resuelva en sentencia), razón por la cual hemos de partir de estas afirmaciones indiscutidas. Resulta entonces que, siendo así las cosas, ni del Plan Especial se derivan efectos que puedan ser irreversibles de forma que hagan perder su finalidad al recurso (ya que los

196. Debe tenerse en cuenta que las especialidades previstas por el artículo 119 de la Ley 22/1988, de Costas se refieren únicamente a los aspectos procedimentales, que imponen que no resulte necesario sustanciar la pieza separada de medidas cautelares, sino que la medida debe adoptarse en «el primer trámite siguiente a la petición de la misma». Aquí se ha establecido un régimen especial en materia de suspensión, que no precisa del cumplimiento de los trámites previstos en la LJCA dada la excepcionalidad del supuesto y a fin de tutelar de forma inmediata los intereses generales en juego[65]. Por el contrario, la cuestión de fondo, la determinación de la procedencia o no de la suspensión, sí debe efectuarse a partir de los criterios materiales de la LJCA[66].

e) PREVALENCIA DE LA PROTECCIÓN DEL MEDIO AMBIENTE (II). LA GARANTÍA DE LA SUFICIENCIA DE RECURSOS HÍDRICOS

197. La prevalencia del interés público ínsito en el principio de desarrollo sostenible y su concreción en la utilización racional de los recursos hídricos[67] ha determinado un cambio de paradigma. Aparentemente se afirma que «... aunque sea doctrina de esta Sala la de que no deben suspenderse con carácter general los instrumentos de planeamiento porque expresan el interés público urbanístico, no debe olvidarse que esa doctrina (que tiene también sus matizaciones), resulta aplicable cuando son particulares quienes impugnan los Planes, pero no cuando al interés público que el Plan representa se le opone otro interés público, que ejercita otra Administración distinta, como aquí la Administración del Estado respecto de los intereses hidráulicos. En tales casos, hay dos intereses públicos afectados que han de confrontarse sin dar prevalencia de principio a ninguno de ellos...»[68].

198. Desde esta perspectiva, la impugnación de un Plan que no tiene asegurada la existencia de agua para los desarrollos urbanísticos previstos

---

referentes a los usos son reversibles, con toda evidencia), ni el Plan Especial contiene una disconformidad con lo informado por la Administración del Estado en materia de su competencia...».

65. Cfr. ATS 06/09/1991 (ECLI:ES:TS:1991:330A); y ATS de 06/09/1991 (ECLI:ES:TS:1991:329A).
66. Como precisa la STS de 23/10/1996 (ECLI:ES:TS:1996:5780).
67. Sobre dicha prevalencia, Chinchilla Peinado (2012: 37); Menéndez Rexach (2010: 99).
68. Cfr. SsTS de 30/03/2009 (ECLI:ES:TS:2009:1662); 25/02/2009 (ECLI:ES:TS:2009:786) Recurso de Casación núm. 872/2002).

en él demanda, de forma natural, la suspensión cautelar de la eficacia del Plan, pues en otro caso se perdería la finalidad legítima del recurso, art. 130.1 LJCA. En efecto, en caso contrario la acción ejercitada perdería su finalidad en orden a impedir la modificación del entorno físico con vulneración de la vigente legalidad urbanística, puesto que se permitiría la ejecución del Plan sin que estuviese garantizado el abastecimiento de agua[69]. Aquí la razón del otorgamiento es primariamente la ausencia material de la garantía de agua para el abastecimiento urbano como elemento determinante del desarrollo urbanístico[70]. Pero también el que se haya incumplido el procedimiento

69. Como señala la STS de 09/02/2010 (ECLI:ES:TS:2010:1375), que acuerda la suspensión de un Plan Parcial en Benicassim, «...En resumen, de aquellas declaraciones de la Sala de instancia y de este reconocimiento del Agente Urbanizador se deduce que no hay informe expreso emitido por la Confederación Hidrográfica del Júcar y que no existe concesión de aguas otorgada por dicha Confederación, de donde hemos de concluir que es cierto el riesgo, repetidamente denunciado tanto en la instancia como en casación por los recurrentes, de insuficiencia de recursos hídricos para los desarrollos urbanísticos amparados por el instrumento de ordenación y programa de actuación impugnados. Acreditado el indicado riesgo de insuficiencia de recursos hídricos para la obra urbanizadora amparada en tales instrumento, proyecto y programa, de no suspender la ejecutividad de éstos, no cabe duda que la acción impugnatoria ejercitada por los recurrentes perdería su legítima finalidad...».

70. La STS de 25/02/2009 (ECLI:ES:TS:2009:786), que confirma la suspensión otorgada en la instancia del PGOU de Enguera, afirma que «...los daños y perjuicios derivan del hecho de que, sin informe de la Confederación, no puede decirse que exista agua; es decir, no se trata del defecto formal de falta de un informe, sino del problema material de existencia o no existencia de agua... De forma que, en definitiva, la aprobación del Plan se supedita a que exista agua, cosa que debe acreditarse en todo caso antes de otorgarse la aprobación definitiva. Esta puede supeditarse a la concurrencia de aspectos accesorios o complementarios, pero no a la vital e imprescindible de la existencia de agua. Y ninguna duda cabe de que aprobar un Plan General sin que conste la real existencia de recursos hídricos puede originar daños y perjuicios de muy difícil reparación...». En la misma línea, la STS de 21/10/2009 (ECLI:ES:TS:2010:6288), determina la suspensión del Plan Parcial Santa Ana en Jumilla ya que «...Dicho de otra forma, en la confrontación en el limitado ámbito procesal en el que nos encontramos entre el interés general que el desarrollo urbanístico representa tomado en consideración por la Sala de instancia y el interés general derivado del cumplimiento de la normativa sectorial de aguas, obvio es que este debe primar, en un supuesto como el de autos, en el que de los propios términos de los Autos impugnados no puede deducirse el cumplimiento de la misma legalidad... Si bien se observa, los Autos impugnados, en relación con esta particular cuestión, no pasan de realizar las siguientes afirmaciones: a) Que existe un expediente de concesión de aguas subterráneas, que se tramita en la Confederación Hidrográfica, con la finalidad de obtener una modificación de las características o condiciones de un aprovechamiento inscrito en el Registro de Aguas con la finalidad de hacerlo susceptible de ser destinado a destino distinto del de riego. b) Que le Plan Parcial contempla una planta desaladora y potabilizadora a ejecutar

formal al no contar con el informe preceptivo y determinante (vinculante) de carácter positivo emitido por el Organismo de Cuenca exigido por los arts. 22.3.a) TRLSRU y 25.4 TRLAg, concurriendo así una apariencia de buen derecho en la ilegalidad del plan[71], sin que sea procedente la aprobación condicionada a la emisión ulterior de tal Informe[72], ni suficiente un informe

---

en el sector. c) Y que existen otras previsiones para la obtención de recursos hídricos necesarios (al parecer consistente en un proyecto para conectar la red de distribución de la Mancomunidad de Canales del Taibilla con el Altiplano desde el embalse de El Cenajo). Ante tal situación —fruto de la valoración probatoria de la propia Sala de instancia— debió procederse al otorgamiento de la medida cautelar solicitada, bien contemplemos la situación desde la perspectiva del periculum in mora del recurso, bien desde la doctrina del fumus boni iuris, bien desde la confrontación de los intereses en conflicto, de la que resulta la evidente afectación del interés general que hemos señalado con la posible derivación a otros intereses de terceros y del propio recurrente...». En la misma línea STS de 07/12/2012 (ECLI:ES:TS:2012:8126), que otorga la suspensión del Plan Especial de Reforma Interior «Ermita Santa Bárbara» de Beniparrell.

71. No comparto la postura de Agudo González (2013: 96), que considera que aquí no debería aplicarse esa apariencia de buen derecho en estos supuestos.

72. La STS de 30/03/2009 (ECLI:ES:TS:2009:1662) confirma la suspensión del Plan Parcial El Rajolar en Llaurí, ya que «... Ahora bien, sin que ello suponga ignorar esas llamadas a la prudencia en la aplicación de la apariencia de buen derecho como criterio para dirimir el incidente de medidas cautelares, hay razones para entender en este caso ha sido aplicado de forma acertada. De un lado, es un hecho no controvertido que la aprobación del instrumento de planeamiento se produjo sin el preceptivo informe de la Confederación Hidrográfica previsto en el artículo 25.4 de la Ley 29/1985, de 2 de agosto, de Aguas, redactado por la Disposición Final Primera de la Ley 11/2005, de 22 de junio... es indudable que la ausencia del informe de la Confederación Hidrográfica constituye un indicio a favor de quien sostiene la ilegalidad del acuerdo impugnado; y de ello parece estar persuadida la propia Comisión Territorial de Urbanismo autora del acuerdo impugnado, pues ella misma decide supeditar la efectividad de la aprobación otorgada a que se emita informe por la Confederación Hidrográfica del Júcar... En segundo lugar, la apreciación de buen derecho predicada por la Sala de instancia existe en realidad (dicho sea esto sin prejuzgar el fondo del asunto): hay un precepto que exige el informe previo de la Confederación Hidrográfica del Júcar (artículo 25.4 del T.R.L.A. 1/2001, modificado por Ley 11/2005, de 22 de Junio, informe que, además, probablemente tenga carácter vinculante a tenor de lo establecido en el artículo 83.3 de la Ley Autonómica 16/2005, de 30 de Diciembre, que se remite a la Disposición Adicional Segunda n.º 4 de la Ley estatal 13/2003, de 23 de Mayo, Reguladora del Contrato de Concesión de Obra Pública...». En la misma línea, la STS de 06/07/2009 (ECLI:ES:TS:2009:4469) otorga la suspensión del Plan Parcial Barranc el Pozalet en Loriguill ya que «...Tampoco puede prosperar la alegación relativa a la preeminencia del interés público derivado de la aprobación del planeamiento frente al interés, también público, referido a la necesidad de asegurar el adecuado y racional aprovechamiento de los recursos hidráulicos... es indudable que la emisión de dos informes negativos por la Confederación Hidrográfica constituye un indicio a favor de quien sostiene la ilegalidad del acuerdo impugnado; y de ello parece estar persuadida

emitido por el órgano suministrador del agua potable[73]. Ciertamente la legislación autonómica en materia urbanística permite la aprobación definitiva de los instrumentos de planeamiento con carácter condicionado, no resulta lícito admitir que uno de los condicionantes sea la posterior emisión del Informe de la Confederación Hidrográfica sobre la disponibilidad o no de recursos hídricos suficientes, incluso en el supuesto de que el instrumento de planeamiento no sea todavía eficaz por no haber sido publicado[74]. La aprobación condicionada lo es respecto de elementos accesorios, no ante la falta de elementos fundamentales del plan, como es la acreditación de la suficiencia de agua[75]. Aquí lo procedente es, de no acordarse la denegación de la aprobación, acordar la suspensión de la aprobación para corregir las deficiencias, pero no suspender (aprobación condicionada) unas determinaciones inexistentes, ya que el promotor del plan no dispone de derechos de agua suficientes para la nueva demanda de recursos hídricos generada por la nueva actuación urbanística[76].

---

la propia Comisión Territorial de Urbanismo autora del acuerdo impugnado, pues ella misma decide supeditar la efectividad de la aprobación otorgada a que se emita otro informe por la Confederación Hidrográfica del Júcar...». Con el mismo razonamiento la STS de 12/02/2010 (ECLI:ES:TS:2010:601) confirma la suspensión del Plan Parcial Santa Apolonia en Torrent; y la STS de 01/02/2010 (ECLI:ES:TS:2010:266) acuerda la suspensión de la Homologación y Plan Parcial SAU Segaria en Benimeli, mientras que la STS de 18/05/2012 (ECLI:ES:TS:2012:3195) confirma la suspensión del Plan Parcial de Mejora del Sector 16 Gargasindi I de Calpe. Igualmente, ATSJ de 01/03/2007 del Tribunal Superior de Justicia de la Comunidad Valenciana (ECLI:ES:TSJCV:2007:32A).

73. Cfr. ATSJ de la Comunidad Valenciana de 19/01/2007 (ECLI:ES:TSJCV:2007:1A), que accede a la suspensión cautelar de la homologación modificativa y el PP Masía de Porxinos de Ribarroja (Valencia), aprobada por Acuerdo de la Comisión Territorial de Urbanismo de Valencia de 30 de junio de 2006. La medida cautelar es solicitada por la Abogacía del Estado sobre la base de que la falta de acreditación de la disponibilidad de agua para la ejecución de las obras proyectadas ocasionaría unos perjuicios irreparables, existiendo una inmisión en competencias estatales. A tal efecto precisa que el informe negativo de la Confederación Hidrográfica del Júcar relativo a la disponibilidad de recursos hídricos tuvo su origen en la falta de datos suministrados por la Administración urbanística, por lo que dicho organismo de cuenca no pudo acreditar la existencia de reservas para satisfacer las nuevas demandadas de agua vinculadas a las actuaciones urbanísticas previstas sin menoscabar o afectar a otros usos ya existentes, sin que el informe de la entidad concesionaria y suministradora de agua potable en el municipio pueda sustituir al de la Confederación Hidrográfica.

74. En este sentido se pronuncian las SsTS de 30/03/2009 (ECLI:ES:TS:2009:1662); y 25/02/2009 (ECLI:ES:TS:2009:786.

75. Cfr. STS de 25/02/2009 (ECLI:ES:TS:2009:786).

76. Crítico con esa posibilidad de la aprobación condicionada, por considerar el Informe de la Confederación Hidrográfica como un mero trámite formal susceptible de subsanación, Agudo González (2013: 59).

199. Cuestión distinta es que el instrumento de planeamiento sí cuente con el informe favorable de la Confederación Hidrográfica y lo que se alegue como fundamento de la suspensión es la preexistencia de un uso ilegal (p.e. un campo de golf y la ilegalidad de su abastecimiento de agua). Dicha cuestión no podrá justificar la suspensión del instrumento de planeamiento, al ser ajena al carácter normativo de éste[77].

f) PREVALENCIA DE LA PROTECCIÓN DEL MEDIO AMBIENTE (III). AFECTACIÓN A ESPACIOS NATURALES

200. Ante la afectación a un espacio natural formalmente declarado (sea declarado conforme a la legislación autonómica, estatal o europea) se otorga prevalencia a su protección[78], siendo indiferente si el recurso se ha interpuesto por una asociación ecologista[79] —aquí en la decisión del órgano judicial también influye el reconocimiento por la propia Administración contradic-

77. Cfr. STS de 11/10/2005 (ECLI:ES:TS:2005:6083), que desestima la solicitud de suspensión de la Homologación de las Normas Subsidiarias de Algorfa, dado que «...una cosa es, en efecto, que un instrumento de planeamiento, como lo es el impugnado, prevea la existencia de un campo de golf, y otra, ajena en principio a esa previsión y combatible por ello, también en principio, en otro recurso contra otros actos administrativos, que la actividad del campo ya existente se desarrolle infringiendo normas sobre la utilización del dominio público hidráulico...».
78. Chinchilla Peinado (2017d: 456).
79. Cfr. ATSJ de Murcia de 26/07/2007 (ECLI:ES:TSJMU:2007:57A). Se declara la suspensión cautelar de la Modificación Puntual del Plan General de Ordenación Urbana de Águilas por la que se reclasifica como suelo urbanizable sectorizado terrenos ubicados en el paraje de «La Zerrichera», incluidos dentro de una ZEPA y un LIC En concreto se señala que «...que la medida cautelar interesada no ocasiona perjuicio alguno al interés general, puesto que por el momento está en suspenso el desarrollo urbanístico de la zona en tanto no se apruebe el correspondiente Plan de Gestión y Conservación, lo que supone en el caso enjuiciado una debida valoración en atención a las circunstancias concurrentes del criterio jurisprudencial de no suspensión, con carácter general, de instrumentos de planeamiento urbanístico. En segundo lugar, que por el propio órgano ambiental se aprecian contradicciones con respecto a los contenidos de la Declaración de Impacto Ambiental de la modificación del Plan General, lo que, en principio, y sin perjuicio de lo que resulte del proceso, permite considerar la posible insuficiencia o disconformidad a derecho de un trámite esencial para la reclasificación de los terrenos. Por tanto, y sin necesidad de analizar pormenorizadamente los defectos de forma alegados, lo que, por otra parte podría dar lugar a prejuzgar las cuestiones a debatir en el proceso, ha de concluirse que no se produce una grave perturbación del interés público con la suspensión, a lo que ha de añadirse que, existiendo valores ambientales en la zona, no discutidos por las partes demandadas, y pudiendo producirse a dichos valores un perjuicio con la aplicación y desarrollo de la disposición impugnada, procede acceder a la suspensión que se solicita...».

ciones en la evaluación ambiental del Plan—, o por la Administración autonómica[80], sin que el posible perjuicio para el desarrollo económico municipal tenga capacidad suficiente para enervar tal prevalencia.

201. Pero esa prevalencia también se proyecta sobre el suelo rústico común colindante con los espacios naturales y que cumple una función de amortiguación de impactos sobre tal espacio natural cuando los usos que se permitan sobre tales suelos rústicos comunes puedan afectar a los valores protegidos por el espacio natural[81]. Ello requiere una prueba suficiente (aunque sea indiciaria), porque en caso contrario la medida es denegada al vincularse a las cuestiones de fondo[82].

80. STS de 23/07/2009 (ECLI:ES:TS:2009:5066), donde se afirma que «...frente al riesgo de destrucción irreparable de valores medioambientales, de calidad urbana y de sostenibilidad, esgrimido por la Junta de Andalucía para solicitar la suspensión cautelar, en los recursos de casación no se concreta ni justifica la existencia de otro interés prevalente, municipal o particular, que obligue a ejecutar el mentado Plan Parcial antes de la finalización del litigio. Lo único que escuetamente se dice sobre esta cuestión —que, no olvidemos, constituye la "ratio decidendi" de los autos impugnados— es que "de mantenerse la medida cautelar suspensiva, se ve afectada la seguridad jurídica y la dinámica económica del municipio, con difícil arreglo, tras los años de sustanciación que supone un procedimiento judicial en ambas instancias". No se detalla qué concreta repercusión conlleva dicha suspensión en la "dinámica económica" del Municipio de Gádor, ni qué hipotéticos beneficios para el interés público o general conlleva la inmediata ejecución del plan, ni, en fin, a qué seguridad jurídica se afecta. En este sentido, es significativo que ninguno de los ahora recurrentes haya solicitado en la instancia la constitución de garantía por la Administración recurrente, o la adopción de alguna medida para paliar esos hipotéticos perjuicios generados por la suspensión cautelar, tal y como prevé el artículo 133 de la Ley Jurisdiccional. Y también lo es el hecho evidente de que, frente a lo argumentado por los recurrentes, se generará una situación de mayor inseguridad jurídica si se ejecuta precipitadamente el Plan Parcial y luego se anula judicialmente cuando las viviendas ya han sido finalizadas y vendidas a terceros...».

81. STS de 16/07/2012 (ECLI:ES:TS:2012:5432), acuerda la suspensión de la homologación de las Normas Subsidiarias de para la explotación de canteras en suelo no urbanizable de Llombai «... porque la actividad de extracción de áridos que se posibilita puede alterar, al menos indiciariamente, los valores del Paraje Natural colindante. El inicio de la actividad de cantera, que posibilita el acuerdo impugnado, supondría un riesgo de alteración del medio, del paisaje del entorno y de la orografía suficiente en el momento actual para adoptar la medida que se ha acordado...».

82. ATSJ de Castilla y León (Sala de Valladolid) de 17/06/2010 (ECLI:ES:TSJCL:2010:484A) deniega la suspensión cautelar del Plan Parcial Camino de Santa María de Aldeamayor de San Martín frente al que se aduce que provoca un alto riesgo de degradación y desnaturalización de un LIC, a la vez que se han producido infracciones en la tramitación de la evaluación ambiental que han supuesto una disminución de los derechos de participación de los interesados y de otros actores en el procedimiento. Y ello porque «... la prevalencia de la tesis de la parte recurrente exige un examen profundo

g) PREVALENCIA DE LA PROTECCIÓN DEL MEDIO AMBIENTE (IV). INEXISTENCIA DE EVALUACIÓN AMBIENTAL ESTRATÉGICA

202. Cuando se alude a la falta de evaluación ambiental el interés preponderante debe ser, necesariamente, la tutela del medio ambiente[83] por exigencia del principio de desarrollo sostenible[84]. Ya no resulta admisible la postura que deniega la suspensión ante la falta de evaluación ambiental, aduciendo que ello es una cuestión de fondo que debe ser fijada en los autos principales[85]. Ahora bien, si lo que se alega es la incorrección en la dimensión temporal de la evaluación ambiental estratégica, no se otorga la suspensión, dado que existe *prima facie* una adecuada valoración ambiental, cuyo cuestionamiento es objeto del proceso principal[86].

---

del fondo del asunto —si la ejecución del Plan incrementaría o no de modo esencial la presión sobre el espacio natural y sus hábitats, teniendo en cuenta que existe un informe favorable del Servicio de Espacios Naturales de la Junta de Castilla y León sobre la compatibilidad del Plan con el LIC; si se infringen las DOTVAENT y el procedimiento de Evaluación Ambiental o no— que está reservado a la sentencia, pues de otro modo se anticiparía un pronunciamiento que está vedado en la pieza cautelar, salvo que se aprecie de una forma ostensible y notoria la apariencia de buen derecho de la pretensión de la parte recurrente...».

83. Sobre dicha preponderancia, CHINCHILLA PEINADO (2021: 75); y (2017c: 465).

84. STS de 29/01/2010 (ECLI:ES:TS:2010:298), cuyo razonamiento es que «...En contraposición al interés público antes aludido, y alegado por la Entidad local recurrida, el que esgrime la Administración recurrente resulta prevalerte, pues se concreta en la protección del medio ambiente, cuya componente ha de integrarse en la planificación urbanística. Se trata, en definitiva, de garantizar que se han valorado las repercusiones que sobre el medio ambiente tienen los diferentes proyectos de cambio que actúan sobre el territorio. La toma de decisiones de orden urbanístico se verá, sin duda, complementada y enriquecida mediante la introducción de esta información ambiental que permita alcanzar conclusiones más racionales, eficaces y sostenibles. En este sentido, los intereses públicos relativos al desarrollo urbanístico, en los términos que ahora se plantean, resultan de intensidad inferior a los relacionados con el medio ambiente y su preservación, que impulsan el desarrollo por la senda de lo razonable y sostenible...».

85. Cfr. STSJ de Murcia de 28/02/2007 (ECLI:ES:TSJMU:2007:1592), que deniega la suspensión de un Plan Especial de Reforma Interior en Mojácar, aduciendo que «...la necesidad o no de Declaración de Impacto Ambiental, y la modificación del Plan General son cuestiones de fondo que han de ser resueltas en la sentencia que, en su caso, se dicte en el recurso contencioso administrativo formulado contra la aprobación definitiva del Plan Especial, sin que sea patente o manifiesto que se haya omitido un trámite esencial del procedimiento que conlleve una nulidad de pleno derecho...».

86. ATSJ de Aragón de 05/06/2023 (ECLI:ES:TSJAR:2023:155A), que otorga la suspensión de la Modificación Aislada Número 27 del Plan General de Ordenación Urbana de Sabiñánigo, si bien precisa que «... sí se hizo el informe del INAGA, aunque fuese posteriormente al momento previsto. Pues bien, sin perjuicio de que sean o no irregu-

203. Pero esa prevalencia solo se estima cuando se trata de un recurso directo, ya que si se trata de un recurso indirecto, la ausencia de la evaluación ambiental estratégica se configura como un vicio de procedimiento que no es susceptible de ser valorado en la pieza separada de suspensión sobre la base de la apariencia de buen derecho[87].

204. Cuestión distinta es que se alegue como motivo de impugnación que el instrumento de planeamiento da cobertura a unas obras que sí requieren el preceptivo análisis ambiental, y que en ningún caso podrán obtener una evaluación positiva. Aquí la pretensión del recurrente está anticipando de forma voluntariosa el contenido de la evaluación ambiental intentado evitar, precisamente, que por el órgano ambiental competente se realice su juicio analítico, debiendo rechazarse en este caso la pretensión de suspensión, al no producir daños, por sí mismo, la aprobación del instrumento de planeamiento[88].

H) PREVALENCIA DE LA PROTECCIÓN DEL MEDIO AMBIENTE (IV). RECLASIFICACIÓN DE SUELOS RÚSTICO DE ESPECIAL PROTECCIÓN

205. Se otorga la suspensión cuando se modifica puntualmente el instrumento de planeamiento general para permitir la implantación en suelo

---

laridades, no aparecen los signos de que las mismas concurran de modo inequívoco y que además sean tan determinantes como para conllevar la nulidad radical...».

87. STS de 08/02/2017 (ECLI:ES:TS:2017:400), que desestima la suspensión de varios planes parciales de Santiago de Compostela, al aducirse por el recurrente la falta de sometimiento a evaluación ambiental estratégica del PGOU.

88. Cfr. STS de 17/03/2008 (ECLI:ES:TS:2008:728), donde se especifica que «...el auto que desestimó el recurso de súplica viene a señalar que la suspensión de la ejecutividad del Plan especial produciría la paralización de todas las actuaciones posteriores que son necesarias para poder asentar la infraestructura discutida y, sobre todo, desde la perspectiva medioambiental que tan señaladamente invoca la recurrente, quedarían en suspenso la Declaración de Impacto Ambiental y la obtención de la Autorización Ambiental Integrada. Con ello pone la Sala de instancia de manifiesto que —sin perjuicio del debate suscitado sobre el significado y alcance de esa intervención de la autoridad medioambiental, que corresponde a la controversia de fondo— la infraestructura prevista en el Plan Especial no podrá materializarse sin que previamente se concluyan los procedimientos medioambientales y se otorguen las autorizaciones oportunas, pudiendo darse el caso de que precisamente esa información medioambiental se constituya en obstáculo para la ejecución de la planta incineradora. Por ello, la suspensión que se pretende del Plan Especial paralizaría unos trámites e informes que están llamados a ilustrar sobre cuestiones a las que alude la propia recurrente para fundamentar su pretensión de suspensión, como son las relativas al impacto medioambiental de la obra proyectada o la adecuación del emplazamiento escogido para la instalación...».

rústico de protección de usos impropios de la protección asignada a tal suelo, dado que ante la inexistencia de una causa de urgencia en su implantación debe prevalecer la protección del patrimonio rural y cultural[89]. La prevalencia es indiscutible[90]. Y ello incluso cuando que se proceda a la desclasificación a suelo rústico común para permitir su explotación económica (p.e., actividad minera)[91] ante el carácter irreversible de la transformación del

---

89. Cfr. STS de 03/02/2009 (ECLI:ES:TS:2009:633), que estima la suspensión de la modificación puntual del Plan General de Palma destinada a permitir la implantación de un equipamiento sanitario supramunicipal en suelo rural (hospital) en suelo rústico, próximo a un B.I.C. La argumentación del Tribunal es rotunda: «...En el caso enjuiciado están en conflicto dos intereses generales, el uno representado por la nueva instalación hospitalaria de referencia para las Islas Baleares, y el otro por la protección del suelo rural, en el que, en principio, no cabe tal tipo de instalaciones salvo que fuesen declaradas de interés general, lo que examinaremos más adelante, y por la preservación también del patrimonio cultural de dichas Islas. Pues bien, para decantarse por uno y otro, no son correctas las razones dadas por el Tribunal a quo, consistentes en que la suspensión de una disposición implica siempre una perturbación del interés general y que la Congregación solicitante de la suspensión no mostró idéntico celo en cuidar esos dos patrimonios cuando se acometió una actuación para uso residencial en la misma zona, pues, como aquélla señala, no hay parangón entre una y otra actuación ni el interés general tiene la misma intensidad cuando se trata de una modificación puntual del planeamiento que, además, puede afectar de forma irreversible al suelo rural y al patrimonio cultural. Ni la Sala de instancia en las dos resoluciones, que ahora revisamos en casación, ni la Administración, que aprobó definitivamente la modificación puntual del planeamiento, han expuesto las causas de inaplazable urgencia en la instalación hospitalaria, dado que se amparan en el carácter prioritario que tienen los servicios sanitarios para la población, los que, al parecer, están correctamente atendidos en la isla, que cuenta con un hospital de referencia merecedor de reconocimiento por su eficiencia y cuyos usuarios calificaban en el año 2004 de satisfactorio, lo que no implica que no deba ser mejorado, pero sin que ello tenga que hacerse necesariamente a costa de otros intereses generales igualmente dignos de protección, que es lo que precisamente se dirime en el pleito, al ser posibles emplazamientos alternativos...».
90. Chinchilla Peinado (2017d: 456).
91. Cfr. ATSJ de Castilla y León (Sala de Valladolid) de 29/07/2009 (ECLI:ES:TSJCL:2009:739A), que otorga la suspensión de la modificación puntual de las Normas Subsidiarias de San Román de Hornija, que modifica la clasificación de un suelo rústico de protección, que tenía su origen en la existencia de un gran pinar, pasando a suelo rústico ordinario para posibilitar la actividad extractiva minera. Al respecto se señala que «...procede la suspensión pedida cuando, de no accederse a ella, se crearían durante el tiempo de la tramitación del proceso situaciones jurídicas y alteraciones físicas del terreno difícilmente reversibles, que es lo que sucedería en este caso al producirse una transformación de los terrenos, como consecuencia de la actividad extractiva para la que se efectúa la Modificación, difícilmente compatible con la conservación de los pinares, que justificaban la protección concedida al suelo en el planeamiento anterior, lo que aconseja, en el juicio de ponderación entre los intereses en conflicto a que antes aludíamos, inclinarse por amparar el que aparece como más digno de protección, que

suelo rural protegido. O si la transformación lo es para un equipamiento dotacional público (p.e., campo de golf)[92]. La misma prevalencia se proyecta sobre el suelo rústico común, si bien se requiere una acreditación de la irreversibilidad del daño producido[93]. La clave aquí reside en que el pla-

en este caso lo constituye la inalterabilidad del entorno, teniendo en cuenta que los terrenos afectados tenían la clasificación de «rústico protegido de grado 2.Pinares» y que aunque la actividad extractiva satisfaga también intereses generales, además de los particulares de la empresa explotadora, no aparece como más digna de protección, en principio, frente al interés general que representa la protección de los especiales valores medioambientales que se reconocían antes en el planeamiento a los terrenos litigiosos y que la actual Corporación municipal de San Román de Hornija defiende, lo que se dice a los solos efectos de resolver la pieza de medidas cautelares y sin perjuicio de lo que se diga al resolver el fondo en la sentencia definitiva...». En la misma línea, el ATSJ de Castilla y León (Sala de Valladolid) de 15/07/2011 (ECLI:ES:TSJCL:2011:138A) acuerda la suspensión de la Modificación del Plan General de Ordenación Urbana Finca Fuentes del Duero de la Cistérniga, por la que se desclasifica a suelo rústico común permitiendo la extracción de áridos de un suelo previamente clasificado como suelo rústico de protección agropecuaria. Al respecto señala que «... En el presente caso de no adoptarse la medida cautelar, en el caso de una sentencia estimatoria del recurso, su ejecución sería prácticamente imposible, teniendo en cuenta que a su amparo, como se ha dicho, se han podido dictar actos de aplicación que modifican la realidad física y crean situaciones jurídicas de difícil reversibilidad pues, aunque dichos actos concretos de ejecución son susceptibles de impugnación autónoma en sede jurisdiccional, es el propio planeamiento el que confiere legitimidad y eficacia a dichos actos singulares, y, además, sin perjuicio de lo que se diga en su día en la sentencia y a efectos de resolver la presente pieza de medidas cautelares, se aprecia la apariencia de buen derecho que se invoca por la parte recurrente, toda vez que la Modificación de que se trata no ha sido objeto de Evaluación Ambiental... es prevalente el interés público en la protección de los valores medioambientales que se protegían antes de la Modificación de que se trata frente al interés del tercero promovente de la Modificación impugnada, ante la circunstancia de la irreparabilidad del perjuicio que se puede ocasionar si no se suspende el instrumento urbanístico recurrido y la apariencia de buen derecho...».

92. Cfr. STS de 05/03/2002 (ECLI:ES:TS:2002:1565), que otorga la suspensión de unas Normas Subsidiarias que reclasifican un suelo rústico de protección agrícola (que recibió tal clasificación por desarrollarse usos agrícolas de carácter tradicional) a suelo destinado a albergar un campo de golf configurado como equipamiento comunitario. La razón es que «...la ejecución del planeamiento implicaría la transformación de los terrenos en tal modo que si el recurso fuera estimado aquéllos nunca podrían volver a dedicarse al uso agrícola que actualmente les corresponde...».

93. Cfr. ATSJ del País Vasco de 18 de octubre de 2007 (ECLI:ES:TSJPV:2007:953A) que deniega la suspensión del Plan Especial de Ordenación del Parque Rural de Oiangu en el municipio de Ordizia. La asociación ecologista denuncia que la previsión de la construcción de un campo de golf de titularidad pública y gestión indirecta vulnera los usos previstos por el Plan General, generando su construcción un perjuicio irreparable, sin mayor argumentación. Frente a ello, la Sala precisa que «...Por consiguiente no cabe concluir sin una justificación suficiente que la implantación de dicho campo de

neamiento posibilita la alteración física o jurídica del terreno que incorpora valores ambientales difícilmente reversibles[94].

206. Por el contrario, se deniega la suspensión cuando la determinación del instrumento de planeamiento tiene por objeto la protección de los valores propios del suelo rústico, salvo que se aprecie la concurrencia de una apariencia de buen derecho[95].

i) PREVALENCIA DE LA PROTECCIÓN DEL MEDIO AMBIENTE (V). VULNERACIÓN DEL PRINCIPIO DE DESARROLLO SOSTENIBLE. CRECIMIENTOS INJUSTIFICADOS

207. Finalmente, el criterio del desarrollo sostenible y la adecuación del crecimiento urbanístico a las necesidades reales justifica igualmente el otorgamiento de la suspensión de la eficacia de los instrumentos de planeamiento. Y ello porque supone acreditar, siquiera indiciariamente, la incorrecta ponderación de los intereses incorporados al planeamiento. Así, se concede la suspensión cuando en un municipio de 1000 habitantes se pretende desarrollar una actuación que supone la construcción de 1500 viviendas nuevas, lo que permite considerar que no ha existido una adecuada ponderación de los intereses urbanísticos desde la perspectiva del desarrollo sostenible[96].

---

golf origine una situación de difícil reversibilidad, toda vez que, de acuerdo con reglas de experiencia, ello supone una transformación del terreno que hemos de considerar mínima y, en todo caso, compatible con el régimen general de usos ¿espacios libres que la asociación recurrente dice defender, sin que suponga en ningún caso el sacrificio de la masa forestal según expresa el propio PE. Aun cuando se considerara la eventualidad de que la ejecución de dicho campo conllevara la construcción de edificios auxiliares, cuestión sobre la que no se ha argumentado suficientemente, tampoco ello es revelador de una situación de irreversibilidad puesto que nada impediría su derribo y la reposición del terreno a su estado natural. En suma, no concurre la premisa esencial de toda medida cautelar, ya que no se justifica la pérdida de la finalidad legítima del recurso...».

94. Baño León (2009: 509); De la Sierra Morón (2007: 945); Bravo Vesga (2010: 43).

95. ATSJ de La Rioja de 11/10/2019 (ECLI:ES:TSJLR:2019:40A), que deniega la suspensión de la Directriz de Protección del Suelo No Urbanizable de La Rioja que impone el soterramiento de las infraestructuras de transporte y distribución de energía, cuando discurran por terrenos incluidos dentro del espacio de ordenación «Espacios Agrarios de Interés», incluidos los que se encuentran delimitados dentro de los espacios naturales protegidos, porque el objeto es la «... protección del suelo no urbanizable... tiene una finalidad de protección del paisaje agrícola...».

96. Cfr. ATSJ de la Comunidad Valenciana de 03/11/2006 (ECLI:ES:TSJCV:2006:55A) que concede la suspensión de la aprobación del Programa de Actuación Integrada para el desarrollo del sector El Repla de las Normas Subsidiarias del municipio de Parcent y

Pero este criterio sólo se mantiene respecto del recurso directo frente al instrumento de planeamiento, ya que si se trata de un recurso indirecto (impugnando el instrumento de desarrollo para cuestionar el crecimiento fijado por el instrumento de planeamiento general que no había sido objeto de cuestionamiento directo), prevalece la presunción de legalidad del planeamiento[97].

---

la selección como agente urbanizador. Allí se afirma que «...debe prosperar la petición formulada, en su día por la recurrente, porque del incidente de suspensión cautelar demuestra cuando menos dos elementos altamente significativos: a).– Uno de ellos, es el Informe del Consejo Consultivo de la Comunidad Valenciana, de fecha 08.06.2005, que a modo de conclusión sienta la siguiente, «que procede que la alcaldía de Parcent tenga por ineficaz desde su inicio la tramitación del procedimiento simplificado a que se refiere la consulta, por infracción del artículo 48 de la LRAU.» Y ellos es así, porque se ha prescindido de remitir aviso a todos los titulares catastrales de los terrenos comprendidos en la Unidad de Actuación, sobre la que incide la alternativa técnica propuesta. De otra parte, como pone de manifiesto el informe, se ha prescindido del procedimiento legalmente establecido, faltando trámites esenciales del procedimiento de aprobación y adjudicación de los programas para el desarrollo de las actuaciones integradas. b).– De otra parte a través del programa se intenta ordenar una superficie de 1.019.861 m, y posibilitar la edificación de 1.496 viviendas, lo que desde luego es excesivo para este tipo de instrumento, ya que una actuación de tal naturaleza exigiría una instrumentación de carácter más general, donde pudieran ponderarse las necesidades integrales del municipio, y su sostenible desarrollo. Basta pensar que se trata de un municipio de poco más de 1000 habitantes, y la actuación cuando menos pretende integrar una población que duplica este número...».

97. STS de 08/02/2017 (ECLI:ES:TS:2017:400), que desestima la suspensión de varios planes parciales de Santiago de Compostela, señalando que «... Se aduce en éste motivo que la creación en el Plan General de Santiago de Compostela de los suelos urbanizables cuestionados... así como otros varios, son absolutamente irracionales, tanto por su ubicación como por su innecesaridad para un desarrollo urbanístico racional, dado que su reclasificación de suelo rústico a urbanizable parte de una premisa falsa contenida en la Memoria del Plan General, cual es la previsión de duplicar la población de Santiago en 20 años.... En todo caso, las consideraciones realizadas en el anterior fundamento jurídico en orden a la doctrina del fumus boni iuris son plenamente aplicables para la resolución de presente motivo, dado que un incidente de suspensión no es trámite idóneo para decidir la cuestión objeto de debate, pues, de lo contrario se prejuzgaría la cuestión de fondo... Otro tanto puede decirse en relación con la alegación de que el Plan General de Santiago contiene una ordenación para la zona litigiosa que produce una grave afección paisajística sobre parte del camino de Santiago a su entrada en la ciudad...».

208. Por el contrario, la afectación a la calidad ambiental[98] o a la seguridad vial[99] no presentan un carácter suficiente para otorgar la suspensión cautelar, máximo ante la falta de una prueba suficiente.

j) LA EXTENSA UTILIZACIÓN DE LA APARIENCIA DE BUEN DERECHO COMO CRITERIO PARA OTORGAR LA SUSPENSIÓN

209. Evidentemente la determinación de la existencia o no del riesgo de pérdida de la finalidad del recurso requiere un análisis, siquiera sea indiciario, por parte del órgano jurisdiccional, a la luz del principio de prueba aportado por el recurrente, lo que supone en la práctica un análisis, limitado, sobre el fondo del asunto que no predetermina el contenido del fallo del proceso principal[100]. Ciertamente los intereses en conflicto no pueden dejar de contemplarse, en el proceso judicial, dentro del marco jurídico por el que se rigen (realidad fáctica y normativa concurrente). Pero ese juicio prospectivo debe llevarse a cabo sin prejuzgar el fondo del litigio, no sólo porque el órgano jurisdiccional en la pieza separada de medidas cautelares carecerá todavía de elementos suficientes para realizar tal análisis, sino sobre todo porque se vulneraría el derecho al proceso con las garantías debidas de contradicción y prueba. Esto no significa que en la pieza de medidas cautelares no exista la necesaria contradicción y prueba, sino que

98. Cfr. ATSJ de Castilla y León (Sala de Valladolid) de 10 de septiembre de 2009 (ECLI:ES:TSJCL:2009:839A), que desestima la suspensión de la Modificación del Plan General de Ordenación Urbana de Valladolid para su actualización, armonización y ajuste a la planificación sectorial y a las condiciones de usos en materia de movilidad urbana. La asociación ecologista recurrente aduce como interés público en juego la calidad ambiental, pero su única argumentación es que la ubicación indiscriminada de aparcamientos como consecuencia de la demanda vecinal impide conseguir los objetivos de calidad ambiental que determina la legislación vigente. Para la Sala, esto constituye una alegación genérica que carece de una prueba suficiente.

99. Cfr. STS de 22/10/2002 (ECLI:ES:TS:2002:6971), que desestima la suspensión de la Modificación Puntual del Plan General de Ordenación Urbana de Santiago de Compostela para el trazado de la nueva variante Sar-Pontepedriña. Allí el recurrente alega como interés público afectado la seguridad vial, al considerar que el trazado de la variante no respeta los criterios de seguridad, pero sin incorporar ningún elemento probatorio suficiente. Expresamente se señala que «...Este planteamiento del recurrente incurre en un equívoco en cuanto a los intereses en juego que abogan por la suspensión. El equívoco consiste en dar por cierto lo que en estos momentos no se encuentra probado y que no pasa de ser una opinión personal del recurrente sobre el alcance de la seguridad de la obra a ejecutar. La afirmación del recurrente sobre la peligrosidad de la variable proyectada necesita de algo más que la mera opinión del recurrente, por muy cualificada que ésta sea, para dar lugar a la suspensión...».

100. Jiménez Plaza (2005: 110).

estos elementos estarán focalizados sobre el objeto de la medida cautelar. Las medidas cautelares tienen como finalidad que no resulte irreparable la duración del proceso. De modo que la adopción de tales medidas no puede confundirse con un enjuiciamiento sobre el fondo del proceso, por lo que el incidente cautelar entraña un juicio de cognición limitada en el que el órgano judicial no debe pronunciarse sobre las cuestiones que corresponde resolver en el proceso principal.

210. Por ello, se ha producido aparentemente un expreso (y parcial) abandono de la doctrina del *fumus boni iuris*[101] como elemento cualificado de la adopción de la medida cautelar, apartándose de la posición doctrinal que sigue defendiendo su aplicación como un criterio adicional[102]. Sólo en aquellos supuestos donde concurre una causa manifiesta de nulidad de pleno derecho o se vulnere un criterio reiterado de la jurisprudencia frente al que la Administración opone una resistencia contumaz, cabe adoptar como fundamento de la suspensión la apariencia de buen derecho de la pretensión del recurrente. En tales supuestos la constatación anticipada de la ilegalidad de la disposición se puede efectuar sin necesidad de complejas argumentaciones jurídicas[103].

---

101. Expresamente se señala que en la pieza separada de suspensión no debe, por principio, debatirse si concurren o no causas de nulidad, puesto que ello supondría decidir en forma indirecta e indebidamente anticipada sobre el objeto de los autos principales. Como un axioma se precisa que sólo en los supuestos, muy excepcionales, en los que la nulidad se manifiesta en forma terminante, clara y ostensible, podrá aplicarse la perspectiva de la apariencia del buen Derecho. Cfr. SsTS de 12/02/2010 (ECLI:ES:TS:2010:601); 09/02/2010 (ECLI:ES:TS:2010:1375); 23/07/2009 (ECLI:ES:TS:2009:5066); 18/12/2008 (ECLI:ES:TS:2008:6916); 17/07/2008 (ECLI:ES:TS:2008:4078); 17/03/2008 (ECLI:ES:TS:2008:728); 21/12/2007 (ECLI:ES:TS:2007:8954); 25/07/2006 (ECLI:ES:TS:2006:5174); 09/04/2003 (ECLI:ES:TS:2003:2479); 07/02/2000 (ECLI:ES:TS:2000:79); ATS de 10/10/1995 (Arz. 7509); y ATSJ de Castilla y León (Sala de Valladolid) de 04/12/2009 (ECLI:ES:TSJCL:2009:1041A); y STSJ de Murcia de 28/02/2007 (ECLI:ES:TSJMU:2007:1592). Pero lo cierto es que tal utilización de la apariencia de buen derecho no resulta tan excepcional.

102. La construcción de esta técnica como elemento central del régimen de las medidas cautelares puede verse, entre otros, en Chinchilla Marín (2009: 155); De la Sierra Morón (2004: 161); Fuertes López (2002: 73); y Bacigalupo Saggese (1999: 151).

103. Aquí debe tenerse en cuenta que si bien el Proyecto de reforma de la Ley de la Jurisdicción de 1995 manifestó expresamente su oposición a la aplicabilidad de dicho principio, y a que el Proyecto de 1998 lo incluía expresamente en su artículo 124 y pese a ello desapareció durante la tramitación parlamentaria y en el proyecto definitivamente aprobado, constituye, sin embargo, una técnica que, no queda excluida del proceso de decisión cautelar en todo caso, siempre sin que suponga una valoración completa sobre el fondo del asunto, puesto que es un principio general del derecho, en cuanto ha sido reconocido expresamente por el Tribunal Constitucional y por el

Pero como se ha enfatizado y expuesto en la tipología de supuestos anteriores, esa prevención en la utilización de la apariencia de buen derecho como argumento en el incidente cautelar es aparente, porque en la práctica aparece como un elemento relevante (sino como el determinante[104]) dado que apreciación de la apariencia de buen derecho implica una nueva ponderación de los intereses en conflicto, pues la afirmación de un interés público consistente en que el planeamiento urbanístico se ejecute no puede sostenerse a toda costa ante la apreciación provisional de una ilegalidad del instrumento de planeamiento[105], implicando así una minusvaloración del interés público ínsito en el planeamiento.

211. Desde esta línea de razonamiento de forma expresa se excluye la aplicabilidad de la doctrina de la apariencia de buen derecho cuando la causa de impugnación exige por vez primera una valoración y decisión judicial, o un posicionamiento sobre los elementos de prueba aportados, o cuando existe una sentencia en la instancia que confirma la validez del instrumento de planeamiento. En este contexto, se rechaza la concurrencia de un supuesto de apariencia de buen derecho cuando el Plan Parcial se proyecta sobre tres sectores diferenciados por el Plan General, pero sin

Tribunal de Justicia de las Comunidades Europeas, siendo positivizado en el artículo 56 de la Ley Orgánica del Tribunal Constitucional, y en el artículo 1428 de la Ley de Enjuiciamiento Civil. Como precisa, p.e., la STS de 03/07/2007 (ECLI:ES:TS:2007:4873), dicho criterio debe utilizarse «...bien para evitar que a través de demandas de todo punto infundadas se perturbe el interés público o los derechos de terceros; bien para evitar que la necesidad de acudir al proceso corra en perjuicio de quien aparentemente tiene toda la razón; bien, en fin, para decantarse por la decisión en los casos extremos en que tanto la adopción como la no adopción de la medida cautelar pueda determinar una situación gravemente perjudicial o irreversible...Es cierto, sin embargo, que se trata de un criterio que debe emplearse en el contexto de los que expresamente prevé la repetida Ley 29/1998, para percibir sin desacierto la finalidad legítima del recurso, para la valoración circunstanciada de todos los intereses en conflicto, o para ponderar de forma circunstanciada los intereses generales o de tercero y la perturbación grave que para ellos pueda seguirse de la adopción de la medida cautelar. Es un criterio que no gobierna en sí mismo ni con carácter principal la decisión cautelar, pues dejando de lado procesos especiales, sobre todo en otros órdenes jurisdiccionales, la finalidad propia y directa de esta institución no es en el proceso Contencioso-Administrativo la de tutelar provisionalmente la posición o situación jurídica de la parte que aparentemente litiga con razón, sino preservar el derecho a la tutela judicial efectiva al final del proceso, o lo que es igual, el efecto útil de la sentencia que en éste deba recaer. Y es un criterio que en todo caso debe aplicarse combinando el serio fundamento de lo que a través de él se deduzca y la no menos seria percepción y convicción de que lo deducido es meramente provisional, que no prejuzga en absoluto el fondo del asunto».

104. Baño León (209: 508); Bravo Vesga (2010: 42).
105. STS de 27/03/2014 (ECLI:ES:TS:2014:1276).

alterar su superficie total[106], o cuando la Administración autonómica no ha resuelto expresamente los recursos interpuestos frente a la misma[107]; cuando se alega la improcedencia de la adopción del sistema de expropiación por el Plan General, dado que la legislación autonómica no configura a tal sistema como subsidiario de los sistemas de gestión privada[108]; cuando se disiente de la calificación como dotacional de un suelo de propiedad privada[109]; o cuando se alega la nulidad del instrumento de planeamiento por prever un crecimiento irrazonable al afirmarse que los presupuestos de crecimiento poblacional asumidos han resultado incorrectos.[110]. La razón para rechazar la aplicación de la apariencia de buen derecho reside bien en que resulta necesario un juicio sobre el fondo del asunto[111], bien en que la causa alegada resulta excluida del objeto del recurso (cuando se formula un recurso

---

106. Cfr. STS de 21/11/2007 (ECLI:ES:TS:2007:8954), donde se afirma que «...esa vulneración denunciada es la cuestión a dirimir en el pleito, sin que la apariencia de buen derecho resulte evidente por cuanto el instrumento de desarrollo combatido no altera el ámbito de los sectores sino que, respetando la dimensión que para ellos viene señalada en el Plan General de Ordenación Urbana, los incluye todos en la misma regulación, de manera que la apariencia de buen derecho invocada no es manifiesta y evidente sino que ha de someterse a un juicio contradictorio para resolverla con acierto, al igual que ocurre con la controversia relativa a los cuatrienios previstos en el Plan General, que, si bien parece impedir la inclusión de los tres sectores en el mismo Plan Parcial, pudiera obedecer a determinadas razones justificativas que sólo el juicio a tramitar podrá desvelar con acierto, razones todas por las que no es aplicable a la suspensión cautelar interesada el principio de la apariencia de buen derecho a fin de acceder a la misma...».
107. Cfr. ATS de 09/03/1998 (ECLI:ES:TS:1998:7223A).
108. Cfr. SsTS de 24/07/2008 (ECLI:ES:TS:2008:4067); y 05/03/2008 (ECLI:ES:TS:2008:1112).
109. ATSJ de Castilla y León (Sala de Valladolid) de 05/02/2010 (ECLI:ES:TSJCL:2010:118A) que deniega la suspensión porque «... a) que no se acreditan perjuicios de imposible o difícil reparación por la parte recurrente —y a ella le correspondía— por lo establecido en el citado Acuerdo de la CTU, pues no basta la previsión de un vial —en este caso la calle Los Fresnos cuestionada— en el planeamiento para su directa ejecución, máxime si, como se dice por la recurrente, el terreno sobre el que se proyecta ese vial es propiedad suya; y b) que los motivos de nulidad que se invocan por la parte actora respecto de dicho Acuerdo son cuestiones de fondo que habrán de examinarse en su día en la sentencia que se dicte. Por ello, al no apreciarse en este momento procesal de modo ostensible y manifiesto esa nulidad, no es procedente adoptar la medida cautelar que se solicita por la apariencia de buen derecho que se invoca...».
110. STS de 08/02/2017 (ECLI:ES:TS:2017:400).
111. ATSJ de Castilla y León (Sala de Valladolid) de 02/03/2010 (ECLI:ES:TSJCL:2010:727A), que deniega la suspensión del Plan Parcial del sector SUD 6 Las Yugadas de Aldeatejada, porque «... Los motivos de nulidad que se alegan por la parte demandante son cuestiones de fondo que habrán de examinarse en su día en la sentencia que se dicte...».

indirecto y se alega la concurrencia de ilegalidad formales[112]). Obviamente, también se excluye esta apreciación cuando la situación del recurrente es una situación de ilegalidad que no es objeto de legalización por el nuevo instrumento de planeamiento, sin que pueda valorarse la razonabilidad de la decisión por ser ello una cuestión de fondo[113].

212. Por el contrario, se adopta la suspensión al considerar que concurre una apariencia de buen derecho cuando se producen ilegalidades manifiestas en el procedimiento de aprobación del instrumento de planeamiento (pero no si no son manifiestas[114]). Ello ocurre tanto si se vulneran normas generales de procedimiento (p.e., la imposibilidad de convalidar actos nulos[115]) como normas específicas referidas a la aprobación del planeamiento o a la competencia municipal (p.e, al desconocer palmariamente los límites de la atribución competencial, en su caso por delegación, al Ayuntamiento para aprobar determinados instrumentos de planeamiento fijados en la ley autonómica[116], o eludiendo autorizaciones autonómicas

112. STS de 08/02/2017 (ECLI:ES:TS:2017:400), dado que se alega la nulidad de un instrumento derivado porque el instrumento de planeamiento general no ha sido sometido a evaluación ambiental estratégica, al suponer un recurso indirecto frente al instrumento de planeamiento general.

113. STS de 17/05/2013 (ECLI:ES:TS:2013:2578), que deniega la suspensión de la Revisión del Plan General de Ordenación Urbanística de Marbella, en lo que dicho Plan afecta al Conjunto Arquitectónico de Banana Beach, denominado como Actuación Aislada AA-MB-6, y como consecuencia de ello también en lo que afecta al Área de Reparto discontinua AR-SU-MB-20, que integra el Área de Regularización ARG-MB-10, al no regularizar una edificación construida sobre un espacio calificado como sistema general de espacios libres por el anterior planeamiento y que es mantenido por el nuevo plan.

114. Así, el ATSJ de Castilla y León (Sala de Valladolid) de 30/06/2010 (ECLI:ES:TSJCL:2010:517A) deniega la suspensión del Plan General de Ordenación Urbana de Valladolid ante la alegación de apariencia de buen derecho basada en que varios artículos y planos de los publicados no son los aprobados legalmente por el Ayuntamiento de Valladolid y el Consejero autonómico, existiendo una clara discordancia entre lo aprobado y lo publicado. Frente a ello, el TSJ precisa que su determinación supone pronunciarse sobre el fondo sin que pueda apreciarse de manera evidente.

115. La STS de 11/03/2008 (ECLI:ES:TS:2008:1117), confirma la suspensión del Plan General de Gondomar que habías sido aprobado por el Ayuntamiento convalidando previamente los actos previamente declarados nulos por sentencia firme, vulnerando la regla fijada hoy en el art. 52 LPAC.

116. La STS de 07/10/2002 (ECLI:ES:TS:2002:6529) confirma la suspensión de la Modificación Puntual del Plan General de Almuñecar, ya que «...La jurisprudencia de esta Sala ha admitido con prudencia pero en reiteradas ocasiones el criterio de la apariencia de buen Derecho (fumus boni iuris) que acogen en el caso los Autos recurridos como criterio que coadyuva a la procedencia de suspensión. Así se admite cuando la pretensión cautelar del recurrente aparece justificada en forma ostensible y manifiesta, aunque sea, desde luego, en forma simplemente indiciaria desflorando, por así decirlo, la cuestión sin

previas[117], o careciendo de la necesaria motivación[118]), máxime cuando la nueva ordenación incorporada por el planeamiento permite la ejecución

---

proceder a un análisis detenido de la legalidad, que está reservado necesariamente al proceso principal (sentencias de 15 de noviembre de 1996, 24 de septiembre de 1997 y 8 de mayo y 22 de diciembre de 2000). Pues bien, estas circunstancias se aprecian en el supuesto que se examina. La Sala «a quo» explícita en el Auto de 20 de octubre de 2000, que confirma en súplica el Auto de suspensión, que siquiera sea en forma de principio de prueba —como resulta obligado en el juicio preliminar en el que se encuentra— ha tenido en cuenta que la edificabilidad que se asigna para el terreno que estaba calificado como zona verde privada (37.000 m2) supondría un cambio en la clasificación y edificación del suelo y, en principio, un posible aumento en 7.400 m2 de la edificabilidad total asignada a la parcela de que se trata...». O el ATSJ de Justicia de Castilla y León (Sala de Valladolid) de 4 de diciembre de 2009 (ECLI:ES:TSJCL:2009:1041A), que determina la suspensión de la modificación del Plan Parcial del Polígono Agroalimentario de Salamanca, en la medida en que vulnera frontalmente las determinaciones legales, puesto que la aprobación se produce por el Ayuntamiento cuando la alteración de los espacios libres públicos determina la necesidad de su aprobación por la Comunidad Autónoma.

117. La STS de 03/02/2009 (ECLI:ES:TS:2009:633) decreta la suspensión de la modificación puntual del Plan General de Palma de Mallorca, que posibilidad la implantación de un equipamiento sanitario supramunicipal en suelo rústico al no existir con carácter previo la declaración de interés general adoptada por el órgano autonómico competente.

118. La STS de 31/10/2006 (ECLI:ES:TS:2006:6872), confirma la suspensión de la Modificación Puntual de las Normas Subsidiarias de San Martín del Rey Aurelio, que modifican para una unidad de actuación determinada el sistema de actuación, pasando de un sistema privado a un sistema público (expropiación). El argumento principal adoptado por la Sala es que la modificación puntual carece de la necesaria motivación, en términos de tutela cautelar, para alterar el criterio fijado previamente en las Normas y que ahora se modifica con base en un convenio urbanístico. Se precisa que «...La única consideración posible desde la perspectiva del principio de legalidad urbanística se asienta en el planeamiento debidamente aprobado y publicado, que ha de contar, en supuestos de modificaciones puntuales como la de autos con una adecuada y expresiva motivación de la ruptura con la decisión general, coordinada y conjunta en su día adoptada con la aprobación del Plan General o las Normas Subsidiaria que —por lo que a que a tal motivación respecta— no puede verse coyuntural y aisladamente afectada con el exclusivo soporte de Convenios Urbanísticos que vienen a implicar en muchas ocasiones —con base en supuestas necesidades concretas— una ruptura con las pautas generales del planeamiento. Desde esta perspectiva hemos de respetar la valoración de intereses llevada a cabo por la Sala de instancia, por cuanto los intereses del recurrente no se centran exclusivamente en un beneficio económico compensable a través del sistema expropiatorio, sino en la posibilidad de desarrollar el planeamiento inicialmente previsto en las Normas Subsidiarias...».

inmediata de sus determinaciones (lo que ocurre cuando se incorpora una nueva regulación de usos, p.e.)[119].

213. Pero también se otorga la suspensión sobre la base de la apariencia de buen derecho cuando se producen vulneraciones flagrantes de la normativa material autonómica, sean referidas a los usos (p.e., cuando el instrumento de planeamiento establece un uso prohibido por la normativa autonómica[120]), a las relaciones entre instrumentos de planeamiento y el

119. La STS de 11/02/2004 (ECLI:ES:TS:2004:862), acuerda la suspensión de una modificación puntual del PGOU de Madrid referida a los usos ante el desconocimiento de la competencia autonómica para la aprobación de la modificación puntual del PGOU. Allí se afirma que «... aunque la Sala de instancia es cierto que no especifica, en el presente caso, detalladamente, los argumentos que le mueven a percibir la apariencia de buen derecho en la necesidad de intervención de la Administración autonómica en el proceso aprobatorio de la modificación, debe, no obstante, destacarse que en el de autos la modificación afecta al régimen de Usos Autorizables dentro del Área de Planeamiento Específico del Centro Histórico. Sin embargo, con facilidad se desprende que la Sala de instancia, en este caso, se inclina por impedir el desarrollo urbanístico del Área afectada hasta el momento en que resuelva sobre la exigencia legal, o no, de la intervención autonómica en el proceso aprobatorio. El tratarse, en este supuesto, como se ha expresado, de una modificación puntual, que afecta, en concreto, a los usos autorizables, en el Centro Histórico de la Ciudad, es lo ha determinado la interpretación del expresado criterio del periculum in mora en el sentido en que ha sido realizado por la Sala de instancia, pues, la no adopción de la medida cautelar de suspensión hubiera determinado la implantación de nuevos usos en el Centro Histórico por la sólo decisión municipal y sin intervención autonómica, perdiéndose así la finalidad del recurso; procedimiento aprobatorio que, por otra parte, no ha contado —para el presente y específico supuesto— con apariencia de legalidad de entidad suficiente para fundamentar la denegación de la medida cautelar suspensiva...».

120. Las SsTS de 21/02/2006 (ECLI:ES:TS:2006:2237) y 19/10/2005 (ECLI:ES:TS:2005:6297) confirman la suspensión acordada por el Tribunal Superior de Justicia de Canarias respecto de diversos Estudios de Detalle en el municipio de La Oliva, en la medida en que se proyectan sobre un ámbito de uso residencial y turístico, estando prohibida por la Ley autonómica 6/2001 expresamente dicha aprobación, ya que «...el propio Ayuntamiento recurrente reconoce el uso residencial y turístico del polígono al que se refiere el Estudio de Detalle y, por consiguiente, la razón que asiste a la Sala de instancia para considerar que contiene determinaciones en relación al uso alojativo turístico. Al admitir que esto es así, no cabe duda que es plenamente aplicable la doctrina sobre la apariencia de buen derecho en orden a suspender cautelarmente el acuerdo de aprobación inicial de dicho Estudio de Detalle, sin perjuicio de que, a la vista de las alegaciones y pruebas aportadas durante la sustanciación del pleito, pueda llegarse a la conclusión de que aquel instrumento de ordenación del territorio no está entre los contemplados en el artículo 4 de la Ley 6/2001, de 23 de julio de medidas urgentes en materia de ordenación del territorio y del turismo en Canarias, al no permitirse por el planeamiento general el uso alojativo turístico en el sector o ámbito correspondiente...».

ámbito competencial de cada uno de ellos (p.e., cuando un instrumento de planeamiento de desarrollo modifica determinaciones estructurantes[121], sin que aquí resulte relevante que el recurso sea formulado por un sujeto privado o por la Comunidad Autónoma[122] o se alteran por el instrumento de planeamiento de desarrollo los usos fijados por el planeamiento general[123]).

---

121. La STS de 21/01/2009 (ECLI:ES:TS:2009:44), confirma la corrección de la suspensión de un Estudio de Detalle en Castell de Ferro, en la medida en que el ámbito sobre el que se proyecta no cuenta con la previa y necesaria ordenación pormenorizada, constituyendo ello una reflexión provisional sobre el fondo que no lo prejuzga. En la misma línea, el ATSJ de Castilla y León (Sala de Valladolid) de 04/12/2009 (Recurso contencioso-administrativo núm. 1390/2009), decreta la suspensión al modificar el Estudio de Detalle determinaciones de ordenación estructurantes reservadas al Plan General en cuanto afectan a la clasificación del suelo y a la delimitación y diseño del sistema general, habiendo ello sido confirmado por una previa sentencia sobre el fondo en un asunto similar. La STS de 10 /06/2004 (ECLI:ES:TS:2004:3997) determina la suspensión un Estudio de Detalle del Plan General de Ordenación Urbana de Madrid cuando el mismo se aprueba con la finalidad declarada expresamente de eludir determinadas limitaciones del instrumento de planeamiento general.

122. Resulta sorprendente y errático, en este punto, el ATSJ del País Vasco de 13/01/2010 (ECLI:ES:TSJPV:2010:1A), al justificar la desestimación de la medida cautelar solicitada en el siguiente razonamiento: «...Aun cuando se admitiera que la ejecución del acuerdo recurrido puede entrañar una transformación de la realidad física y jurídica de los suelos afectados de difícil reversión, considera que el recurrente no acredita la pérdida de la finalidad legítima del recurso, en la medida en que no actúa en defensa de intereses propios que se puedan ver afectados, sino en defensa de la legalidad urbanística y en este punto no llega a identificar con claridad los perjuicios que la ejecución del acto podría originar al interés público, ya que carece de legitimidad para la defensa de intereses de terceros....». El ejercicio de la acción pública no impide que se adopte la medida cautelar, cuestión distinta es que el recurrente no haya acreditado la producción de perjuicios para el interés general defendido.

123. El ATSJ de Islas Canarias (Sala de Las Palmas) de 08/04/2010 (ECLI:ES:TSJICAN:2010:301A) otorga la suspensión del Plan Parcial Sau-2 Villas Club de La Oliva, impugnada por la Comunidad Autónoma que había informado desfavorablemente el Plan, tanto porque el Plan Parcial solo fija un uso turístico, cuando las Normas Subsidiarias fijan un uso mixto residencial y turístico y se vulnera la moratoria turística, como porque se afecta a un pareje de interés paisajístico. El TSJ afirma que «...los perjuicios eran irreparables, en tanto que provocaban una transformación del territorio totalmente irreversible y convertirían la sentencia en prácticamente inejecutable... En el estado actual de las cosas, y habiéndose paralizado durante dos años la ejecución del plan parcial, con la actual coyuntura económica general y en Canarias en particular, sopesando de un lado la transformación del territorio que provocaría la ejecución del plan, y de otro, los perjuicios económicos que se irrogarían a los demandados, consideramos más prudente acordar nuevamente la suspensión del plan parcial, que incluso seria menos costosa para las partes, no solo por la situación económica, sino porque de hecho, ya tuvieron que postergar el proyecto empresarial, con anterioridad...».

214. Obviamente, la apariencia de buen derecho concurre cuando existe una previa decisión anulatoria del instrumento de planeamiento, y ello tanto cuando el instrumento de planeamiento general al que se vincula el instrumento de planeamiento de desarrollo es anulado, dada la manifiesta falta de base de este último[124], como cuando la ordenación anulada por

124. Así, la STS de 04/05/2012 (ECLI:ES:TS:2012:3389) confirma la suspensión del Plan Especial de Ordenación Urbana de la UE 5 Txupetxa, en Lezama, al haberse anulado previamente las Normas Subsidiarias de Planeamiento. Por ello afirma que «... Una de las causas por las que, de no accederse a la suspensión pedida, la acción ejercitada perdería su legítima finalidad es la demostrada y precipitada actividad municipal en la aprobación de los instrumentos necesarios para llevar a cabo la finalidad pretendida con la aprobación del Plan Especial, a pesar de que las Normas Subsidiarias, determinantes de la aprobación de ese Plan Especial, carecen de validez por haber sido declaradas jurisdiccionalmente nulas...». En la misma línea la STS de 20/12/2001 (ECLI:ES:TS:2001:1009), suspende la eficacia del Estudio de Detalle sobre el ámbito de Los Moscatelares, en el municipio de San Sebastián, dado que previamente el TSJ de Madrid ha anulado a los instrumentos de planeamiento que otorgan cobertura al citado Estudio de Detalle (al haberse modificado el PGOU reiteradamente eludiendo el procedimiento de revisión), señalando al respecto que «...Como decíamos, la parte actora alega como motivo de casación la infracción de los artículos 129 y 130 de la Ley 29/1998, de 13 de julio, de la Jurisdicción Contencioso-Administrativa. Según este último precepto «previa valoración circunstanciada de todos los intereses en conflicto, la medida cautelar podrá acordarse únicamente cuando la ejecución del acto o la aplicación de la disposición pudiera hacer perder su finalidad legítima al recurso». Este motivo debe ser aceptado. En el presente caso se da la particularísima circunstancia de que, tal como reconoce el auto impugnado, existen sentencias dictadas en otros procesos, que han anulado la Modificación Puntual 10/1993 Actuación OP-3, Moscatelares, que es la disposición de la que deriva el Estudio de Detalle aquí recurrido. Según esto, el Estudio de Detalle ha quedado sin base ni fundamento, de forma que existe una clara apariencia de que es disconforme a Derecho. En estas circunstancias, procede otorgar la suspensión solicitada, pues en otro caso se permitiría que continuara un proceso urbanístico del que existe la sospecha vehemente de que viola la normativa urbanística, haciendo perder su finalidad legítima a este recurso, pues sería costoso y dificilísimo deshacer lo mal hecho urbanísticamente. El acto recurrido infringe, pues, el artículo 130-1 de la LJCA 29/1998, de 13 de julio, y debe por ello ser revocado, a fin de otorgar la suspensión de que tratamos...». El mismo argumento en SsTS de 11/03/2008 (ECLI:ES:TS:2008:1117); 18/12/2003 (ECLI:ES:TS:2003:823); 04/11/2003 (ECLI:ES:TS:2003:6863); 14/04/2003 (ECLI:ES:TS:2003:2619). No obstante, en este punto resulta sorprendente la argumentación de la STS de 24/09/2003 (ECLI:ES:TS:2003:5686) donde se señala que «...la anulación judicial del Plan General de Paterna. Lo que la Sala de instancia contestó sobre ello es acertado: la desaparición del Plan General (si es que la anulación fuera firme) no supone por sí sola la disconformidad a Derecho de los actos aquí recurridos, porque pueden encontrar apoyo en la normativa urbanística anterior, sobre lo que nada se dice; así que la apariencia de buen derecho no deja de ser bastante inconsistente, dicho sea esto sin prejuzgar en absoluto el fondo del asunto...». Cuestión distinta es que la anulación se refiera a un

cuestiones materiales en un instrumento de planeamiento es incorporada en otro instrumento posterior[125]. En este caso, no resulta posible valorar en el incidente cautelar si el planeamiento que revive (tras la anulación acordada) otorga cobertura al plan objeto de la solicitud de suspensión, al ser ello un cuestión de fondo[126].

Un claro ejemplo donde puede apreciarse el proceso lógico seguido por el órgano jurisdiccional se encuentra en la decisión del Tribunal Superior de Justicia de Madrid al enjuiciar la solicitud de suspensión cautelar del Plan Parcial de Reforma Interior de desarrollo del Área de Planeamiento Remitido 02.21 «Mahou-Vicente Calderón»[127]. El Tribunal Superior estructura su razonamiento en 3 pasos: (i) «recuerda» a las partes que ha dictado con carácter previo una sentencia donde anula la aprobación de la Modificación Puntual del Plan General de Ordenación Urbana de Madrid de 1997, en el ámbito «Mahou-Vicente Calderón» al vulnerar la limitación de alturas (3 plantas más ático y planta baja) establecida en ese momento por la Ley 9/2001, de Suelo de la Comunidad de Madrid; sobre la base de esa realidad jurídica (ii) constata que ni el interés privado plasmado en el Plan Parcial podrá

---

instrumento de planeamiento anterior al que el nuevo instrumento de planeamiento que se impugna viene a sustituir, ya que en tal supuesto sólo podrá apreciarse la apariencia de buen derecho si se acredita la identidad de los supuestos, como precisa la STS de 24/04/2007 (ECLI:ES:TS:2007:2951).

125. STS de 27/03/2014 (ECLI:ES:TS:2014:1276), que confirma la suspensión del PGM de El Gordo, en el Sector de Suelo Urbanizable «Marina Isla de Valdecañas», afirma que «... la anulación por sentencia del Proyecto de Interés Regional —y más ahora, cuando tal anulación ha devenido firme en virtud de dos sentencias de esta Sala del Tribunal Supremo de 29 de enero de 2014 (recursos de casación 2940/2011 y 2419/2014)— determina una sólida apariencia del buen derecho de la recurrente en el litigio referido al Plan General Municipal de El Gordo, pues, existiendo una clara concatenación o relación secuencial entre aquel Proyecto de Interés Regional y el ulterior planeamiento general del municipio, el propio auto recurrido se encarga de destacar que existe una estrecha conexión entre las razones jurídicas —no solo medioambientales sino también urbanísticas— que determinaron la anulación del referido Proyecto de Interés General y las que se debaten en el recurso dirigido contra el instrumento de planeamiento urbanístico. Sin llegar a prejuzgar el fondo del litigio que nos ocupa, es innegable que aquella anulación del Proyecto de Interés Regional, sobre todo teniendo en cuenta las razones jurídico-urbanísticas en la que se sustenta tal anulación, está llamada a tener una incidencia directa en la resolución de la impugnación dirigida contra el Plan General Municipal de El Gordo. Por ello, no cabe reprochar a la Sala de instancia que haya basado la adopción de la medida cautelar en la apariencia del buen derecho que asiste a la parte que solicita la medida cautelar...».

126. STS de 04/05/2012 (ECLI:ES:TS:2012:3389).

127. ATSJ de Madrid de 27 de julio de 2015 (Recurso contencioso-administrativo núm. 629/2015-1).

materializarse, ya que no podrá materializarse el aprovechamiento lucrativo establecido al resultar ilegales las edificaciones previstas por incumplir el régimen de alturas; ni tampoco el interés público consistente en el soterramiento de la M-30 y la cesión de espacios libres como cargas de urbanización, al resultar inviable económica el plan para los promotores al no poder materializar el aprovechamiento previsto[128]; y, finalmente (iii) anticipa las consecuencias de la ejecución de la sentencia (anulatoria), la demolición de los edificios que incumplen la limitación de alturas, con los posibles efectos indemnizatorios atribuibles a la Administraciones implicadas.

215. En definitiva, la doctrina de la apariencia de buen derecho debe estar sustentada en razonamientos convincentes, con base en hechos ciertos, pues tal doctrina implica una incursión en el fondo del asunto[129]. En realidad la regla de control enunciada aquí es la siguiente: la realidad de unos hechos, ya fijados judicialmente, permiten realizar una argumentación sobre el fondo del asunto consistente en la identificación de la nulidad del plan, siquiera sea con carácter provisional. Aquí existe, por tanto, un pronunciamiento sobre el fondo del asunto. Y ello porque el órgano jurisdiccional incorpora y fija como hechos incontrovertidos (verdad fáctica procesal), bien por haber sido traídos al proceso por el recurrente bien por su propio conocimiento interno, elementos que acreditan la irracional o ilegal composición de intereses plasmada en el instrumento de planeamiento superior que se proyectan de forma necesaria sobre el planeamiento inferior.

216. Ante la apreciación de la concurrencia de apariencia de buen derecho frente a un instrumento de planeamiento, la jurisprudencia realiza una lectura del art. 130.2 LJCA plenamente conforme con el art. 24 CE, rechazando considerar prevalente la ejecución del plan urbanístico como interés general prevalente, al haberse destruido, siquiera provisionalmente, la presunción de legalidad del plan[130].

---

128. Literalmente el TSJ señala que «Una simple lógica deductiva nos lleva a una fácil conclusión: si la edificación en altura debe estar limitada en los términos reflejados en la sentencia que anuló la Modificación en este concreto parámetro de la ejecución, la merma legal en la edificabilidad asignada a cada parcela con disminución del número de viviendas estipuladas determina una correlativa disminución de los posibles ingresos y con ello una compleja asunción de los costes de la urbanización».
129. STS de 08/02/2017 (ECLI:ES:TS:2017:400).
130. La STS de 04/05/2012 (ECLI:ES:TS:2012:3389) confirma la suspensión del Plan Especial de Ordenación Urbana de la UE 5 Txupetxa, en Lezama, al haberse anulado previamente las Normas Subsidiarias de Planeamiento afirma que «...La finalidad de construir viviendas protegidas no es razón para denegar la suspensión cautelar solicitada, ya

VII

Tutela cautelar y ponderación de intereses. Una reconstrucción del procedimiento decisorio

A) LAS CONCLUSIONES DE LA PRÁCTICA JURÍDICA EN MATERIA DE SUSPENSIÓN CAUTELAR DE INSTRUMENTOS DE PLANEAMIENTO

a) EL OTORGAMIENTO DE LA MEDIDA CAUTELAR ANTICIPA EN LA MAYOR PARTE DE LAS OCASIONES EL RESULTADO DE LA SENTENCIA

217. Un análisis atento a la práctica judicial en el ámbito de los recursos frente a instrumentos de planeamiento revela que el *modus operandi* seguido por el órgano judicial es, *grosso modo*, el siguiente[1]: Primero analiza si se alega

1. Resulta ocioso el debate de si primero debe verificarse por el órgano jurisdiccional la existencia de un perjuicio en el recurrente para, posteriormente proceder a la ponderación de intereses en juego o si, por el contrario, primero debe realizar la ponderación de intereses y sólo si el interés alegado por el recurrente es prevalente analizar si efectivamente se produce el perjuicio. Así, p.e., los AaTSJ del País Vasco de 27/09/2007 (ECLI:ES:TSJPV:2007:775A); y 31/05/2006 (ECLI:ES:TSJPV:2006:265A) afirman que «...el análisis de una pretensión de tutela cautelar ha d(e comenzar necesariamente por verificar sí la medida cautelar resulta necesaria para preservar el efecto útil de la sentencia. Si no resulta necesaria procede su denegación y deviene ocioso todo otro análisis, pese a que, con una deficiente técnica legislativa, el artículo130.1 de la Ley 29/1998 parece dar a entender que resulta previa la valoración circunstanciada de los intereses en conflicto. Esta conclusión resulta errónea, puesto que la ponderación de intereses es ociosa si no concurre la condición necesaria de la pérdida de la finalidad legítima del recurso, y por tanto dicho juicio de ponderación de intereses, por exigencias de la lógica y razones de economía, debe seguir necesariamente a la verificación de la condición necesaria...». En idéntico sentido, ATSJ del País Vasco de 13 /01/2010 (ECLI:ES:TSJPV:2010:1A). Este es un claro ejemplo de razonamiento circular. En todo caso, la Exposición de Motivos, Apartado V, de la Ley 29/1998 precisa que «...El criterio para su adopción consiste en que la ejecución del acto o la aplicación de la disposición pueden hacer perder la finalidad del recurso, pero siempre sobre la base de una ponderación suficientemente motivada de todos los intereses en conflicto...».

de forma concreta, y no por referencia a formulas generales y abstractas, la concurrencia del riesgo de pérdida de la eficacia del recurso (aquí no se entra a analizar la realidad o no de dicho riesgo, simplemente su alegación). Si no supera ese primer filtro, desestima directamente el otorgamiento de la medida cautelar de suspensión. En segundo lugar realiza la ponderación de los intereses en juego por referencia a los alegados por el recurrente frente a los ínsitos en el planeamiento[2]. Si la precedencia se la otorga al interés público presente en el instrumento de planeamiento procede a desestimar la medida cautelar. En tercer lugar, y sólo si la precedencia se otorga al interés, público o privado, alegado por el recurrente verifica si la aplicación de la disposición puede, efectivamente, ocasionar un riesgo de pérdida de la finalidad del recurso y, en su caso, la incidencia que para el interés representado por el planeamiento ocasiona la suspensión. Obviamente este proceso en ocasiones se realiza de forma simultánea, en otras de forma desordenada e, incluso, a veces, silenciando algunos pasos. Ante la impugnación de un instrumento de planeamiento, en cuanto norma reglamentaria, la medida cautelar no incorpora una propuesta de modificación del plan ni obligar a la Administración a adoptar un nuevo planeamiento, ciñéndose a la suspensión del reglamento, de forma total o parcial para garantizar los intereses aducidos por el recurrente en atención al principio de proporcionalidad[3].

218. La evolución en la aplicación judicial de las reglas de tutela cautelar en el ámbito urbanístico es clara en términos cuantitativos. De otorgar la suspensión en un 20% de las ocasiones en que se solicitaba durante la vigencia de la Ley jurisdiccional de 1956[4], se pasa a un 47,97% bajo la LJCA de 1998[5], si bien se aprecia un notable descenso de asuntos a partir del año 2010, como consecuencia de la paralización de la aprobación de planes urbanísticos en la crisis económica de 2008 y del temor a futuras declaraciones de nulidad

que el interés general y primordial a proteger con la aprobación de un instrumento de ordenación urbanística es el de la conformidad de éste a Derecho…».

2. Aquí debe tenerse en cuenta que este control, siquiera sea en el ámbito de la tutela cautelar, que realiza el órgano jurisdiccional sobre la previa ponderación de intereses que supone el instrumento de planeamiento debe configurarse como un control de legalidad, no como un control de oportunidad, como ha precisado Rodríguez De Santiago (2000: 104).
3. Fuertes López (2002: 81).
4. De 128 supuestos donde el Tribunal Supremo tuvo que pronunciarse desde la entrada en vigor de la Constitución hasta la aprobación de la LJCA de 1998, solo en 26 supuestos se accede a la suspensión cautelar, lo que supone solamente alrededor del 20%.
5. De 123 supuestos donde tanto el TS como los TSJ deben decidir sobre la tutela cautelar, deniegan la suspensión 64 decisiones, lo que supone un 52,03%, mientras que otorgan la suspensión 59, lo que supone un 47,97%.

asentado en los responsables políticos municipales. Además, la observación empírica constata la intuición[6] de que en la mayor parte de los supuestos en que se otorga la suspensión cautelar del plan, el resultado final del proceso principal es la anulación del mismo. Probablemente exista ya una valoración circunstancial sobre el fondo que inclina el resultado de la ponderación y que se proyecta sobre el resultado final, en muchos casos a partir de la aplicación, expresa o implícita, del *fumus boni iuris*. Pero la situación inversa no es uniforme, en muchos casos donde no se ha otorgado la medida cautelar o donde ni siquiera ha sido solicitada, el plan finalmente también resulta anulado consolidando la percepción social del «drama del planeamiento».

b) LA VINCULACIÓN DE LA TUTELA CAUTELAR A LA EFECTIVIDAD DEL FALLO

219. En todo caso, puede apreciarse que de forma expresa o implícita la tutela cautelar se vincula ontológicamente a la efectiva ejecución del fallo de las sentencias. Y ello no solo porque la medida cautelar tiene por finalidad garantizar, precisamente, la ejecución de la futura sentencia[7], sino porque una interpretación efectiva del derecho a la tutela judicial efectiva requiere una aplicación más amplia y flexible de la tutela cautelar cuanto mayores dificultades existan para poder ejecutar la sentencia en sus propios términos lo que en ocurre con frecuencia en el ámbito del planeamiento urbanístico. La consecución del interés público, art. 103 CE, reclama que no se produzcan consolidaciones, por la fuerza de los hechos, de situaciones contrarias a la legalidad urbanística derivadas de la incorrecta comprensión del sistema de justicia cautelar[8].

B) LA IDENTIFICACIÓN DE LA NORMA DE CONTROL EN MATERIA CAUTELAR FRENTE A LOS INSTRUMENTOS DE PLANEAMIENTO

a) NORMA DE CONDUCTA Y NORMA DE CONTROL FRENTE A LA DIVERSIDAD MATERIAL DEL CONTENIDO DEL INSTRUMENTO DE PLANEAMIENTO

220. Resulta útil adoptar el binomio conceptual entre norma de conducta (en cuanto norma con la que decide la Administración) y norma de control

6. Circunstancia puesta de relieve por Fuertes López (2002: 85).
7. Chinchilla Marín (1991: 29); Casares Marcos (2019: 364).
8. Como ya denunciaba Trayter Jiménez (1996: 334).

(en cuanto norma con la que efectúa su control la jurisdicción contencioso-administrativa)[9] para explicar la distinta posición de la Administración a la hora de determinar el contenido del plan y la del órgano judicial a la hora de controlar la regulación incorporada al plan. El plan en cuanto norma que concreta el régimen jurídico de la propiedad, determinando el modelo de ciudad, responde a una específica relación con las Leyes y reglamentos (estatales y autonómicos) urbanísticos, como expresión fundamentalmente de una Administración conformadora. El plan incorpora diversos tipos de decisiones normativas (normas de conducta) que conllevan normas de control con un alcance diferente.

221. Así, cabe identificar decisiones normativas que se encuentran totalmente predeterminadas (programadas) por la legislación urbanística (determinaciones regladas). P.e., cuando el plan prevé una actuación de nueva urbanización (sobre suelo urbanizable sectorizado en terminología de las leyes urbanísticas autonómicas) de uso residencial, debe destinar al menos el 40% de la edificabilidad residencial prevista a viviendas sujetas a un régimen de protección pública y dentro de ese porcentaje al menos el 50% de la vivienda protegida a un régimen de protección pública de alquiler, art. 20.1.b) TRLSRU y 15.1.d) Ley 12/2023, de 24 de mayo, por el derecho a la vivienda. Tales determinaciones, que deben ser concretadas (en su caso al alza) por la legislación autonómica (o en caso de silencio en esos concretos porcentajes), se imponen a la decisión del plan. La Administración planificadora incorpora aquí una norma de conducta establecida y determinada por el legislador con una estructura de regla de programación condicional. La norma de conducta se identifica con la estructura de la norma jurídica. La Administración planificadora no «añade» nada a la regulación legal.

222. También cabe identificar decisiones normativas del plan que concretan conceptos normativos indeterminados o elementos discrecionales en la determinación de las consecuencias jurídicas incorporados en las regulaciones legales articuladas sobre reglas de programación condicional. P.e., la previsión por el instrumento de planeamiento general de los suelos rústicos excluidos de su transformación urbanística por concurrir valores ganaderos, art. 21.2.a) TRLSRU. La Administración planificadora integra el supuesto de hecho incompleto con los criterios «propios» que permiten concretar la existencia de un suelo apto para la explotación ganadera incorporados en la norma de conducta establecida por el legislador con una estructura de regla de programación condicional.

---

9. Sigo en parte el análisis de Rodríguez de Santiago (2016: 149).

223. Finalmente cabe identificar decisiones normativas del plan de carácter conformador (o «discrecionalidad planificadora») adoptadas a través de la fijación de la prevalencia de determinados fines o principios mediante una ponderación. P.e., la previsión por el instrumento de planeamiento de un crecimiento de 2.500 nuevas viviendas en tres actuaciones de nueva urbanización (en suelo urbanizable sectorizado según la terminología de la legislación autonómica) donde se mezclan usos de forma adecuada concretando en atención a las circunstancias los principios de desarrollo sostenible y cohesión territorial, art. 3.3.a) TRLSRU, permitan una utilización eficiente de los recursos hídricos disponibles, art. 3.3.l) TRLSRU, satisfaciendo las necesidades justificadas de crecimiento residencial y usos productivos y preservando de la urbanización el resto de suelo rural, art. 20 TRLSRU. La Administración planificadora crea aquí, con sus «criterios propios», tanto el supuesto de hecho *ex novo* o completa un supuesto fáctico mínimamente enunciado en la norma legal (nuevo desarrollo) mediante la ponderación de normas de programación final (preservación del suelo rústico, derecho a la vivienda, desarrollo económico… etc.), a la vez que determina la consecuencia jurídica, al establecer como calificación el residencial en edificación colectiva, manzana abierta, y el industrial en pequeñas naves nido, fijando la concreta edificabilidad de cada uno de los sectores y unidades de ejecución.

224. En todo caso, las decisiones normativas que incorpora el plan deben basarse en una correcta identificación de los hechos, de la realidad sobre la que se proyecta y que pretende ordenar (e imaginar). Ese análisis de la realidad puede modificar la decisión regulatoria inicial, incorporando la aplicación de nuevas normas o principios. Ese ir y venir de los hechos a la norma y de la norma a los hechos debe quedar reflejado en la Memoria (justificativa y normativa) del Plan. Ahí se encuentra la motivación tanto de las normas de programación condicional que fija el plan, como de las normas de programación final y las reglas de prevalencia normativa condicionada que adopta la Administración planificadora y que cristalizan en el plan.

225. Desde esta óptica, el plan en cuanto norma de conducta que dirigirá la actuación administrativa se adopta por la Administración planificadora por razones de legalidad y de oportunidad (los criterios adicionales propios identificados o adoptados por la Administración). Frente a ello, la norma de control que permite el control del plan se aplica por los órganos de la jurisdicción contencioso-administrativa conforme a estrictos criterios jurídicos, excluyéndose los criterios de oportunidad[10]. Por ello, cuando la

10. Rodríguez de Santiago (2021: 14); y (2016: 168) correctamente señala que la Administración (en este caso planificadora) crea o concreta la norma de conducta

decisión del plan responde a una programación condicional reglada de la legislación urbanística debe afirmarse la aplicación de la misma norma por la Administración planificadora y el órgano judicial. Existe así una simetría entre la norma de conducta y la norma de control que permite efectuar el órgano judicial un control positivo del plan (puede anular el plan y decidir lo que es Derecho). El control judicial se proyecta tanto sobre la fijación de los hechos como sobre la interpretación y concreción de tales hechos a las determinaciones normativas del plan (el órgano judicial responde a la pregunta de si la regulación adoptada por el plan es la «correcta» mediante un «simple» juicio de contraste subsuntivo)[11]. Por el contrario, cuando la decisión del plan responde a una programación condicional que incorpora un ámbito de discrecionalidad o cuando la determinación del plan responde a una norma de programación final a partir de un proceso ponderativo, debe afirmase la existencia de una asimetría entre la norma de conducta y la norma de control. La norma jurídica es «concretada» por la Administración planificadora con criterios de oportunidad, pero el órgano judicial realiza su función mediante una norma de control estrictamente jurídica. Por ello, el órgano judicial efectúa un control negativo cuando la ordenación adoptada por el plan para conseguir la mejor ordenación posible sea inaceptable, por inmotivada, irracional, arbitraria o ilegal (puede anular el plan, pero no puede decidir lo que es conforme con el Derecho)[12]. La clave del control se sitúa así en los criterios adoptados por la Administración planificadora para crear o completar el supuesto de hecho y/o la consecuencia jurídica de la determinación del plan y en su explicitación (motivación convincente) a lo

directamente. El órgano judicial aplica esa norma indirectamente al realizar un juicio de contraste entre la norma de conducta que es el plan y la legislación urbanística (estatal y autonómica) que desarrolla. Juicio de contraste que, en materia de planificación urbanística, se realiza fundamentalmente a través de la ponderación.

11. Rodríguez de Santiago (2016: 171).
12. Rodríguez de Santiago (2016: 172), quien precisa como se ha ido pasando de un canon de control basado en la arbitrariedad en el resultado (irracionabilidad) a un canon de control basado en la arbitrariedad por falta de motivación convincente —irracionalidad procedimental—. En el primer canon, desde la perspectiva procesal, los elementos clave son el traslado de la carga argumentativa y probatoria de la irracionabilidad del resultado del plan al recurrente, dispensando a la Administración de su prueba en el procedimiento de aprobación del plan, posibilitando que tal argumentación sea aportada por la Administración en el propio proceso contencioso e incluso sustituida por la actividad judicial al reconstruir la motivación. Esta posición constituye, de facto, un blindaje del plan. Esta idea es consistente con la noción amplia del planeamiento como instrumento de racionalización para la toma de decisiones, como precisó Pardo Álvarez (2005: 242).

largo del procedimiento de aprobación del plan, incorporando su resultado en la Memoria del plan.

La Administración planificadora debe acreditar, de forma explícita o implícita, en el procedimiento de elaboración y aprobación del plan y en su propio contenido documental que la decisión regulatoria se ha concretado sobre razones y criterios convincentes, sin que tal argumentación pueda ser aportada *ex novo* en el proceso contencioso-administrativo (si podrá hacer explicita una motivación implícita) ni reconstruida por el órgano judicial[13]. Y ello tanto cuando el plan incorpora una regla condicional discrecional como cuando concreta a través de la ponderación diversos principios. En este último supuesto, el órgano judicial controla tanto si la decisión regulatoria incorporada al plan se ha adoptado tras una correcta identificación de los principios afectados a partir de los hechos relevantes, si se han atribuido los pesos a cada uno de los principios adecuados a tenor de las circunstancias concurrentes y si la regla de prevalencia condicionada adoptada es convincente[14]. El alcance de este canon de control del plan resulta consistente con su carácter conformador y el principio de conservación del plan anudado a la autonomía local constitucionalmente garantizada y a la conexión directa entre el procedimiento de aprobación del plan y el principio democrático que exige el mantenimiento del modelo de ciudad adoptado, salvo que la infracción sea relevante.

b) LA NORMA DE CONDUCTA Y LA NORMA DE CONTROL EN LA TUTELA CAUTELAR. IDENTIDAD CON EL PROCESO SOBRE EL FONDO

226. Esta propuesta metodológica resulta útil tanto para analizar el alcance de la norma de control en el proceso principal, donde se deciden las cuestiones de fondo, como en la fase de tutela cautelar. Es cierto que se ha planteado que el alcance de la norma de control y por extensión el alcance del control judicial no puede ser idéntico en la fase cautelar que cuando se adopta un pronunciamiento sobre el fondo[15]. Ello no resulta correcto si lo que pretende señalarse es que el alcance del control debe ser diferente. Lo que resulta diferente es su carácter, provisional en un caso y definitiva en otro. La determinación (control) del correcto ejercicio de la ponderación («discrecionalidad planificadora») se ejerce con carácter sumario y provisional[16].

13. Rodríguez de Santiago (2016: 192).
14. Rodríguez de Santiago (2016: 195).
15. Agudo González (2013: 94).
16. Rodríguez Pontón (1999: 62).

C) EL JUICIO DE CONTRASTE EN LA TUTELA CAUTELAR COMO UN JUICIO PONDERATIVO

a) TUTELA CAUTELAR Y EL CASO CONCRETO

227. La regulación del art. 130 LJCA adopta una fórmula atributiva de competencia[17] para el órgano judicial («podrá»), imponiendo el deber de otorgar la medida cuando concurran sus presupuestos, como exigencia derivada del derecho a la tutela judicial efectiva. No hay aquí arbitrio judicial. La decisión de la adopción de la medida cautelar no queda al libre arbitrio[18] o a una hipotética discrecionalidad del órgano judicial, ya que ello supondría la negación del derecho a la tutela judicial efectiva[19]. Resulta evidente que el control judicial verificado en el incidente cautelar no incorpora una decisión arbitraria del órgano judicial (excluida por mandato del art. 9.3 CE y la interdicción de la arbitrariedad de «todos» los poderes públicos, incluido el poder judicial). El denominado «arbitrio judicial» no supone la atribución de una facultad discrecional en la interpretación y aplicación de la ley a los órganos judiciales[20]. Al respecto el TS afirma apodícticamente «la necesidad de atenerse a la singularidad de cada caso debatido por las circunstancias concurrentes en el mismo, lo que implica, desde luego un claro relativismo en desacuerdo con declaraciones dogmáticas y con criterios rígidos o uniformes»[21]. Pero ello no resulta correcto. Cuando se utiliza por el TC la expresión «juicio probabilístico» está aludiendo a la noción de ponderación en su concreta y precisa acepción técnico-jurídica. Ahora bien, debe precisarse que la adopción de la medida cautelar se articula en una doble fase, con dos técnicas aplicativas diferentes[22] (o dos requisitos cumulativos

17. Bacigalupo Saggese (1999: 156).
18. Configurado como la existencia de una pluralidad de soluciones correctas establecidas por la ley, dentro de las cuales el juez puede escoger una de ellas en ejercicio de su arbitrio entendido como acto de voluntad que responde a la intuición del juez, que sólo a posteriori y como obligación impuesta por la ley procede a motivar su decisión, en los términos señalados por Nieto García (2000: 255). Sobre ello, De la Sierra Morón (2004: 317).
19. Chinchilla Marín (1991: 56). García de Enterría (1995: 174) pone de manifiesto que la decisión judicial ha consistido en muchos caos en una «justicia del cadí, en una intuición difusa y difícilmente objetivable».
20. Martín-Retortillo Baquer (1983: 1092). La sentencia judicial, como aplicación del derecho, no presenta una racionalidad normativa como indicó Nieto García (2000: 204).
21. Entre otras, STS de 21 de octubre de 2004 (ECLI:ES:TS:2004:6679).
22. Correctamente De la Sierra Morón (2004: 239), quien precisa que en muchas ocasiones esta doble fase no se realiza de forma separada y diferenciada, sino que en muchos casos se procede directamente a la ponderación de intereses contrapuestos, al considerar implícito el perjuicio.

diferenciados[23]), la subsunción (perjuicio y urgencia) y la ponderación (intereses en conflicto). Esta diferenciación tiene una funcionalidad explicativa, ya que en la aplicación práctica por los órganos judiciales en muchos casos se realiza de forma simultánea o a través de una única fase.

228. La ponderación se presenta, así como un marco analítico, incorporando un modelo de decisión multicriterio, donde deben tenerse presente tanto los elementos empíricos como los principios y valores que conforman el ordenamiento administrativo. Ciertamente en muchos casos la doctrina ha identificado la «ponderación» judicial en orden a determinar la procedencia de la medida cautelar como un «análisis meditado de las particulares circunstancias que concurren en cada caso, de manera específica, y en las consecuencias que puedan derivarse», donde el interés general ínsito en la norma reglamentaria (la ejecución del planeamiento) presenta *prima facie* un «mayor peso» que el interés individual del recurrente[24], pero donde se requiere del órgano judicial que identifique la importación de los intereses afectados. Esta configuración ha conducido a percibir el régimen de las medidas cautelares como un supuesto de justicia del caso concreto, lo que ha merecido una valoración diversa en la doctrina, tanto favorable como netamente desfavorable. Ello no resulta correcto.

b) LA ACREDITACIÓN DEL PERJUICIO O URGENCIA COMO SUBSUNCIÓN

229. En primer lugar, debe determinarse la existencia del perjuicio (o urgencia) en el caso concreto, lo que requiere subsumir los hechos en la regla fijada por el art. 130.1 LJCA para acreditar la real o posible pérdida

---

23. BACIGALUPO SAGGESE (1999: 148).

24. FUERTES LÓPEZ (2002: 75), que señala que el órgano judicial «como en un juego matemático de combinaciones, deberán valorarse, por un lado, qué perjuicios soportará el recurrente si no se suspende la disposición impugnada y, en su día, la sentencia es estimatoria y, por otro lado, qué perjuicios padecerán los otros intereses implicados si se suspende la aplicación del reglamento y, al final, la sentencia desestima el recurso». La misma idea de ponderación de los intereses en presencia (irreversibilidad del daño causado al recurrente y daño que pueden sufrir los intereses general), «equilibrando provisionalmente esos intereses contrapuestos» se afirmaba por Chinchilla Marín (1991: 29), implicando «un preventivo cálculo de probabilidad» y ya como una efectiva «ponderación de todos los intereses en presencia, esto es, el perjuicio, cuya irreparabilidad se trata de evitar con la medida cautelar, de un lado, y el perjuicio —que también podría ser irreparable— que con la adopción de la medida cautelar podría causarse al interés general o los intereses de terceros, de otro» en CHINCHILLA MARÍN (2009: 148).

de la finalidad legítima del recurso si es estimado[25]. La urgencia o perjuicio aparece, no como un criterio para el otorgamiento de la medida cautelar, sino como un requisito previo a la realización de la ponderación. Si no existe el perjuicio, no hay que realizar la ponderación de intereses. Dado que se impugna un instrumento de planeamiento, con carácter general ese perjuicio lo será en el ejercicio del derecho o interés cuya tutela se impetra, cumpliendo la adopción de la medida cautelar de suspensión una función de aseguramiento del mismo. Pero en determinadas ocasiones el perjuicio lo será en la existencia misma del derecho o interés objeto de la tutela impetrada, que de no adoptarse la medida cautelar quedará extinguido, lo que requerirá que la decisión prejuzge el fondo del asunto[26].

230. Se requiere así concretar los daños o perjuicios, sin que sean admisibles vagas referencias genéricas. Ello supone la necesidad de su acreditación o prueba por el recurrente. No resulta necesario una prueba plena, bastando una «justificación de la presunta producción de los daños, así como de su naturaleza y alcance», lo que implica la admisibilidad de la prueba indiciaria que acredite que tal perjuicio es racionalmente posible y que el mismo es irreversible, lo que determina la acreditación de la urgencia en la adopción de la medida. Si el daño (real o potencial) es reversible (reparable *in natura* o mediante un resarcimiento económico), no resulta necesario realizar la ponderación de intereses, al no concurrir la urgencia.

231. La identificación o el rechazo de tal perjuicio o urgencia por parte del órgano judicial requiere que éste formule una doble hipótesis. Debe identificar cuáles serán las consecuencias de su decisión, tanto si adopta la medida cautelar de suspensión como si deniega la suspensión, y tanto si la resolución de fondo declara la legalidad del plan o por el contrario declara su nulidad. Y ello teniendo en cuenta que al tratarse de la impugnación de un instrumento de planeamiento que prefigura el desarrollo urbanístico y permite desarrollar el uso del suelo, en su caso a través de un proceso urbanizador, posibilita una modificación sustancial de la situación originaria, difícilmente reversible. De ahí que una ulterior declaración de imposibilidad material de ejecutar la sentencia no satisfaga el derecho a la tutela judicial efectiva, por lo que la identificación del perjuicio o la urgencia debe realizarse desde la óptica de la posibilidad de ejecutar la sentencia en sus propios términos[27].

25. Tal elemento no se configura como un criterio decisor del otorgamiento, sino como un requisito previo, la existencia de tal perjuicio para la tutela judicial efectiva, como señala Bacigalupo Saggese (1999: 149).
26. Esta diferencia en De la Sierra Morón (2004: 240).
27. Trayter Jiménez (1996: 340).

232. Desde este planteamiento no resulta correcta la comprensión judicial de la tutela cautelar donde se señala que «...El criterio de ponderación de los intereses concurrentes es complementario del de la pérdida de la finalidad legítima del recurso, de modo que al juzgar sobre la procedencia de la suspensión se debe ponderar, ante todo, la medida en que el interés público exija la ejecución, para otorgar la suspensión según el grado en que el interés público esté en juego, por lo que, en la pieza de medidas cautelares, han de tomarse en consideración las circunstancias de cada caso, y los intereses en juego —públicos y particulares—, de modo que cuando las exigencias de ejecución que el interés público presenta son tenues bastarán perjuicios de escasa entidad para provocar la suspensión, mientras que, cuando aquella exigencia es de gran intensidad, sólo perjuicios de elevada consideración podrán determinar la suspensión de la ejecución del acto o de la norma...»[28]. El riesgo de la pérdida de la finalidad del recurso se configura como requisito o condición previa. Si tal riesgo no concurre no debe procederse a la ponderación de intereses. En este sentido, se afirma correctamente que «...todo análisis de una pretensión de tutela cautelar ha de comenzar necesariamente por verificar la concurrencia de dicha condición necesaria aunque no suficiente, puesto que de no concurrir procede su denegación y deviene ocioso todo otro análisis de la cuestión, pese a que, con una deficiente técnica legislativa, el art.130.1 LJCA parece dar a entender que resulta previa la valoración circunstanciada de los intereses en conflicto, conclusión errónea, ya que es manifiesto que dicha ponderación de intereses es ociosa si no concurre la condición necesaria de la pérdida de la finalidad legítima del recurso, y por tanto dicho juicio de ponderación de intereses, por exigencias de la lógica y razones de economía, debe seguir necesariamente a la verificación de la condición necesaria...»[29].

c) PONDERACIÓN DE INTERESES Y NO MERO EQUILIBRIO DE INTERESES. IDENTIFICACIÓN DE LOS BIENES EN CONFLICTO

i) La ponderación como método argumentativo

233. En efecto, aquí concurren los presupuestos dogmáticos de la aplicación de un juicio ponderativo[30] y no simplemente la búsqueda de un equilibrio entre los intereses en juego[31]. Existen principios o valores contrapuestos,

28. Y que se afirma, entre otros, en el ATS 07/07/2004 (ECLI: ES:TS:2004:8897A).
29. En este sentido, ATSJ del País Vasco de 21/06/2011 (ECLI:ES:TSJPV:2011:212A).
30. De la Sierra Morón (2004: 334), y (2007: 946).
31. Posición defendida por Arroyo Jiménez (2009: 4) que considera que ahí la expresión se utiliza en sentido amplio, implicando que el órgano judicial debe tomar en cuen-

sin que se establezca *ex ante* al órgano judicial una regla que establezca una precedencia absoluta de uno de ellos[32]. A ello debe sumarse que las decisiones en materia cautelar constituyen, desde una perspectiva metodológica, «casos difíciles», donde existe tanto una indeterminación normativa (ante la configuración como principios y no reglas) como una indeterminación fáctica (dado que el sustrato fáctico es incompleto ante una cognición limitada, sin que pueda procederse a prejuzgar el fondo del asunto)[33]. La estructura constitucional de la tutela cautelar no automática presenta a aquellos elementos a considerar por el órgano judicial no como reglas, sino como principios o mandatos de optimización que pueden cumplirse en distintos grados en función de las circunstancias fácticas y jurídicas y que en cada caso concreto deben dar lugar, tras la correspondiente ponderación, a una regla de prevalencia condicionada donde se concreta la prevalencia de uno u otro principio o valor en atención a tales concretas circunstancias[34].

234. Aquí se exige al órgano judicial, en primer lugar, la adopción de una concreta forma de argumentar y fundamentar la decisión (dimensión

---

ta, sopesar o valorar los criterios que demandan acciones diferentes para alcanzar un equilibrio. Esta misma idea del equilibrio es expresada por Chinchilla Marín (2009: 152), al referirse a «un juicio necesariamente ponderativo, que está llamado a alcanzar un difícil equilibrio entre los intereses en conflicto», o Casares Marcos (2019: 376) al aludir al «operación compleja de valoración para equilibrar los diversos intereses en juego». Ciertamente en una acepción amplia (propia del «balancing» en el case law norteamericano) el objeto de la ponderación son los intereses (económicos, políticos, éticos, etc.) de las partes enfrentadas en un caso concreto, por lo que no actúa como una estructura de interpretación de normas con carácter de principios, sino como un criterio material que aspira a proporcionar respuestas materialmente correctas en base al análisis de los intereses en juego, como destaca Portocarrero Quispe (2017: 213). Por el contrario, aquí los elementos a considerar actúan como verdaderos principios y no como reglas.

32. El conflicto no se resuelve en el plano de la validez, sino en el plano axiológico al configurarse los bienes en conflicto como mandatos de optimización, y no como reglas que contienen un mandato de deber ser definitivo en cuanto o bien se cumple con lo prescrito por ellas o bien no se cumple con ello. Los principios incorporan mandatos de deber ser que han de ser realizados en la mayor medida posible, en función a las circunstancias fácticas y jurídicas del caso concreto, Portocarrero Quispe (2017: 211); Borowski (2019: 89). Por su parte, Atienza Rodríguez (2010: 54) afirma que la ponderación tiene lugar cuando el legislador crea una «laguna normativa», al considerar que no resulta conveniente establecer al respecto reglas muy específicas, dado que pueden surgir en el futuro muchas circunstancias relevantes e imposibles de predecir, por lo que difiere su concreción a la Administración o al órgano judicial en vez de regularlo en abstracto. En otros casos, se trataría de una «laguna axiológica».
33. De la Sierra Morón (2004: 329).
34. En lo que sigue, Rodríguez de Santiago (2000: 121).

formal de la ponderación como procedimiento). En una primera fase debe mostrar explícitamente la identificación de los bienes o principios que toma en consideración y que se encuentran en conflicto. De una parte se sitúa ineludiblemente el interés público en la ejecución del plan aprobado que ordena el derecho de propiedad y define el modelo de ciudad (en sentido amplio). De otra parte, se sitúa el concreto interés privado o público alegado por el recurrente como elemento que demanda la suspensión cautelar.

235. En una segunda fase el órgano judicial debe atribuir los concretos pesos (importancia) que cada uno de los intereses presenta en el caso concreto[35]. Ello supone formular argumentos sobre el grado de cumplimiento de uno de los principios y sobre el grado de afección al principio contrario, tomando en cuenta tanto cuestiones fácticas como argumentos jurídicos[36]. Y aquí debe demandarse un adecuado reparto de la carga de la prueba[37], a la luz del principio de conservación del plan y del derecho a la tutela judicial efectiva, en la fase cautelar. La labor jurisdiccional aquí puede estar prefigurada normativamente por el legislador si éste considera prevalente alguno de los intereses en conflicto (como p.e., la existencia de recursos hídricos suficientes para un nuevo desarrollo urbano, cuya inexistencia determina la nulidad del plan).

ii) Intereses alegados por el recurrente

236. La virtualidad de la ponderación como método argumentativo requiere delimitar los elementos que deben ser «utilizados» como principios o mandatos de optimización. La valoración de los distintos intereses mediante la atribución de su peso debe realizarse a la luz del análisis cautelar (y por tanto provisional) de la apariencia de buen derecho, de la verosimilitud de la pretensión, de las perspectiva de éxito del recurso (p.e., al constatarse

35. Puede resultar aquí acertada la crítica de Atienza Rodríguez (2010: 50) que califica la fórmula matemática como un exceso retórico, «ya que con sus asignaciones de valores numéricos, multiplicaciones, cocientes, etc. no es más que un uso metafórico del lenguaje matemático, que no aporta nada en términos de rigor, pero que puede contribuir a la confusión, en cuanto ha llevado a pensar a muchos (aunque no sea esto exactamente lo que piense Alexy) que la clave de la argumentación en esos casos radica en la fórmula en sí, y no (como parecería obvio que tendría que ser) en la atribución de los valores respectivos».
36. Es cierto que, como destaca Arroyo Jiménez (2009: 12), la atribución de los correspondientes pesos a los principios en conflicto en cuanto criterio formal supone una decisión extra sistemática en la que se incorporan elementos valorativos, solo hasta cierto punto racionalizables. Y ello se consigue a través de la exteriorización de la ponderación efectuada.
37. Trayter Jiménez (1996: 342).

en el expediente la ausencia del Informe favorable de la Confederación Hidrográfica sobre la disponibilidad de recursos suficientes).

237. De una parte, se sitúa el derecho a la tutela judicial efectiva del sujeto que impetra la tutela cautelar y que la ulterior sentencia que resuelva el fondo del asunto no quede vacía de contenido (ahí reside el *periculum in mora*). Aquí el derecho fundamental funciona como un mandato de optimización, puesto que el contenido material del derecho fundamental no puede ser, en ese momento, cumplido de manera absoluta sino de forma gradual tomando en cuenta las circunstancias del caso concreto que determina la existencia de un conflicto con otros derechos o bienes. Y ese derecho se toma en cuenta en la ponderación de intereses desde la perspectiva de la apariencia de buen derecho (verosimilitud) de las pretensiones ejercidas[38]. No se trata de un criterio autónomo respecto del que la ponderación sería un criterio subsidiario (que sólo entraría en juego si no es posible dilucidar la prosperabilidad de la pretensión). La ponderación de los intereses, públicos y privados en conflicto, debe verificarse a la luz de la apariencia de buen derecho, que proyectará su influencia sobre el peso atribuido (o exigido) a los distintos intereses, mayor o menor, en función de la verosimilitud (examen provisional y sumario) de la pretensión ejercida[39].

238. Junto a ese elemento esencial deben situarse otros derechos o intereses individuales del propietario, fundamentalmente su derecho de propiedad (p.e., al cuestionar la clasificación y calificación de su suelo como rústico (no urbanizable) de uso agrícola cuando el mismo está integrado ya en la trama o malla urbana). Pero también, y dado que en materia urbanística se reconoce la acción pública, art. 62 TRLSRU, la identificación del daño puede proyectarse sobre bienes colectivos constitucionalizados que no pueden ser distribuidos entre individuos particulares, presentando un contenido material cuyo cumplimiento debe ser realizado en la mayor medida posible (p.e., la protección del medio ambiente o la protección del patrimonio histórico-artístico)[40]. Pueden existir así una multiplicidad (y heterogenei-

38. Bacigalupo Saggese (1999: 151) precisa que la apariencia de buen derecho aparece como criterio que deriva de la propia finalidad de la medida cautelar, asegurar la efectividad de la sentencia, al exigir un examen anticipado, sumario y provisional de las perspectivas de éxito de la demanda.
39. Bacigalupo Saggese (1999: 154). Ello se explica afirmando que ni puede admitirse la preponderancia del interés público ínsito en la disposición reglamentaria aparentemente contraria a Derecho ni puede admitirse la preponderancia del interés (público o privado) esgrimido por el recurrente cuando su recurso, a primera vista, carece de fundamento.
40. Portocarrero Quispe (2017: 212).

dad) de intereses públicos que concurran (se opongan al) con los intereses públicos incorporados en la previa ponderación realizada para aprobar el planeamiento y que pretende el despliegue de sus efectos. Tales intereses generales o colectivos responden a la vertiente colectiva del derecho administrativo democrático y social (superador de un derecho administrativo simplemente «autoritario» e individualista)[41]. No existe un único y unívoco interés general definido y tutelado por la Administración. El interés general está «disgregado» en una multiplicidad de intereses públicos, y que cuya tutela puede ser ejercida por los ciudadanos, que deben presentar una distinta incidencia en la ponderación cautelar[42].

Esos intereses generales responden a bienes colectivos constitucionalizados que en la ponderación pueden incorporar una prevalencia en abstracto *a priori* otorgada por el legislador, con independencia de las concretas circunstancias (peso en abstracto que también se somete a la estructura ordinamental de la afectación). Con carácter general, los principios que deben ser objeto de ponderación a efectos de la adopción de la medida cautelar deben configurarse como «principios materiales» donde el objeto de optimización que implica ya está predeterminado de antemano por el legislador[43]. Esto es, los «bienes colectivos constitucionalizados», entendiendo por tales aquellos intereses públicos que la Constitución reconoce de manera general y abstracta y cuyo contenido material es susceptible de ser cumplido «en la mayor medida posible» aparecen configurados como principios[44]. Esta calificación debe predicarse, p.e., del principio de la protección del medioambiente, art. 47 CE, conforme al que los órganos del Estado deben abstenerse de realizar actuaciones perjudiciales para el medioambiente y, además, incorpora la obligación del Estado de prevenir actos u omisiones perjudiciales para el medioambiente, cometidos por los ciudadanos. Igualmente, su concreción en el principio de desarrollo sostenible, art. 3 TRLSRU, lo configura como un principio material. En tales supuestos el juez no debe proceder a realizar la ponderación de intereses en conflicto, ya que ésta ha sido realizada de forma anticipada por el legislador, otorgando preferencia a la protección del medio ambiente frente a cualquier otro bien jurídico si no se ha realizado

41. Es ya un lugar común afirmar, a pesar de las diferencias conceptuales de los autores, que la diferenciación entre intereses generales e intereses particulares no se base en el titular de tal interés, puesto que los intereses públicos pueden ser formulados, gestionados y defendidos, además de por las Administraciones públicas, por los sujetos privados, Schmidt-Assmann (2003: 165), Nieto García (2001: 151); Martínez López-Muñiz (2022: 47).
42. De la Sierra Morón (2004: 375). Esta idea en Nieto García (2001: 152).
43. Borowski (2016: 58).
44. Chano Regaña (2022: 244).

la evaluación ambiental estratégica[45]. En otros términos, el órgano judicial al realizar la ponderación de los principios en colisión no está autorizado a llevar a cabo atribuciones del peso de los principios dentro de la ponderación en contra de las determinaciones relativas del legislador. Debe respetar la valoración del peso general atribuida por el legislador, y debe realizar una valoración del peso en el caso particular, dentro del marco normativo aplicable[46].

También puede ocurrir que tales bienes constitucionales se traduzcan en «principios formales», donde se atribuye a la administración planificadora la competencia para determinar el objeto de optimización (y que carece de contenido hasta el momento en que se concreta por la Administración)[47]. Ello ocurre con la evaluación ambiental estratégica configurada como un informe vinculante dentro del proceso de aprobación del instrumento de planeamiento y donde deben identificarse los elementos ambientales relevantes que pueden resultar afectados por el plan y establecer las medidas adecuadas para su eliminación o reducción a límites aceptables. El principio formal no manifiesta *a priori* un contenido explícitamente establecido. Establece un compromiso con los resultados de un procedimiento. Debe optimizarse porque es resultado del procedimiento. Una vez que el procedimiento ha sido llevado a cabo el contenido de la meta a fijar se ha establecido[48].

iii) Interés público ínsito en el planeamiento. Ejecutividad como principio formal en la ponderación

239. Es un lugar común la afirmación jurisprudencial del interés público que demanda la ejecución del planeamiento aprobado. Ello requiere una matización. Aquí deben diferenciarse dos perspectivas. De una parte, el plan responde a un crisol de intereses públicos (y privados) ponderados en un concreto resultado por la Administración planificadora. No existe un único interés público genérico, sino múltiples intereses públicos específicos concretados[49] sobre la base de los elementos fácticos existentes que justifican y sobre los que se proyecta la ordenación establecida por el plan (protección de concretos ámbitos de suelo, atribución de determinados usos productivos a esos suelos para garantizar el desarrollo económico, materialización del derecho a la vivienda articulando un determinado crecimiento residencial...

45. De la Sierra Morón (2004: 249).
46. Borowski (2016: 67).
47. Borowski (2016: 58).
48. Borowski (2019: 92).
49. Rodríguez Pontón (1999: 84).

etc.). El contenido del «principio de desarrollo territorial y urbano sostenible» del art. 3 TRLSRU se desglosa en múltiples facetas y elementos diversos. Respecto de esos intereses públicos concretos, cuando son objeto de cuestión como fundamento de la tutela cautelar, la función de control (cautelar) del órgano judicial consiste en un juicio de contrataste entre la ponderación efectuada por el plan (y su justificación) y la ponderación alternativa propuesta por el recurrente. Esto es, se controla si la solución adoptada por el plan respecto de intereses públicos en conflicto es razonable o no.

240. De otra parte, la tutela judicial se solicita frente a una actuación administrativa normativa respecto de la que se predica su inmediata ejecutividad derivada del principio de eficacia de la actuación administrativa (art. 103.1 CE) y del carácter no suspensivo del recurso contencioso-administrativo[50]. De este régimen jurídico se afirma su adecuación constitucional ya que en «términos generales y abstractos» no resulta como incompatible con el art. 24.1 CE, si bien la fiscalización plena, sin inmunidades de poder, de la actuación administrativa (art. 106.1 CE) comporta que el control judicial deba extenderse también al carácter inmediatamente ejecutivo de sus actos a través de la figura de la medida cautelar. En otros términos, el principio de ejecutividad del art. 103 CE ya no aparece como un dogma absoluto, sino que requiere la existencia de un sistema de medidas cautelares efectivo para posibilitar que el control de la actividad del poder público sea efectivo, por exigencia del art. 24 CE para evitar situaciones de inmunidades de poder. Para el TC, «el derecho a la tutela judicial efectiva se satisface, pues, facilitando que la ejecutividad pueda ser sometida a la decisión de un Tribunal y que este, con la información y contradicción que resulte menester, resuelva sobre la suspensión»[51]. La necesidad de hacer posible el control judicial del carácter inmediatamente ejecutivo de la actuación administrativa es consecuencia de la efectividad de la tutela judicial, exigible en favor de cualesquiera derechos e intereses legítimos y no sólo de los derechos fundamentales. La consecuencia es que debe reputarse inconstitucional toda norma que «impide radicalmente suspender la ejecutividad de las decisiones de la Administración»[52]. Y obviamente, también toda práctica judicial que tenga el mismo efecto impeditivo absoluto. Pero no basta simplemente con

50. Como señala CHINCHILLA MARÍN (1991: 134) el fundamento de la ejecutividad de los actos y disposiciones de la Administración no se encuentra tanto en la presunción de legalidad como en la necesidad de posibilitar el desarrollo de la actividad de servicio a los intereses generales con eficacia.

51. SsTC 19/2023, FJ 7.º.C).c); 78/1996, FJ 3.º; 148/1993, FJ 4.º; 238/1992, FJ 4.º; 66/1984, FJ 3.º.

52. SsTC 78/1996, FJ 3.º; 148/1993, FJ 4.º; 238/1992, FJ 6.º; 115/1987, FJ 4.º.

permitir la tramitación de un incidente cautelar ante una actuación administrativa para considerar satisfecho el derecho a la tutela judicial efectiva, sino que se requiere, además, que la decisión del órgano judicial resulte justificada por una adecuada valoración del *periculum in mora*, el *fumus boni iuris* y el interés general en los términos anteriormente señalados, no bastando que simplemente sea motivada[53]. Esta interpretación deviene como exigencia ineludible del derecho a la tutela judicial efectiva, para evitar que el privilegio de la inmediata ejecutividad derive en un simple (y arbitrario) abuso de poder[54].

241. Esta posición jurisprudencial sobre la inmediata ejecutividad de los actos y de las disposiciones administrativas funciona como un principio formal desde la perspectiva metodológica de la ponderación[55]. Como principio formal requiere que la autoridad del plan, en cuanto norma debidamente aprobada y socialmente eficaz, sea optimizada[56]. Pero no desde la óptica del principio (formal) de seguridad jurídica (como parece inferirse de la posición jurisprudencial). Conforme al mismo, el resultado inicial de la ponderación de los diferentes intereses realizada por el planificador requiere *prima facie* que su decisión sea respetada, lo que agrega peso al principio de ejecutividad del plan. El principio formal de la ejecutividad del plan incorpora una prioridad *prima facie* a favor del mismo[57]. Expresa una razón institucional para el seguimiento del plan en cuanto norma. Pero no es un principio absoluto. Ciertamente se trata de un principio que conecta con la faceta autoritaria del Derecho Administrativo. Pero este principio de ejecutividad conecta, en el caso del planeamiento urbanístico, directamente con

53. Como precisa Chinchilla Marín (1991: 178).

54. García de Enterría (1995: 304).

55. En cuanto principios que no tienen un contenido sustantivo explícito, sino que se refieren un compromiso con los resultados de un procedimiento, por lo que tal principio formal garantiza la competencia para crear una meta a optimizar. Una vez que el procedimiento ha sido llevado a cabo o la autoridad ha tomado una decisión, el contenido de la meta a fijar ha sido determinado. Y por ello, los principios formales exigen la validez *prima facie* de las decisiones provenientes de un procedimiento decisorio efectuado por una autoridad competente para hacerlo. Sobre ello, Alexy (2014: 20); Portocarrero Quispe (2011: 86); Borowski (2019: 92).

56. Dado que la formulación autoritativa y la eficacia social son elementos definitorios del positivismo jurídico, puede afirmarse que un principio formal se refiere a la dimensión real o fáctica del derecho, como precisa Alexy (2014: 20).

57. Este alcance del principio formal en Portocarrero Quispe (2011: 86), configurándose como «contrapreso» a la fuerza expansiva de los principios materiales en la ponderación. Desde esta perspectiva, este principio formal fundamenta decisiones que son el resultado de un determinado procedimiento de toma de decisión, es decir, del procedimiento del discurso racional.

el principio democrático dado que la formulación del plan se realiza por la Administración local. Por sí solo, el principio democrático no presenta tampoco un valor absoluto que determine la prevalencia de la ejecutividad del plan (ello sería arbitrario), sino sólo cuando existe, conforme al sistema legal «una discrecionalidad empírico-epistémica» ante situaciones de incertidumbre razonable en las premisas sobre las que se proyecta el plan[58]. Ahí se sitúa la razonabilidad *prima facie* del plan como resultado del proceso formal de adopción, basado en la ponderación y la gobernanza.

Esto es, en cuanto principio formal cumple la función de dotar con una carga argumentativa favorable a la decisión del planificador. Si no existen (sino se argumentan) razones lo suficientemente fundamentadas frente a la ponderación realizada por el plan, su decisión debe valer en la mayor medida posible. El límite para esta validez *prima facie* del principio formal lo constituyen los principios materiales[59]. En la colisión del principio formal de ejecutividad de la norma reglamentaria con otros principios materiales (p.e., desarrollo sostenible) deben aplicarse las fórmulas de la negación y la insoportabilidad. El principio formal debe ceder si niega (inaplica) el principio material y produce un resultado intolerable de afectación al principio material[60]. Si el órgano judicial considera que existe una duda epistémica en la afección al principio material, debe optar por la prevalencia del ámbito de decisión que el principio formal reconoce al planificador.

242. Pero el principio formal de la ejecutividad del plan puede entrar en colisión con otro principio formal, materializado en la exigencia de determinados requisitos formales en el procedimiento de aprobación del plan para garantizar las competencias decisorias de otras administraciones (vgr., la ausencia de informes preceptivos y vinculantes). Ahí debe operar otro criterio para completar la regla de precedencia condicional de la ponderación consistente en que cuanto mayor sea el grado de incumplimiento o vulneración de un principio formal, mayor debe ser la importancia de la realización del principio formal que se le contrapone[61]. En este contexto, la regla de prevalencia ante un incumplimiento del procedimiento de aprobación del plan, omitiendo o desconociendo un informe preceptivo y vinculante debe determinar el retroceso del principio formal de la ejecutividad del plan.

---

58. Alexy (2014: 25), a través de una ponderación de segundo orden para lograr una optimización epistémica mediante la ponderación de un principio sustancial con un principio formal.
59. Portocarrero Quispe (2011: 87).
60. Portocarrero Quispe (2011: 95).
61. Portocarrero Quispe (2016: 251).

La actuación negligente de la Administración al aprobar el plan vulnera el principio de buena administración[62] que exige que no haya una «desviación del procedimiento». Además, no debe existir una discordancia de carácter sustancial entre los datos fácticos relevantes, la fundamentación jurídica obrante en el expediente y el contenido del plan.

243. Ciertamente en materia cautelar existen ya «precedencias *prima facie*»[63] (pero derrotables), que orientan estructurando la argumentación, al trasladar la carga argumentativa sobre algunos principios en favor de otros. Una primera «precedencia *prima facie*» se establece directamente por el legislador respecto del interés general ínsito en la actuación administrativa impugnada o de los derechos de terceros cuando puedan verse afectados de manera grave (art. 130.2 LJCA)[64]. La decisión del legislador incorpora aquí un elemento de racionalización de la ponderación que debe efectuar el órgano judicial, sometido al imperio de la Ley (art. 106 CE), reforzando la legitimidad democrática de la ponderación efectuada por el órgano judicial[65]. Dicha opción normativa resulta adecuada. En la relación entre el principio de eficacia de la actuación administrativa sometida a la Ley y al Derecho (art. 103 CE) y el control de la actuación administrativa para garantizar el derecho a la tutela judicial efectiva (arts. 24 y 106 CE), el legislador está constitucionalmente obligado a proporcionar a la Administración pública los instrumentos necesarios para permitir a ésta actuar con eficacia[66], lo que hace ponderando ambos principios en la estructura de la tutela cautelar incorporando aquella precedencia *prima facie* a favor de la actuación administrativa que sirve al interés general.

iv) Adopción de la regla de precedencia condicionada. Método decisorio. Críticas

244. En una tercera fase, el órgano judicial debe establecer la regla de precedencia condicionada[67] haciendo prevalecer a uno de los principios

62. Sobre el mismo, Ponce Solé (2023: 171), quién lo sintetiza en la garantía del análisis y la toma en consideración diligente y con el debido cuidado de los hechos, derechos e intereses relevantes, otorgando a cada uno de los mismos su debida importancia en la decisión, y la no consideración de los irrelevantes, en cuanto estándar de conducta vinculante para la Administración, incluida la planificadora.
63. Sobre las precedencias prima facie, Arroyo Jiménez (2009: 13).
64. En este sentido, Arroyo Jiménez (2009: 26).
65. Arroyo Jiménez (2009: 14); Rodríguez de Santiago (2000: 163).
66. Arroyo Jiménez (2009: 25).
67. El resultado de esta «colisión» determina que el principio calificado de inferior en el proceso de ponderación queda relegado a un segundo plano, aunque sin perder su validez jurídica, Borowski (2016: 57) y (2019: 89).

frente a otros sobre la base de dos criterios: (i) cuanto mayor sea el grado de incumplimiento de un principio mayor debe ser la importancia del cumplimiento del otro principio; y (ii) cuanto más grave sea la intromisión en uno de los principios, mayor ha de ser la certeza de las premisas de dicha intromisión[68]. Aquí se pasa de la dimensión procedimental de la ponderación a su dimensión material, otorgando el adecuado peso a cada uno de los principios en atención a las circunstancias (dimensión material de la ponderación como resultado)[69] para justificar la prevalencia de un principio sobre otro, fiando una regla condicional que se proyecta sobre el caso mediante su subsunción[70]. La omisión de una u otra dimensión determina la vulneración del derecho a la tutela judicial efectiva del recurrente.

245. La clave de la ponderación como método de resolución de conflictos entre principios reside en que esa regla de prevalencia condicionada permite un grado de abstracción (generalización) que posibilita su proyección sobre ulteriores casos como regla de decisión vinculando no ya como precedente sino como «derecho del caso» (concreción del derecho vigente)[71]. Esto implica que la gradualidad de la regla de precedencia condicionada aparece estrechamente vinculada a las concretas condiciones fácticas, por lo que los principios en conflicto admiten un cumplimiento gradual aplicándose en mayor o en menor medida en cada caso[72]. Consecuentemente, en atención a las circunstancias del caso, la solución que adopte el órgano judicial puede ser diferente. Pero ello requiere acreditar que las distintas circunstancias justifican la adopción de una regla de precedencia condicionada diferente[73]. La incorporación de esta metodología argumentativa y el reconocimiento de este carácter de regla aplicable a ulteriores procesos permite superar la tradicional crítica a los resultados de la tutela cautelar en el ámbito contencioso-administrativo que ante supuestos sustancialmente idénticos adopta decisiones diversas sin que del razonamiento expuesto puedan encontrar-

---

68. Alexy (2014: 19), donde se contiene una reformulación parcial de la denominada «fórmula del peso»; Borowski (2016: 60).
69. Esta distinción en procedimiento y resultado en Rodríguez de Santiago (2000: 47).
70. Atienza Rodríguez (2010: 52).
71. Rodríguez de Santiago (2000: 150).
72. Arroyo Jiménez (2009: 6), además de esta primera dimensión de la gradualidad de los principios a ponderar, distingue otra segunda, conforme a la que algunas normas, aun siendo válidas, no se aplican con carácter constante, sino que, cuando entran en conflicto con otras normas, algunas veces se aplican y otras no.
73. No existe así una subsunción automática de una regla que determine en todo caso que una de las normas deba considerarse invalida o inaplicable en todo caso.

se razones suficientes[74], cuando dicho razonamiento existe, dado que en muchos supuestos la motivación es mínima o genérica[75].

246. Con esta construcción metodológica[76], la ponderación se configura no sólo como un método interpretativo, sino también como un método decisorio, ya que se reconoce al órgano judicial la capacidad de crear una nueva regla (determinando la relación de jerarquía axiológica entre los principios) no fijada previamente por la ley[77]. El contenido y el valor material de tales argumentos no son aportados por la estructura de la ponderación, sino que se derivan de las circunstancias fácticas y jurídicas de cada caso. Aparece así como un criterio de ordenación de los argumentos que se aducen para resolver los conflictos entre principios. Y ello porque la ponderación se presenta en un primer momento como una estructura metodológica, y no como un criterio material de resolución de problemas, ya que a través de la misma se muestran los argumentos en favor y en contra de la aplicación de los principios en conflicto al caso concreto. Las cargas de argumentación se revelan, así, como elementos decisivos de la ponderación en un doble sentido. Se requiere una argumentación sólida directamente proporcional a la intensidad de la afectación. Y una vez fijada una regla de precedencia condicionada, para apartarse de la misma en casos idénticos o análogos deben aportarse argumentos suficientes para apartarse del precedente, dotando así de fuerza estabilizadora a la ponderación como método aplicativo[78]. La utilización de esta metodología (argumentativa y decisoria) permite reconducir a limites adecuados al principio de Estado de Derecho la «discrecionalidad» judicial derivada de la falta de una regulación detallada del incidente cautelar[79]. Con ello se logra que la decisión cautelar se adopte sobre argumentos jurídicos, y no sobre elementos metajurídicos.

74. Ya Chinchilla Marín (1991: 144) aludía al enigma de intentar sistematizar las decisiones sobre tutela cautelar dada esa falta de homogeneidad, si bien señalaba pese a esa dificultad que podían encontrarse algunos criterios generales que permitían descartar la figura del simple azar en la adopción de la decisión, entre los que identificaba la denegación de la suspensión respecto de los instrumentos de planeamiento al prevalecer el interés público de la ejecución del planeamiento.
75. Como ya puso de relieve De la Sierra Morón (2004: 321).
76. Aquí debe tenerse en cuenta que la ponderación en cuanto herramienta jurídica no fue desarrollada inicialmente como una idea académica que posteriormente es asumida por la jurisprudencia, sino que emerge en las decisiones judiciales y es posteriormente clarificada (explicada metodológicamente) de forma crítica por la doctrina, como precisa Borowski (2019: 85) o Atienza Rodríguez (2010: 46).
77. Su caracterización como poder decisorio en Arroyo Jiménez (2009: 9).
78. Portocarrero Quispe (2017: 219).
79. De la Sierra Morón (2004: 207).

247. Consecuentemente, al fundamentarse en criterios que pretenden ser universalizables producen consecuencias socialmente aceptables; por lo que pretenden ser intersubjetivamente válidas, sometidas a la crítica racional[80]. Además, la obtención de la regla de precedencia condicionada y su aplicación al caso concreto supone un resultado obtenido a través de la subsunción[81]. No obstante, es innegable que la ponderación reconoce un cierto ámbito de «discrecionalidad» (competencia conformadora) al órgano decisor, atribuido por el legislador democrático[82]. No obstante, la ponderación como método jurídico es objeto de fuertes críticas. Se señala que con ella se puede disolver la estructura jerárquica del ordenamiento jurídico, no respondiendo a una concepción positivista del Derecho[83]. Se incorpora una amplia subjetividad (capacidad de apreciación del órgano judicial para valorar las circunstancias reales y jurídicas aplicables al caso concreto), así como un amplio margen de maniobra del operador jurídico que aplica la estructura metodológica de la ponderación, lo que hace que la previsibilidad que se demanda como método jurídico se resienta, siendo un simple parámetro de aplicación al caso concreto. En definitiva, se critica la falta de racionalidad por resultar imposible «cuantificar» los bienes a ponderar y no existir «una escala común» para poder medir las magnitudes que se ponderan[84]. Obviamente, la ponderación (tanto la realizada por la Administración como la realizada por los órganos jurisdiccionales) no se resuelve en una «matematización»[85] del proceso decisorio. Por ello, esta crítica puede superarse si se considera que la ponderación no requiere una cuantificación «matemáticamente exacta» de los principios en conflicto, basta con la adopción de un criterio ordinamental

80. Atienza Rodríguez (2010: 58).
81. Portocarrero Quispe (2017: 219), quien concibe tanto a la subsunción como a la ponderación como estructuras argumentativas que por sí mismas no confieren contenido material ni valorativo a las premisas y argumentos que ponen en relación, siendo simplemente estructuras formales de justificación interna. La corrección del sentido de las decisiones jurídicas obtenidas haciendo uso de la subsunción o de la ponderación, depende únicamente de los argumentos que son introducidos en ellas, dichos argumentos son contenidos materiales que provienen de la justificación externa.
82. Borowski (2019: 86); Portocarrero Quispe (2017: 221). Y como señala Atienza Rodríguez (2010: 56) la ponderación implica reconocer ciertas «dosis de discrecionalidad, de libertad, mayores que la subsunción y eso justifica que la ponderación de los tribunales tenga que ser mucho más limitada que la del legislador (este último sólo tiene el límite de la Constitución), y que la que efectúan los tribunales inferiores tenga también más limitaciones que la de los superiores».
83. El análisis de esta crítica en Borowski (2016: 44).
84. Un análisis de esta crítica en Chano Regaña (2020: 250); Borowski (2019: 85).
85. Rodríguez de Santiago (2000: 16).

(afectación leve, moderada y grave) que permite asignar pesos a partir de fundamentos racionales[86].

Y ello aun cuando los principios en conflicto puedan tener una distinta relevancia práctica, ya que la Constitución suministra un punto de vista común que permite indirectamente la comparabilidad de tales principios. La ponderación no se utiliza de forma abstracta, sino en atención a las circunstancias concretas, no suponiendo una jerarquización arbitraria de los distintos principios[87]. La metodología aplicativa que supone la ponderación fuerza al juez «a poner las cartas sobre la mesa» y exponer de forma trasparente (y por tanto criticable) si la afectación del principio claudicante y si la realización del principio triunfante deben calificarse como leve, media o grave y los fundamentos racionales para llegar a tal conclusión[88]. La ponderación sólo resulta arbitraria si se lleva a cabo «en una caja negra», no si se explicitan de forma suficiente la valoración otorgada a unos y otros principios[89]. Por ello, la ponderación no supone una mera valoración conformada por un conjunto de opiniones más o menos arbitrarias y subjetivas. Por el contrario, la decisión obedece a una idea de racionalidad, ya que las distintas decisiones que se adopten sobre conflictos similares deben mantener un considerable grado de coherencia[90]. Con ello se supera la constatación de que el órgano judicial define y pondera los intereses en juego a través de afirmaciones apodícticas que apenas difieren de las realizadas por la Administración a la que controlan[91].

248. Además, aquí puede resultar adecuado considerar que la diferencia entre regla y principio no es cualitativa, apareciendo como normas predominantemente calificables como principios pero que en determinados casos

86. Klatt – Meister (2021: 109); Portocarrero Quispe (2017: 214); Alexy (2014: 19)., a través de la utilización de escalas limitadas o discretas, articuladas mediante progresiones geométricas. No obstante, puede resultar más adecuado adoptar una visión pragmática, que deje al margen esa perspectiva «matemática», y realizar simplemente un esfuerzo argumentativo más sobrio, vinculado al sentido común, en la línea de Atienza Rodríguez (2010: 51).
87. Portocarrero Quispe (2017: 212).
88. Klatt – Meister (2021: 115).
89. Borowski (2019: 86).
90. Ello permite «juridificar» la constatación (realista o cínica) de Nieto García (2001: 189) de que los órganos judiciales a veces «están suplantando en ocasiones a la Ley, y en ocasiones a la Ley. Pura y simplemente están creando Derecho, una función constante de la jurisprudencia».
91. Nieto García (2001: 190) alude a la expresión de Häberle de las «figuras pretorianas del bien común».

actúan como reglas[92]. El Derecho administrativo, y en concreto aquí el art. 130 LJCA, es un derecho de equilibrios entre principios y determinaciones normativas de carácter material, cuya resolución debe efectuarse a través de un juicio ponderativo. La ponderación en cuanto método jurídico no aparece así como una «fórmula mágica» sospechosa, caracterizada por la imprevisibilidad del resultado, basada en la justicia del caso concreto[93], sino como una forma ordenada de proceder argumentativamente para adoptar la decisión sobre el otorgamiento de la medida cautelar. La identificación de un método ponderativo para la resolución jurisdiccional de la solicitud de suspensión cautelar implica una «ampliación» de los poderes del órgano jurisdiccional[94]. Pero en todo caso el órgano jurisdiccional ejerce un control «cautelar» de legalidad. El juez contencioso cuando controla la previa ponderación incorporada al instrumento de planeamiento realiza, asimismo, un juicio ponderativo procediendo, por tanto, a definir la norma de control adoptando reglas de prevalencia condicionada. Pero ello no significa que se identifiquen[95] las posiciones de la Administración planificadora y del órgano judicial en orden a la delimitación de los intereses generales en que cristaliza el planeamiento, máxime cuando el contenido de la medida cautelar es fundamentalmente negativo (la suspensión del plan), sin que pueda imponer un contenido determinado al instrumento de planeamiento.

d) LA SÍNTESIS ABSTRACTA DE LOS SUPUESTOS DONDE SE ADOPTA LA SUSPENSIÓN

249. Con esta construcción puede ya reformularse la afirmación jurisprudencial sobre el carácter excepcional de la suspensión derivado de la primacía del interés general incorporado en el plan urbanístico (prevalencia del interés para la comunidad frente al interés particular de un propietario) que exige su ejecución para crear suelo con destino a la satisfacción de necesidades primarias o para su protección, evitando la obstrucción generalizada a las actuaciones urbanísticas de las administraciones públicas. Si se esgrimen intereses públicos colectivos por el recurrente, la tutela preven-

92. Esta idea en Rodríguez de Santiago (2000: 47). En otros términos, Arroyo Jiménez (2009: 7) precisa que la de principio no es una propiedad estructural o morfológica, sino una condición de carácter relativo, que surge en el seno de un conflicto internormativo y que alude al modo en que éste se resuelve. En otros términos, la distinción entre los principios y las reglas no alude tanto a la existencia de dos clases de enunciados normativos, sino a dos tipos de estrategias interpretativas.
93. Sobre estas críticas, Rodríguez de Santiago (2000: 12).
94. Rodríguez de Santiago (2000: 102).
95. Como parece sugerir Rodríguez Pontón (1999: 61).

tiva que impetra no podrá quedar satisfecha con una tutela indemnizatoria posterior, ante la irreparabilidad del daño para esos bienes colectivos. Por el contrario, si la tutela preventiva se formula para la defensa de intereses exclusivamente privados, la tutela judicial sí puede ser satisfecha con una tutela indemnizatoria.

250. En esta concepción de la tutela cautelar y la articulación de los intereses en presencia, hoy resulta irrelevante para apreciar el riesgo de pérdida de la finalidad del recurso que el instrumento de planeamiento precise de actos posteriores de ejecución susceptibles de ser impugnados ante la jurisdicción contencioso-administrativa. Y ello porque la realidad pone de relieve que tal circunstancia operativa no resulta suficiente para salvaguardar el interés, público o privado, afectado por una aplicación inmediata del instrumento de planeamiento urbanístico. El derecho a la tutela judicial efectiva hace derivar el juicio de cognición limitado, que comporta la adopción de medidas cautelares, al momento precedente de la aprobación del instrumento de planeamiento. No quedaría satisfecho dicho derecho si se avoca al recurrente a interponer un posterior recurso contencioso-administrativo frente a los ulteriores actos de aplicación del instrumento de planeamiento[96], sean actos de gestión o de intervención sobre los usos del suelo.

251. El ámbito territorial del instrumento de planeamiento resulta significativo en la decisión de otorgar o no la suspensión por parte de los órganos de la jurisdicción contencioso-administrativa. Cuanto menor sea el ámbito, menor es el impacto en el interés público que cristaliza en la ordenación de la ciudad y menor la posible distorsión del ordenamiento jurídico derivada de la medida cautelar. Por ello, la extensión física del ámbito puede ser configurada como un «coeficiente modulador» de la relevancia del interés público ínsito en el plan.

252. Cuando se alegan intereses exclusivamente privados respecto de suelos urbanos o urbanizables, la regla de prevalencia condicionada adoptada por la jurisdicción contencioso-administrativa es la preeminencia del interés público ínsito en el planeamiento salvo que de las determinaciones del plan se derive la demolición de una edificación titularidad del recurrente. Los posibles defectos en la clasificación o calificación del suelo no generan una situación de perjuicio necesitada de tutela cautelar.

253. Cuando la Comunidad Autónoma impugna el instrumento de planeamiento aprobado por el Ayuntamiento por cuestiones de legalidad, la

96. En este misma línea, FUERTES LÓPEZ (2002: 69).

regla de precedencia condicionada que se afirma es la preeminencia del interés autonómico frente al interés local. La justificación reside en tanto en la prevalencia del interés de mayor ámbito territorial, que posibilita una perspectiva coordinadora, como en la apariencia de buen derecho.

254. Cuando el instrumento de planeamiento afecta a bienes catalogados o que forman parte del patrimonio histórico, procediendo a su descatalogación o estableciendo usos contrarios a la finalidad de protección, prevalece el interés público de la colectividad en su preservación, ante la irreparabilidad del daño que puede producirse.

255. Cuando se afecte al suelo rústico, alterando su clasificación o régimen de usos la regla es la siguiente. El principio de prevención (precaución) del riesgo impone la medida cautelar cuando se establezca un uso del suelo incompatible con la protección del recurso natural en los espacios naturales (suelo no urbanizable de especial protección) o en los suelos colindantes que actúan como zona de amortiguación (suelo no urbanizable común). La protección ambiental del suelo, por su fragilidad e irrecuperabilidad, resulta prevalente.

256. En materia de afección de recursos hídricos, la regla de prevalencia condicionada que aplica el órgano judicial es acordar por la suspensión, con carácter provisional, del plan urbanístico que comporta nuevas demandas de consumo de agua, y no cuenta con el informe del organismo de cuenca que acredite que existen recursos hídricos suficientes para satisfacer tales demandas. Y ello porque el interés general exige que la ejecución del plan de urbanismo cede ante la realización de actuaciones urbanísticas que carezcan de los recursos hídricos necesarios y suficientes para su implantación.

257. En la misma línea, cuando se afecta al dominio público marítimo-terrestre o la zona de servidumbre de protección, y no cuenta con el informe favorable del órgano estatal o éste recurre la aprobación del instrumento, ante el riesgo para la integridad del demanio derivado de su fragilidad, se opta por la suspensión.

258. La apariencia de buen derecho se configura de facto en un criterio determinante para otorgar la suspensión cautelar, ya que el interés público ínsito en el planeamiento urbanístico no puede sostenerse a toda costa ante la apreciación provisional de una ilegalidad del instrumento de planeamiento, implicando así una minusvaloración del interés público ínsito en el planeamiento.

259. En los recursos indirectos de un instrumento de planeamiento general a través del recurso frente al instrumento de planeamiento de desarrollo la presunción de legalidad del plan (en este caso el planeamiento general) prevalece, al anudarse al principio de seguridad jurídica y a la inexistencia de un riesgo de pérdida de la finalidad del recurso, ya que la ordenación estructural está fijada de antemano en el planeamiento general.

260. Aparecen, así como prevalentes frente al interés público ínsito en la aprobación del instrumento de planeamiento impugnado otros intereses públicos, fundamentalmente aquellos vinculados con el concepto de desarrollo sostenible y su vinculación con derechos fundamentales colectivos (derecho al medio ambiente y derecho a la protección del patrimonio histórico)[97]. La adopción de estos criterios permite garantizar la igualdad sustancial en la aplicación de la ley, dotando de seguridad jurídica a la actuación administrativa y su ulterior control jurisdiccional.

261. La conclusión última es incontestable. En el ámbito de la tutela cautelar frente a instrumentos de planeamiento aun cuando externa y formalmente puedan mantenerse los axiomas hermenéuticos tradicionales en materia de justicia cautelar (carácter excepcional, prevalencia del interés público en la ejecución del plan), lo cierto es que en el fondo (y en la práctica judicial real) sí se ha producido un significativo cambio que ha incorporado los postulados constitucionales de la tutela cautelar, al menos cuando lo que está en juego son otros intereses públicos[98].

---

97. El resulta final de estas reglas de prevalencia condicionada es que el interés medio ambiental y el interés sobre el patrimonio histórico no están en pie de igualdad con el interés del plan, sino que se imponen al mismo. El cambio de paradigma está ya consolidado.

98. Sin que ello permita extender tal afirmación a otros sectores. Sobre la percepción crítica hacia el mantenimiento de los criterios tradicionales, Casares Marcos (2019: 362). El inicio de ese cambio en materia de tutela cautelar del planeamiento ya fue puesto de relieve por Calvo Rojas (2012: 835); y Agudo González (2013: 50).

VIII

Anexo jurisprudencial[1]

A) LEY DE LA JURISDICCIÓN DE 1956

a) INSTRUMENTOS DE PLANEAMIENTO TERRITORIAL

Sentencia del Tribunal Supremo de 6 de julio de 1999 (ECLI:ES:TS:1999:4817) —Plan Insular de Gran Canaria—. Se desestima la suspensión.

Sentencia del Tribunal Supremo de 18 de mayo de 1999 (ECLI:ES:TS:1999:3442) —Plan Insular de Gran Canaria—. Se desestima la suspensión.

Sentencia del Tribunal Supremo de 11 de mayo de 1999 (ECLI:ES:TS:1999:3205) —Plan Insular de Gran Canaria—. Se desestima la suspensión.

Sentencia del Tribunal Supremo de 10 de mayo de 1999 (ECLI:ES:TS:1999:3188) —Plan Insular de Gran Canaria—. Se desestima la suspensión.

Auto del Tribunal Supremo de 29 de octubre de 1996 (Arz. 7597) —Plan Insular de Lanzarote—. Se desestima la suspensión.

Auto del Tribunal Supremo de 29 de abril de 1996 (ECLI:ES:TS:1996:1933A) —Plan Insular de Lanzarote—. Se desestima la suspensión.

Auto del Tribunal Supremo de 8 de noviembre de 1994 (Arz. 4161) —Plan Insular de Lanzarote—. Se desestima la suspensión.

1. Con carácter preferente se utiliza, cuando está asignado, el ECLI de la decisión judicial (European Case Law Identifier). En su ausencia, se utiliza la identificación de la base de datos de Aranzadi.

Auto del Tribunal Supremo de 11 de mayo de 1994 (ECLI:ES:TS:1994:4028A) —Plan Insular de Lanzarote—. Se desestima la suspensión.

Auto del Tribunal Supremo de 9 de febrero de 1993 (ECLI:ES:TS:1993:1925A) —Plan Insular de Lanzarote—. Se estima la suspensión.

b) PLAN GENERAL

Sentencia del Tribunal Supremo de 3 de febrero de 2003 (ECLI:ES:TS:2003:627) —Plan General de Madrid—. Se desestima la suspensión.

Sentencia del Tribunal Supremo de 10 de mayo de 2001 (ECLI:ES:TS:2001:3822) —Plan General de Marbella—. Se estima la suspensión.

Sentencia del Tribunal Supremo de 12 de febrero de 2001 (ECLI:ES:TS:2001:902) —Plan General de Madrid—. Se desestima.

Sentencia del Tribunal Supremo de 5 de marzo de 1999 (ECLI:ES:TS:1999:10139A) —Plan General de San Sebastián de los Reyes—. Se desestima la suspensión.

Auto del Tribunal Supremo de 1 de octubre de 1996 (ECLI:ES:TS:1996:4789A) —Plan General de Orihuela—. Se desestima la suspensión.

Sentencia del Tribunal Supremo de 11 de junio de 1996 (ECLI:ES:TS:1996:3544) —Plan General de Madrid—. Se desestima la suspensión.

Auto del Tribunal Supremo de 8 de mayo de 1996 (ECLI:ES:TS:1996:4212A) —Plan General de Oviedo—. Se desestima la suspensión.

Auto del Tribunal Supremo de 31 de mayo de 1995 (Arz. 3816) —Plan General de Soria—. Se desestima la suspensión.

Auto del Tribunal Supremo de 11 de abril de 1994 (ECLI:ES:TS:1994:48A) —Plan General de Cizur Mayor—. Se estima la suspensión.

Auto del Tribunal Supremo de 29 de diciembre de 1993 (ECLI:ES:TS:1993:289A) —Plan General de Santiago de Compostela—. Se desestima la suspensión.

Auto del Tribunal Supremo de 28 de diciembre de 1993 (ECLI:ES:TS:1993:288A) —Plan General de Zaragoza—. Se desestima la suspensión.

Auto del Tribunal Supremo de 7 de diciembre de 1993 (ECLI:ES:TS:1993:255A) —Plan General de Lloret de Mar—. Se desestima la suspensión.

Auto del Tribunal Supremo de 13 de octubre de 1993 (ECLI:ES:TS:1993:1605A) —revisión— Plan General de Ordenación Urbana de Tarifa. Se desestima la suspensión.

Auto del Tribunal Supremo de 11 de octubre de 1993 (ECLI:ES:TS:1993:11384A) —Plan General de Albacete—. Se desestima la suspensión.

Auto del Tribunal Supremo de 18 de mayo de 1993 (ECLI:ES:TS:1993:57A) —Plan General de Benalmádena—. Se desestima la suspensión.

Auto del Tribunal Supremo de 8 de febrero de 1993 (ECLI:ES:TS:1993:1934A) —Plan General de Xirivella—. Se desestima la suspensión.

Auto del Tribunal Supremo de 9 de noviembre de 1992 (ECLI:ES:TS:1992:3023A) —Plan General de Alaior—. Se estima la suspensión.

Auto del Tribunal Supremo de 9 de junio de 1992 (ECLI:ES:TS:1992:1196A) —Plan General de Manilva—. Se estima la suspensión.

Auto del Tribunal Supremo de 13 de mayo de 1992 (ECLI:ES:TS:1992:1459A) —Plan General Metropolitano de Barcelona—. Se desestima la suspensión.

Auto del Tribunal Supremo de 11 de marzo de 1992 (ECLI:ES:TS:1990:322A) —Plan General de Palos de la Frontera. Se estima la suspensión.

Auto del Tribunal Supremo de 11 de marzo de 1992 (ECLI:ES:TS:1992:183A) —Plan General de Madrid—. Se desestima la suspensión.

Auto del Tribunal Supremo de 12 de febrero de 1992 (ECLI:ES:TS:1992:97A) —Plan General de Puzol—. Se desestima la suspensión.

Auto del Tribunal Supremo de 24 de julio de 1991 (Arz. 6361) —Plan General de Almería—. Se desestima la suspensión.

Auto del Tribunal Supremo de 21 de mayo de 1991 (ECLI:ES:TS:1991:3625A) —Plan General de Tafalla—. Se desestima la suspensión.

Auto del Tribunal Supremo de 27 de diciembre de 1990 (Arz. 10265) —Plan General de Sevilla—. Se desestima la suspensión.

Auto del Tribunal Supremo de 28 de septiembre de 1990 (Arz. 6891) —Plan General de Sabadell—. Se desestima la suspensión.

Auto del Tribunal Supremo de 26 de septiembre de 1990 (Arz. 7387) —Plan General de San Roque—. Se desestima la suspensión.

Auto del Tribunal Supremo de 15 de mayo de 1990 (ECLI:ES:TS:1990:1696A) —Plan General de Lorca—. Se desestima la suspensión.

Auto del Tribunal Supremo de 5 de abril de 1990 (ECLI:ES:TS:1990:1895A) —Plan General de Sevilla—. Se desestima la suspensión.

Auto del Tribunal Supremo de 15 de noviembre de 1989 (ECLI:ES:TS:1989:871A) —Plan General de Málaga—. Se desestima la suspensión.

Auto del Tribunal Supremo de 30 de octubre de 1989 (ECLI:ES:TS:1989:871A) —Plan General de Córdoba—. Se desestima la suspensión.

Auto del Tribunal Supremo de 24 de julio de 1989 (ECLI:ES:TS:1989:871A) —Plan General de Urnieta y Hernani—. Se desestima la suspensión.

Auto del Tribunal Supremo de 31 de marzo de 1989 (ECLI:ES:TS:1989:871A) —Plan General de Arona—. Se desestima la suspensión.

Auto del Tribunal Supremo de 30 de marzo de 1989 (Arz. 2439) —Plan General de Arona—. Se desestima la suspensión.

Auto del Tribunal Supremo de 8 de febrero de 1989 (ECLI:ES:TS:1989:183A) —Plan General de Madrid—. Se estima la suspensión.

Auto del Tribunal Supremo de 30 de diciembre de 1988 (Arz. 10266) —Plan General de Arona—. Se deniega la suspensión.

Auto del Tribunal Supremo de 7 de diciembre de 1988 (Arz. 9485) —Plan General Intermunicipal de la Cerdanya—. Se desestima la suspensión.

Auto del Tribunal Supremo de 4 de mayo de 1988 (ECLI:ES:TS:1989:183A) —Plan General de Madrid—. Se desestima la suspensión.

Auto del Tribunal Supremo de 29 de marzo de 1988 (Arz. 2484) —Plan General de Tarrasa—. Se desestima la suspensión.

Auto del Tribunal Supremo de 1 de marzo de 1988 (Arz. 1758) —Revisión del Plan General de Madrid en APD 5/4—. Se desestima la suspensión.

c) NORMAS SUBSIDIARIAS DE PLANEAMIENTO

Sentencia del Tribunal Supremo de 18 de diciembre de 2001 (ECLI:ES:TS:2001:9957) —Normas Subsidiarias de La Coma i La Pedra—. Se estima la suspensión.

Sentencia del Tribunal Supremo de 15 de septiembre de 2000 (ECLI:ES:TS:2000:6451) —Normas Subsidiarias de Cadiar—. Se desestima la suspensión.

Sentencia del Tribunal Supremo de 7 de febrero de 2000 (ECLI:ES:TS:2000:79) —Normas Subsidiarias de Nijar—. Se desestima la suspensión.

Sentencia del Tribunal Supremo de 23 de marzo de 1999 (ECLI:ES:TS:1999:2035) —Normas Subsidiarias de Benahadux—. Se desestima la suspensión.

Sentencia del Tribunal Supremo de 16 de marzo de 1999 (ECLI:ES:TS:1999:1849) —Normas Subsidiarias de Campos—. Se desestima la suspensión.

Sentencia del Tribunal Supremo de 22 de julio de 1998 (ECLI:ES:TS:1998:4950 —Normas Subsidiarias de Torres de la Alameda—. Se deniega la suspensión.

Auto del Tribunal Supremo de 9 de marzo de 1998 (ECLI:ES:TS:1998:7223A) —Normas Subsidiarias de Los Molinos—. Se desestima la suspensión.

Auto del Tribunal Supremo de 29 de julio de 1996 (ECLI:ES:TS:1996:4126A) —Normas Subsidiarias de Pilar de la Horadara—. Se desestima la suspensión.

Auto del Tribunal Supremo de 10 de octubre de 1995 (Arz. 7509) —Normas Subsidiarias de San Javier—. Se desestima la suspensión.

Auto del Tribunal Supremo de 18 de julio de 1995 (Arz. 6174) —Normas Subsidiarias de Lizartza—. Se deniega la suspensión.

Auto del Tribunal Supremo de 8 de marzo de 1993 (ECLI:ES:TS:1993:20A) —Normas Subsidiarias de La Oliva—. Se estima la suspensión.

Auto del Tribunal Supremo de 30 de diciembre de 1992 (ECLI:ES:TS:1992:3371A) —Normas Subsidiarias de Felanitx—. Se acuerda la suspensión.

Auto del Tribunal Supremo de 14 de abril de 1992 (ECLI:ES:TS:1992:1484A) —Normas Subsidiarias de Ordizia—. Se estima la suspensión.

Auto del Tribunal Supremo de 12 de febrero de 1992 (ECLI:ES:TS:1992:104A) —Normas Subsidiarias de La Solana—. Se desestima.

Auto del Tribunal Supremo de 12 de febrero de 1992 (Arz. 2827) — Normas Subsidiarias de Formentera. Se estima la suspensión parcial.

Auto del Tribunal Supremo de 14 de mayo de 1991 (ECLI:ES:TS:1991:3620A) —Normas Subsidiarias de Lizartza—. Se desestima la suspensión.

Auto del Tribunal Supremo de 21 de noviembre de 1988 (ECLI:ES:TS:1988:1234A) —Normas Subsidiarias de Adeje—. Se desestima la suspensión.

Proyectos de Delimitación de Suelo Urbano

Auto del Tribunal Supremo de 10 de mayo de 1991 (Arz. 4270) —Proyecto de Delimitación de Suelo Urbano de Jávea—. Se declara la suspensión.

d) PROGRAMA DE ACTUACIÓN URBANÍSTICA (O DENOMINACIÓN SIMILAR DE LA NORMATIVA URBANÍSTICA)

Sentencia del Tribunal Supremo de 22 de marzo de 2002 (ECLI:ES:TS:2002:2125) —Programa de Actuación Integrada UE-2 de Petrel—. Se desestima la suspensión.

Sentencia del Tribunal Supremo de 20 de marzo de 2001 (ECLI:ES:TS:2001:2251) —Programa de Actuación Integrada de Alcudia de Crespín—. Se desestima.

Auto del Tribunal Supremo de 25 de octubre de 1994 (ECLI:ES:TS:1994:2186A) —Programa de Actuación Urbanística de Valdebernardo en Madrid—. Se desestima la suspensión.

Auto del Tribunal Supremo de 10 de junio de 1992 (ECLI:ES:TS:1992:3257A) —Programa de Actuación Urbanística de Arroyo Culebro en Getafe—. Se desestima la suspensión.

e) PLAN PARCIAL

Sentencia del Tribunal Supremo de 20 de julio de 1998 (ECLI:ES:TS:1998:4891) —Plan Parcial Las Torres en Las Palmas—. Se desestima la suspensión.

Auto del Tribunal Supremo de 17 de junio de 1997 (ECLI:ES:TS:1997:7007A) —Plan Parcial Can Canale en Cardedeu—. Se desestima la suspensión.

Sentencia del Tribunal Supremo de 18 de julio de 1996 (ECLI:ES:TS:1996:4492) —Plan Parcial en Madrid—. Se desestima la suspensión.

Sentencia del Tribunal Supremo de 18 de julio de 1996 (ECLI:ES:TS:1996:4492) —Plan Parcial Las Teresitas en Tenerife—. Se desestima.

Sentencia del Tribunal Supremo de 9 de julio de 1996 (ECLI:ES:TS:1996:4213) —Plan Parcial de la Zona Industrial de Can Torrella en Vacarisses—. Se deniega la suspensión.

Auto del Tribunal Supremo de 24 de enero de 1994 (ECLI:ES:TS:1994:3072A) —Plan Parcial en Arona—. Se deniega la suspensión.

Auto del Tribunal Supremo de 19 de julio de 1993 (ECLI:ES:TS:1993:176A) —Plan Parcial en La Laguna—. Se desestima.

Auto del Tribunal Supremo de 9 de febrero de 1993 (ECLI:ES:TS:1993:1939A) —Plan Parcial del Sector 21-E en Alcalá de Henares—. Se desestima.

Auto del Tribunal Supremo de 22 de septiembre de 1992 (ECLI:ES:TS:1992:2923A) —Plan Parcial de la Colonia San Pedro en Arta—. Se estima la suspensión.

Auto del Tribunal Supremo de 22 de julio de 1992 (ECLI:ES:TS:1992:2500A) —Plan Parcial del Sector La Rambla en Cartagena. Se estima la suspensión.

Auto del Tribunal Supremo de 10 de marzo de 1992 (ECLI:ES:TS:1992:2895A) —Plan Parcial en San José. Se estima la suspensión.

Auto del Tribunal Supremo de 10 de marzo de 1992 (ECLI:ES:TS:1992:173A) —Plan Parcial en San José. Se estima la suspensión.

Auto del Tribunal Supremo de 12 de febrero de 1992 (ECLI:ES:TS:1992:104A) —Plan Parcial del Sector Industrial de La Solana—. Se desestima.

Auto del Tribunal Supremo de 12 de febrero de 1992 (ECLI:ES:TS:1992:3246A) — Plan Parcial Sector V Finca S`Almudaina 2 y Camino a Cala Egos de Andraitx. Se estima.

Auto del Tribunal Supremo de 15 de octubre de 1991 (ECLI:ES:TS:1991:394A) —Plan Parcial Las Teresitas en Santa Cruz de Tenerife—. Se desestima.

Auto del Tribunal Supremo de 2 de octubre de 1991 (ECLI:ES:TS:1991:367A) —Plan Parcial en San José—. Se acuerda la suspensión.

Auto del Tribunal Supremo de 7 de septiembre de 1991 (ECLI:ES:TS:1991:333A) —Plan Parcial Monte Aliñe en Pozuelo de Alarcón—. Se desestima.

Auto del Tribunal Supremo de 6 de septiembre de 1991 (ECLI:ES:TS:1991:330A) —Plan Parcial del Sector 4.13 en San José—. Se acuerda la suspensión.

Auto del Tribunal Supremo de 6 de septiembre de 1991 (ECLI:ES:TS:1991:329A) —Plan Parcial en San José—. Se acuerda la suspensión.

Auto del Tribunal Supremo de 30 de julio de 1991 (ECLI:ES:TS:1991:320A) —Plan Parcial del Sector IV de Albacete—. Se estima la suspensión.

Auto del Tribunal Supremo de 4 de mayo de 1990 (ECLI:ES:TS:1990:1711A) —Plan Parcial Jerez en Burgos—. Se desestima la suspensión.

Auto del Tribunal Supremo de 30 de octubre de 1987 (ECLI:ES:TS:1987:865A) —Plan Parcial Sector Noroeste en Santa Cristina de Aro—. Se desestima.

Auto del Tribunal Supremo de 17 de diciembre de 1986 (ECLI:ES:TS:1986:1133A) —Plan Parcial de Chamartín en Madrid—. Se acuerda la suspensión al utilizar el cauce de la Ley 62/1978.

Auto del Tribunal Supremo de 29 de mayo de 1984 (Arz. 3151) —Plan Parcial del Barrio de Fatjó en Cornellá de Llobregat—. Acuerda la suspensión.

Auto del Tribunal Supremo de 8 de julio de 1981 (ECLI:ES:TS:1981:27A) —Plan Parcial del Polígono Longabide de Pamplona—. Acuerda la suspensión.

Auto del Tribunal Supremo de 10 de febrero de 1981 (ECLI:ES:TS:1981:17) — Plan Parcial del Polígono Ermitagaña-2 de Pamplona—. Acuerda la suspensión.

f) PLAN ESPECIAL

Sentencia del Tribunal Supremo de 3 de octubre de 2001 (ECLI:ES:TS:2001:7522 —Plan Especial de Reforma Interior Playa de la Patacona en Alboraya—. Se desestima.

Auto del Tribunal Supremo de 13 de octubre de 1993 (ECLI:ES:TS:1993:1601A) —Plan Especial La Tela en Granollers—. Se desestima la suspensión.

Auto del Tribunal Supremo de 1 de octubre de 1993 (ECLI:ES:TS:1993:1590A) —Plan Especial de Reforma Interior del Sector de Vallbona en Barcelona—. Se desestima la suspensión.

Auto del Tribunal Supremo de 25 de marzo de 1993 (ECLI:ES:TS:1993:4086A) —Plan Especial Vial de la Cornisa en Málaga.—. Se desestima la suspensión.

Auto del Tribunal Supremo de 6 de enero de 1993 (ECLI:ES:TS:1993:1901A) —Plan Especial en Viladecans—. Se desestima la solicitud de suspensión.

Auto del Tribunal Supremo de 10 de noviembre de 1992 (ECLI:ES:TS:1992:3231A) —Plan Especial de Reestructuración de la Distribución y Almacenamiento de Combustible en Málaga—. Se desestima la solicitud de suspensión.

Auto del Tribunal Supremo de 9 de octubre de 1992 (Arz. 8365) —Plan Especial de Protección y Conservación del Casco Antiguo en Vicálvaro—. Se acuerda la suspensión.

Auto del Tribunal Supremo de 23 de septiembre de 1992 (ECLI:ES:TS:1992:528A) —Plan Especial de Reforma Interior Sor Angela de la Cruz en Madrid—. Se acuerda la suspensión.

Auto del Tribunal Supremo de 20 de diciembre de 1990 (Arz. 9990) —Plan Especial de Reforma Interior en Málaga—. Se desestima.

Auto del Tribunal Supremo de 30 de octubre de 1990 (Arz. 8332) —Plan Especial de Reforma Interior en Barcelona—. Se desestima la suspensión.

Auto del Tribunal Supremo de 26 de septiembre de 1990 (Arz. 7392) —Plan Especial de Ordenación de Sistema General de Espacios Libres en Móstoles—. Se desestima.

Auto del Tribunal Supremo de 27 de septiembre de 1989 (ECLI:ES:TS:1989:2680A) —Plan Especial de Reforma Interior La Barraguilla en Málaga—. Se desestima la suspensión.

Auto del Tribunal Supremo de 7 de diciembre de 1988 (ECLI:ES:TS:1988:1393A) —Plan Especial de Equipamiento Penitenciario en la Roca del Vallés—. Se desestima.

Auto del Tribunal Supremo de 22 de julio de 1988 (ECLI:ES:TS:1988:718A) —Plan Especial de Ordenación Volumétrica en Barcelona—. Se desestima.

Auto del Tribunal Supremo de 21 de octubre de 1986 (ECLI:ES:TS:1986:481A) —Plan Especial de Equipamiento en Barcelona—. Se desestima la suspensión.

Auto del Tribunal Supremo de 16 de diciembre de 1980 (ECLI:ES:TS:1980:67A) —Plan Especial de Reforma Interior del Polígono Industrial Fontsanta de San Juan Despí. No se accede a la suspensión.

g) ESTUDIO DE DETALLE

Sentencia del Tribunal Supremo de 7 de junio de 1997 (ECLI:ES:TS:1999:4009) — Estudio de Detalle en Valencia—. Se deniega la suspensión.

Auto del Tribunal Supremo de 9 de marzo de 1993 (ECLI:ES:TS:1993:25A) —Estudio de Detalle en Los Molinos—. Se estima la suspensión.

Auto del Tribunal Supremo de 6 de octubre de 1992 (ECLI:ES:TS:1992:3298A) —Estudio de Detalle en Torrelodones—. Se desestima la suspensión.

Auto del Tribunal Supremo de 9 de septiembre de 1992 (ECLI:ES:TS:1992:483A) —Estudio de Detalle en Madrid—. Se desestima la suspensión.

Auto del Tribunal Supremo de 9 de septiembre de 1992 (ECLI:ES:TS:1992:2815A) —Estudio de Detalle de Puebla de Farnals—. Se desestima la suspensión.

Auto del Tribunal Supremo de 10 de junio de 1992 (Arz. 5078) —Estudio de Detalle en Nerja—. Se desestima la suspensión.

Auto del Tribunal Supremo de 14 de mayo de 1992 (ECLI:ES:TS:1992:1475A) —Estudio de Detalle de Tegueste—. Se desestima la suspensión.

Auto del Tribunal Supremo de 12 de febrero de 1992 (Arz. 2816) —Estudio de Detalle de Plaza de Castilla en Madrid—. Se desestima la suspensión.

Auto del Tribunal Supremo de 31 de julio de 1991 (Arz. 6219) —Estudio de Detalle en Mataró—. Se desestima la suspensión.

Auto del Tribunal Supremo de 23 de enero de 1991 (ECLI:ES:TS:1991:31A) —Estudio de Detalle en La Escala—. Se desestima.

Auto del Tribunal Supremo de 3 de enero de 1991 (Arz. 491) —Estudio de Detalle. Se deniega la suspensión.

Auto del Tribunal Supremo de 3 de enero de 1991 (Arz. 492) —Estudio de Detalle de Sant Pol de Mar—. Se deniega la suspensión.

Auto del Tribunal Supremo de 20 de diciembre de 1990 (Arz. 9993) —Estudio de Detalle en Arona—. Se deniega la suspensión.

Auto del Tribunal Supremo de 4 de diciembre de 1990 (Arz. 9717) —Estudio de Detalle en Santiago de Compostela—. Se deniega la suspensión.

Sentencia del Tribunal Supremo de 3 de febrero de 1987 (ECLI:ES:TS:1987:1702A) —Estudio de Detalle en Madrid—. Se deniega la suspensión.

B) LEY DE LA JURISDICCIÓN DE 1998

a) INSTRUMENTOS DE PLANEAMIENTO TERRITORIAL

Auto del Tribunal Superior de Justicia de La Rioja de 11 de noviembre de 2019 (ECLI:ES:TSJLR:2019:40A) —Directriz de Protección del Suelo No Urbanizable de La Rioja—. Se deniega.

b) PLAN GENERAL

Sentencia del Tribunal Supremo de 20 de abril de 2015 (ECLI:ES:TS:2015:1609) —Plan General de Ordenación Municipal de A Estrada—. Se desestima la suspensión.

Sentencia del Tribunal Supremo de 27 de marzo de 2014 (ECLI:ES:TS:2014:1276) —Plan General Municipal de El Gordo, que incorpora el Sector de Suelo Urbanizable «Marina Isla de Valdecañas»—. Se otorga la suspensión.

Sentencia del Tribunal Supremo de 17 de mayo de 2013 (ECLI:ES:TS:2013:2578) —Revisión del Plan General de Ordenación Urbanística de Marbella—.

Sentencia del Tribunal Supremo de 25 de febrero de 2009 (ECLI:ES:TS:2009:786) —Plan General de Enguera—. Se acuerda la suspensión.

Sentencia del Tribunal Supremo de 3 de febrero de 2009 (ECLI:ES:TS:2009:633) —Plan General de Palma de Mallorca—. Se estima la suspensión.

Sentencia del Tribunal Supremo de 29 de diciembre de 2008 (ECLI:ES:TS:2008:7202) —Plan General de Almuñecar—. Se estima la suspensión.

Sentencia del Tribunal Supremo de 24 de julio de 2008 (ECLI:ES:TS:2008:4067) —Plan General de Getafe—. Se desestima la suspensión.

Sentencia del Tribunal Supremo de 11 de marzo de 2008 (ECLI:ES:TS:2008:1117) —Plan General de Gondomar—. Se estima la suspensión.

Sentencia del Tribunal Supremo de 5 de marzo de 2008 (ECLI:ES:TS:2008:1112) —Plan General de Getafe—. Se desestima la suspensión.

Sentencia del Tribunal Supremo de 22 de mayo de 2007 (ECLI:ES:TS:2007:4050) —Plan General de Breña Baja—. Se estima la suspensión.

Sentencia del Tribunal Supremo de 24 de abril de 2007 (ECLI:ES:TS:2007:2951) —Plan General de Sanxenso—. Se desestima.

Sentencia del Tribunal Supremo de 9 de febrero de 2006 (ECLI:ES:TS:2006:1155) —Plan General de Almuñecar—. Se estima la suspensión.

Sentencia del Tribunal Supremo de 11 de febrero de 2004 (ECLI:ES:TS:2004:862) —Plan General de Madrid—. Se estima la suspensión.

Sentencia del Tribunal Supremo de 18 de noviembre de 2003 (ECLI:ES:TS:2003:7256) —Modificación Puntual Plan General de Madrid—. Se deniega la suspensión.

Sentencia del Tribunal Supremo de 19 de diciembre de 2002 (ECLI:ES:TS:2002:8632) —Plan General de Santiago de Compostela—. Se desestima la suspensión.

Sentencia del Tribunal Supremo de 22 de octubre de 2002 (ECLI:ES:TS:2002:6971) —Plan General de Santiago de Compostela—. Se desestima la suspensión.

Sentencia del Tribunal Supremo de 7 de octubre de 2002 (ECLI:ES:TS:2002:6529) —Plan General de Almuñecar—. Se estima la suspensión.

Sentencia del Tribunal Supremo de 4 de diciembre de 2001 (ECLI:ES:TS:2001:9510) —Plan General de Madrid—. Se estima la suspensión.

Auto del Tribunal Superior de Justicia de Aragón de 5 de junio de 2023 (ECLI:ES:TSJAR:2023:155A) —Modificación Aislada Número 27 del Plan General de Ordenación Urbana de Sabiñánigo—. Se otorga la suspensión.

Auto del Tribunal Superior de Justicia de Aragón de 28 de septiembre de 2021 (ECLI:ES:TSJAR:2021:449A) —Modificación aislada n.º 181 del Plan General de Ordenación Urbana de Zaragoza—. Se deniega la suspensión.

Auto del Tribunal Superior de Justicia de Castilla y León (Sala de Valladolid) de 15 de julio de 2011 (ECLI:ES:TSJCL:2011:138A) —Modificación del Plan General de Ordenación Urbana Finca Fuentes del Duero de la Cistérniga—. Se acuerda la suspensión.

Auto del Tribunal Superior de Justicia del País Vasco de 21 de junio de 2011 (ECLI:ES:TSJPV:2011:212A) —Plan General de Ordenación Urbana de Berango —. Se deniega la suspensión.

Auto del Tribunal Superior de Justicia de Castilla y León (Sala de Valladolid) de 30 de junio de 2010 (ECLI:ES:TSJCL:2010:517A) —Plan General de Valladolid—. Se desestima la suspensión.

Auto del Tribunal Superior de Justicia de Castilla y León (Sala de Valladolid) de 27 de abril de 2010 (ECLI:ES:TSJCL:2010:307A) —Plan General de Valladolid—. Se desestima la suspensión.

Auto del Tribunal Superior de Justicia del País Vasco de 13 de enero de 2010 (ECLI:ES:TSJPV:2010:1A) —Plan General de Bilbao—. Se desestima la suspensión.

Auto del Tribunal Superior de Justicia de Castilla y León (Sala de Valladolid) de 10 de septiembre de 2009 (ECLI:ES:TSJCL:2009:839A) —Plan General de Valladolid—. Se desestima la suspensión.

Auto del Tribunal Superior de Justicia de Murcia de 26 de julio de 2007 (ECLI:ES:TSJMU:2007:57A) —Plan General de Águilas—. Se estima la suspensión.

Auto del Tribunal Superior de Justicia de Castilla y León (Sala de Valladolid) de 19 de junio de 2007 (ECLI:ES:TSJCL:2007:362A) —Plan General de Santovenia del Pisuerga—. Se desestima la suspensión.

Auto del Tribunal Superior de Justicia del País Vasco de 31 de mayo de 2006 (ECLI:ES:TSJPV:2006:265A) —Plan General de Vitoria—. Se desestima la suspensión.

Auto del Tribunal Superior de Justicia de Castilla y León (Sala de Valladolid) de 31 de enero de 2006 (ECLI:ES:TSJCL:2006:117A) —Plan General de León—. Se desestima la suspensión.

Auto del Tribunal Superior de Justicia de Castilla y León (Sala de Valladolid) de 06 de mayo de 2005 (ECLI:ES:TSJCL:2005:345A) —Plan General de Valladolid—. Se desestima la suspensión.

Auto del Tribunal Superior de Justicia de Castilla y León (Sala de Valladolid) de 08 de febrero de 2005 (ECLI:ES:TSJCL:2005:70A) —Plan General de Valladolid—. Se desestima la suspensión.

Auto del Tribunal Superior de Justicia de Castilla y León (Sala de Valladolid) de 21 de diciembre de 2004 (ECLI:ES:TSJCL:2004:679A) —Plan General de Valladolid—. Se desestima la suspensión.

c) NORMAS SUBSIDIARIAS DE PLANEAMIENTO O DENOMINACIÓN AUTONÓMICA EQUIVALENTE

Sentencia del Tribunal Supremo de 16 de julio de 2012 (ECLI:ES:TS:2012:5432) —homologación de las Normas Subsidiarias para la explotación de canteras en suelo no urbanizable de Llombai—. Se estima la suspensión.

Sentencia del Tribunal Supremo de 18 de diciembre de 2008 (ECLI:ES:TS:2008:6916) —Normas Subsidiarias de Macarena—. Se estima la suspensión.

Sentencia del Tribunal Supremo de 31 de octubre de 2006 (ECLI:ES:TS:2006:6872) —Normas Subsidiarias de San Martín del Rey Aurelio—. Se otorga la suspensión.

Sentencia del Tribunal Supremo de 14 de octubre de 2005 (ECLI:ES:TS:2005:6164) —Normas Subsidiarias de Vejer de la Frontera—. Se desestima.

Sentencia del Tribunal Supremo de 11 de octubre de 2005 (ECLI:ES:TS:2005:6083) —Normas Subsidiarias de Algorfa—. Se desestima la suspensión.

Sentencia del Tribunal Supremo de 5 de octubre de 2005 (ECLI:ES:TS:2005:5897) —Normas Subsidiarias de O Grove—. Se deniega la suspensión del Decreto autonómico que había acordado la suspensión cautelar de las mismas.

Sentencia del Tribunal Supremo de 18 de mayo de 2005 (ECLI:ES:TS:2005:3197) —Normas Subsidiarias de Ponteareas—. Se deniega la suspensión del Decreto autonómico que había acordado la suspensión cautelar de las mismas.

Sentencia del Tribunal Supremo de 4 de noviembre de 2003 (ECLI:ES:TS:2003:6863) —Normas Subsidiarias de Arucas—. Se otorga la suspensión.

Sentencia del Tribunal Supremo de 4 de octubre de 2003 (ECLI:ES:TS:2003:5980) —Normas Subsidiarias de Tazacorte—. Se desestima.

Sentencia del Tribunal Supremo de 13 de marzo de 2002 (ECLI:ES:TS:2002:1798) —Normas Subsidiarias de El Boalo—. Se desestima la suspensión.

Sentencia del Tribunal Supremo de 5 de marzo de 2002 (ECLI:ES:TS:2002:1565) —Normas Subsidiarias de Los Realejos—. Se otorga la suspensión.

Sentencia del Tribunal Supremo de 30 de enero de 2002 (ECLI:ES:TS:2002:534) —Normas Subsidiarias de El Espinar—. Se otorga la suspensión.

Sentencia del Tribunal Supremo de 17 de octubre de 2001 (ECLI:ES:TS:2001:7983) —Normas Subsidiarias de El Boalo—. Se deniega la suspensión.

Auto del Tribunal Supremo de 11 de junio de 2001 (ECLI:ES:TS:2001:12073A) —Normas Subsidiarias de Barrika—. Se inadmite el recurso.

Sentencia del Tribunal Supremo de 30 de abril de 2001 (ECLI:ES:TS:2001:3520) —Normas Subsidiarias de Torremocha del Jarama—. Se deniega la suspensión.

Auto del Tribunal Superior de Justicia de Castilla y León (Sala de Valladolid) de 5 de febrero de 2010 (ECLI:ES:TSJCL:2010:118A) — Normas Urbanísticas de Villanueva de las Manzanas —. Se desestima la suspensión.

Auto del Tribunal Superior de Justicia de Castilla y León (Sala de Valladolid) de 27 de julio de 2009 (ECLI:ES:TSJCL:2009:739A) —Normas Subsidiarias de San Román de Hornija—. Se suspende la ejecución.

Auto del Tribunal Superior de Justicia del País Vasco de 27 de septiembre de 2007 (ECLI:ES:TSJPV:2007:775A) —Normas Subsidiarias de Mutriku—. Se desestima la suspensión.

d) PLAN DE SECTORIZACIÓN O DENOMINACIÓN AUTONÓMICA EQUIVALENTE (PROGRAMA DE ACTUACIÓN URBANIZADORA)

Sentencia del Tribunal Supremo de 24 de septiembre de 2003 (ECLI:ES:TS:2003:5686) —Programa de Actuación Integrada de Paterna—. Se desestima la suspensión.

Sentencia del Tribunal Supremo de 9 de abril de 2003 (ECLI:ES:TS:2003:2479) —Programa para el Desarrollo de Actuación Integrada en Pilar de la Horadada—. Se desestima la suspensión.

Sentencia del Tribunal Supremo de 2 de octubre de 2002 (ECLI:ES:TS:2002:6406) —Programa para el Desarrollo de Actuación Integrada en Guardamar—. Se desestima la suspensión.

Auto del Tribunal Superior de Justicia de la Comunidad Valenciana de 3 de noviembre de 2006 (ECLI:ES:TSJCV:2006:55A) —Programa de Actuación integrada para el desarrollo del sector El Repla de Parcent—. Se acuerda la suspensión.

e) PLAN PARCIAL

Sentencia del Tribunal Supremo de 8 de febrero de 2017 (ECLI:ES:TS:2017:400) —Planes Parciales de SUD de Santiago de Compostela—. Se desestima la suspensión.

Sentencia del Tribunal Supremo de 18/05/2012 (ECLI:ES:TS:2012:3195) —Plan Parcial de Mejora del Sector 16 Gargasindi I en Calpe—. Se estima la suspensión.

Sentencia del Tribunal Supremo de 12 de febrero de 2010 (ECLI:ES:TS:2010:601) —Plan Parcial Santa Apolonia en Torrent—. Se acuerda la suspensión.

Sentencia del Tribunal Supremo de 9 de febrero de 2010 (ECLI:ES:TS:2010:1375) —Plan Parcial en Benicassim—. Se acuerda la suspensión cautelar.

Sentencia del Tribunal Supremo de 1 de febrero de 2010 (ECLI:ES:TS:2010:266) —Plan Parcial y Homologación SAU Segaria en Benimeli—. Se acuerda la suspensión.

Sentencia del Tribunal Supremo de 29 de enero de 2010 (ECLI:ES:TS:2010:298) —Plan Parcial en Sanxenso—. Se estima la suspensión.

Sentencia del Tribunal Supremo de 21 de octubre de 2009 (ECLI:ES:TS:2010:6288) —Plan Parcial Santa Ana en Jumilla—. Se estima la suspensión.

Sentencia del Tribunal Supremo de 23 de julio de 2009 (ECLI:ES:TS:2009:5066) —Plan Parcial en Gador—. Se estima la suspensión.

Sentencia del Tribunal Supremo de 6 de julio de 2009 (ECLI:ES:TS:2009:4469) —Plan Parcial Barranc el Pozalet en Loriguilla—. Se acuerda la suspensión.

Sentencia del Tribunal Supremo de 30 de marzo de 2009 (ECLI:ES:TS:2009:1662) —Plan Parcial El Rajolar en Llaurí—. Se estima la suspensión.

Auto del Tribunal Superior de Justicia de Castilla y León (Sala de Valladolid) de 4 de febrero de 2009 (ECLI:ES:TSJCL:2009:511A)—, Plan Parcial del Sector UBZ-R6 de Terradillos (Salamanca)—. Se desestima la suspensión.

Sentencia del Tribunal Supremo de 21 de noviembre de 2007 (ECLI:ES:TS:2007:8954)—Plan Parcial en Alcorcón—. Se desestima la suspensión.

Sentencia del Tribunal Supremo de 25 de julio de 2006 (ECLI:ES:TS:2006:5174) —Plan Parcial Pino Albar en Simancas—. Se desestima la suspensión.

Auto del Tribunal Superior de Justicia de Galicia de 1 de junio de 2021 (ECLI:ES:TSJGAL:2021:178A) — Modificación puntual del Plan Parcial de Navia en Vigo—. Se desestima la suspensión.

Auto del Tribunal Superior de Justicia de Galicia de 28 de mayo de 2021 (ECLI:ES:TSJGAL:2021:174A) —Modificación puntual del Plan Parcial de Navia en Vigo—. Se desestima la suspensión.

Auto del Tribunal Superior de Justicia de Madrid de 27 de julio de 2015 (Recurso contencioso-administrativo núm. 629/2015) —Plan Parcial de Reforma Interior de Desarrollo del Área de Planeamiento Remitido 02.21 «Mahou-Vicente Calderón» e indirectamente la Modificación Puntual del PGOUM de 1997 en el ámbito «Mahou-Calderón». Se estima.

Auto del Tribunal Superior de Justicia de Castilla y León (Sala de Valladolid) de 17 de junio de 2010 (ECLI:ES:TSJCL:2010:484A) —Plan Parcial «Camino de Santa María» de Aldeamayor de San Martín—. Se deniega la suspensión.

Auto del Tribunal Superior de Justicia de Canarias (Sala de Las Palmas) de 8 de abril de 2010 (ECLI:ES:TSJICAN:2010:301A) —Plan Parcial Sau-2 Villas Club de La Oliva —.

Auto del Tribunal Superior de Justicia de Castilla y León (Sala de Valladolid) de 2 de marzo de 2010 (ECLI:ES:TSJCL:2010:727A) —Plan Parcial del sector SUD 6 Las Yugadas de Aldeatejada —. Se deniega la suspensión.

Auto del Tribunal Superior de Justicia de Castilla y León de 4 de diciembre de 2009 (ECLI:ES:TSJCL:2009:1041A) —Plan Parcial del Polígono Agroalimentario de Salamanca—. Se estima la suspensión.

Auto del Tribunal Superior de Justicia de Castilla y León (Sala de Valladolid) de 23 de diciembre de 2008 (ECLI:ES:TSJCL:2008:284A) —Plan Parcial en La Cistérniga—. Se desestima la suspensión.

Auto del Tribunal Superior de Justicia de Castilla y León (Sala de Valladolid) de 29 de julio de 2008 (ECLI:ES:TSJCL:2008:205A) —Plan Parcial en La Cistérniga—. Se desestima la suspensión.

Auto del Tribunal Superior de Justicia de la Comunidad Valenciana de 19 de enero de 2007 (ECLI:ES:TSJCV:2007:1A) —Plan Parcial Masía de Porxinos de Ribarroja—. Se estima la suspensión.

Auto del Tribunal Superior de Justicia de Castilla y León (Sala de Valladolid) de 13 de diciembre de 2007 (ECLI:ES:TSJCL:2007:605A) —Plan Parcial Cueto del Moro en Sariegos—. Se desestima la suspensión.

Auto del Tribunal Superior de Justicia de la Comunidad Valenciana de 1 de marzo de 2007 (ECLI:ES:TSJCV:2007:32A) —Plan Parcial Sector Pinaret en Ador—. Se confirma la suspensión.

Auto del Tribunal Superior de Justicia de la Comunidad Valenciana de 15 de enero de 2007 (ECLI:ES:TSJCV:2007:2A) —Plan Parcial Sector Pinaret en Ador—. Se estima la suspensión.

Auto del Tribunal Superior de Justicia de Castilla y León (Sala de Valladolid) de 31 de enero de 2006 (ECLI:ES:TSJCL:2006:119A) —Plan Parcial PR2 en Santamaría del Páramo—. Se desestima la suspensión.

Auto del Tribunal Superior de Justicia del País Vasco de 15 de septiembre de 2005 (ECLI:ES:TSJPV:2005:633A) —Plan Parcial del Area 26-Urtatza Zahar de Legazpi—. Se deniega la medida cautelar.

f) PLAN ESPECIAL

Sentencia del Tribunal Supremo de 7 de diciembre de 2012 (ECLI:ES:TS:2012:8126) —Plan Especial de Reforma Interior Ermita Santa Bárbara de Beniparrell—. Se estima la suspensión.

Sentencia del Tribunal Supremo de 4 de mayo de 2012 (ECLI:ES:TS:2012:3389) —Plan Especial de Ordenación Urbana de la UE 5 Txupetxa en Lezama—. Se estima la suspensión.

Sentencia del Tribunal Supremo de 23 de diciembre de 2008 (ECLI:ES:TS:2008:6911) —Plan Especial de Protección y Reforma Interior en Cartagena—. Se estima la suspensión.

Sentencia del Tribunal Supremo de 17/07/2008 (ECLI:ES:TS:2008:4078) —Plan Especial de Reforma Interior en Roquetas de Mar—. Se acuerda la suspensión.

Sentencia del Tribunal Supremo de 17 de marzo de 2008 (ECLI:ES:TS:2008:728) —Plan Especial de Ordenación de la Estación de Tratamiento de Residuos Urbanos en Hondarribia—. Se desestima.

Sentencia del Tribunal Supremo de 23 de octubre de 2007 (ECLI:ES:TS:2007:7044) —Plan Especial de Reforma Interior en Mojácar—. Se desestima la suspensión.

Sentencia del Tribunal Supremo de 5 de septiembre de 2006 (ECLI:ES:TS:2006:5199) —Plan Especial de Reforma Interior en Mojácar—. Se desestima la suspensión.

Sentencia del Tribunal Supremo de 10 de febrero de 2005 (ECLI:ES:TS:2005:787) —Plan Especial de Reforma Interior Ciudad Universitaria en Madrid—. Se desestima.

Sentencia del Tribunal Supremo de 3 de febrero de 2005 (ECLI:ES:TS:2005:580) —Plan Especial de Ordenación de Usos del Puerto de Premiá del Mar—. Se desestima la suspensión.

Sentencia del Tribunal Supremo de 25 de mayo de 2004 (ECLI:ES:TS:2004:3616) —Plan Especial del Cabanyal en Valencia—. Se estima la suspensión.

Sentencia del Tribunal Supremo de 12 de abril de 2004 (ECLI:ES:TS:2004:2418) —Plan Especial del Cabanyal en Valencia—. Se estima la suspensión.

Sentencia del Tribunal Supremo de 16 de marzo de 2004 (ECLI:ES:TS:2004:1822) —Plan Especial del Cabanyal en Valencia—. Se estima la suspensión.

Sentencia del Tribunal Supremo de 24 de febrero de 2004 (ECLI:ES:TS:2004:1221) —Plan Especial del Cabanyal en Valencia—. Se estima la suspensión.

Sentencia del Tribunal Supremo de 12 de febrero de 2004 (ECLI:ES:TS:2004:904) —Plan Especial del Cabanyal en Valencia—. Se estima la suspensión.

Sentencia del Tribunal Supremo de 18 de diciembre de 2003 (ECLI:ES:TS:2003:823) —Plan Especial de equipamiento en Hospitalet—. Se desestima.

Sentencia del Tribunal Supremo de 31 de mayo de 2003 (ECLI:ES:TS:2003:3732) —Plan Especial de Reforma Interior Carballa en Vigo—. Se desestima la suspensión.

Sentencia del Tribunal Supremo de 14 de abril de 2003 (ECLI:ES:TS:2003:2619) —Plan Especial de Reforma Interior de las Colonias de San Francisco Javier y Nuestra Señora de Los Ángeles en Madrid—. Se desestima.

Sentencia del Tribunal Supremo de 18 de septiembre de 2002 (ECLI:ES:TS:2002:5939) —Plan Especial de Reforma Interior del Barrio de San Nicolás en Las Palmas—. Se desestima la suspensión.

Auto del Tribunal Superior de Justicia de Galicia de 14 de abril de 2021 (ECLI:ES:TSJGAL:2021:109A) —Plan Especial de dotación para ampliación de equipamiento en suelo rústico, ampliación del cementerio parroquial de Santa Cruz de Rábeda, en el concello de San Cibrao das Viñas—. Se desestima.

Auto del Tribunal Superior de Justicia de La Rioja de 21 de noviembre de 2019 (ECLI:ES:TSJLR:2019:47A) —Plan Especial de Reforma Interior núm. 15, Avda. de Lobete II, de Logroño —. Se desestima.

Auto del Tribunal Superior de Justicia de Galicia de 22 de julio de 2019 (ECLI:ES:TSJGAL:2019:233A) —Plan Especial de Protección y Rehabilitacion da Cidade Histórica (PE-1) de Santiago de Compostela—. Se desestima.

Auto del Tribunal Superior de Justicia del País Vasco de 18 de octubre de 2007 (ECLI:ES:TSJPV:2007:953A) —Plan Especial de Ordenación del Parque Rural en Ordizia—. Se desestima la suspensión.

Sentencia del Tribunal Supremo J de Murcia de 28 de febrero de 2007 (ECLI:ES:TSJMU:2007:1592) —Plan Especial de Ordenación de la Dársena del Puerto de Mazarrón—. Se desestima la suspensión.

Auto del Tribunal Superior de Justicia ATSJ de la Comunidad Valenciana de 12 de abril de 2006 (ECLI:ES:TSJCV:2006:3138) —Plan Especial de Reforma Interior El Cabanyal-Canyamelar—. Se deniega la suspensión.

g) ESTUDIO DE DETALLE

Sentencia del Tribunal Supremo de 21 de enero de 2009 (ECLI:ES:TS:2009:44) — Estudio de Detalle en Guelchos-Castell de Ferro—. Se decreta la suspensión.

Sentencia del Tribunal Supremo de 22 de noviembre de 2007 (ECLI:ES:TS:2007:7670) —Estudio de Detalle en Águilas—. Se estima la suspensión.

Sentencia del Tribunal Supremo de 25 de octubre de 2007 (ECLI:ES:TS:2007:7492) —Estudio de Detalle en Águilas—. Se decreta la suspensión.

Sentencia del Tribunal Supremo de 3 de octubre de 2007 (ECLI:ES:TS:2007:8329) —Estudio de Detalle en Águilas—. Se decreta la suspensión.

Sentencia del Tribunal Supremo de 3 de julio de 2007 (ECLI:ES:TS:2007:4873) —Estudio de Detalle en Almuñecar—. Se decreta la suspensión.

Sentencia del Tribunal Supremo de 21 de febrero de 2006 (ECLI:ES:TS:2006:2237) —Estudio de Detalle en La Oliva—. Se decreta la suspensión.

Sentencia del Tribunal Supremo de 19 de octubre de 2005 (ECLI:ES:TS:2005:6297) —Estudio de Detalle en La Oliva—. Se decreta la suspensión.

Sentencia del Tribunal Supremo de 10 de junio de 2004 (ECLI:ES:TS:2004:3997) —Estudio de Detalle en Madrid—. Se acuerda la suspensión.

Sentencia del Tribunal Supremo de 18 de julio de 2002 (ECLI:ES:TS:2002:5436) —Estudio de Detalle en Villagarcía de Arosa. Se acuerda la suspensión.

Sentencia del Tribunal Supremo de 1 de julio de 2002 (ECLI:ES:TS:2002:4842) —Estudio de Detalle en Betanzos—. Se acuerda la suspensión.

Sentencia del Tribunal Supremo de 20 de diciembre de 2001 (ECLI:ES:TS:2001:1009) —Estudio de Detalle en San Sebastián de Los Reyes—. Se declara la suspensión.

Auto del Tribunal Superior de Justicia de Castilla y León (Sala de Valladolid) de 4 de diciembre de 2009 (ECLI:ES:TSJCL:2009:1040A) —Estudio de Detalle en Salamanca—. Se decreta la suspensión.

Auto del Tribunal Superior de Justicia de Castilla y León (Sala de Valladolid) de 22 de octubre de 2007 (ECLI:ES:TSJCL:2007:517A) —Estudio de Detalle del Museo Arqueológico de Valladolid (Palacio de Fabio Nelly) —. Se desestima la suspensión.

Auto del Tribunal Superior de Justicia de Castilla y León (Sala de Valladolid) de 20 de diciembre de 2005 (ECLI:ES:TSJCL:2005:1028A) —Estudio de Detalle en Valladolid—. Se estima la suspensión.

Auto del Tribunal Superior de Justicia del País Vasco de 11 de febrero de 2003 ECLI:ES:TSJPV:2003:1A) —Estudio de Detalle en Plentzia—. Se desestima.

IX
Bibliografía

Agudo González, Jorge. *Procedimiento administrativo y suspensión cautelar de planes urbanísticos*, Revista de Derecho Urbanístico y Medio Ambiente núm. 280 (2013), pp. 45-102.

Alegre Ávila, Juan Manuel – Sánchez Lamelas, Ana. *Notas para un bosquejo de una controversia dialogada acerca de las consecuencias y efectos de la anulación del Plan general de ordenación urbana de Santander*, Práctica Urbanística núm. 145 (2017), pp. 102-110.

Alexy, Robert. *Principios formales*, Doxa núm. 37 (2014), pp. 15-29.

Arnaiz Eguren. Rafael. *La inscripción registral de actos urbanísticos* (2001).

Arroyo Jiménez, Luis. *Ponderación, proporcionalidad y Derecho Administrativo*, InDret núm. 2 (2009), pp. 1-32.

Arroyo Jiménez, Luis – Rodríguez de Santiago, José María (2020). *European and domestic soft law within spanish administrative law*, 2/20 Preprints series of the Center for European Studies Luis Ortega Álvarez and the Jean Monnet Chair of European Administrative Law in Global Perspective.

Atienza Rodríguez, Manuel. *A vueltas con la ponderación*, Anales de la Cátedra Francisco Suárez núm. 44 (2010), pp. 43-59.

Bacigalupo Saggese, Mariano. *La nueva tutela cautelar en el contencioso-administrativo* (1999).

Baño León, José María. *Derecho Urbanístico Común* (2009).

Baño León, José María. *Un plan jurídico de reforma para los planes urbanístico*, Revista de Derecho Urbanístico y Medio Ambiente núm. 311 (2017), pp. 43-56.

BAÑO LEÓN, JOSÉ MARÍA. *La competencia jurisdiccional para concretar los efectos de la anulación de reglamentos y planes*, Revista de Administración Pública núm. 210 (2019), pp. 43-68.

BAÑO LEÓN, JOSÉ MARÍA. *La obsolescencia de la idea del plan general*, Revista de Estudios de la Administración Local y Autonómica núm. 13 (2020), pp. 6-21.

BARDAJÍ ÁLVAREZ, ENRIQUE. *El contexto de la corrupción urbanística. Algunos criterios necesarios para dificultar su proliferación*, El Notario del Siglo XXI núm. 29 (2010), pp. 23-25.

BARNES VÁZQUEZ, JAVIER. *Tres generaciones de procedimiento*, Derecho PUCP núm. 67 (2011), pp. 77-108.

BASSOLS COMA, MARTÍN. *La asimilación de los planes de urbanismo a normas reglamentarias y problemática jurídica de su anulación*, en la obra colectiva «Los efectos de la nulidad de los instrumentos de planeamiento» (2017), pp. 27-102.

BAUZÁ MARTORELL, FELIO JOSÉ. *Anulación de licencias urbanísticas por sentencias penales*, en la obra colectiva «Derecho administrativo y Derecho penal: reconstrucción de los límites» (2017), pp. 99-133.

BELLET SANFELIU, CARME – ANDRÉS LÓPEZ, GONZALO. *Urbanización, crecimiento y expectativas del planeamiento urbanístico en las áreas urbanas intermedias españolas (1981-2018)*, Investigaciones Geográficas núm. 76 (2021), pp. 31-52.

BOROWSKI, MARTIN. *La ponderación en la estructura jerárquica del derecho*, en la obra colectiva «Los principios y la interpretación judicial de los derechos fundamentales: Homenaje a Robert Alexy en su 70 aniversario» (2016), pp. 43-69.

BOROWSKI, MARTIN. *La idea de los principios formales. El principio de proporcionalidad en el control de constitucionalidad*, Ciencia Jurídica núm. 16 (2019), pp. 81-98.

BRAVO VESGA, CAROLINA. *Medidas cautelares en el ámbito urbanístico*, Práctica Urbanística núm. 95 (2010), pp. 34-57.

BURRIEL DE ORUETA, EUGENIO. *La «década prodigiosa» del urbanismo español (1997-2006)*, Scripta Nova: Revista electrónica de geografía y ciencias sociales núm. 12 -270- (2008).

CALVO ROJAS, EDUARDO. *Los planes urbanísticos como disposiciones de carácter general. Problemas que suscita la declaración de nulidad de los instrumentos de planeamiento. Suspensión cautelar de la efectividad de los planes impugnados en vía jurisdiccional*, en la obra colectiva «Administración y justicia: un análisis jurisprudencial: liber amicorum Tomás-Ramón Fernández» (2012), vol. 1, pp. 821-840.

CARMONA SALGADO, CONCEPCIÓN. *La prevaricación urbanística en el Código Penal español*, en la obra colectiva «Libro homenaje al profesor Dr. Agustín Jorge Barreiro», vol. 2 (2019), pp. 947-966.

CASARES MARCOS, ANA BELÉN. *Eficacia de las medidas cautelares en lo contencioso-administrativo*, en la obra colectiva «20 años de la Ley de lo Contencioso-Administrativo. Actas del XIV Congreso de la Asociación Española de Profesores de Derecho Administrativo» (2019), pp. 355-404.

CASINO RUBIO, MIGUEL. *La impugnación de los planes urbanísticos y la distinción entre el acuerdo de aprobación y el plan aprobado*, en la obra colectiva «Estudios de Derecho Público en homenaje a Luciano Parejo Alfonso», vol. 3 (2018), pp. 2973-2997.

CERDÁ SUÑER, ILDEFONSO. *Cuatro palabras sobre el ensanche dirigidas al público de Barcelona* (1861).

CHANO REGAÑA, LORENA. *Ponderación (Tribunal Constitucional español)*, Eunomía. Revista en Cultura de la Legalidad núm. 23 (2020), pp. 241-253.

CHINCHILLA MARÍN, CARMEN. *La tutela cautelar en la nueva justicia administrativa* (1991).

CHINCHILLA MARÍN, CARMEN. *Las medidas cautelares en el proceso contencioso-administrativo en España*, en la obra colectiva «Las medidas cautelares en el proceso administrativo en Iberoamérica» (2009), pp. 129-166.

CHINCHILLA MARÍN, CARMEN. *Las medidas cautelares en el proceso contencioso-administrativo en España*, en la obra colectiva «Las medidas cautelares en el proceso administrativo en Iberoamérica» (2009), pp. 129-166.

CHINCHILLA PEINADO, JUAN ANTONIO. *Los convenios urbanísticos en el estrado ¿la inexistencia de una construcción sistemática por parte de los tribunales?: análisis de la jurisprudencia del Tribunal Supremo y de las decisiones de los Tribunales Superiores de Justicia (1999-2005)*, Revista de Derecho Urbanístico y Medio Ambiente núm. 227 (2006), pp. 73-210.

CHINCHILLA PEINADO, JUAN ANTONIO. *La ejecución aparente del fallo de las sentencias contencioso-administrativas en el ámbito urbanístico. Un balance tras 10 años de vigencia de la Ley 29/1998*, Revista de Derecho Urbanístico y Medio Ambiente núm. 245 (2008), pp. 65-100.

CHINCHILLA PEINADO, JUAN ANTONIO. *Los principios de competencia y jerarquía en la articulación entre instrumentos de planeamiento: el ámbito de los planes especiales y de los estudios de detalle en la legislación urbanística madrileña*, Revista de Derecho Urbanístico y Medio Ambiente núm. 258 (2010), pp. 13-45.

CHINCHILLA PEINADO, JUAN ANTONIO. *Disponibilidad de agua para nuevos desarrollos urbanos*, Revista de Derecho Urbanístico y Medio Ambiente núm. 276 (2012), pp. 37-68.

CHINCHILLA PEINADO, JUAN ANTONIO (2016). «LA PARTICIPACIÓN CIUDADANA EN EL URBANISMO. ¿MITO O REALIDAD?», *El derecho de la ciudad y el territorio: estudios en homenaje a Manuel Ballbé Prunés*, págs. 247-266.

CHINCHILLA PEINADO, JUAN ANTONIO. *Estatuto jurídico del propietario del suelo. Régimen del suelo y subsuelo*, en la obra colectiva «Nuevo Derecho Urbanístico de Castilla y León» (2017a), pp. 213-274.

CHINCHILLA PEINADO, JUAN ANTONIO. *Las consultas a la ciudadanía como instrumento de legitimación social de concretas ordenaciones urbanísticas*, Revista de Urbanismo y Medio Ambiente núm. 311 (2017b), pp. 57-78.

CHINCHILLA PEINADO, JUAN ANTONIO. *Evaluación ambiental estratégica de planes de urbanismo y elusión de fallos judiciales*, en la obra colectiva «El alcance de la invalidez de la actuación administrativa: actas del XII Congreso de la Asociación Española de Profesores de Derecho Administrativo» (2017c), pp. 463-474.

CHINCHILLA PEINADO, JUAN ANTONIO. *La nulidad de los instrumentos de planificación territorial, urbanística y de protección de la naturaleza por razones medioambientales*, en la obra colectiva «Los efectos de la nulidad de los instrumentos de planeamiento urbanístico» (2017d), pp. 419-474.

CHINCHILLA PEINADO, JUAN ANTONIO. *La incidencia de las leyes de transparencia en el urbanismo*, en la obra colectiva «Cuestiones actuales de derecho urbanístico» (2018a), pp. 113-156.

CHINCHILLA PEINADO, JUAN ANTONIO. *La efectividad del derecho a la ejecución del fallo que impone la demolición de edificaciones urbanísticamente ilegales:*

¿el artículo 108.3 LJCA como garantía o como obstáculo insuperable?, en la obra colectiva «Nulidad de planeamiento y ejecución de sentencias» (2018b), pp. 163-191.

CHINCHILLA PEINADO, JUAN ANTONIO. *La ejecución de sentencias que ordenan la demolición de edificaciones ilegales a través de la figura de la mediación intrajudicial: ¿Una burla del contenido del fallo o una vía flexible de verificar el ideal de justicia?*, en la obra colectiva «Urbanismo: retos y oportunidades» (2020), pp. 451-495.

CHINCHILLA PEINADO, JUAN ANTONIO. *Sostenibilidad ambiental y control del cambio climático en la tramitación de los instrumentos de planeamiento: La evaluación ambiental estratégica*, en la obra colectiva «Los informes sectoriales en el planeamiento urbanístico» (2021), pp. 73-114.

CHINCHILLA PEINADO, JUAN ANTONIO. *Responsabilidad patrimonial. Supuestos indemnizatorios en el ámbito urbanístico*, EN la obra colectiva «Comentarios a la Ley del Suelo y Rehabilitación Urbana» (2023a), pp. 719-752.

CHINCHILLA PEINADO, JUAN ANTONIO. *Derecho de propiedad, expectativas y especulación. Reglas de racionalidad jurídica (y técnico-económica) en los criterios de valoración urbanística* (2023b).

CRIADO SÁNCHEZ, ALEJANDRO JAVIER. *El delito contra la ordenación del territorio tras la Ley Orgánica 5/2010, de 22 de junio, de Reforma del Código Penal*, Practica Administrativa núm. 100, pp. 74-85.

DE LA CRUZ MERA, ÁNGELA. *Debilidades del planeamiento urbanístico en el Derecho español*, Ciudad y Territorio núm. 217 (2023), pp. 649-666.

DE LA SIERRA MORÓN, SUSANA. *Tutela cautelar contencioso-administrativa y Derecho Europeo. Un estudio normativo y jurisprudencial* (2004).

DE LA SIERRA MORÓN, SUSANA. *Medidas cautelares*, en la obra colectiva «Fundamentos de Derecho Urbanístico» (2007), pp. 945-958.

DEL SAZ CORDERO, SILVIA. *¿Debemos repensar los poderes del juez ante la constatación de la ilegalidad de una disposición general o un acto administrativo? La anulación parcial del Plan.*

General de Madrid de 1997: un inmejorable ejemplo, Revista Vasca de Administración Pública núm. 99-100 (2014), pp. 1141-1159.

Dioni López, Jorge. *La España de las piscinas* (2021).

Doménech Pascual, Gabriel. *Sobre el procedimiento de elaboración de los reglamentos, sus vicios y su control judicial*, Revista de Derecho Público: Teoría y Método núm. 5 (2022), pp. 73-114.

Enériz Olaechea, Francisco Javier. *Los delitos urbanísticos en la reforma del Código Penal*, RDUyMA núm. 260 (2010), pp. 107-148.

Ezquiaga Domínguez, José María. *La Nueva Agenda Urbana y la reinvención de la planificación espacial: del paradigma a la práctica*, Ciudad y Territorio núm. 202 (2019), pp. 765-784.

Ezquiaga Domínguez, José María. *La ciudad que queremos, los planes que necesitamos: ampliando los horizontes políticos del planeamiento urbano*, Ciudad y Territorio núm. 217 (2023), pp. 591-596.

Fariña Tojo, José. *Planeamiento Obsoleto* (2008), pp. 1-4. https://elblogdefarina.blogspot.com/2008/05/planeamiento-obsoleto.html

Fernández Farreres, Germán. *Recurso de casación contencioso-administrativo y debates doctrinales: Sobre la finalidad de la casación y la STS de 27 de mayo de 2020. Relativa a la calificación y efectos de los vicios de procedimiento en la elaboración y aprobación de planes urbanísticos*, Revista Española de Derecho Administrativo núm. 207 (2020), pp. 193-210.

Fernández Fernández, Gerardo Roger. *Urbanismo y corrupción: etiología de una práctica ilícita*, Encuentros Multidisciplinares núm. 50 (2015), pp. 14-22.

Fernández Fernández, Gerardo Roger. *Conveniencia y oportunidad de una nueva concepción en contenido y objeto de los Planes Generales de Ordenación Urbana*, Práctica Urbanística núm. 144 (2017), pp. 1-6.

Fernández Rodríguez, Tomás Ramón. *El contencioso urbanístico y su necesaria reforma*, Revista de Administración Pública núm. 203 (2017), pp. 137-162.

Fernández Rodríguez, Tomás Ramón. *Dos nuevas sentencias del Tribunal Supremo sobre la nulidad de los planes de ordenación*, Revista de Urbanismo y Edificación núm. 45 (2022), pp. 251-262.

Fernández Valverde, Rafael. *La nulidad del planeamiento urbano: una perspectiva desde la experiencia del Tribunal Supremo*, Ciudad y Territorio núm. 217 (2023: 699-712.

FONT ARELLANO, ANTONIO. *La renovación del planeamiento urbanístico,* Ciudades núm. 7 (2002-2003), pp. 77-81.

FUERTES LÓPEZ, MERCEDES. *Urbanismo y publicidad registral* (2001).

FUERTES LÓPEZ, MERCEDES. *Tutela cautelar e impugnación de reglamentos,* RAP núm. 157 (2002), pp. 57-87.

FUERTES LÓPEZ, MERCEDES. *Registro de la Propiedad,* en la obra colectiva «Ley de Suelo y Rehabilitación Urbana. Comentario Sistemático al Texto Refundido de 30 de octubre de 2015» (2023), pp. 1841-1892.

GALLEGO ANABITARTE, ALFREDO. *Plan y presupuesto como problema jurídico en España. En torno al concepto de norma jurídica,* en la obra colectiva «Planificación», vol I. (1974), pp. 103-162 (se cita por la separata, pp. 1-43).

GALLEGO ANABITARTE, ALFREDO – MENÉNDEZ REXACH, ÁNGEL – CHINCHILLA PEINADO, JUAN ANTONIO – DE MARCOS FERNÁNDEZ, ANA – RODRÍGUEZ DE SANTIAGO, JOSÉ MARÍA – RODRÍGUEZ-CHAVES MIMBRERO, BLANCA. *Acto y procedimiento administrativo* (2001).

GARCÍA DE ENTERRÍA, EDUARDO. *La Ley del Suelo y el futuro del urbanismo* (1957), se cita por la edición incorporada a *Problemas actuales de régimen local* (1986).

GARCÍA DE ENTERRÍA, EDUARDO. *La batalla por las medidas cautelares. Derecho comunitario europeo y proceso contencioso-administrativo español,* 2.ª ed. (1995).

GARCÍA DE ENTERRÍA, EDUARDO. *La nulidad de los actos administrativos que sean constitutivos de delito ante la doctrina del Tribunal Constitucional, sobre cuestiones prejudiciales administrativas apreciadas por los jueces penales. En particular, el caso de la prevaricación,* Revista Española de Derecho Administrativo núm. 98 (1998a), —se cita por su reproducción en «La responsabilidad penal en la Administración Pública» (2010)— pp. 241-268.

GARCÍA DE ENTERRÍA, EDUARDO. *El Derecho Urbanístico español a la vista del siglo XXI,* Revista española de Derecho Administrativo núm. 99 (1998b), pp. 395-403.

GARCÍA LLOVET, ENRIQUE. *El juez penal y el juez contencioso ante el urbanismo,* Revista General de Derecho Administrativo núm. 56 (2021), pp. 1-44.

García Pérez, Sergio. *Diseño urbano y espacio público en contextos de regeneración urbana integrada: conceptos, marco institucional y experiencias recientes*, ZARCH Journal of interdisciplinary studies in Architecture and Urbanism núm. 8 (2017), pp. 1-14.

Gifreu Font, Judith. *La reconsideración de la naturaleza normativa de los instrumentos de planeamiento: ¿una panacea para modular el alcance y efectos del dogma de la nulidad absoluta de los reglamentos ilegales*, en la obra colectiva «Nulidad de planeamiento y ejecución de sentencias» (2018), pp. 21-65.

Gómez Manresa, María Fuensanta. *Actos de naturaleza urbanística y Registro de la Propiedad*, Revista de Derecho Urbanístico y Medio Ambiente núm. 244 (2008), pp. 65-102.

Gómez Rivero, María del Carmen. *Ilegalidad urbanística: acerca de los límites entre el injusto penal y las infracciones administrativas*, Revista Electrónica de Ciencia Penal y Criminología núm. 19 (2017), pp. 1-33.

González Sanfiel, Andrés M. *Límites a la declaración de nulidad del planeamiento*, en la obra colectiva «El alcance de la invalidez de la actuación administrativa: actas del XII Congreso de la Asociación Española de Profesores de Derecho Administrativo,» (2017), pp. 411-462.

González Sanfiel, Andrés M. *Nulidad del planeamiento urbanístico e invalidez de los actos amparados en el mismo. Atención especial a las nuevas iniciativas legislativas al respecto*, Documentación Administrativa núm. 5 (2018), pp. 46-68.

González Sanfiel, Andrés M. *Estudio preliminar*, en la obra colectiva «Nuevo derecho urbanístico: simplificación, sostenibilidad, rehabilitación» (2020), pp. 29-46.

González-Varas Ibáñez, Santiago. *Hacia un modelo contencioso-administrativo preventivo. El ejemplo de la «ejecución» de las sentencias anulatorias de un plan urbanístico*, Revista de Administración Pública núm. 163 (2004), pp. 41-72.

Górgolas Martín, Pedro Martín. *La burbuja inmobiliaria de la «década prodigiosa» en España (1997-2007): políticas neoliberales, consecuencias territoriales e inmunodeficiencia social. Reflexiones para evitar su reproducción*, EURE. Revista Latinoamericana de Estudios Urbanos Regionales núm. 136 (2019), pp. 163-182.

GORRIZ ROYO, ELENA. *Prevaricaciones urbanísticas del art. 320 CP: problemas legislativos no resueltos y dificultades aplicativas*, en la práctica reciente, Estudios Penales y Criminológicos, núm. 38 (2018), pp. 101-190.

HERNÁEZ SALGUERO, ELENA. *La jurisdicción contencioso-administrativa ante el urbanismo*, Revista Jurídica de la Comunidad de Madrid núm. 21 (2005), pp. 69-92.

HERNÁNDEZ AJA, AGUSTÍN – GONZÁLEZ GARCÍA, ISABEL. *En defensa del planeamiento como proyecto colectivo frente a los retos actuales de transición eco-social*, Ciudad y Territorio núm. 217 (2023), pp. 635-648.

HERNÁNDEZ PARTAL, SONIA. *Los Instrumentos de Planeamiento Urbanístico en España. Estudio comparado (I)*, Ciudad y Territorio núm. 205 (2020), pp. 613-642.

HOPPE, WERNER. Planificación, Documentación Administrativa núm. 235-236 (1993), pp. 163-247.

IGLESIAS GONZÁLEZ. FELIPE. *Alternativas para evitar la corrupción*, Fundación Alternativas, 2007.

IGLESIAS GONZÁLEZ, FELIPE. *Propuestas de reformas normativas para evitar los actuales efectos de la nulidad del planeamiento urbanístico*, en la obra colectiva «Nulidad de planeamiento y ejecución de sentencias» (2018), pp. 231-278.

JIMÉNEZ PLAZA, CARMEN. *El fumus boni iuris: un análisis jurisprudencial* (2005).

KLATT, MATTHIAS – MEISTER, MORITZ. La estructura constitucional del principio de proporcionalidad (2021).

LOBATO BECERRA, JUAN ANTONIO. *Notas sobre la obsolescencia de los planes generales: planificación estratégica y modelo urbano*, Ciudad y Territorio núm. 204 (2020), pp. 197-210.

LÓPEZ RAMÓN, FERNANDO. *La invalidez de reglamentos y planes entre la interpretación y la reforma*, Revista de Administración Pública núm. 214 (2021), pp. 57-98.

LOZANO CUTANDA, BLANCA. *Urbanismo y corrupción: algunas reflexiones desde el derecho administrativo*, RAP núm. 172 (2007), pp. 339-361.

MARTELL PÉREZ-ALCALDE, CRISTÓBAL. *De la huida del Derecho administrativo a la huida al Derecho Penal*, en la obra colectiva «Derecho administrativo y Derecho penal: reconstrucción de los límites» (2017), pp. 29-39.

MARTÍN MATEO, RAMÓN. *La gallina de los huevos de cemento* (2007).

MARTÍN PALLÍN, JOSÉ ANTONIO. *Urbanismo desenfrenado, El País* de 24 de enero de 2006.

MARTÍN REBOLLO, LUIS. *El planeamiento municipal: perspectiva general*, en la obra colectiva «Fundamentos de Derecho Urbanístico» (2007), pp. 189-197.

MARTÍN VALDIVIA, SALVADOR. *La indeseable «huida» del derecho administrativo hacia el derecho penal. Algunas reflexiones para el debate*, Revista de estudios jurídicos núm. 19 (2019), pp. 252-259.

MARTÍN-CONSUEGRA ÁVILA, FERNANDO – ALONSO RUIZ DE RIVAS, CARMEN – FRUTOS VÁZQUEZ, BORJA. *La regeneración urbana integrada y la declaración de Toledo*, Informes de la construcción núm. 67 (2015), pp. 1-6.

MARTÍN-RETORTILLO BAQUER, LORENZO. *Del control de la discrecionalidad administrativa al control de la discrecionalidad judicial*, Revista de Administración Pública núm. 100-102 (1993), pp. 1083-1099.

MARTÍNEZ LÓPEZ-MUÑIZ, JOSÉ LUIS. El interés general, Revista de Derecho. Vol. 23, Año 2022, pp. 15-54.

MAURER, HARTMUT. *Derecho Administrativo.* PARTE GENERAL (2011).

MENÉNDEZ REXACH, ÁNGEL. *El derecho al agua en la legislación española*, en la obra colectiva «El Derecho de Aguas en clave europea» (2010), pp. 25-67.

MENÉNDEZ REXACH, ÁNGEL. *Propuestas para reforzar la seguridad jurídica de los planes de ordenación*, Ciudad y Territorio núm. 217 (2023), pp. 713-724.

MERELO ABELA, JOSÉ MANUEL. *Urbanismo y justicia. Cautelar y ejecutiva* (2011).

MICHAEL, LOTHAR. *El reto de comprender el interés público como problema jurídico*, Revista de Derecho Constitucional Europeo núm. 32 (2019), pp. 29-56.

MOREIRO GONZÁLEZ, CARLOS JAVIER. *El juez nacional de medidas cautelares y la tutela del orden público y del interés público de la Unión Europea*, Revista de Derecho Comunitario Europeo núm. 54 (2016), pp. 473-516.

MOYA GONZÁLEZ, LUIS – DÍAZ DE PABLO, AINHOA. *La intervención en la ciudad construida: acepciones terminológicas,* Urban núm. 4 (2012), pp. 113-123.

MUÑOZ GUIJOSA, MARÍA ASTRID. *El problema de la nulidad de los instrumentos de planeamiento urbanístico: la naturaleza jurídica de los planes de urbanismo* (2022).

NIETO GARCÍA, ALEJANDRO. *La Administración sirve con objetividad los intereses generales,* en la obra colectiva «Estudios sobre la Constitución española: homenaje al profesor Eduardo García de Enterría», Vol. 3 (1991). Se cita por la reimpresión en «Estudios de Derecho y Ciencia de la Administración» (2001), pp. 125-198.

NIETO GARCÍA. ALEJANDRO. *España en astillas* (1993).

NIETO GARCÍA, ALEJANDRO. *El arbitrio judicial* (2000).

PASCUAL MARTÍN, JESÚS IGNACIO. *Una propuesta de modulación de los efectos ex tunc de las sentencias anulatorias de los planes urbanísticos a la vista de la doctrina prospectiva del Tribunal Constitucional,* Revista Vasca de Administración Pública núm. 115 (2019), pp. 103-149.

PARDO ÁLVAREZ, MARÍA. *La potestad de planeamiento urbanístico bajo el Estado social, autonómico y democrático de Derecho* (2005).

PAREJO ALFONSO, LUCIANO. *La deriva de las relaciones entre los derechos administrativos y penal. Algunas reflexiones sobre la necesaria recuperación de su lógica sistemática.* Documentación Administrativa núm. 284-285 (2009), pp. 273-304.

PAREJO ALFONSO, LUCIANO. *La ordenación urbanística en Alemania (Parte 2),* Revista de Derecho Urbanístico y Medio Ambiente núm. 282 (2013), pp. 13-78.

PAREJO ALFONSO, LUCIANO. *La actuación administrativa a caballo de la división entre normación y simple ejecución y el caso de la planificación y el plan,* Revista de Derecho Público: Teoría y Método núm. 1 (2020), pp. 7-40.

PAREJO ALFONSO, LUCIANO. *Cese de la causa de las normas y decadencia de su obligatoriedad y eficacia; en particular las de los planes urbanísticos,* Revista General de Derecho Administrativo núm. 56 (2021), pp. 1-40.

PÉREZ REVERTE, ARTURO. *Herodes y sus muchachos,* XL Semanal, núm. 1026 (del 24 al 30 de junio de 2007).

PICÓN ARRANZ, ALBERTO. *El acto administrativo constitutivo de delito o dictado como consecuencia de éste. Aspectos sustantivos y procedimentales de esta causa de nulidad de pleno derecho*, Revista Española de Derecho Administrativo núm. 217 (2022), pp. 217-244.

PONCE SOLÉ, JULI. *El derecho a una buena administración, su exigencia judicial y el privilegio de ejecutoriedad de los actos administrativos. A propósito de la Sentencia de la Sala 3.ª del Tribunal Supremo 1421/2020, de 28 de mayo de 2020, recurso de casación 5751/2017*, Revista de Administración Pública núm. 221 (2023), pp. 163-182.

PORTOCARRERO QUISPE, JORGE ALEXANDER. *El rol de los principios formales en la determinación del margen de control de constitucionalidad*, Revista Derecho del Estado núm. 27 (2011), pp. 75-102.

PORTOCARRERO QUISPE, JORGE ALEXANDER. *El problema de los principios formales en la doctrina de la ponderación de Robert Alexy: del in dubio pro libertate al in dubio pro legislatore*, en la obra colectiva «Ponderación y discrecionalidad. Un debate en torno al concepto y sentido de los principios formales en la interpretación constitucional» (2016), pp. 221-260.

PORTOCARRERO QUISPE, JORGE ALEXANDER. *Ponderación*, Eunomía. Revista en Cultura de la Legalidad núm. 12 (2017), pp. 210-223.

POZUELO PÉREZ, LAURA. *La respuesta penal a la delincuencia urbanística*, Anuario de la Facultad de Derecho de la Universidad Autónoma de Madrid núm. 12 (2008), pp. 71-98.

RAMOS MEDRANO, JOSÉ ANTONIO. *Mas de 90 planes de urbanismo anulados por ausencia o insuficiencia en la justificación de sus decisiones*, Actualidad Jurídica Ambiental núm. 103 (2022), pp. 1-30.

REBOLLO PUIG, MANUEL. *El control de la Administración por la jurisdicción penal*, Revista Vasca de Administración Pública núm. 115 (2019); pp. 151-190.

RODRÍGUEZ DE SANTIAGO, JOSÉ MARÍA. *La ponderación de bienes e intereses en el Derecho Administrativo* (2000).

RODRÍGUEZ DE SANTIAGO, JOSÉ MARÍA. *Metodología del Derecho administrativo. Reglas de racionalidad para la adopción y el control de la decisión administrativa* (2016).

RODRÍGUEZ DE SANTIAGO, JOSÉ MARÍA. *Sistema de fuentes del Derecho Administrativo* (2021).

RODRÍGUEZ DE SANTIAGO, JOSÉ MARÍA. *Una teoría general del plan como forma de actuación de la Administración* (2023).

RODRÍGUEZ PONTÓN, JOSÉ. *Pluralidad de intereses en la tutela cautelar del proceso contencioso-administrativo* (1999).

RODRÍGUEZ-ARANA MUÑOZ, JAIME. *La evolución histórica de la suspensión del acto administrativo en vía contenciosa en el Derecho español*, Anuario de historia del derecho español núm. 57 (1987), pp. 697-736.

SÁNCHEZ ROBERT, MARÍA JOSÉ. *El delito de prevaricación urbanística. Algunas cuestiones problemáticas y conveniencia de su reforma*, en la obra colectiva «Estudios jurídico penales y criminológicos: en homenaje a Lorenzo Morillas Cueva», vol. 2 (2018), pp. 1667-1690.

SANTAMARÍA PASTOR, JUAN ALFONSO. *Muerte y transfiguración de la desviación de poder: sobre las sentencias anulatorias de planes urbanísticos*, Revista de Administración Pública núm. 195 (2014), pp. 197-215.

SANTAMARÍA PASTOR, JUAN ALFONSO. *Una imprevista disfunción del sistema urbanístico: la mortalidad judicial de los planes*, Práctica Urbanística núm. 141 (2016), pp. 1-26.

SANTANDREU MONTERO, JOSÉ ANTONIO. *Las medidas cautelares jurisdiccionales en materia de urbanismo*, en «Estudios sobre urbanismo (Análisis de cuestiones clave no afectadas por la Ley de suelo de 2007)», Serie Claves del Gobierno Local núm. 5 (2007), pp. 307-405.

SCHMIDT-ASSMANN, EBERHARD. *La teoría general del Derecho administrativo como sistema* (2003).

SCHMIDT-ASSMANN, EBERHARD. *Cuestiones fundamentales sobre la reforma de la Teoría General del Derecho Administrativo. Necesidad de la innovación y presupuestos metodológicos*, en la obra colectiva «Innovación y reforma en el Derecho Administrativo» (2006), pp. 15-132.

SCHMIDT-ASSMANN, EBERHARD. *La dogmática del Derecho Administrativo* (2021).

SORIANO GARCÍA, JOSÉ EUGENIO. *Urbanismo y corrupción: medidas cautelares, única solución*, Revista Aragonesa de Administración Pública núm. 36 (2010), pp. 225-246.

Soro Mateo, Blanca. *Sobre el alcance de la anulación de planes urbanísticos por defectos de forma: La anulación de la revisión del PGOU de Cartagena*, Revista de Derecho Urbanístico y Medio Ambiente núm. 315 (2017), pp. 107-168.

Suay Rincón, José. *Urbanismo y justicia* (2020).

Tolosa Tribiño, Cesar. *¿Un giro jurisprudencial sobre las consecuencias de los vicios de forma en la declaración de nulidad de los planes de urbanismo?*, Elderecho.com (2020), pp. 1-21, se cita por https://elderecho.com/wp-content/uploads/2020/06/Planes-de-urbanismo.pdf

Trayter Jiménez, Juan Manuel. *El control del planeamiento urbanístico* (1996).

Valenzuela Rodríguez, María José. *La anulación de instrumentos de planeamiento* (2019).

Vaquer Caballería, Marcos. *La potestas diabólica. Los retos y las debilidades del planeamiento urbanístico en el Derecho español*, Planur-e núm. 12 (2018), pp. 1-12.

Velasco Caballero, Francisco. *Administraciones públicas y derecho a la tutela judicial efectiva* (2003).

Velasco Caballero, Francisco. *Derecho local. Sistema de fuentes* (2009).

Velasco Caballero, Francisco. *Derecho urbanístico y envejecimiento demográfico*, InDret núm. 4 (2018), pp. 1-55.

Villar Rojas, Francisco José. *La aprobación definitiva de los planes generales por los Ayuntamientos. Un cambio de paradigma*, en la obra colectiva «Crisis del planeamiento urbanístico: alternativas» (2019a), pp. 23-36.

Villar Rojas, Francisco José. *Los proyectos de interés público: Urbanismo de proyecto «versus» urbanismo de plan*, en la obra colectiva «Crisis del planeamiento urbanístico: alternativas» (2019b), pp. 67-88.

Villar Rojas, Francisco José. *La ordenanza municipal con efectos de plan: un instrumento alternativo de ordenación urbanística*, en la obra colectiva «Crisis del planeamiento urbanístico: alternativas» (2019c), pp. 89-108.

Villar Rojas, Francisco José. *Sobre el dogma de la planificación (urbanística) previa*, en la obra colectiva «Nuevo Derecho Urbanístico: Simplificación, sostenibilidad, rehabilitación» (2020), pp. 225-271.

Wahl, Rainer. Los últimos cincuenta años de Derecho administrativo alemán (2013).